高职高专金融投资专业教材

金融学基础(第 2 版)

李　军　主　编

杜继勇　冯韶华　副主编

清华大学出版社

北　京

内 容 简 介

本书是符合高职高专财经类、商贸类专业教学需要且注重金融学基本理论和实务知识的高等职业教育规划教材。全书共 12 章，主要内容包括：货币与货币制度；信用；利息与利率；金融市场；金融机构体系；商业银行；中央银行；货币供求；通货膨胀与通货紧缩；货币政策；国际金融；金融创新与金融风险。

为了适应高职高专行动导向和任务导向的课改方向，书中设置"案例导入""启发思考""专栏"等板块，对相关新思想、新观点、新资料的知识予以适当介绍，有助于拓展学生的视野，培养学生的学习兴趣，增强学生理论与实践相结合的能力。为帮助学生理解和复习所学内容，每章前均有学习目标、关键词，章后有本章小结、习题等内容，突出教材的实践性、生动性、趣味性和实用性。

本书不仅可以作为高职高专金融类、经济管理类、经贸类等专业金融学课程的教材，也可以作为财经专业低年级本科生教材，或者作为金融、财政、证券等相关从业人员普及金融基础知识的自学和培训读物。

图书在版编目(CIP)数据

金融学基础/李军主编. —2 版. —北京：清华大学出版社，2018 (2020.8重印)
(高职高专金融投资专业教材)
ISBN 978-7-302-48352-6

Ⅰ. ①金… Ⅱ. ①李… Ⅲ. ①金融学—高等职业教育—教材 Ⅳ. ①F830

中国版本图书馆 CIP 数据核字(2017)第 216429 号

责任编辑：孟 攀
装帧设计：杨玉兰
责任校对：李玉茹
责任印制：宋 林
出版发行：清华大学出版社
网 址：http://www.tup.com.cn, http://www.wqbook.com
地 址：北京清华大学学研大厦 A 座 邮 编：100084
社 总 机：010-62770175 邮 购：010-62786544
投稿与读者服务：010-62776969, c-service@tup.tsinghua.edu.cn
质量反馈：010-62772015, zhiliang@tup.tsinghua.edu.cn
课件下载：http://www.tup.com.cn, 010-62791865
印 装 者：北京国马印刷厂
经 销：全国新华书店
开 本：185mm×230mm 印 张：22.5 字 数：525 千字
版 次：2010 年 2 月第 1 版 2018 年 1 月第 2 版 印 次：2020 年 8 月第 4 次印刷
定 价：49.00 元

产品编号：073386-01

前　言

金融是现代经济的核心。当今时代，金融已经成为世界经济领域最活跃的要素之一。金融学是研究货币与金融体系运行机制、货币运行与经济运行之间关系的一门应用经济学科。金融学基础是经济类各专业的一门重要课程，更是金融专业的基础课程和核心课程，在整个专业课程体系中占有十分重要的地位。

改革开放 30 年来，作为现代经济核心的中国金融领域发生了翻天覆地的变化。2007—2008 年国际金融和经济环境风云变幻，在百年不遇的全球金融危机面前，世界各国为刺激经济复苏采取了一系列经济政策。各大金融机构也在反思风险控制和金融创新。这些为我们编写本书提供了丰富的教学案例。

同时，近年来围绕高职高专教学改革，各界专家和同仁进行了大量有益的探索，我们也深受启发。在编写本书时我们尽力体现高职高专行动导向和任务导向的课改方向，从内容选择、体例安排、案例选用等方面力求既体现最新的金融学理论动态，又突出高职高专教育注重应用能力培养的特点。本书在整体设计上主要突出了以下特色。

1．针对高职高专学生的认知特点，突出新颖性和趣味性

尽量关注学科的最新发展，吸收最新的研究成果和最新实例，增强教材的适应性。同时，书中设置了“案例导入”“启发思考”“专栏”等板块，这不仅有利于理论联系实际，强化思维训练，更有助于丰富教学内容，活跃课堂气氛，把学生应用能力培养融入生动有趣的学习情境之中。

2．重视案例的编写和选用，突出务实性和适用性

顺应国内外教材案例化的发展趋势，加大教材案例化程度，各章开篇有导入案例，章内有经典案例和微型案例，章后有小结、习题等内容，增强学生理论与实践相结合的能力，体现高职教育的特色和高职教材建设的方向。

3．扩大教材所涉及的范围，突出系统性和先进性

金融学基础所涉及的知识范围很宽。在本书的编写过程中，既立足于现在，也对过去进行了回顾，这既是历史观的体现，也是让学生把握金融理论和实践演进脉络的需要。本书还注重对未来的前瞻性，既介绍已经达成共识的观点和研究成果，又介绍行进中的中国金融改革问题，力求体现开放和创新的理念。

本书由李军担任总设计和主编，杜继勇和冯韶华担任副主编。具体分工如下：第一、

六、七、十二章由杜继勇编写；第二章由李军和刘轶楠编写；第三、四、五章由冯韶华编写；第八章由许志平编写；第九、十章由李军编写；第十一章由杜继勇和赵芳编写。

在编写过程中，我们参考、借鉴了国内外同行的很多文献，但由于篇幅所限，在参考文献中没能一一列出，在此对相关作者一并表示诚挚的歉意和感谢。另外，在编写过程中我们虽已付出了努力，但是由于水平所限，难免存在欠缺和错误，恳请专家和读者批评指正。

编　者

目 录

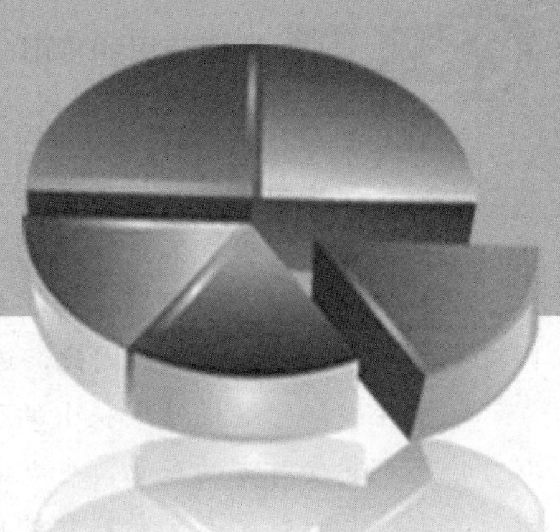

第一章 货币与货币制度

本章精粹

- 货币的本质与形式
- 货币的职能与作用
- 货币制度

案例导入 战俘营里的货币

第二次世界大战期间，在纳粹的战俘集中营流通着一种特殊的商品货币：香烟。当时的红十字会设法向战俘营提供了各种人道主义物品，如食物、衣服、香烟等。由于数量有限，这些物品只能根据某种平均主义的原则在战俘之间进行分配，无法顾及每个战俘的特定偏好。但是人与人之间的偏好显然有所不同，有人喜欢巧克力，有人喜欢奶酪，还有人则可能更想得到一包香烟。因此，这种分配显然是缺乏效率的，战俘们需要进行交换。

即便在战俘营这样一个狭小的范围内，物物交换也显得非常不方便，因为它要求交易双方恰巧都想要对方的东西，也就是所谓的需求的双重巧合。为了使交换能够更加顺利地进行，需要有一种充当交易媒介的商品，即货币。那么，在战俘集中营中，究竟哪一种物品适合用作交易媒介呢？许多战俘集中营都不约而同地选择了香烟。战俘们用香烟来进行计价和交易，如一根香肠值 10 根香烟，一件衬衣值 80 根香烟，替别人洗一件衣服则可以换得 2 根香烟。有了这样一种记账单位和交易媒介，战俘之间的物品交换就方便多了。

(资料来源：西南财经大学，货币金融学精品课程网站，http://202.205.10.58/2005/guojia/huobijinrongxue/Course/Index.htm)

【启发思考】香烟为什么会成为战俘集中营中流行的“货币”？对于不吸烟的战俘，他们是否使用这种“货币”？

通过本章的学习，要求了解货币的含义，货币的产生过程和演化过程；掌握货币的各种职能及其在经济运行中的作用；掌握货币制度的构成要素，了解货币制度的演变历史，能够初步运用有关的理论知识，分析和解决货币与货币制度的相关实际问题。

货币　货币职能　货币制度

第一节　货币的本质与形式

现代社会，货币一般是以纸币的形式出现的。但实际上，货币最早并不是纸币。中国最早的货币产生于 4000 年前的夏朝，那时的货币主要是海贝、布帛和农具。世界上其他地区曾使用牲畜、象牙、可可豆等作为货币。那么，货币是如何产生的？为什么形形色色的货币会殊途同归，都演变为金属货币、纸币甚至电子货币了呢？为此，我们首先来考察有关货币起源的学说和货币形态的演变过程。

一、货币的起源

一般认为，货币是商品生产和商品交换长期发展的产物。然而，货币究竟是怎样产生的？对于这个问题，西方学者有着各种不同的解释，但在马克思之前，没有一个人能够真正科学、准确地阐明货币的起源、本质与职能。马克思的货币理论为人们解开了货币的“千古之谜”。

(一)货币是便利交换的产物

货币的出现是与交换联系在一起的。根据史书资料的记载和考古发现，在世界各个地方，交换都经过两个发展阶段：物物直接交换、通过媒介进行交换。在古埃及的壁画中，可以看到物物交换的情景：有用瓦罐换鱼的；有用葱换扇子的。我国古书中有相关记载，距今已有 2600 多年的神农氏时期：“日中为市，致天下之民，聚天下之货，交易而退，各得其所。”这也是指物物交换。在交换不断发展的进程中，逐渐出现了通过媒介的交换，即先将自己的物品交换成作为媒介的物品，然后再用所获得的媒介物品去交换自己所需要的物品。

货币是为了克服物物交换的困难而产生的，是便利交换的产物。物物交换有以下缺点：一是缺少共同的单位来衡量和表示各种商品和劳务的价值，二是交换双方“需求的双重巧合”和“时间的双重巧合”难以完全一致，三是无法贮藏一般购买力。正是由于这些缺陷，物物交换必然会增加交易成本。首先，为了寻找可能的交易对象而增加寻求成本，即所花费的时间与费用；其次，增加机会成本，即将资源(如人力等)用于迂回交易过程时所失去的其他方面投资的收益。显然，纯粹的物物交换是一种效率非常低下而成本相对较高的交易方法。货币出现以后，不仅消除或削弱了物物交换的缺点与交易成本，而且拓宽了人类的生产、消费、贸易等活动的范围，极大地提高了社会运行的效率。

(二)马克思关于货币起源的论述

马克思认为，货币是存在于商品经济的经济现象。它伴随着商品经济的产生而产生，随着商品经济的发展而发展；没有商品经济的地方，就没有货币现象。因此，货币与商品相辅相成、不可分离。马克思主义经济学理论告诉我们，商品是指为市场交换而生产的劳动产品。商品具有两种属性：一是使用价值，即能满足人们某种需要的物品的效用，如粮食可以充饥，衣服能够御寒；二是价值，即凝结在商品中的一般的、无差别的人类劳动，它只能通过与另一种商品交换而表现在交换价值上。商品交换使商品价值得到表现，因此，商品交换的发展阶段不同，商品价值的表现形式也有所不同，历史上曾经出现过以下四种形式。

1. 简单的(或偶然的)价值形式

在原始社会后期，随着生产力的发展，剩余产品开始出现。各部落生产的产品除了满足自身的消费需求外，还有可用于交换的多余的产品。由于当时社会尚未出现大分工，所以这种交换只是个别的，带有偶然性质。在这种交换过程中，一种商品的价值偶然地表现在另一种商品上，这种形式就是简单的(或偶然的)价值形式。这种偶然性使得商品价值的表现是不完善、不成熟的，也是不充分的。随着社会生产力的进一步发展，剩余产品开始增多，商品交换也不再是偶尔为之的了，简单的价值形式难以适应商品交换的增长需求，于是出现了扩大的价值形式。

2. 扩大的价值形式

在扩大的价值形式中，一种商品的价值已经不是偶然地表现在某一商品上，而是经常地表现在一系列商品上。在扩大的价值形式中，各种商品交换的比例关系和它们所包含的社会必要劳动时间的比例关系更加接近，商品价值的表现也比在简单的价值形式中的价值表现更完整、更充分。然而，扩大的价值形式也有其弱点。首先，一种商品的价值表现仍是不完整的，在交换关系中每增加一种商品，就会增加一种表现商品价值的等价物，这样，作为等价物的商品的链条可以无限延伸。其次，一种商品的价值表现不统一，因为作为等价物的每一种商品都可表现处于相对价值形态地位的商品的价值。最后，位于等价物地位的不同商品之间是相互排斥的关系。这样，处于相对价值形态的商品价值要获得表现，其实际交换过程可能十分复杂，效率十分低下。由于这些内在矛盾的存在，价值形式得以进一步发展。

3. 一般价值形式

在一般价值形式中，一切商品的价值都在某一种商品上得到表现，这种商品即是一般等价物。一般等价物具有完全的排他性，它拒绝任何其他商品与之并列。它拥有特殊的地位，任何一种商品只要与作为一般等价物的商品交换成功，它的使用价值便转化为价值；具体劳动便转化为抽象劳动；私人劳动也获得了社会的承认，成为社会劳动的一部分。作为一般等价物的商品实际上起着货币的作用，只是在一般价值形式中，担任一般等价物的商品可能并不固定。

4．货币形式

随着商品生产和商品交换的不断发展，从交替地充当一般等价物的众多商品中分离出一种经常起着一般等价物作用的商品。这种特殊商品就是货币，它执行着货币的职能，成为表现、衡量和实现价值的工具。从货币的产生过程来看，货币不是某个聪明人设计创造出来的工具，而是广大商品生产者自发的共同交往行为的结果。

二、货币的本质

货币是商品，货币的根源在于商品本身，这是为价值形式发展历史所证实了的结论。但货币不是普通的商品，而是固定地充当一般等价物的特殊商品，并体现一定的社会生产关系。这就是货币的本质。

首先，货币是一般等价物。从货币起源的分析中可以看出，货币首先是商品，具有商品的共性，即用于交换的劳动产品，都具有使用价值和价值。如果货币没有商品的共性，那么它就失去了与其他商品相交换的基础，也就不可能在交换过程中被分离出来充当一般等价物。

然而，货币又是不同于普通商品的特殊商品。作为一般等价物，它具有两个基本特征。第一，货币是表现一切商品价值的材料。普通商品直接表现出其使用价值，但其价值必须在交换中由另一商品来体现。货币是以价值的体现物出现的，在商品交换中直接体现商品的价值。一种商品只要能交换到货币，就可以使生产它的私人劳动转化为社会劳动，商品的价值得以体现。因此，货币就成为商品世界唯一核算社会劳动的工具。第二，货币具有直接同所有商品相交换的能力。普通商品只能以其特定的使用价值去满足人们的某种需要，因而不可能同其他一切商品直接交换。货币是人们普遍接受的一种商品，是财富的代表，拥有它就意味着能够去换取各种使用价值。因此，货币成为每个商品生产者所追求的对象，货币也就具有直接同一切商品相交换的能力。

其次，货币体现一定的社会生产关系。货币作为一般等价物，无论是表现在金银上，还是表现在某种价值符号上，都只是一种表面现象。货币是商品交换的媒介和手段，这就是货币的本质。同时，货币还反映商品生产者之间的关系。马克思指出："货币代表着一种社会生产关系，却又采取了具有一定属性的自然物的形式。"商品交换是在特定的历史条件下，人们互相交换劳动的形式。社会分工要求生产者在社会生产过程中建立必要的联系，而这种联系在私有制社会中只有通过商品交换，通过货币这个一般等价物作为媒介来进行。因此，货币作为一般等价物反映了商品生产者之间的交换关系，体现着产品归不同所有者占有，并通过等价交换来实现他们之间的社会联系，即社会生产关系。

在历史发展的不同阶段，货币反映着不同的社会生产关系。在私有制社会中，大量货币掌握在剥削阶级手中，体现着阶级剥削关系。在奴隶社会，奴隶主掌握着大量货币，用来购买奴隶，货币反映了奴隶主对奴隶的剥削关系。在封建社会，地主以货币地租的形式剥削农民，货币体现着封建地主对农民的剥削关系。进入资本主义社会，劳动力成为特殊商品，货币转化为资本。资本家凭借着对生产资料和产品的占有，掌握了大量货币，购买工人的劳动力，无偿占有工人创造的剩余价值。在这里，货币在不同的社会制度中作为统治阶级的工具，这是由社会制度所决定的，而不是货币本身固有的属性。从货币的社会属性来看，货币反映着商品生产者之间的关系，但货币是没有阶级性的，也不是阶级和剥削产生的根源。

三、货币形式的演变

货币形式是指以什么货币材料(币材)来充当货币。不同的货币形式适应着不同的社会生产阶段和历史阶段的需要。纵观货币的发展历史，货币形式的发展演变大体上经历了实物货币(含金属货币)、代用货币和信用货币三个阶段，这个过程也是货币价值不断符号化的过程。

(一)实物货币

实物货币是人类历史上最古老的货币，是指以各种自然物品充当一般等价物的材料，也称自然物货币或商品货币。在人类经济史上，许多商品曾在不同时期、不同国家扮演过货币的角色，如牲畜、贝壳、布帛、粮食、金属等都充当过货币。我国最早的货币是贝，因此，今天与财富有关的很多汉字，其偏旁也多为“贝”旁，如货、财、贸、贷、贫、贱等。在日本、东印度群岛以及美洲、非洲的一些地方，也有用贝作为货币的历史。在古代欧洲的雅利安民族，在古波斯、印度、意大利等地，有用牛、羊作为货币的记载。古代埃塞俄比亚曾用盐作为货币。非洲和印度等地曾以象牙为货币。在美洲，曾经充当古老货币的有烟草、可可豆等。

最早时期，许多实物货币均有不适合作为货币的缺点，如笨重、携带运送不便、不能分割、质地不一、易遭损失等。因此，随着商品交换的发展和扩大，实物形态的商品货币逐渐由内在价值稳定、质地均匀、易于分割、便于携带的金属货币所替代。

世界各国货币发展的历史证明，金属作为币材，一般是从贱金属(如铁、铜等)开始的，最普遍、使用时间最久的是铜钱，我国最古老的金属铸币也是铜铸币。后来，这些贱金属逐步让位于金、银等贵金属，这是一个普遍的规律，因为金银所具有的天然属性最适宜充当货币商品。金属货币最初没有固定形状和重量，而是采用条块或块状形式，每次交易时都要重新鉴定其成色和重量，程序相当烦琐。因此，这类金属货币又称为“称量货币”。随着商品交换的发展，人们把货币金属铸成具有一定形状、一定重量并具有一定成色的金属铸币，从而大大便利了流通。图 1.1 列举了部分中国古代货币。

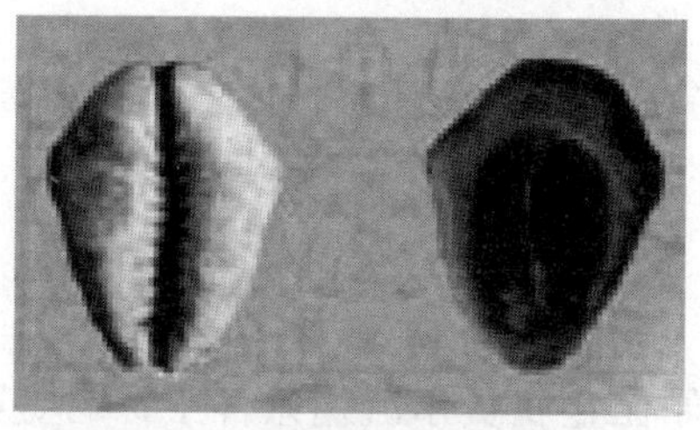

天然海贝

秦半两

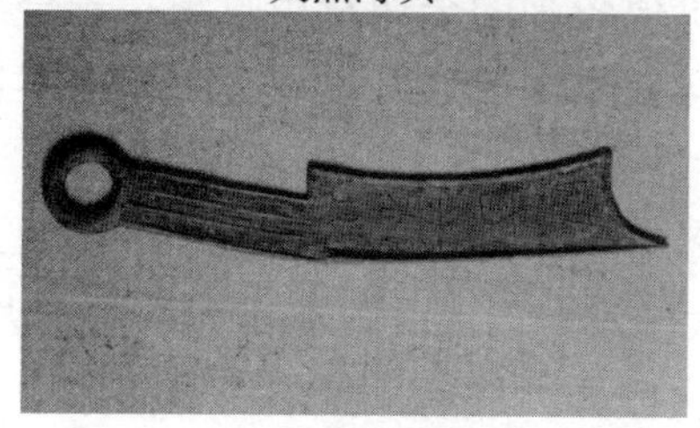

春秋战国刀币

开元通宝

图 1.1　中国古代货币

(资料来源：杭州图书馆网站，http://www.hangtu.com/ysxs/gdqb/default.htm)

金属铸币的出现和使用，由于克服了称量货币的某些弊端，因而促进了商品交换的发展，但金属铸币也有以下缺陷或不足。

(1) 交易额小于铸币面值时，则难以行使交换媒介职能。

(2) 大额交易时，携带大量铸币显得过于沉重且有相当风险。

(3) 由于流通中磨损等原因而减轻分量，使铸币面值与实际价值不符。

为了克服上述缺陷，出现了用耐磨损的贱金属铸造的辅币(如铜钱等)，以满足小额交易之需要；出现了某种可随时兑换为金属货币的信用凭证(如银票等)，以满足大额交易之需要。政府及时收回已磨损的铸币，重新铸造。但诸多行为使得花费在货币上的费用提高，更何况金属，特别是贵金属也存在自然资源和劳动生产率的限制问题，难以克服。于是，代用货币逐渐应运而生。

(二)代用货币

代用货币是指由政府或银行发行的、代替金属货币执行货币流通手段和支付手段职能的纸制货币，它是作为实物货币特别是金属货币的替代物而出现的。代用货币的一般形态是纸制的凭证，故称纸币。这种纸制的代用货币，尽管其自身价值低于货币价值，是一种

不足值货币，但由于它们都有十足的金银等贵金属作为保证，持币者有权随时要求政府或银行将纸币兑换为金银货币或金银条块。如此一来，代用货币便能在市面上广泛流通，被人们普遍接受。

典型的代用货币是可兑换的银行券，发行银行券的银行保证随时按面值兑付金属货币。代用货币相对于实物货币或金属货币，有以下明显的优点。

(1) 印刷纸币的成本比铸造金属货币大大降低。

(2) 纸币比金属货币更易携带和运输。

(3) 避免金属货币流通所产生的一些问题。比如在金属货币流通条件下，若金属货币的法定价值和实际价值发生偏差，人们往往把实际价值较高的金属货币收藏；若金属货币熔化或输出国外，而实际价值较低的金属货币则继续在本国流通，出现“劣币驱逐良币”的现象。

然而，由于代用货币的发行数量取决于金属准备量，不能满足增加货币量的需求。况且，大量闲置的金属准备只存放在仓库里，造成巨大的浪费。因此，在第一次世界大战中，世界各国普遍出现了银行券停止兑现的现象。第一次世界大战后，虽然有些国家曾一度实行有条件兑换金块或外汇的制度，但随着 20 世纪 20 年代末至 30 年代初金本位制的崩溃，世界主要国家的银行券完全成为不兑现的，现代信用货币终于取代代用货币而成为世界货币舞台上的主角。

(三)信用货币

信用货币是以信用作为保证，通过一定的信用程序发行，充当流通手段和支付手段的货币形态，是货币发展中的现代形态。可见，信用货币产生的客观基础是信用关系的存在和发展。信用货币本身价值低于其货币价值，而且不再代表任何贵金属，不能与金属货币兑换，实际上信用货币已经成为一种货币价值符号。

信用货币是代用货币进一步发展的产物，而且也是目前世界上几乎所有国家都采用的货币形态。从历史观点而论，信用货币是金属货币制崩溃的直接后果。1929—1933 年的世界性经济危机和金融危机，迫使各国相继放弃金本位制，实行不兑现的纸币流通制度，所发行的纸币不能再兑换金属货币，于是信用货币应运而生。

除了上述直接的历史因素外，信用货币的演进也有其经济发展的内在根源。根据经验，政府和货币当局发现，只要纸币发行量控制适宜，即使法定纸币没有十足的金银准备，社会大众对纸币仍会保持信心。事实上，当今世界人多数采用信用货币制的国家，均具有相当数量的黄金、外汇、有价证券等资产作为发行信用货币的准备，但是各国政府或货币当局不再受十足准备的约束。根据政策需要决定纸币的发行量，这已是公众接受的事实。

信用货币的主要形态包括以下几种。

(1) 辅币。辅币多以贱金属(如铜、镍等)铸造，自身所含的金属价值低于其货币价值。辅币一般由政府独占发行，由专门的铸币厂铸造，其功能主要是承担小额或零星交易的媒介手段。

(2) 纸币。纸币是指由政府发行并由国家法令强制流通使用的、以纸张为基本材料的货币。可见，纸币发行权一般为政府或政府的金融机关所垄断，发行机关多数是中央银行，也有的是财政部或货币管理局等政府机构。纸币的主要功能是承担人们日常生活用品的购买手段。

(3) 银行存款。银行存款种类很多，主要有活期存款、定期存款和储蓄存款。活期存款因通过支票能在商品交换中担负起交易媒介的作用，发挥货币的支付手段职能，所以称为“存款货币”。

(4) 电子货币。电子货币是指电子计算机系统存储和处理的存款。电子货币是现代商品经济高度发达和银行转账结算技术不断进步的产物，同时，也反映了支付手段的进化。电子货币通常是利用计算机或储值卡来进行金融交易和支付活动，如各种各样的信用卡、储值卡、电子钱包等。当今社会，一些技术发达的国家已普遍采用电子资金转移系统，利用电子计算机记录和转移存款。顾客在购物、享受服务或通过网络进行交易时，计算机自动将交易金额分别记入双方的银行账户。电子货币具有转移迅速、安全、节约费用等优点，虽与存款货币并无本质区别，但代表着现代信用货币形式的发展方向。

此外，国家发行的短期债券(即国库券)、银行签发的承兑汇票及其他特殊种类的短期证券等，可在货币市场上随时通过转让、贴现、抵押等多种形式变现，转化成现实的购买手段和支付手段。它们一般被称为“准货币”或“近似货币”，也是目前发展中的信用货币形式之一。

【专栏 1-1】信用卡的由来

信用卡最早产生于美国的商业、饮食业。1915 年，美国的一些商店、饮食业为了扩大销售，招揽生意，方便顾客，采用一种“信用筹码”，其形状类似于金属徽章，后来演变成为塑料制成的卡片，作为客户购物消费的凭证。

1952 年，美国加州富兰克林国民银行首先发行了银行信用卡。到 1959 年，美国共有 60 多家银行发行信用卡。到了 20 世纪 60 年代，信用卡在英国、日本、加拿大以及欧洲各国也盛行起来。从 70 年代开始，一些发展中国家和地区也开始了发行信用卡业务，如香港地区、中国台湾、新加坡、马来西亚等。

20 世纪 70 年代末，许多人把在国外流行的信用支付方式——信用卡带到中国。为了适应改革开放的需要，国内的一些银行开始涉足信用卡业务。

1985年，中国银行珠江分行发行了珠江卡。1986年，中国银行发行了长城信用卡，填补了中国金融史册上的空白。

(资料来源：证券时报，2001-11-22)

第二节　货币的职能与作用

一、货币的职能

货币的职能由货币的本质所决定，也是货币本质在经济功能上的具体表现。货币在现代经济中执行着五种职能。

(一)价值尺度

货币在表现和衡量商品价值时，执行着价值尺度职能。货币之所以能够充当价值尺度职能，是因为货币本身也是商品，具有价值。本身没有价值的东西，是不能被用于衡量其他商品的价值的。货币是商品内在价值的表现形式。商品的价值通过一定数量的货币表现出来就是商品的价格。价格的变化，依存于商品价值和货币价值的变化。货币发挥价值尺度职能，表现和衡量商品的价格必须借助于价格标准。所谓价格标准，是指包含一定重量的贵金属的货币单位。

1．货币单位名称和货币本身重量单位名称的分离

在历史上，价格标准和货币单位曾经是一致的，如我国过去长期使用“两”作为价格标准，“两”也是货币单位；英国以“镑”作为价格标准，“镑”也是货币单位。但随着商品经济的发展，货币单位名称和货币本身重量单位名称分离了。

2．价格标准与价值尺度的联系与区别

价格标准与价值尺度是两个联系紧密但又有区别的概念。

二者的联系表现在：价格标准是为货币发挥价值尺度职能而做出的技术规定。有了价格标准，货币的价值尺度职能才得以发挥，因而价格标准是服务于价值尺度职能的。二者的区别如下。

(1)　价值尺度是在商品交换中自发地形成的；价格标准则是由国家法律规定的。

(2)　金银充当价值尺度职能，目的是衡量商品价值；规定一定量的金银作为价格标准，目的是比较各个商品价值的不同金银量，并以此衡量不同商品的不同价值量。

(3)　作为价值尺度，货币商品的价值量随着劳动生产率的变化而变化；而作为价格标准，是货币单位本身的重量，与劳动生产率无关。

此外，货币作为价值尺度，可以是观念上的货币，但必须以十足价值的真实货币为基础。因为货币执行价值尺度职能，即商品生产者在给商品规定价格时，只要有想象中的或者是观念上的货币就行了，并不需要有现实的货币。

(二)流通手段

货币在商品交换过程中发挥媒介作用时，便是在执行流通手段职能。物物交换是商品所有者拿自己的商品去找持有自己所需商品的所有者进行交换。有了货币，则一个商品所有者先把它换成货币，即卖出；然后再用货币换取需要的商品，即买进。这样，商品的交换过程就变成买卖两个过程的统一：一个商品所有者的买就是另一个商品所有者的卖，买卖连绵不断的过程就是商品流通。在买与卖之间，货币是媒介，所以这个职能人们也用交易的媒介来表述。作为价值尺度，货币证明商品有没有价值，有多大价值；而作为流通手段，货币实现这种商品的价值。商品流通与物物交换不同，商品流通需要商品生产者先把自己的商品换成货币，然后再用货币换得自己所需要的商品。每一次交换都通过这种“商品—货币—商品”的形式。商品流通是一个系列过程，货币在这一系列交换中不断地起媒介作用，这种作用就是流通手段。

1．货币执行流通手段职能的特点

1)　必须是现实的货币

因为只有商品生产者出卖商品所得到的货币是现实的货币，才能证明他的私人劳动获得社会承认，成为社会劳动的一部分。这里，货币充当商品交换的媒介不能是观念上的，必须是现实的货币。

2)　不需要有足值的货币本体，可以用货币符号来代替

因为货币流通是指货币作为购买手段，不断地离开起点，从一个商品所有者手里转到另一个商品所有者手里的运动，在这里，商品生产者手中的货币只是转瞬即逝的东西，货币持有者所关心的只是它能够最终换回的与其代表的价值量是否等值的商品量，所以只要有货币的象征存在就够了。

3)　包含着危机的可能性

在货币发挥流通手段职能的条件下，交换过程分裂为两个内部相互联系而外部又相互独立的行为：买和卖。这两个过程在时间上和空间上分开了，因此，货币流通手段的职能“包含着危机的可能性”。

2．作为流通手段的货币的表现

作为流通手段的货币，最初是金属条块，但每次流通都需要鉴别真假，测其成色，进

行分割。由此，货币从金银条块发展为铸币。铸币是国家按一定成色、重量和形状铸造的硬币，它的出现极大地方便了流通。不过，因铸币在流通中不断磨损，使其实际价值低于名义价值，但仍按其名义价值流通，这就意味着“在货币流通中隐藏着一种可能性：可以用其他材料做的记号或用象征来代替金属货币执行铸币的职能”。于是，没有什么价值的纯粹象征性的纸币就出现了。可见，作为流通手段的货币的币材形式的变化，主要是由货币作为流通手段只是一种媒介的特征所决定的。

我国的人民币具有流通手段职能。人民币是我国唯一合法的通货，它代表一定的价值量与各种商品相交换，使各种商品的价值得以实现。人民币的流通具有普遍的接受性、垄断性和独占性。人民币发挥流通手段职能，除要具有与一切商品直接交换的能力外，还需要具有相对稳定的购买力。人民币的购买力是价格的倒数。在我国，人民币购买力的变动是通过物价指数的变动表现出来的。因此，要稳定人民币的购买力，首先要稳定物价。稳定物价的主要因素取决于人民币适量地供给和是否具有满足人民群众需要的各种各样的商品保证。

上面的阐述说明，马克思的货币流通手段职能，着重于说明货币是商品流通的媒介。而媒介流通必须有三方：两个商品所有者，一个货币所有者。商品流通不过是两种商品的物物交换，即从一种使用价值变为另一种使用价值。

(三)贮藏手段

当货币由于各种原因退出流通领域，被持有者当作独立的价值形态和社会财富的绝对化身而保存起来时，货币就停止了流通，发挥贮藏手段职能。马克思把这种现象称为货币的“暂歇”，现代西方学者则将其称为“购买力的暂栖处”。

执行贮藏手段的货币必须既是现实的货币，又是足值的货币。作为价值尺度的货币，可以是观念上的货币；作为流通手段的货币，可以是价值符号；而作为贮藏货币，则必须是实实在在的货币，最典型的形态是贮藏具有内在价值的货币商品，如黄金或铸币。作为贮藏手段的货币，必须退出流通领域，处于静止状态。处在流通领域中的货币发挥流通手段和支付手段的职能，退出流通领域的货币才是执行贮藏手段职能。

随着商品经济的发展，货币贮藏除了作为社会财富的绝对化身外，其作用进一步加强。首先，可以作为流通手段准备金的贮藏，即商品生产经营者为了保持再生产的连续性，能够在不卖的时候也能买，就必须在平时只卖不买，并贮藏货币；其次，可以作为支付手段准备金的贮藏，即为了履行在某一时期支付货币的义务，必须事前积累货币；最后，还可以作为世界货币准备金的贮藏，即作为平衡国际收支差额而用。

贮藏货币具有自发地调节货币流通量的特殊作用。当流通中需要的货币量减少时，多余的货币便自动退出流通状态而进入贮藏状态；当商品流通需要的货币量增加时，部分贮藏货币会加入流通领域以满足其需要。所以，贮藏手段是货币流通中的“蓄水池”。

在市场经济条件下，纸币流通与通货膨胀紧密相连，谁也不愿意贮藏不断贬值的纸币。因此，马克思认为纸币不能作为贮藏手段。但他在分析可以兑换黄金的银行券时指出：“危机一旦爆发，……将会发生对市场上现有的支付手段即银行券的全面追逐。每一个人都想尽量多地把自己能够获得的货币贮藏起来。因此，银行券将会在人们最需要它的那一天从流通中消失。”可见，纸币能不能发挥贮藏手段职能的关键在于它能否稳定地代表一定的价值量。如果货币币值不稳定，便丧失了价值贮藏手段的职能，而贵金属和实物则成为保值工具。

同时还应看到，货币并非唯一的价值贮藏形式，甚至不是最有利的价值贮藏形式。在现代经济中，人们可以通过持有短期期票、债券、抵押凭证、股票、家具、房屋、土地及其他物品来贮藏价值，其中的某些形式还将带来高于储蓄利息的收益或在贮藏过程中增值。这种贮藏价值的多元化形式为后续的银行业和信用制度的形成与扩张提供了客观条件。

在我国人民币币值稳定的前提下，也可以发挥贮藏手段的职能。当然必须指出，人民币发挥贮藏手段的职能与黄金贮藏有不同之处，它有严格的量的限制，如果发行过多，就会出现纸币贬值的问题，不仅现有的人民币不能发挥贮藏手段的职能，就是原有贮藏的部分也将转化为现实的流通手段和支付手段，从而冲击市场。

(四)支付手段

当货币作为价值的独立形态进行单方面转移时，它发挥支付手段的职能。如货币用于清偿债务及支付赋税、租金、工资等所执行的职能。

由于商品经济的不断发展，商品生产和商品交换在时空上出现了差异，这就产生了商品使用价值的让渡与商品价值的实现在时间上分离的客观必然性。某些商品生产者在需要购买时没有货币，只有到将来某一时间才有支付能力。同时，某些商品生产者又亟须出售其商品，于是就产生了赊购赊销。这种赊账买卖的商业信用就是货币支付手段的起源。

与流通手段相比较，货币执行支付手段职能时具有以下几个特点。

(1) 作为流通手段的货币，是商品交换的媒介物；作为支付手段的货币，不是流通过程的媒介，而是补足交换的一个环节。

(2) 流通手段只服务于商品流通，支付手段除了服务于商品流通外，还服务于其他经济行为。

(3) 就媒介商品流通而言，二者虽然都是一般的购买手段，但流通手段职能是即期购买，支付手段职能则是跨期购买。

(4) 流通手段在不存在债权债务关系的条件下发挥作用，而支付手段是在存在债权债务关系的条件下发挥作用。

(5) 商品赊销的发展，使商品生产者之间形成了一个很长的支付链环，一旦某个商品生产者不能按期还债，就会引起连锁反应，严重时会引起大批企业破产，造成货币危机。所以，货币作为支付手段，既促进了商品经济的发展，又导致了商品经济的矛盾复杂化。支付手段职能的出现与扩展为经济危机的可能性变为现实性创造了客观条件。

(五)世界货币

随着国际贸易交往的发展，当货币超越国界并在世界市场上发挥一般等价物作用时，它便是在执行世界货币的职能。理论上讲，世界货币只能是以重量直接计算的贵金属。而铸币和纸币是国家依靠法律强制发行且只能在国内流通的货币，不能真实地反映货币具有的内在价值。但放眼全球，当今世界货币流通领域出现了很多新的现象。许多国家的货币，如美元、日元、欧元等，在国际间发挥着支付手段、购买手段和财富转移的作用。我国人民币具有一定的稳定性，在一定范围内已被用作对外计价支付的工具。同时，黄金仍没有完全退出历史舞台，它仍然是国际间最后的支付手段、购买手段和社会财富的贮藏和转移形式。

货币的五种职能并不是各自孤立存在的，而是具有内在联系的，每一种职能都是货币作为一般等价物的本质的反映。其中，货币的价值尺度和流通手段职能是两种基本职能，其他职能是在这两种职能的基础上产生的。所有商品首先要借助于货币的价值尺度来表现其价格，然后才通过流通手段实现商品价值。正因为货币具有流通手段职能，随时可购买商品，货币能作为交换价值独立存在，可用于各种支付，从而导致人们贮藏货币，使货币执行贮藏手段的职能。支付手段职能是以贮藏手段职能的存在为前提的。世界货币职能则是其他各种职能在国际市场上的延伸和拓展。从历史和逻辑上讲，货币的各种职能都是按顺序随着商品流通及其内在矛盾的发展而逐渐形成的，反映着商品生产和商品流通的历史发展进程。

二、货币的作用

(一)货币与经济活动

我们所处的时代是货币经济的时代。在市场经济条件下，人们生活水平的提高都是通过生产、分配、交换、消费等诸环节加以实现的。而使各环节得以连接的是交换，在商品和劳务的交易中，在储蓄和投资的转换中，在支付清算和信息交易中，货币始终贯穿其中并影响其效率和秩序。

从社会资金的循环过程来看，居民与企业部门、政府部门和商业银行之间的资金循环，以及企业部门与政府部门和商业银行之间的资金循环，商业银行与中央银行和政府部门之间的资金循环，中央银行与政府部门之间的资金循环，都离不开货币的运行(见图 1.2)。货币流通就是这一系列川流不息的货币运动之和。

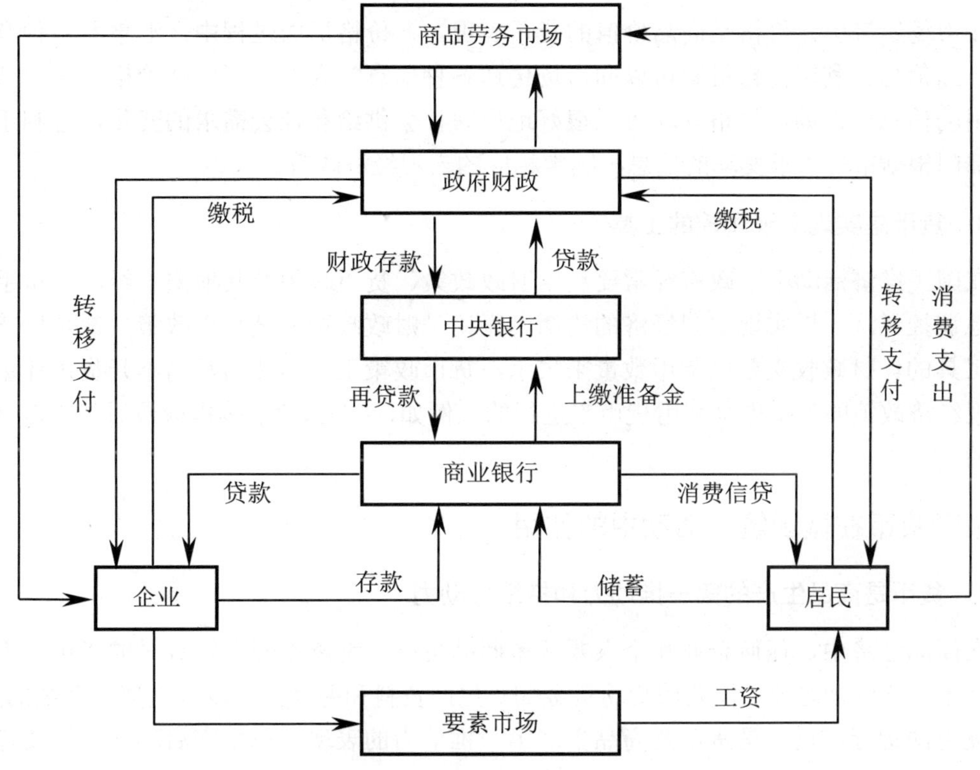

图 1.2　社会资金循环过程

社会资金循环过程告诉我们一个事实：构成国民经济主要部门之间的联系，以及与这些联系相伴随的生产、投资、消费等经济活动都与货币运行的畅通与否密切相关。现代商品经济的实质就是货币经济。

(二)货币在宏观经济活动中的作用

1．货币是提高社会资源配置效率的工具

货币作为一般等价物，是社会财富的代表，谁拥有货币，就意味着他可拥有所需要的和货币价值相等的其他商品、劳务等资源。人们可以利用价格、利率、信贷等和货币直接相关的经济杠杆实现货币资金的分配，调剂资金余缺。通过资金分配和调剂，引导其他社会资源的重新分配，充分发挥现有资源的作用，提高资源配置的效率。如果没有货币，人们通过物物交换来配置资源，其效率将会极其低下。利用货币以及有关的经济杠杆能迅速

实现社会资源的合理配置，并降低交易成本。

2．货币是传递信息的重要工具

在市场经济中，价格是商品价值的货币表现。在价格形成过程中，汇集着各种有关商品经济的信息。利用价格机制可以向市场传递各种信息，人们也可以从价格变化中获取各种有用的信息。例如，价格变动可以很好地反映社会供给和社会需求的变化，有利于政府管理部门根据市场供求变动的信息，制定相应的宏观经济政策。

3．货币是实现宏观调控的工具

在国民经济活动中，政府经常要利用财政政策、货币政策及其他宏观经济政策手段来间接地调控经济，以实现宏观经济的均衡。无论是财政政策还是货币政策，都是以货币为基本工具的。财政收支要以货币数量来表示，货币政策工具的使用都离不开货币计量。考核宏观经济政策的效果也是利用货币来进行的。例如，GDP、NI 等指标最后都是以货币来表示的。

(三)货币在微观经济活动中的作用

1．货币是商品生产的第一推动力和持续推动力

在商品经济中，任何企业和个人要从事商品生产，都离不开一定数量的货币。人们在开始从事生产活动之前，需要用货币资金购买生产资料和劳动力，没有这部分资金的垫付，生产就无法进行，这便是货币是商品生产第一推动力的表现。在生产启动后，需要追加资金，或者商品销售后，商品资本转化为货币资本，投入再生产过程，此时货币就发挥着持续推动力的作用。一旦没有货币，生产过程就难以为继。

2．货币是实行经济核算的工具

由于货币具有价值尺度职能，所以人们可以利用货币作为记账单位来计算成本、价格和利润等，以此衡量微观经济效益的高低。这有利于经营者对经营决策方案做出正确的评价和选择，也便于经营者对生产过程进行监督和控制。

3．货币是实现收入分配的工具

在现行的商品货币经济条件下，企业的收入分配必须借助于货币来实现。企业要利用货币指标考核劳动者劳动的数量和质量，然后根据考核的结果，以货币方式支付报酬，既方便又准确。

【专栏 1-2】货币选票

消费者的消费行为在商品生产这一最基本的经济问题上起决定性作用。这种作用表现为：消费者用货币购买商品是向商品投“货币选票”。“货币选票”的投向和数量，取决于消费者对不同商品的偏好程度，体现了消费者的经济利益和意愿。生产者根据消费者的“货币选票”确定生产的数量、所需的劳动力和所需的生产资料，同时改进技术、降低成本、增加品种等，以满足消费者的需要，最后获得最大利润。在这一过程中，消费者的消费选择做出了巨大贡献。

【启发思考】如何理解“货币选票”？要发挥“货币选票”的作用，须具备哪些条件？(提示：从消费者与生产者两个方面考虑，可以结合供求关系进行思考。)

第三节　货 币 制 度

货币本身是商品生产和交换发展的产物，随着商品生产和交换的发展，货币的形式及货币的发行、流通、使用等也在不断地发生变化，从而形成了不同的货币制度。货币制度是一国经济制度的重要组成部分，同时货币制度的内容也需要与经济发展的水平相适应，并随着社会经济发展做出相应的调整。因此，在人类社会经济不断进步的同时，货币制度也表现出一系列的演变发展过程。

一、货币制度的基本内容

货币制度又称“币制”或“货币本位制”，是指一个国家或地区以法律形式确定的货币流通的组织形式。也就是说，是国家为了保障货币流通的正常进行而制定的货币和货币运动的准则和规范。它的基本内容如下。

(一)货币金属与货币单位

确定用什么金属作为货币材料，是建立货币制度的首要步骤，也是建立整个货币制度的基础。选择什么样的金属作为本位币的币材，就会构成什么样的货币本位制度。这是由国家法律确立的，但要受客观经济发展需要的制约。历史上，一般都先以白银为货币金属，后来随着黄金的大量开采，才过渡到金银并用，并最终使黄金在币材中占据了统治地位。现代各国货币都是信用货币，选择币材的技术意义已超出经济意义，例如，如何防伪等。

货币金属的确定，需要确定货币单位。货币单位是国家法定的货币计量单位。国家法定的每一货币单位所包含的货币金属重量即为价格标准。例如，英国的货币单位为“镑”，按照 1870 年的《铸币条例》，其含金量为 123.274 格令。美国的货币单位是“美元”，根据 1934 年 1 月的法令规定，1 美元含金量为 13.714 格令(合 0.888 671 克)。中国北洋政府 1914 年颁布的《国币条例》规定货币单位为“圆”，1 圆含纯银 6 钱 4 分 8 厘(合 23. 977 克)。

(二)通货的铸造、发行和货币发行准备制度

一个国家的通货，通常分为主币(即本位币)和辅币，它们各有不同的铸造、发行和流通程序。

1. 本位币

本位币亦称主币，是国家法律规定的标准货币。在金属货币制度下，本位币是用一定货币金属按照国家规定的货币单位铸造的铸币。本位币是一个国家的基本通货，是法定的计价、结算货币。例如，英国的英镑、美国的美元，都是本位币。本位币的最小规格通常是 1 个货币单位，如 1 美元、1 英镑。

在金属货币流通的条件下，本位币可以自由铸造。所谓自由铸造有两个方面的含义：其一，每个公民都有权把货币金属送到国家造币厂请求铸成本位币；其二，造币厂代公民铸造本位币，不收费或只收很低的造币费。

本位币的自由铸造具有十分重要的经济意义。首先，自由铸造可以使铸币的名义价值和实际价值保持一致。铸币的实际价值是指铸币本身的金属价值。由于公民可以随时把货币金属送到国家铸币厂请求铸成铸币，所以铸币的名义价值就不能高于其实际价值，否则就必须用法律手段来规定其名义价值；又由于持有铸币的人可以随时将它熔化为金属块，因此铸币的名义价值就不能低于铸币的实际价值，否则人们就会将铸币熔毁，退出流通领域。其次，本位币的自由铸造可以自发地调节货币流通量，使流通中的货币量与货币需要量保持一致。当流通中的货币量不足时，公民会把金属块请求造币厂铸成铸币，投入流通；当流通中的货币量过多时，公民又会自发地将铸币熔化成金属块，退出流通。

本位币除可以自由铸造和自由熔化外，国家法律还规定它具有无限的法定支付能力，即无限法偿。本位币是法定作为价格标准的基本通货。法律规定，在货币收付中无论每次支付的金额多大，用本位币支付时，受款人不得拒绝接受，故称为无限法偿币。

铸币在制造过程中，由于技术上的原因，有时会出现实际的成色和重量同国家规定的标准不符；铸币在流通过程中，由于不断转手而磨损，也会使重量减轻。为了保持货币的名义价值和实际价值一致，各国对于铸币的铸造和磨损都有关于“公差”的规定，即流通币的实际成色和重量同国家规定的标准相比较所能允许的最大差距。如果超过公差，可以请求政府兑换成新铸币。

2．辅币

辅币是本位币以下的小额通货，供日常零星交易与找零之用。辅币一般用较贱金属铸造，其所包含的实际价值低于其名义价值，为不足值的铸币。但国家以法令形式规定在一定限额内，辅币可与本位币自由兑换，这就是辅币的有限法偿性。辅币不能自由铸造，只准国家铸造；而铸币收入为国家所有，是国家财政收入的重要来源。为防止辅币充斥市场，国家除规定辅币为有限法偿货币外，还规定用辅币向国家纳税不受数量限制，用辅币向政府兑换本位币不受数量限制。

在商品经济发展速度大大超过贵金属产量增长速度的情况下，金属铸币不能满足商品流通对流通手段和支付手段日益增长的需要，于是就出现了银行券和纸币。

银行券是在商业信用基础上，由银行发行的信用货币。最早的银行券出现于 17 世纪，用来替代商业票据。当商品经济发展到一定阶段后，由于信用交易产生了商业票据，一些持票人因急需现金而到银行要求贴现，银行就付给他们银行券。这样，银行券就通过银行放款的程序投入了流通。同时，银行券的发行应有信用保证(票据保证)和黄金保证。持券人可随时向发行银行兑换金属货币。但自 1929—1933 年世界经济危机后，各国中央银行发行的银行券都不能兑现，它的流通已不再依靠银行信用，而是单纯靠国家政权的强制力量，从而使银行券纸币化。

纸币是银行和政府发行并依靠其信誉和国家权力强制流通的价值符号。现在的纸币，其前身就是可兑换的银行券。但纸币并不需要黄金准备，可以用来弥补财政赤字，因而就可能导致通货膨胀。

3．货币发行准备制度

为了稳定货币，各国货币制度中都包含准备制度的内容。准备制度是指一国货币发行的物质基础。在实行金本位制的条件下，准备制度主要是建立国家的黄金储备，这种黄金储备保存在中央银行或国库。黄金储备主要有三项用途：第一，作为国际支付手段的准备金，也就是作为世界货币的准备金；第二，作为时而扩大时而收缩的国内金属流通的准备金；第三，作为支付存款和兑换银行券的准备金。目前，各国均实行不兑现的信用货币流通制度，金银已退出货币流通领域，黄金准备的后两个作用已经消失。黄金作为国际支付准备金的作用依然存在，形式却发生了变化，已不再像金本位制时期那样，按货币含金量用黄金作为最后弥补国际收支逆差的手段，而是当一个国家出现国际收支逆差时，可以在国际市场上抛售黄金，换取自由外汇，以平衡国际收支。

目前，各国中央银行发行的信用货币虽然不能再兑换黄金，但仍然保留着发行准备制度。各国准备制度不尽相同，但归纳起来，作为发行准备金的有黄金、国家债券、外汇等。

【专栏 1-3】是否可以拒收这笔存款

2007 年 9 月 10 日上午 11 点左右，山东省王女士带着总计 50 万元的 1 元钞，来到济南一家银行存款，结果银行拒绝收款，原因是钱太碎，点起来麻烦。

前天下午，记者来到该银行，只见大厅的一个存取款窗口前，堆了 10 个鼓鼓囊囊的白色编织袋，一些编织袋已经打开，一捆捆 1 元纸钞摆了一地。“一叠是 100 元，一捆 1000 元，每个袋里是 50 捆，也就是 5 万元，十袋总共 50 万。”王女士介绍道。怎么会有这么多 1 元钞呢？“这是从公交公司收到的货款。”王女士说，“我是四川某科技公司工作人员。我们为公交公司提供设备，这 50 万是他们刚给的货款。拉来以前，公司已经将钱成叠成捆整理好了，没想到被银行拒收。”

对此，该银行一位负责人解释道：“不是我们要拒收，而是该储户没有预约，到银行后他们先从排队机里领了很多号，随即把成捆的 1 元钞堆在窗口，各个存取柜台都占满了，严重影响正常业务。”2 号窗口业务员介绍，自己近 5 小时才点了一万多元。

(资料来源：北京晨报，2007-09-12)

【启发思考】银行是否可以拒收这笔 50 万的一元钞存款？为什么？

二、货币制度的演变

货币制度自产生以来，从其存在形态看，经历了银本位制、金银复本位制、金本位制、不兑现的信用货币制度四大类型。

(一)银本位制

银本位制是出现最早的货币制度，而且持续的时间也比较长。在银本位制中，白银是本位币的币材，银币具有无限法偿能力，可以自由铸造和熔化，其名义价值与实际价值相等。银本位分为银两本位与银币本位。银两本位是以白银的重量单位——两作为价格标准，实行银块流通的货币制度。银币本位则是以一定重量和成色的白银铸成一定形状的本位币从而实行银币流通的货币制度。

在银本位制盛行的时代，大多数国家实行银币本位，只有少数国家实行银两本位。例如我国于 1910 年宣布实行银本位制，但实际上是银圆和银两混用。这种情形一直持续到 1933 年，当时的国民党政府宣布“废两改圆”，实行银圆流通。

资本主义的发展使得大规模的贸易增多，白银的体积大但价值低，因此不能适应经济发展的客观需要。19 世纪以后，随着生产白银的劳动生产率不断提高，白银的价值不断降低，金与银之间的比价大幅度地波动，影响了经济的稳定发展。许多国家因此而纷纷放弃了银本位制。

(二)金银复本位制

金银复本位制是指以金和银同时作为币材的货币制度。在这种制度下，金银两种铸币都是本位币，均可自由铸造，两种货币可以自由兑换，并且两种货币都是无限法偿货币。金银复本位制盛行于16—18世纪资本主义国家发展初期。这一时期，资本主义的商品生产和流通进一步扩大，交易额也不断增加。一方面，小额交易需要更多的白银；另一方面，越来越多的大额交易使黄金的需求量扩大。同时，黄金的供给量也由于人工开采的增加而增加，使金银复本位制代替银本位制成为可能。

复本位制按金银两种货币的不同关系又可分为平行本位制、双本位制和跛行本位制。

1. 平行本位制

平行本位制是金银两种货币均各按其所含金属的实际价值任意流通的货币制度。国家对金银两种货币之间的交换比例不加固定，而由市场上自发形成的金银比价自行确定金币与银币的比价。但由于市场机制形成的金银比价因各种原因而变动频繁，造成交易的混乱，因而这种平行本位制极不稳定。

2. 双本位制

双本位制是指国家以法律形式规定金银两种货币的比价，两者按法定的比例流通。双本位制试图克服平行本位制下金币和银币比率频繁变动的缺陷，但实际上事与愿违，这样反而形成了国家官方金银比价与市场自发金银比价平行存在的局面，而国家官方比价相对于市场自发比价，显然缺乏弹性，不能快速依照金银实际价值比进行调整。因此，当金币与银币的实际价值与名义价值相背离时，实际价值高于名义价值的货币(即良币)通常被收藏、熔化而退出流通，实际价值低于名义价值的货币(即劣币)则充斥市场，即所谓的“劣币驱逐良币”，这一规律又称“格雷欣法则”。因此，在某一时期，市场上实际上只有一种货币在流通，很难有两种货币同时并行流通的情况。这也成了许多国家向金本位制转变的动因。

3. 跛行本位制

跛行本位制是指国家规定金币可自由铸造而银币不允许自由铸造，并且金币与银币可以按固定的比例兑换。实际上，银币已经降为金币的附属地位，因为银币的价值通过固定的比例与金币挂钩，而金币是可以自由铸造的，其价值与本身的金属价值是一致的。因此，从严格的意义上来说，跛行本位制只是复本位制向金本位制的过渡形式。

与银本位制相比，金银复本位制具有其先进之处：金银并用满足了当时生产扩大对通货的需求，金币与银币的价值高低不同，可以分别适用于批发交易和小额交易。但是金银复本位制是一种不稳定的货币制度，因为货币作为一般等价物是具有独占性和排他性的。随着黄金产量的增加和经济的发展，西方各资本主义国家先后过渡到金本位制。

(三)金本位制

金本位制又称“金单本位制”，它是以黄金作为本位货币的一种货币制度，主要有金币本位制、金块本位制和金汇兑本位制三种形式。

1. 金币本位制

金币本位制是典型的金本位制。在这种制度下，国家法律规定以黄金作为货币金属，即以一定重量和成色的金铸币充当本位币。在金币本位制条件下，金铸币具有无限法偿能力。它具有以下三个特点。

(1) 金币可以自由铸造和自由熔化，而其他铸币包括银铸币和铜镍币则限制铸造，从而保证了黄金在货币制度中处于主导地位。

(2) 价值符号(包括辅币和银行券)可以自由兑换为金币，使各种价值符号能够代表一定数量的黄金进行流通，以避免出现通货膨胀现象。

(3) 黄金可以自由地输出/输入国境。黄金可以在各国之间自由转移，从而保证了世界市场的统一和外汇汇率的相对稳定。

最早实行金币本位制的国家是英国。18世纪末至19世纪初，英国经济迅速发展后首先过渡到金币本位制。英国政府于1816年颁布法令，正式采用金币本位制。之后，欧洲各国纷纷效仿。德国于1871—1873年实行金币本位制，丹麦、瑞典和挪威均于1873年开始实施。美国在经过巨大的努力仍无法克服金银复本位制的不稳定性后，于1900年也实施了金币本位制。

从历史上看，金币本位制对于各国商品经济的发展与世界市场的统一都起着重大的推动作用，其稳定的货币自动调节机制无疑是高效率的。但随着资本主义社会固有矛盾的加深和世界市场的进一步形成，金币本位制的基础受到了严重的威胁，并最终导致金币本位制的终结。首先，各资本主义国家的政治经济发展极不平衡，尤其是第一次世界大战之后，各资本主义国家之间的矛盾更加尖锐化，由于少数国家拥有大量的黄金储备，而只拥有少量黄金的国家在政策上限制黄金的输出，因此金币本位制实际上已经不复存在。其次，近现代以来，资本主义经济迅速发展，对黄金的需求也日益增加，但黄金的开采由于种种原因不可能相应地快速增长，使得供给满足不了需求。这在一定程度上也影响了金币本位制在资本主义社会的“前途”。因此，为解决上述困难，金块本位制和金汇兑本位制相继出现了。

2. 金块本位制

金块本位制是指国内不准铸造和不准流通金币，只发行代表一定黄金量的银行券或纸币来流通的制度。金块本位制虽然没有金币流通，但在名义上仍然为金本位制，并对货币规定含金量。在金块本位制的条件下，虽然不允许自由铸造金币，但允许黄金自由输入/输出，或外汇自由交易。银行券是流通界的主要通货，但不能直接兑换金币，只能有限度地兑换金块。英国在 1925 年规定银行券每次至少兑换 400 盎司黄金(1700 英镑)；法国于 1928 年规定至少需 21.5 万法郎才能兑换黄金。这么高的兑换起点，实质上等于剥夺了绝大多数人的兑换权利，从而限制了黄金的兑换范围。实行金块本位制可节省黄金的使用，减少对黄金的履行准备量的要求，暂时缓解黄金短缺与商品经济发展之间的矛盾，可是并未从根本上解决问题。金块本位制实行的条件是保持国际收支平衡和拥有大量的平衡国际收支的黄金储备。一旦国际收支失衡，大量黄金外流或黄金储备不够支付时，这种虚弱的金本位制就难以维持。1930 年以后，英国、法国、比利时、荷兰、瑞士等国在世界性经济危机袭击下，先后放弃了这一制度。

3. 金汇兑本位制

在金汇兑本位货币制度下，市场上没有金币流通，货币单位规定含金量，国内流通纸币或银行券，但它们在国内不能直接兑换黄金，只能换取外汇，这些外汇可以兑换黄金。实行金汇兑本位制的国家实际上是使本国货币依附在一些经济实力雄厚的外国货币上，处于附庸地位，从而货币政策和经济都受这些实力强的国家左右。同时，附庸国家向实力强的国家大量提取外汇准备或兑取黄金也会影响后者的币制稳定。

金汇兑本位制和金块本位制都是一种残缺不全的本位制，实行的时间并不长，在 1929—1933 年世界性经济危机的冲击下都相继崩溃了。从此，资本主义世界除个别国家外，也都纷纷告别金本位制，而实行不兑现的信用货币制度。

(四)不兑现的信用货币制度

不兑现的信用货币制度是指以不兑换黄金的纸币或银行券为本位币的货币制度。银行券开始是有黄金和信用双重保证的，可以兑换黄金或白银，但在金本位制全面崩溃以后，流通中的银行券不再兑换金银，这时，银行券已完全纸币化了。不兑现的信用货币——纸币，代替黄金成为本位币，黄金完全退出货币流通，这种现象叫作黄金的非货币化，具有非常重要的意义。政府不再只是经济运行的守夜人、旁观者，而是可以利用纸币发行、流量来调节干预经济的参与者、操纵者，战后资本主义世界中只靠亚当·斯密的“看不见的手”来引导经济运行的国家几乎没有。

不兑现的纸币一般是由中央银行发行，国家法律赋予无限法偿能力。流通中全部是不兑现的纸币，黄金已经不用于国内流通。由于纸币与黄金毫无联系，货币的发行一般根据国内的经济需要由中央银行控制。信用货币是银行对货币持有人的负债，通过银行放款程序投入到流通领域中。如果银行放松银根，信用货币投放过多，就可能出现通货膨胀、物价上涨；如果紧缩银根，就可能出现通货紧缩、物价下跌。可见信用货币流通量的多少能够影响经济的发展，在这种货币制度下，国家对银行信用的调节和管理尤为重要。国家因此应对银行信用加以调控，达到其政策目的，保证货币流通量适应经济发展的需要。

当代社会通行的信用货币本位制的历史很短，就其本身而言，仍有许多不完善之处，但是这种货币制度却创造了货币对经济调节的“弹性”作用，适应商品生产与交换的发展，显示了较为优越的特性，从而具有强大的生命力。

三、我国的货币制度

(一)中国的货币历史

四五千年以前，海贝在中国的新石器时代晚期就已经取得了实物货币的地位。在中国殷商时代的中晚期，已经有了原始的金属铸币——青铜仿制的海贝，这表明中国早期的铸币孕育于青铜时代，诞生于公元前 14 世纪至前 11 世纪，距今已有 3100 年以上的历史。在西周时代(公元前 11 世纪至前 8 世纪)，青铜块成为中国普遍使用的一种称量货币。

春秋战国时代(公元前 770 世纪至前 221 年)，由于诸侯割据，逐步形成了区域性货币。不同地区的铸币，它们的器形、重量、文字标志、货币单位、合金成分都不一样。战国中期以后，秦国的主要货币是“半两”方孔圆钱。公元前 221 年，秦统一中国，秦始皇把他的货币制度推广到全国，于是货币也得到了统一。

西汉武帝时期，确立了法定铜钱重五铢的制度，并且第一次推行中央集权的政策，由上林三官负责铸钱。王莽篡权以后，推行大钱制度，于是在中国货币史上第一次出现了当千、当五千的大钱，并且恢复了布币、刀币等钱制。但它只是昙花一现，汉光武帝重建东汉政权以后，很快便恢复了五铢钱制。从此，五铢钱一直沿用到隋末唐初。

西汉是中国历史上使用黄金最多的时期，金币的器形仿照马蹄形状，故称为马蹄金和麟趾金。唐高祖武德四年开始铸行的开元通宝钱，开创了中国货币史上的宝货制时期，从此铸币不再以重量命名，彻底摆脱了称量货币的影响。

用年号作为钱铭，在中国货币史上最早出现于十六国时期的“汉兴”钱，即汉兴年间(338—343 年)铸行的钱币。但年号钱真正盛行是唐宋以后的事情，到北宋淳化(990—994 年)以后，一般情况下，每更换一次年号，便会改铸新钱。

两宋(960—1279 年)是中国古代铸币的巅峰时期，不仅铸币的数量最多、品种复杂，而且铸钱工艺技术的运用也达到了炉火纯青的程度。

中国在唐朝以前，白银的使用是很有限的。白银真正取得价值尺度的地位，是在明英宗正统年间。到清道光以后，才有了自铸的地方银元。光绪十五年广东试铸光绪元宝大龙图案的机制银元以后，各省才竞相仿制，广为流通。而银元作为真正统一的国币，是民国三年发行袁世凯头像的银元以后，到民国二十四年实行法币政策为止，只有20多年的时间。

元朝以后，中国铜铸币的制作趋向简单，而且钱币的名称也多以“通宝”铭名。明朝中期以后，铜钱逐渐改为黄铜铸币，从此结束了青铜铸币的历史。

中国的古钱一直采取浇铸工艺，方孔圆钱的形制则一直沿用到清末民国初年。清光绪二十六年，在广东首先制造了新式的机制铜圆，很大程度上取代了方孔圆钱。机制铜圆只有短短三十几年的历史。

中国的纸币产生于北宋时期，称为交子。北宋仁宗天圣元年(1023年)，政府正式发行官交子，以取代私交子，这便是由政府发行的最早的纸币。早期的纸币，名目繁杂，制度也不规范，经过宋、金时期的实践之后，到元朝(1279—1368年)，纸币成为中国的主要通货，这对西方也曾经有过很大的影响。到明朝(1368—1644年)纸币名称统一为“大明通行宝钞”。清朝曾一度禁行纸币，到咸丰三年，因财政拮据，才又重新发行“大清宝钞”和“户部官票”。对于这些古代的纸币，钱币界统称为古钞。中国的新式纸币，出现于清光绪二十一年(1895年)，即由北洋铁轨官路总局和台湾先后发行的银元票。光绪二十三年成立的中国通商银行是中国最早的银行，从此中国才有了银行发行的兑换券。1948年12月，中国人民银行成立，开始发行人民币，并于1979年开始发行贵金属纪念币，建立了较为完善的人民币发行体系。

(二)人民币制度

《中华人民共和国中国人民银行法》规定：“中华人民共和国的法定货币是人民币。”1948年12月1日中国人民银行成立时，开始发行第一套人民币。1955年3月1日开始发行第二套人民币。1962年4月20日开始发行第三套人民币。1987年4月27日开始发行第四套人民币。1999年10月1日开始发行第五套人民币。目前第一、二、三套人民币都已经停止流通，市场上流通的人民币以第五套为主，还有少量第四套人民币。

人民币在我国社会主义经济建设和人民生活中发挥了重要作用。人民币制度主要包括以下一些基本内容。

(1) 人民币是我国的法定货币，以人民币支付我国境内的一切公共的和私人的债务，任何单位和个人不得拒收。人民币没有法定含金量，也不能自由兑换黄金。

(2) 人民币的单位是“元”，元是主币，辅币的名称是“角”和“分”，1元等于10角，1角等于10分。

(3) 人民币由中国人民银行统一印制、发行。国务院每年在国民经济计划综合平衡的基础上，核准货币发行指标，并授权中国人民银行发行。

(4) 禁止伪造、变造人民币。禁止出售、购买伪造或变造的人民币。禁止故意损毁人民币。禁止在宣传品、出版物或其他商品上非法使用人民币图样。

(5) 任何单位和个人不得印制、发售代币票券以代替人民币在市场上流通。

(6) 残缺、污损的人民币，按照中国人民银行的规定兑换，并由中国人民银行负责收回、销毁。

(7) 中国人民银行设立人民币发行库，在其分支机构设立分库。分库调拨人民币发行基金，应当按照上级库的调拨命令办理。任何单位和个人不得违反规定，动用发行基金。

(8) 对人民币的出入境实行限额管理。

上述内容均以法律、法规的形式予以公布，加以规范实施。

(三)一国两制下的地区货币制度

1997 年和 1999 年我国香港和澳门相继回归祖国后，出现了人民币、港币、澳元“一国三币”的特有历史现象。

根据《中华人民共和国香港特别行政区基本法》和《中华人民共和国澳门特别行政区基本法》，港币和澳元分别是香港特别行政区和澳门特别行政区的法定货币。中国人民银行不在两地设立派出机构，而由香港特别行政区和澳门特别行政区政府及其有关机构制定和执行其货币政策。人民币和港币、澳元的关系，是在一个国家的不同社会经济制度区域内流通的三种货币，它们所隶属的货币管理当局各按自己的货币管理方法发行和管理货币。当然，一旦人民币实现了在资本项目下的完全自由兑换，“一国三币”的特殊历史现象就会逐步消失。

1. 香港地区货币制度

香港地区货币制度可以追溯到 1866 年前后，当时市面上流通的有 1 元、半元等银元港币。1872 年，当时的香港政府为防止银元外流，授权汇丰银行印发纸币，代替银元在市面上流通，最先发行的纸币是 1 元面额的港元。规定 1 港元纸币可兑换 1 枚银元。1935 年，港英当局对货币体制进行了较大的改革：一面跟随中国放弃银本位制；一面修正各银行发行纸币条例，设立外汇基金制，作为发行纸币最有力的保证。根据 1935 年颁布的《1 元券货币条例》，港英当局又发行了 1 元面额纸币及辅币，辅币为铜镍合金的硬币。后来还发行了 5 元、2 元、1 元、5 角、1 角的硬币和 1 分的纸币。当时香港发行的港元可分为两类：一是由汇丰银行和渣打银行发行的纸币；二是由港英当局发行的纸币、硬币。1994 年 5 月 1 日，中方根据 1985 年中英双方达成的协议，中国银行在香港首次发行 30 亿港元，占香港现钞流通总量的4%，并逐步增加到60亿港元，1996年达100亿港元。中国银行发行一套纸币共5种面额，未发行硬币。

2. 澳门地区货币制度

1553年，葡萄牙殖民者侵占澳门，当时澳门使用的货币是中国的银元和铜钱。1906年1月27日，大西洋银行代表澳门政府首次在澳门发行纸币，1982年1月1日成为正式发行机构，1994年8月23日，中国银行澳门分行宣布参与澳门钞票发行工作，1995年10月16日，中国银行在澳门正式发钞。1999年12月20日，在澳门回归日当天，中国银行再次发行新版澳门钞票，一套5种面额纸币，图案未变，仅发行时间做了改动。

3. 台湾地区货币制度

台湾是中国的一个省，1949年国民党政权失败后逃到台湾，并继续发行国民党货币，后称新台币。半个世纪来新台币曾多次更替版别，仅在台湾省区流通。

【专栏1-4】第五套人民币

1999年10月1日，在中华人民共和国建国50周年之际，根据中华人民共和国国务院第268号令，中国人民银行陆续发行第五套人民币。第五套人民币共8种面额：100元、50元、20元、10元、5元、1元、5角、1角。第五套人民币根据市场流通中低面额主币实际起大量承担找零角色的状况，增加了20元面额，取消了2元面额，使面额结构更加合理。1999年10月1日，首先发行了100元纸币；2000年10月16日发行了20元纸币、1元和1角硬币；2001年9月1日，发行了50元、10元纸币；2002年11月18日，发行了5元纸币、5角硬币；2004年7月30日，发行了1元纸币。

为提高第五套人民币的印刷工艺和防伪技术水平，经国务院批准，中国人民银行于2005年8月31日发行了第五套人民币2005年版100元、50元、20元、10元、5元纸币和不锈钢材质1角硬币。

第五套人民币继承了我国印制技术的传统经验，借鉴了国外钞票设计的先进技术。在原材料工艺方面做了改进，提高了纸张的综合质量和防伪性。固定水印立体感强、形象逼真。磁性微文字安全线、彩色纤维、无色荧光纤维等在纸张中有机运用，并且采用了计算机辅助设计手工雕刻、电子雕刻和晒版腐蚀相结合的综合制版技术。特别是在二线和三线防伪方面采用了国际通用的防伪措施，为专业人员和研究人员鉴别真伪提供了条件。与第四套人民币相比，第五套人民币的防伪技能由十几种增加到二十多种，主景人像、水印、面额数字均较以前放大，便于群众识别。第五套人民币应用了先进的科学技术，在防伪性能和适应货币处理现代化方面有了较大提高。

第五套人民币各面额正面均采用毛泽东同志新中国成立初期的头像，底衬采用了我国著名花卉图案，背面主景图案分别选用了人民大会堂、布达拉宫、桂林山水、长江三峡、泰山、杭州西湖。通过选用有代表性的印有民族特色的图案，充分表现了我们伟大祖国悠久的历史和壮丽的山河，弘扬了伟大的民族文化。

(资料来源：中国人民银行网站，http://www.pbc.gov.cn/detail_frame.asp?col=1111&id=141&keyword=&isFromDetail)

【专栏1-5】纪念币

纪念币是具有特定主题、限量发行的人民币。它分为普通纪念币和贵金属纪念币。中国人民银行从1984年发行第一套普通纪念币至今，共发行了57套72枚(张)普通纪念币，总发行量约6.9亿枚(张)。这些纪念币选题丰富多彩，设计独具匠心，规格材质多种多样，图案新颖美观，面额不等。题材有事件、会议、人物、动物，涉及政治、法律、体育、教育、环保、金融等多方面，将中华人民共和国50多年的辉煌成就及重要事件浓缩于纪念币的方寸之间。这些纪念币(见图1.3)是我国人民币系列的重要组成部分，丰富和完善了我国的货币制度，弘扬了我国的货币文化，并不断探索和创新，为促进商品流通和经济发展、扩大对外交流发挥了积极作用。

图1.3　第29届奥林匹克运动会普通纪念币图案(部分)

(资料来源：中国人民银行网站，http://www.pbc.gov.cn/detail_frame.asp?col=1111&id=141&keyword=&isFromDetail)

本章小结

货币与货币制度	货币的本质与形式	• 货币是商品生产和商品交换长期发展的产物。在商品交换的历史长河中，历经价值形式的演进，从商品中分离出一种充当一般等价物的特殊商品，这就是货币 • 货币是一般等价物这个本质特征表明，货币是表现一切商品价值的材料，是商品世界唯一的核算社会劳动的工具；货币具有特殊的使用价值，即无条件地和一切商品直接交换的能力。货币的这种本质特征是不会改变的，否则就不称其为货币，但货币存在的形式是随着商品经济的发展不断变化的
	货币的职能与作用	货币的职能是货币本质的具体表现，是随着商品流通及其内在矛盾的发展而逐渐形成的。货币具有价值尺度、流通手段、价值贮藏手段、支付手段和世界货币五大职能。其中价值尺度和流通手段是两个基本职能，其他职能是在这两个职能的基础上产生的
	货币制度	货币制度是一个国家以法律形式规定的货币流通的组织形式，货币制度的演变反映了商品经济的发展变化

习　题

一、名词解释

1. 劣币驱逐良币
2. 本位货币
3. 货币制度
4. 信用货币
5. 代用货币
6. 一般等价物

二、单项选择题

1. 实物货币是指(　　)。
   A. 没有内在价值的货币　　B. 不能分割的货币
   C. 专指贵金属货币　　D. 作为货币价值与普通商品价值相等的价值
2. 劣币是指实际价值(　　)的货币。
   A. 等于零　　B. 等于名义价值

C．高于名义价值　　D．低于名义价值

3．本位货币是(　　)。

A．一个国家货币制度规定的标准货币　　B．本国货币当局发行的货币

C．以黄金为基础的货币　　D．可以与黄金兑换的货币

4．跛行本位制是指(　　)。

A．银币的铸造受到控制的金银复本位制

B．金币的铸造受到控制的金银复本位制

C．以金币为本位货币的金银复本位制

D．以银币为本位货币的金银复本位制

5．典型的金本位制是(　　)。

A．金块本位制　　B．金汇兑本位制

C．虚金本位制　　D．金币本位制

6．本位货币在商品流通和债务支付中具有(　　)的特点。

A．有限法偿　　B．无限法偿

C．债权人可以选择是否接受　　D．债务人必须支付

三、问答题

1．你的生活中是否可以缺少货币？货币在生活中发挥了什么作用？

2．货币的形态是如何演变的？这种演变有什么内在规律？请你设想未来世界的货币可能是什么形式。

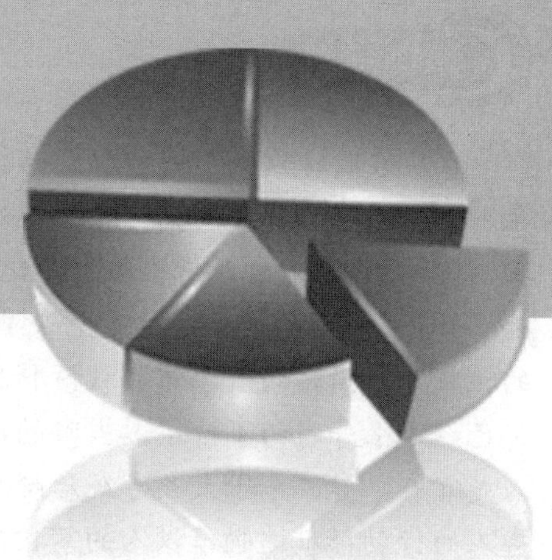

第二章　信　用

本章精粹

- 信用概述
- 现代信用的形式
- 信用工具

案例导入

春秋战国时期关于放债取息的事情在很多古籍中的记载就更加明确了。如公元前544年，宋国发生饥荒，大夫司城子罕建议平公“出公粟以贷”并命令大夫都参加借贷，做到了“宋无饥人”，自己贷出粮食不记账，还替无粮的大夫承担贷粮任务。《晋语》中有晋文公“弃责(债)”的话，也就是免除了债务。《管子》中的《轻重丁篇》也有关于借贷粟和钱的记载。战国时的孟尝君靠放债取息来豢养三千食客。这些记载都说明借贷行为在战国时期已经是很普遍的事情了。当时的借贷基本上都是信用放款，没有什么抵押品，因为放款人是官府、贵族、士大夫等统治阶层，而借款的都是农民、猎户、渔户等被统治阶级，债务人的行动很难逃脱债权人的掌控，他们离开所依附的土地就难以谋生。孟尝君曾放债于薛，薛是他的封地，借款的对象都是他所辖的子民，孟尝君对他们的财产和人身可以任意处分，借款抵押品就没有存在的必要了。关于高利贷，春秋战国时期也有明确的记载，上文说的孟尝君就是一个高利贷者，一年的利息收入超过10万钱。这个时期的私人借贷一般没有契约或凭证，但也有少数采用契约方式的，即由债务人出一张券契，分割两半，各持半张，到期合券以偿。孟尝君放债于薛就采用券契的方式。

学习目标

随着市场经济的发展，信用与货币、银行等金融问题的联系越来越紧密，对社会经济的发展起着越来越重要的作用。通过本章的学习，要求了解信用关系的产生与发展进程，理解信用的本质；掌握信用的表现形式及各类信用工具；分析信用在经济发展中的重要作用。

关键词　信用　信用形式　信用工具

第一节　信用概述

从经济学的角度来说，信用是商品经济发展的产物。早在原始社会末期，信用就随着生产力的发展而萌芽，只不过形式非常单一，仅仅是简单的物物交换。伴随商品经济的发展，以及社会生产力的不断进步，为了适应经济与经济市场参与者的需求，信用衍生出多种方式，成为市场经济不可或缺的一部分。

一、信用的概念

“信用”一词源于拉丁文 credere，意为信任、相信、恪守诺言等。信用的概念有广义和狭义之分。

广义的信用通常表现为一个伦理学范畴。从伦理角度理解“信用”，它实际上是指“信守承诺”的一种道德品质。人们在日常生活中讲的“诚信”“讲信用”“一诺千金”“君子一言，驷马难追”等实际上反映的就是这个层面的意思。从这个层面来看信用，它对一个国家、一个民族都是至关重要的，因为只有讲信用，一个社会才能够形成一个良好的社会“信用结构”，而这个信用结构是社会正常运转的重要基础。

狭义的信用属于三个范畴：经济学的范畴、法律学的范畴、货币学的范畴。在经济学中，所谓信用，就是用契约关系保障本金回流和增值的价值运动。信用是和商品生产、货币经济相联系的范畴，是一种体现特定经济关系的借贷行为。当商品通过赊销而让渡货币执行支付手段的职能时，信用随之产生。无论是商品买卖中的预付款还是延期付款以及直接的货币借贷，一般而言，都是以偿还为条件的价值的特殊运动形式。这种特殊的运动形式是以偿还为条件的付出，它依托在货币或商品的基础上，形成贷和借的运动。

通常，信用这个概念包括以下三层含义。

(1) 以信任为基础。相信对方而敢于托付的行为。如果不信任，也就不存在信用。

(2) 以让渡商品或货币为内容。即自己有商品或货币，才能借给别人。如果没有，也就没有信用内容。

(3) 信用具有两个基本特征中，即“偿还”和“付息”，两者缺一不可。即信用以偿还为前提条件，到期必须偿付；而且偿还时带有一个增加额，即利息。无条件地让渡财物为“赠送”，仅以偿还为条件的让渡财物为“借给”，以对换为条件的让渡为“交换”，这些都不是信用。

二、信用的存在形态

据有关信用的历史资料记载，信用一直是以实物借贷和货币借贷两种形态存在的。在自然经济占主导地位的社会中，即以货币为媒介的商品交换关系尚未充分发展之前，当某一个体需要其他个体的某些产品，而目前尚无剩余产品同其交换或无力购买时，便以将来偿还该产品或以其他产品为条件来交换该产品，这便是实物借贷。这种借贷属于特定社会条件下的小农经济形式。随着商品货币关系的发展，货币逐渐成为借贷关系的主要对象，但是，货币借贷始终未能取代实物借贷。在一些落后的国家和地区，实物借贷仍然相当广泛地存在着。只有当资本主义经济关系充斥整个经济生活时，或者说商品货币关系已成熟地渗透于经济生活的方方面面时，实物借贷才会正式退出历史舞台。

三、信用活动的构成要素

一般来讲，信用活动具有以下三个基本要素。

(一)债权人与债务人

任何信用要得以成立，必须至少有两个当事人：一方是借入的债务人；另一方是贷出的债权人。债务和债权是构成信用关系，组成信用这一经济现象的第一要素。离开了债权债务关系，就无所谓信用。具体而言，债权人与债务人可以是个人、企业、政府、金融机构等不同经济活动主体。

(二)时间间隔

信用关系不同于买卖关系。买卖关系是一手交钱，一手交货，钱货两清，不存在时间间隔。信用是价值在不同时间的相向运动，信用活动的发生必然具有资金转移的时间间隔，它是构成货币单方面让渡与还本付息的基本条件，时间的间隔是信用关系得以确立的第二要素。

(三)信用工具

信用关系的形成与发展分为三个阶段：第一阶段的信用以口头承诺、账面信用为依据，尚未使用正式的信用工具；第二阶段的信用关系是以正式的书面凭证为依据，如借贷契约、债务凭证等，这些构成了真正的信用工具；第三阶段为信用工具流动化的阶段，即各种信用工具，如债券、票据等都可以上市流通转让。因此，信用工具是现代信用得以正常发展的第三要素。

四、信用的产生与发展

从逻辑上讲，私有财产的出现是借贷关系产生的前提条件。没有私有权的存在，借贷就无从谈起，贷出货币不必讨回，借的货币无须顾虑偿还能力，相应的利息更属无稽之谈。

私有制出现以后，社会分工不断发展，大量剩余产品不断出现。私有制和社会分工使得劳动者各自占有不同的劳动产品，而剩余产品的出现则使交换行为成为可能。随着商品生产和交换的发展，商品流通出现了矛盾，“一手交钱、一手交货”的方式由于受到客观条件的限制经常发生困难。例如，一些商品生产者出售商品时，购买者却可能因自己的商品尚未卖出而无钱购买。于是，赊销(即延期支付)的方式应运而生。赊销意味着卖方对买方未来付款承诺的信任，意味着商品的让渡和价值实现发生时间上的分离。这样，买卖双方除了商品交换关系之外，又形成了一种债权债务关系(即信用关系)。当赊销到期、支付货款时，货币不再发挥其流通手段的职能而只充当支付手段，这种支付是价值的单方面转移。正是由于货币作为支付手段的职能，使得商品能够在早已让渡之后独立地完成价值的实现，从而确保了信用的兑现。整个过程实质上就是一种区别于实物交易和现金交易的交易形式(即信用交易)。

后来，信用交易超出了商品买卖的范围。作为支付手段的货币本身也加入了交易过程，出现了借贷活动。从此，货币的运动和信用关系联系在一起，并由此形成新的范畴——金融。现代金融业正是信用关系发展的产物。在市场经济发展初期，市场行为的主体大多以延期付款的形式相互提供信用，即商业信用；在市场经济较发达时期，随着现代银行的出现和发展，银行信用逐步取代了商业信用，成为现代经济活动中最重要的信用形式。

信用交易和信用制度是随着商品货币经济的不断发展而建立起来的；进而，信用交易的产生和信用制度的建立促进了商品交换和金融工具的发展；最终，现代市场经济发展成为建立在错综复杂的信用关系之上的信用经济。

【专栏 2-1】“校园一卡通”的魅力

近年来，“校园一卡通”在很多大学校园里悄然流行，这小小的“一卡通”使大学生的校园生活变了样。过去，校园购物、食堂就餐、校内看病、机房上机都要交现金；现在，只要将卡在 POS 机上轻轻一刷，转瞬间即可结清各种名目的账目。难怪很多大学生们都说：“校园一卡通真爽！”

【启发思考】现金消费和刷卡消费有什么不同？怎样才能让刷卡消费比现金消费更加简单、方便、高效和安全？你认为哪种方式最可取？

五、信用在现代经济社会中的作用

现代社会是一个信用社会，经济就是信用经济，这已成为当今人们的普遍认识。不论是发达国家，还是发展中国家，在经济活动中都普遍存在着债权债务关系，借债与放债已成为日常经济活动中不可缺少的组成部分。不仅国内经济活动中的企业、个人需要信用，在国际经济联系中，信用同样发挥着重要作用，各国政府往往既是借债者又是放债者。

在日常的经济生活中，任何经济行为主体的经济活动都伴随着频繁的货币收支。在货币收支过程中，有的收入大于支出(称为盈余)，有的入不敷出(称为赤字)。任何货币的盈余或赤字，都同时意味着相应金额的债权、债务关系的存在。当经济生活中广泛存在着盈余和赤字的经济行为主体时，通过信用(即借贷关系)进行调剂已成为必然。当然，盈余的经济行为主体往往不仅拥有债权，也同时负有债务，盈余是债权与债务相抵后的净债权。同样，赤字经济行为主体往往在负有债务的同时也拥有债权，只是债权小于债务。从这一角度看，收支相抵的经济行为主体也并不等于没有债权与债务，只是债权与债务相等。在实际的经济交往中，经济行为主体之间的债权与债务关系，无论是在规模上还是在信用关系的转移上都在无时无刻地变动着。由此可见，信用关系以其巨大的规模遍及整个经济生活之中。

然而，信用在现代经济生活中的作用既有积极的一面，也有消极的一面。

(一)信用对经济的积极作用

1．信用对生产与投资的促进作用

现代经济的发展，主要依靠资本存量的增长与技术进步。投资增长依赖于资金的积累。企业要积累资金就必须有盈余和长时间的盈余积累。但即便如此，也很难达到所需的资金规模。有些赤字企业需要投资，有些盈余企业并不需要投资。信用关系可以促进收支盈余转变成储蓄，再通过信用活动把储蓄转变成生产部门的投资，实现资金的合理流动与合理分配，扩大生产规模，提高资金使用效率，促进经济发展。

2．信用对消费的促进作用

通过消费信用，盈余型家庭把当前剩余收入通过银行储蓄方式转移给赤字型家庭，使缺少现款的家庭以信用形式实现提前消费或不降低当前消费水平，也不必出售其资产而受损。盈余型家庭则是推迟消费并获得收入。两者可以提高消费效用。信用活动有利于提高消费购买力，对发展生产和增加就业都具有积极作用。现代个人消费信用还具有生产性和投资意义，尤其是个人教育信贷方面，通过信用贷款还可以扩大教育投资，增加人力资本，促进经济效率的提高。

【启发思考】近些年来，我国的住房消费信贷和汽车等消费信贷对于拉动内需和刺激生产起着什么作用？

3．信用影响国民收入水平

现实中总有一部分国民收入转变为储蓄，使购买产品和劳务的支出流量减少，导致国民收入水平的下降与工资物价的回落。为了维持国民经济的持续稳定增长，就需要将部分社会公众的储蓄转化为赤字单位的支出。储蓄转化为投资与消费有两条主要途径：一是通过赤字单位发行股权凭证来实现储蓄向投资的转化；二是由赤字单位发行债务凭证(如债券)将盈余单位的资金转向赤字单位，将储蓄转化为投资与消费。在此条件下，信用起着将储蓄转化为投资，维持国民收入正常循环的作用。

可见，现代经济可以看作是“信用经济”，它提高了资源的利用效率，推动了经济的大

规模扩张，促进了国民经济的稳定增长。

(二)信用对经济的消极作用

信用对经济的消极作用主要表现在信用风险和经济泡沫的出现。

(1) 信用风险。信用风险是指债务人无法按照承诺偿还债权人本息的风险。在现代社会，信用关系已经成为最普遍、最基本的经济关系，社会各个主体之间债权债务交错，形成了错综复杂的债权债务链条，一旦这个链条上有一个环节断裂，就会引发连锁反应，对整个社会的信用联系造成很大的危害，从而引发信用危机。信用风险源于信用的特征，信用活动中始终存在着信用风险，人们只能设法控制和降低信用风险，却难以完全消除它。

(2) 经济泡沫。经济泡沫是指某种资产或商品的价格大大偏离其基本价值。经济泡沫的开始是资产或商品的价格暴涨，价格暴涨是供求不均衡的结果，即这些资产或商品的需求急剧膨胀，极大地超出供给，而信用对膨胀的需求给予了现实的购买和支付能力的支撑，使经济泡沫的出现成为可能。

【专栏 2-2】次贷危机与信用风险

当今世界，美国在国家财富和国家力量两个方面都是名副其实的“大哥大”。但由于过分追求经济利益和国家霸权，忽视国家道德、责任和信用，最终导致“次贷危机”之祸。次贷危机的根源就是美国过度透支了“整个国家的信用”。

“次贷”即“次级按揭贷款”。“次”是与“高”“优”相对应的，在“次贷危机”一词中指的是信用低、还债能力低。次级抵押贷款是一个高风险、高收益的行业，指一些贷款机构向信用程度较差和收入不高的借款人提供的贷款。与传统意义上的标准抵押贷款的区别在于，次级抵押贷款对贷款者信用记录和还款能力要求不高，贷款利率相应地比一般抵押贷款要高很多。

次级按揭贷款是国外住房按揭的一种类型，那些因信用记录不好或偿还能力较弱而被银行拒绝提供优质抵押贷款的人，会申请次级抵押贷款购买住房。在房价不断走高时，次级抵押贷款生意兴隆。即使贷款人现金流并不足以偿还贷款，他们也可以通过房产增值获得再贷款来填补缺口。但当房价持平或下跌时，就会出现资金缺口而形成坏账，金融市场的系统风险加剧。

从目前来看，次贷危机造成多大的直接损失已不是关键问题，由于次贷危机引发的全面信用危机已经开始显现，而这种危机对美国经济的影响十分深远。从目前调查的情况来看，次贷之外的其他贷款，如优质贷款、信用卡贷款等受到次贷影响，违约率已经开始以两位数的速度同步急速上升。信用卡贷款与美国房价走势有密切关系，美国经济以消费为主要推动力，信用卡的消费又是以房地产进行抵押的。

在全球资本市场联系紧密的今天，信用危机可能会使人丧失信心，导致信贷收紧，最后使一轮全球繁荣终结。市场经济就是信用经济。发达的市场经济，必然有发达的信用制度作为其基石。本次美国次贷危机的形成和恶化，不仅是金融意义上的“信用危机”，也是道德意义上的“信用危机”。从目前暴露的情况来看，在美国的房屋一级和二级市场的各个环节，都存在非常严重的欺诈问题。

在房市红火时，无须出具借贷者收入或资产证明即可得到批准的“骗子贷款”大行其道，因为这些贷款需要借贷者支付较高的费用和较高的利息。“骗子贷款”要层层过关，必须通过诸多环节，而在诸多环节中都发生了欺诈行为。

(1) 放贷机构欺诈。放贷机构帮助贷款者伪造收入证明，包括伪造工资单，伪造税表，伪造工作单位，等等。加州因遭挤兑倒闭而被政府接管的银行 IndyMac 就因为在次贷问题上涉嫌欺诈而遭到 FBI 调查。

(2) 估价人员欺诈。房屋价格是由房屋估价员负责估定的。一些估价员见利忘义，在房地产经纪人和贷款中介人的授意下，将房屋价格恶性高估，而这些人都会从更高的房屋交易额中获得更多的佣金。

(3) 投资银行欺诈。投资银行等机构将次贷产品进行层层分解和打包，将本来是高风险的产品，包装成精美的证券化产品，推销给普通投资者。

(4) 评级机构欺诈。评级机构将风险极高的垃圾房屋债券，评级为高等级的优质债券，使得普通投资者对该类产品产生乐观预期和非理性追捧。

在美国这个“高信用”和法律极其健全的国家，居然让“骗子贷款”大行其道，问题出在何处？首先是监管失效。美联社在一项为期 6 个月的调查后得出结论，政府的监督系统其实处于残废状态，因为该系统的官员做事完全不负责，并且没有能力有效地惩罚那些被发现参与欺诈的人员。其次是利益错位。评级机构在进行房屋债券信用评级的同时，常与承销商共同设计此类债券，从而收取相关费用。因而从自身利益出发，评级机构往往给出偏高的信用级别。

(资料来源：萧冬. 次贷危机是信用危机，还是诚信危机？http://www.chinanews.com.cn，2008-09-01)

【启发思考】

1. 从美国的次贷危机，我们该如何审慎看待信用对现代经济的作用？
2. 如何防范信用风险？

【专栏 2-3】“郁金香事件”及其影响

17 世纪，曾经的欧洲金融中心、东方贸易霸主——荷兰，竟然因一个小小的郁金香球茎而导致其世界头号帝国的称号衰落。

自 1634 年开始，郁金香已成为当时投机者猎取的对象。当时的荷兰百业荒废，全国上下都开始为郁金香疯狂，投机商大量囤积郁金香球茎以待价格上涨。在舆论鼓吹之下，人们对郁金香表现出一种病态的倾慕与热忱。与所有的投机泡沫一样，参与的人们最初都实际赚到了钱。由于价钱节节上升，你只需低买高卖，买高卖更高，就可以轻而易举地赚到钱。尝到甜头后，大家信心大增，倾家荡产地把更多的钱投入郁金香的买卖，希望赚取更多的金钱。原本旁观的人看到挣钱这么容易，也受不了诱惑，加入到疯狂抢购的队伍中。与此同时，欧洲各国的投机商也纷纷云集荷兰，参与这一投机狂潮。为了方便郁金香交易，人们干脆在阿姆斯特丹的证券交易所内开设了固定的交易市场。随后，在鹿特丹、莱顿等城市也开设了固定的郁金香交易场所。

1636 年，以往似乎不值一钱的郁金香，竟然达到了与一辆马车、几匹马等值的地步。直至 1637 年，郁金香球茎的总涨幅已高达 5900%！1637 年 1 月，1.5 磅重的普通“维特克鲁嫩”球茎，市价还仅为 64 荷兰盾，但到 2 月 5 日就升到了 1668 荷兰盾！而当时荷兰人的平均年收入才只有 150 荷兰盾。

在这股狂热到达巅峰时，也就是 1636—1637 年的那个寒冬，人们不仅买卖已收获的郁金香球茎，而且还提前买卖 1637 年将要收获的球茎。球茎的期货市场就这样诞生了。球茎在实际进行货物交割之前不需要实际支付货款，这又进一步加剧了郁金香的投机，已经被吹得很大的郁金香泡沫，在短时间内迅速膨胀。

沉浸在郁金香狂热中的人们谁也没有意识到，一场惊天动地的大崩溃已经近在眼前。当人们对郁金香真正的价值产生怀疑时，狂热结束了。很快，郁金香球茎的价格跌到了一棵普通洋葱的水平，无数人一夜之间从富翁变成了穷光蛋。

(资料来源：郁金香事件，http://baike.baidu.com)

【启发思考】

1. 发生在 300 多年前的“郁金香泡沫”对当时荷兰帝国经济造成了什么样的重创？
2. 今天我们应如何警惕信用风险？

第二节　现代信用的形式

信用作为一种借贷行为，要通过一定形式表现出来。所谓信用形式，就是表现借贷关系特征的形式。商品经济发展到今天，已越来越体现为一种信用经济。在发达的信用经济条件下，信用形式种类繁多，特点各异，从而构成了统一的信用体系。按照在借贷关系中借者与贷者的不同，现代的信用可分为商业信用、银行信用、国家信用、消费信用和国际信用五种基本形式。

一、商业信用

(一)商业信用的含义

商业信用是指企业与企业之间以商品形式提供的信用。其具体形式有赊销商品、委托代销、分期付款、预付定金、预付货款、补偿贸易等，归纳起来主要是赊销和预付两大类，其中典型形式是赊销。商业信用是与商品交易直接相联系的信用形式，这是它与银行信用的主要区别。

社会化大生产中各生产部门和各企业之间存在密切联系，而它们在生产时间和流通时间上又往往存在不一致的现象，比如，有些企业的商品积压待售，而需要这些商品的买主又可能由于种种原因缺乏现金购买。为了克服这种矛盾，就出现了卖方把商品赊销给买方的行为，买方可用延期付款或分期付款的方式提前取得商品。这样通过厂商与厂商之间相互提供商业信用，使整个社会的再生产能够正常进行，这是商业信用迅速发展的主要原因。此外，由于商业资本与产业资本相分离，如果要求所有的商业企业用自己的资本金购买全部商品，则会发生商业资本奇缺的困难。因此，由生产企业向商业企业提供商业信用，可以加快商品流通速度。

(二)商业信用的特点

商业信用与其他信用形式相比有以下几个显著特点。

(1) 商业信用的主体是厂商，债权人和债务人都是厂商。

(2) 商业信用的动态与产业资本的动态是一致的。在经济繁荣阶段，商业信用随着生产和流通的发展及产业资本的扩大而扩张；在经济衰退阶段，商业信用又会随着生产和流通的消减及产业资本的收缩而萎缩。

(3) 商业信用所贷出的资本是处在产业资本循环周转过程中一定阶段的商品资本，而不是暂时闲置的货币资本。它通过买卖，由一家厂商转移到另一家厂商，不过它的代价要到后来才按约定的时间由买者支付。所以，商业信用虽然是以商品形态提供的信用，但它同时包含着两种性质不同的经济行为：买卖和借贷。

(三)商业信用的局限性

在现代经济中，商业信用在商品推销和国际贸易领域被广泛应用。但是，商业信用也有下述明显的局限性。

(1) 商业信用的规模受厂商拥有的货物与资金数量的限制。所以，商业信用在量上是有限的，这显然无法满足现代化大生产对资金的需求。

(2) 商业信用具有严格的方向性。由于商业信用的客体是商品资本，因此，它只能由生产该种商品的厂商向需要该种商品的厂商提供，而不能反向操作，即只能是原材料向加工业、工业向商业、批发向零售、上游向下游等提供信用。

(3) 商业信用具有对象上的局限性。商业信用关系之所以成立，其原因在于买卖双方相互了解，有业务联系，在相互不了解的、没有业务联系的企业之间，这种信用关系很难扩展。

(4) 商业信用的期限一般受企业生产周转时间的限制，期限较短，所以商业信用只能解决短期资金融资的需要，不能满足长期信用需求。

(5) 商业信用具有连锁效应，大量使用商业信用形式会形成债权债务链条，一旦某一环节因债务人经营不善而中断，就有可能导致整个债务链条的中断，引起债务危机，往往也会冲击银行信用。

因此，在现代市场经济中，尽管商业信用充分发展，成为现代信用制度的基础，但是由于商业信用存在上述局限性，使其不能完全适应现代经济发展的需要。当经济发展到一定程度时，便出现了银行信用。

二、银行信用

(一)银行信用的含义

银行信用是指银行及其他非银行金融机构以存款、贷款等业务形式向社会和国民经济各部门提供信用的形式。银行信用是在商业信用基础上发展起来的一种更高层次的信用，它和商业信用一起构成经济社会信用体系的主体，并且已经成为资金融通的主要形式。

(二)银行信用的特点

与商业信用相比，银行信用具有以下几个特点。

(1) 银行信用的主体与商业信用不同。银行信用的债务人是厂商、政府、家庭和其他机构，而债权人则是银行和其他金融机构。

(2) 银行信用具有广泛性。由于银行信用是以单一的货币资本形态提供的，可以不受商品流转方向的限制，能向任何企业、任何机构、个人提供银行信用，从而克服了商业信用在提供方向上的局限性。

(3) 银行信用具有间接性。银行通过吸收存款、储蓄或借贷来取得资金，又通过贷款、投资运用出去，银行只是货币资金所有者和使用者之间的信用中介，起着联系、沟通或桥梁的作用。

(4) 银行信用具有期限灵活、规模大、成本低和风险小的优势，其他任何信用形式都难以与之竞争。银行信用以银行及其他金融机构为中介聚集社会上工商企业、国家及个人等的闲置资金，形成巨额的借贷资本，满足大额资金借贷的需求，可以不再像商业信用那样受个别企业资金和商品数量的限制。同时，可以把短期的借贷资金转换为长期的借贷资本，满足厂商对较长时期的货币需求，这使银行信用在规模、范围、期限等方面都大大优于商业信用。

(5) 银行和其他金融机构可以通过信息的规模投资，降低信息成本和交易费用，从而有效地改善信用过程的信息条件，减少了借贷双方的信息不对称，以及由此产生的逆向选择和道德风险问题，降低了信用风险，增加了信用过程的稳定性。

(三)银行信用与商业信用之间的关系

在现代信用形式中，商业信用和银行信用是两种最基本的信用形式。银行信用是伴随着现代资本主义银行的产生，在商业信用的基础上发展起来的一种间接信用。银行信用在规模、范围、期限上都大大超过了商业信用，成为现代经济中最基本的占主导地位的信用形式。商业信用和银行信用之间的关系可以概括如下。

(1) 商业信用始终是信用制度的基础。历史上商业信用产生在先，它直接与商品的生产和流通相关联，直接为生产和交换服务。企业在购销过程中，彼此之间如果能够通过商业信用直接融通所需资金，就不一定依赖于银行。

(2) 只有商业信用发展到一定程度后才出现银行信用，银行信用正是在商业信用广泛发展的基础上产生与发展的。

(3) 银行信用的出现又使商业信用进一步完善。因为商业信用工具、商业票据都有一定期限，当商业票据未到期而持票人又急需现金时，持票人可到银行办理票据贴现，及时取得急需的现金，商业信用由此转化为银行信用。由于银行办理的以商业票据为对象的贷款业务，如商业票据贴现、票据抵押贷款等，使商业票据可以及时兑现，因此商业信用得到进一步发展。

(4) 商业信用与银行信用各具特点，各有独特的作用，二者之间是互相促进的关系，而不存在互相取代的问题。在现代经济社会中，我们应该充分利用这两种信用形式促进经济社会的发展。

三、国家信用

(一)国家信用的含义

国家信用是以国家政府作为债务人，以借债的方式向国内企业事业单位、团体、居民个人等筹集资金的一种信用形式。国家信用有多种方式，但其典型方式是发行公债。国家信用的债务人是政府，债权人则涵盖了国内外的各类经济主体。国家信用所筹集的资金主要用于政府的各项支出，如政府投资及各种行政支出，包括教育支出、社会福利支出、军费支出等。

国家信用包括国内信用和国际信用两种。国内信用是国家以债务人身份向国内居民、企业团体取得的信用，它形成一国的内债；国际信用是指国家以债务人身份向国外政府借款、向国际金融组织借款以及在国外金融市场上发行以外币为单位的国外公债，向国外的居民和企业取得信用、筹集资金的一种形式，它形成国家的外债。通常所说的国家信用一般都是指国内信用。

(二)国家信用的产生

国家信用的产生与国家财政直接相关，是为满足国家财政的需要而产生的。随着经济的发展，各国政府的财政支出都在不断扩大，财政赤字已经成为一种普遍现象。为了弥补财政赤字和暂时性的资金不足，向社会公众发行债券或向外国政府举债成为各国政府的必然选择。目前世界各国几乎都采用了发行政府债券的形式来筹措资金，形成国家信用的内债；随着全球经济金融的一体化，国际信用关系也日趋普遍，国际信用一般通过国与国之间的政府借贷来实现，是国际化了的政府间债权债务关系。

(三)国家信用的特点

国家信用与其他信用相比有其自身的特点。

(1) 国家信用的主体是政府，信誉高、风险小。国家信用的债务人是政府，而政府不仅有稳定的税收收入作为还款的保证，更有国家信誉作为担保。因此，国家信用常常被看成是无风险信用。

(2) 国家信用稳定性强，适用于长期投资。国家信用的主要形式是公债，由于公债的还款期限较长，而且公债在未到期前只能贴现，不能兑付，因而聚集资金的稳定性较强，可用于长期投资。

(3) 国家信用的范围更广泛。由于国家信用有时带有强制性，再加上政府的信誉程度较高，使得国家信用可以动用银行难以动用的那部分资金，因此国家信用的范围可以比商业信用和银行信用都更加广泛。

四、消费信用

(一)消费信用的含义

消费信用是指由银行及其他金融机构、商家为消费者提供的、用于满足其消费需求的信用形式。消费信贷旨在通过信贷方式预支远期消费能力，刺激或满足个人即期消费需求。消费信贷对推进我国市场经济的发展和信贷体制的完善有着重要意义，也为银行业务的拓展和创新带来新的机遇。

(二)消费信用的方式

消费信用的方式多种多样，具体包括以下几种。

1. 赊销方式

赊销方式是商家直接以延期付款的销售方式向顾客提供的信用。商家与顾客先签订分期付款合同，然后由商家先交货物，再由顾客在规定的时间内根据合同要求分期偿付货款。它是一种短期消费信用形式，是商业信用在消费领域中的表现。赊销可通过分期付款和信用卡结算来进行。

分期付款是指消费者先支付一部分货币，然后按合同分期摊还本息，或分期摊还本金，利息一次支付。这种付款方式在购买耐用消费品时广泛使用，是一种中期消费信用形式。

信用卡是发卡银行或信用卡公司对具有一定信用级别的顾客发行的具有一定信用额度的一种证书。持卡人可在信用额度内，在可以接受该种信用卡的商店购买商品或享受服务，再由银行定期向顾客和商店结算。

2. 消费贷款方式

消费贷款方式是指银行或其他金融机构直接贷款给消费者用于购买耐用消费品、住房及支付旅游费用等，包括信用贷款和抵押贷款。信用贷款无须抵押品，而抵押贷款通常需要由消费者将其所购商品或其他商品作为担保品。例如，汽车贷款即以消费者所购买的汽车作为取得贷款的担保品，住房贷款即以消费者所购买的房屋作为取得贷款的担保品。按贷款发放对象的不同，它可以分为买方信贷和卖方信贷，前者是对消费者发放贷款，后者是对商品销售企业发放贷款。它属于中长期消费信用形式。

(三)消费信用的作用

消费信用是在经济发展到一定程度和人们消费结构有了较大变化的基础上产生的，它既是一种刺激消费需求的方式，也是一种促进生产发展的手段。其积极作用表现在：可以使消费者提前享受目前尚无力购买的消费品，因而在促进消费品的生产和销售、刺激经济增长等方面具有不可低估的作用。特别是在总供给大于总需求的宏观背景下，消费信用的现实意义更为突出。例如，由于消费信用的引入，西方国家的汽车销量每年可以增加 1/3。我国经济在 20 世纪 90 年代中期成功“软着陆”后，陷入了有效需求不足、消费疲软的境地。在这种情况下，国家适时地启动了汽车、住房、教育、旅游等方面的消费信贷，有力地刺激了经济回升，抑制了通货紧缩的负效应。当然，如果消费需求增长超过了生产扩张能力，消费信用就会加剧市场的供求紧张，促使物价上涨，形成虚假的繁荣，产生一定的消极作用。

(四)我国的消费信用发展情况

我国的信用消费始于 20 世纪 50 年代，随后信用消费一度被取消。银行以住房为突破口开展的信用消费起步于 80 年代，但在当时短缺经济占主导地位、市场经济尚不发达的情况下，信用消费并不具备充分发展的经济基础和市场条件，因此信用消费品种单一、范围窄、规模小，仅处于萌芽和摸索阶段。

20 世纪 90 年代以来，我国经济快速发展，居民生活水平不断提高，在住房、汽车等领域出现了比较旺盛的需求。同时，随着买方市场的形成，消费需求不足成为制约经济增长的主要因素，政府采取多种措施扩大内需，信用消费作为刺激消费需求的有效手段得到重视和推广，各项旨在鼓励个人信用消费的政策、法律、法规相继出台。自 1999 年央行发布《关于开展个人消费信贷的指导意见》以来，我国消费信贷发展迅速，信贷品种呈多元化发展，方式更加灵活丰富。从消费领域看，拓宽到住房、汽车、助学、医疗、旅游、耐用消费等多个领域。从信贷工具方面看，有信用卡、存单质押、国库券质押等多种方式。汽车消费贷款也呈现较快增长势头。

从提供信用消费的机构来看，目前国内所有商业银行及信用合作社都已不同程度地开办了消费信用业务，而工行、农行、中行、建行四大国有商业银行是消费信用市场的主体，其消费信用余额占全部金融机构提供的消费信用总额的 88%。从信用消费的品种来看，经过近几年的发展，形成包括个人住房与住房装修、汽车消费与信用卡消费、大额耐用消费品与教育助学、旅游与医疗贷款、个人综合消费与个人短期信用贷款及循环使用额度贷款等十几个大类、上百个品种的信用消费品种体系。

在银行发放的消费信贷中，个人住房贷款占据压倒性优势。这说明我国信用消费业务品种有很大的创新空间，一些很具有发展前景的信用消费品种在我国基本上还是空白。另外，一些信用消费品种在我国虽已开展，但开发的深度还远远不够。例如，在美国信用卡

业务的比重仅次于住房信贷，我国商业银行应抓住有利时机大力发展信用卡业务。可以预期，在社会信用体系建立之后，以信用卡为主体的消费信用将会迎来高速发展。

【专栏 2-4】信用卡的相关知识

1. 信用卡的起源

信用卡于 1915 年起源于美国。最早发行信用卡的机构并不是银行，而是一些百货商店、饮食业、娱乐业和汽油公司。美国的一些商店、饮食店为招徕顾客，推销商品，扩大营业额，有选择地在一定范围内发给顾客一种类似金属徽章的信用筹码，后来演变成为用塑料制成的卡片，作为客户购货消费的凭证，开展了凭信用筹码在本商号或公司或汽油站购货的赊销服务业务，顾客可以在这些发行筹码的商店及其分号赊购商品，约期付款。这就是信用卡的雏形。

据说有一天，美国商人弗兰克·麦克纳马拉在纽约一家饭店招待客人用餐，就餐后发现忘记带钱包了，因而深感难堪，不得不打电话叫妻子带现金来饭店结账。麦克纳马拉由此萌生了创建信用卡公司的想法。1950 年春，麦克纳马拉与他的好友施奈德合作投资 10 000 万美元，在纽约创立了“大来俱乐部”(Diners Club)，即大来信用卡公司的前身。大来俱乐部为会员们提供一种能够证明身份和支付能力的卡片，会员凭卡片可以记账消费。这种无须银行办理的信用卡的性质仍属于商业信用卡。

1952 年，美国加利福尼亚州的富兰克林国民银行作为金融机构首先发行了银行信用卡。1959 年，美国的美洲银行在加利福尼亚州发行了美洲银行卡。此后，许多银行加入了发卡银行的行列。到了 60 年代，银行信用卡很快受到社会各界的普遍欢迎，并得到迅速发展，信用卡不仅在美国，而且在英国、日本、加拿大及欧洲各国也盛行起来。从 70 年代开始，香港地区、中国台湾、新加坡、马来西亚等发展中国家和地区，也开始开展信用卡业务。

2. 信用卡的优势

(1) 持卡人不必支付现金就可以获得商品与劳务服务，免去了消费者携带大量现金的不便和风险，方便了消费者外出购物、出差和旅游。

(2) 银行可以借此作为争取商户及持信用卡客户存款的手段，并按垫付款总额收取一定百分比的佣金。

(3) 信用卡把发卡银行、持卡人和特约商户、代办行紧密地联系在一起，构成了循环往复的连锁债权债务关系，而这种关系的建立和发展又都取决于彼此间提供的信用。

3. 我国的信用卡业务

随着金融体制改革和发展，我国的信用卡业务也应运而生。自改革开放以来，我国 10 余家全国性或区域性的股份制商业银行开始尝试信用卡业务的开展。信用卡业务的兴起，结束了借记卡独领风骚的时代，给我国的金融市场注入了新鲜的血液，激活了金融领域的竞争机制，显示出我国金融市场旺盛的生命力，在完善我国的金融体系和现代金融制度方面做出了巨大贡献。

2008 年以来，源于美国次级抵押贷款市场的危机逐渐蔓延到更加广阔的金融和实体经济领域，给整个世界经济造成了巨大损失。这场危机所带来的影响已经波及我国的信用卡领域，工商银行、民生银行等多家银行都已经开始重视信用卡业务的风险。

信用卡风险，指在信用卡业务的经营管理过程中，因各种不利因素而导致发卡机构、持卡人、特约商户三方遭受损失的可能性，主要表现为信用风险、欺诈风险和操作风险。从目前情况来看，信用风险和欺诈风险是当前我国商业银行信用卡业务所面临的主要风险。

从信用风险角度来看，近年来由于市场竞争的加剧，国内商业银行在信用卡市场纷纷“跑马圈地”，无形之中忽视了业务推进过程中的风险控制。从信用卡发卡环节来看，近年来各商业银行为了占据未来信用卡市场的高地，加大了对高校学生等低收入人群的营销力度，大学生属于无工作、无固定收入的群体，然而一些发卡银行并没有按照规定对信用卡申请人还款能力进行实质性审核，有的银行甚至通过大范围雇用学生销售人员对其周围的同学、朋友进行频繁的营销轰炸。在这种粗放式业务扩张过程中，银行信用卡业务的风险状况不能不令人担心。而在营销策略上，各家发卡行基本都采取了免除首年年费，消费积分，赠送礼品、健身卡等促销方式，部分消费者出于获取礼物的心理申请办理了信用卡，但是随后并不开通信用卡，这一方面造成发卡银行系统资源的浪费，另一方面也给一些犯罪分子制造了可乘之机。

(资料来源：http://www.stockcity.cn/bank；http://www.cs.com.cn)

【启发思考】如何借鉴发达国家经验规避信用卡风险，发挥信用卡业务对我国经济发展的促进作用？

五、国际信用

(一)国际信用的含义

国际信用是指一切跨国的借贷关系、借贷活动。它体现的是国与国之间的债权债务关系，表现资本在国际间的流动。

(二)国际信用的主要形式

随着国际贸易与国际经济交往的日益频繁，国际信用已经成为世界各国进行国际结算、扩大进出口贸易的主要手段之一。国际信用主要有以下几种形式。

1. 出口信贷

出口信贷是指出口国政府为支持和扩大本国产品的出口，提高产品的国际竞争力，通过提供补息和信贷担保的方式，鼓励本国银行向本国出口商或外国进口商提供的中长期信贷。出口信贷是随着国际贸易的发展而产生的信用形式。和一般信用一样，它是商品买卖中的延期付款或货币的借贷行为，视债权人和债务人的不同，其性质也各异。根据贷款对象的不同，出口信贷可分为买方信贷和卖方信贷。

(1) 买方信贷。买方信贷是指出口方银行向进口商(即买方)或进口方银行提供的优惠贷款，其附加条件是必须用贷款购买债权国的商品，这就是所谓的约束性贷款。买方信贷可以分为贷给进口商和贷给进口方银行两种方式。无论是贷给进口商还是贷给进口方银行，买方获得这笔贷款后便可以向卖方即期支付货款，从而起到促进交易、扩大出口的作用。

(2) 卖方信贷。卖方信贷主要是指外贸银行或商业银行对出口商提供中长期贷款，以支持出口商开拓国际市场。在一个国家出口信贷发展的起步阶段，卖方信贷往往占有主要地位，其原因主要是提供信贷的银行和申请信贷的出口商都在同一国度，操作比较方便。

2. 国际商业银行贷款

国际商业银行贷款，简言之，是指一国借款人在国际金融市场上向外国银行借入货币资金。这些外国银行既包括资金雄厚的大银行，也包括中小银行及银行的金融机构。国际商业银行贷款是国际贷款中的最典型形式，并在国际性贷款总量中占有主要的比重，其贷款资金主要来源于商业银行业务，其贷款利率多以国际金融市场利率为基础。由于国际商业银行贷款的手续相对简便，较之政府贷款和国际金融机构贷款容易获得，其资金使用不附带商业条款以外的限制条件或附加条件，其贷款条件又依据市场原则随行就市，这对经济效益良好而又资金短缺的借款人来说无疑是最适合的融资来源。

3. 外国政府贷款

外国政府贷款是指一国政府向另一国政府提供的优惠贷款，为国家主权债务，其贷款对象一般是经济比较落后或缺乏资金的国家。它具有利率低、期限长、附加条件较多的特点。政府贷款的主要形式是混合贷款，即外国政府提供的低息优惠贷款或赠款和出口信贷结合使用。

改革开放 30 多年以来，中国利用外国政府贷款取得了巨大成绩。中国利用了日本、德国、西班牙、法国等 27 个国家和金融机构提供的优惠政府贷款，为农业、林业、能源、环保等行业的发展起到了重要的推动作用。根据财政部提供的数据，截至 2007 年年底，中国累计实施各类外国政府贷款项目 2394 个，利用贷款总额 557 亿美元。

4. 国际金融机构贷款

国际金融机构贷款是指国际金融机构对成员国政府、政府机构或公私企业的贷款。从事国际贷款的国际金融机构可分为全球性国际金融机构和地区性金融机构。全球性金融机构主要有国际货币基金组织、世界银行集团(包括国际复兴开发银行、国际开发协会、国际金融公司)等。地区性国际金融机构目前主要有亚洲开发银行、非洲开发银行、泛美开发银行等。

国际金融机构贷款主要具有以下几个特点。

(1) 各国际金融机构都按照其组织章程和有关贷款方面的专门规定和规则提供贷款。

(2) 各国际金融机构都只向其成员国政府或成员国的公私机构发放贷款。

(3) 贷款审批程序较为严格，但条件比较优惠。

(4) 贷款目的大多为解决成员国特别是解决发展中成员国国际收支失衡或建设资金的不足。

5. 国际资本市场融资

国际资本市场是对期限在 1 年或者 1 年以上的金融工具进行跨境交易的市场。而国际资本市场主要是指在国际资本市场上通过发行债券、股票及其他有价证券向外国投资者筹集资金。

改革开放以来，中国逐步进入国际资本市场融资，主要方式有：在国际资本市场发行债券和向国际金融机构借款；中国企业进入国际资本市场；中国企业向外商转让国有股、法人股等。

6. 国际直接投资

国际直接投资指一国居民直接对另一个国家的企业进行生产性投资，并由此获得对投资企业的管理控制权。国际直接投资主要采用以下方式：在国外开办独资企业，包括设立分支机构、子公司等；收购或合并国外企业，包括建立附属机构；与东道国当地企业合资开办企业；对国外企业进行一定比例的股权投资；利用直接投资的利润在当地进行再投资。

7. 国际租赁

国际租赁是指国际间以实物租赁方式提供信用的新型融资形式。根据租赁目的和融资方式的不同，可将其分为金融租赁和经营租赁两种形式。国际金融租赁是指境外机构提供的融资性租赁，是指由出租人根据承租人的决定，向承租人选定的第三者(供货人)购买承租人选定的设备，并将该设备的使用权转让给承租人，并在一个不间断的长期租赁合同期内，通过收取租金的方式，收回全部或大部分投资。这是一种采用“融物”形式进行的中长期融资活动。

经营租赁又称服务性租赁。出租人将自己的设备和用品向承租人反复多次出租，出租人除提供资金外，还提供特别维修和保险等服务，适于专业性较强、需特殊保管和维修的设备和物品。租期满后，租赁物品退还出租人，承租人没有购买的权利，因此它也被看成是“真正的”租赁。

第三节　信 用 工 具

一、信用工具的概念

信用工具通常是指以书面形式发行和流通、借以保证债权人或投资人权利的一种凭证。在早期的信用活动中，借贷双方仅凭口头协议或记账而发生信用关系，因无法律上的保障，极易引起纠纷，并且不易将债权和债务转让。信用工具的产生和发展克服了口头信用和记账的缺点，使信用活动更加顺畅，更加规范化，而且通过信用工具的流通转让形成了金融市场。在现代经济中，人们融通资金往往要借助于信用工具，因此信用工具又被称为金融工具。金融工具对其买进或持有者来说就是金融资产。

二、信用工具的特征

信用工具种类繁多，但各种信用工具一般都具有以下四个特点。

(1) 偿还性。偿还性是指信用工具的债务人按期还本付息的特征。信用工具一般都载明期限，债务人到期必须偿还信用凭证上记载的债务。但也存在着例外，如股票的偿还期是无限的。

(2) 流动性。流动性是指信用工具在短时间内转变为现金而在价值上又不受损失的能力，又称变现能力。现金和活期存款是最具有流动性的。政府发行的国库券也具有较强的流动性，而其他信用工具或者不能随时变现，或者在提前变现时要蒙受损失。

(3) 收益性。收益性是指信用工具(特别是有价证券)定期或不定期给持有者带来收益。例如，股票可获得股息收益，债券能获得债券利息，这是固定收入。另外，还可以利用金融市场的行情变化，买卖信用工具以获取价收入。

(4) 风险性。风险性是指投入的本金和预期收益遭受损失的可能性。风险主要来自两个方面：一是违约风险，即债务人不能按时履行契约，支付利息和偿还本金的风险；二是市场风险，即市场上信用工具价格下降可能带来的风险。

不同的信用工具在上述四个方面所表现的程度是有差异的，这种差异便是信用工具购买者在进行选择时所考虑的主要内容。同时，也正是由于不同种类的金融工具反映了上述各种特性的不同组合，因此能够分别满足投资者和筹资者的不同需求。

三、信用工具的构成要素

一般来说，信用工具由五个基本要素构成。

(1) 面值。即凭证的票面价格，包括面值币种和金额。

(2) 到期日。即债务人必须向债权人偿还本金的最后日期。

(3) 期限。即债权债务关系持续的时间。

(4) 利率。即债权人获得的收益水平。

(5) 利息的支付方式。

四、信用工具的种类

随着信用在现代经济生活中的不断深化和扩展，信用工具的种类越来越多，从不同的角度可以进行不同的划分。一般采取两种分类方法：第一，按照融资方式，可以分为直接信用工具和间接信用工具；第二，按照融资时间，可以分为短期信用工具和长期信用工具。

直接信用工具是指非金融机构为筹集资金直接在市场上发行或签署的各种信用凭证，如商业票据、股票、公司债券、公债、国库券、抵押契约、借款合同等。这些信用工具用于在金融市场上直接进行借贷或交易。间接信用工具是指银行和其他金融机构所发行或签署的各种信用凭证，比如钞票、存款单、银行票据、银行发出的大额可转让存单、保险公司发出的保险单、通过信托投资公司发出的各种基金等。这些信用工具是由融资单位通过银行和其他金融机构融资而产生的。

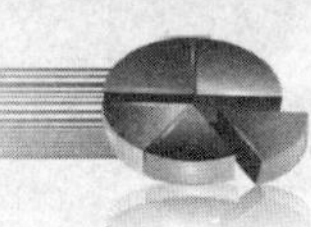

(一)直接信用工具

直接信用工具是指银行非金融机构发行的商业票据、债券和股票等。

1. 商业票据

商业票据是指由金融公司或某些信用较高的企业开出的无担保短期票据。商业票据的可靠程度依赖于发行企业的信用程度，可以背书转让，但一般不能向银行贴现。商业票据的期限在 9 个月以下，由于其风险较大，利率高于同期银行存款利率。商业票据可以由企业直接发售，也可以由经销商代为发售，但对出票企业信誉审查十分严格。商业票据一般分为汇票、本票和支票。

1) 汇票

汇票是由出票人签发，付款人见票后或到期时，对收款人无条件支付款项的信用凭证。汇票按出票人不同，又可分为银行汇票和商业汇票。

银行汇票是由出票银行签发的，由其在见票时按照实际结算金额无条件付给收款人或者持票人的票据。

商业汇票是出票人签发的，委托付款人在指定日期无条件支付确定的金额给收款人或者持票人的票据。在银行开立存款账户的法人以及其他组织之间，必须具有真实的交易关系或债权债务关系，才能使用商业汇票。它适用于同城或异地结算。它一般有三个当事人：出票人(债权人)；受票人或付款人(债务人)；收款人或持票人(债权人的债权人)。由于商业汇票是由债权人发出的，所以必须经过票据的承兑手续才具有法律效力。在信用买卖中，由债务人承兑的汇票，称为商业承兑汇票；由银行受债务人委托承兑的汇票，称为银行承兑汇票(见图 2.1)。

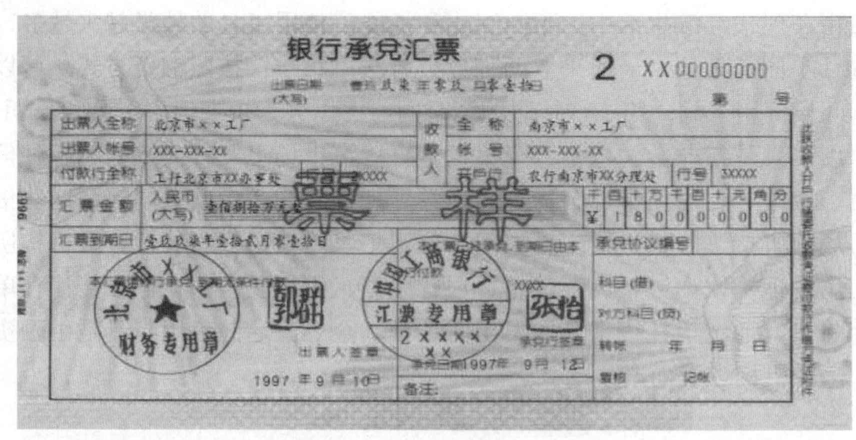

银行承兑汇票

2 XX00000000

出票日期（大写）

第 号

出票人全称	北京市××工厂	收款人	全称	南京市××工厂		
出票人帐号	XXX-XXX-XX		帐号	XXX-XXX-XX		
付款行全称	工行北京市XX办事处		开户行	农行南京市XX分理处	行号	XXXXX
汇票金额	人民币（大写）			千百十万千百十元角分	¥ 1 8 0 0 0 0 0 0 0	
汇票到期日				承兑协议编号		

北京市××工厂 财务专用章

出票人签章

1997 年 9 月 10日

中国工商银行 汇票专用章

2××××

××

承兑行签章

承兑日期 1997年 9月 12日

备注：

科目(借)

对方科目(贷)

转帐 年 月 日

复核 记帐

票样

图 2.1 汇票票样

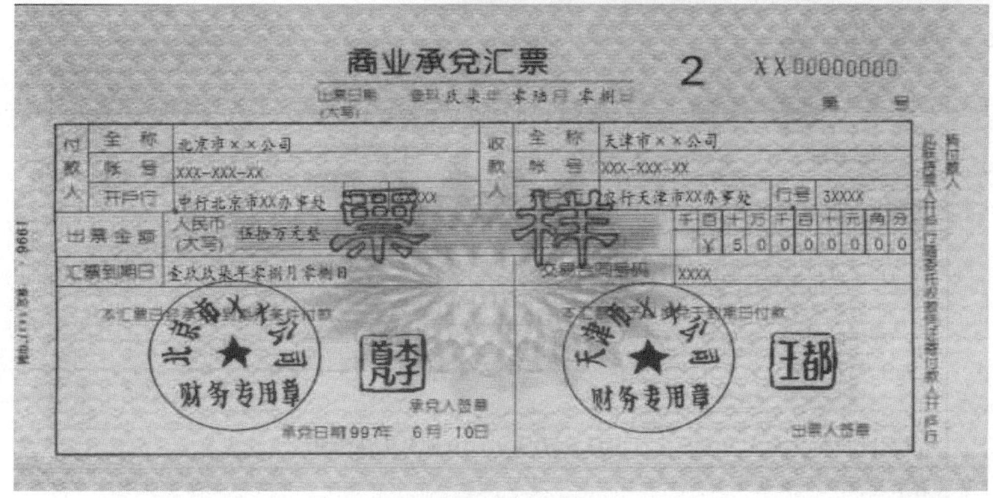
商业承兑汇票　2　XX00000000

第　号

付款人	全称	北京市××公司	收款人	全称	天津市××公司
	账号	XXX-XXX-XX		账号	XXX-XXX-XX
	开户行	中行北京市XX办事处		开户行	中行天津市XX办事处　行号 3XXXX
出票金额	人民币（大写）	伍拾万元整			
汇票到期日			交易合同号码		XXXX

承兑人签章

承兑日期1997年6月10日

出票人签章

图 2.1　(续)

2)　本票

本票(见图 2.2)是指出票人签发的，承诺自己在见票时无条件支付确定的金额给收款人或者持票人的票据。在国外，本票依持票人的不同，可分为银行本票和商业本票，而我国《票据法》仅承认银行本票，亦即银行签发的，承诺自己在见票时无条件支付确定的金额给收款人或者持票人的票据。

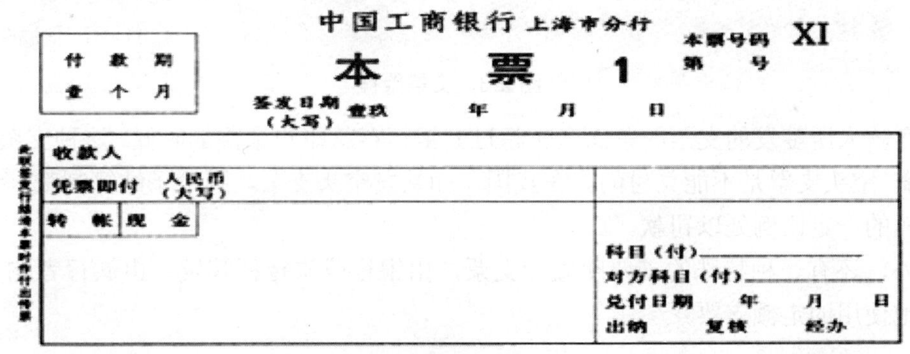
中国工商银行上海市分行

付款期 壹个月

本　票　1　　本票号码 XI　第　号

签发日期（大写）壹玖　年　月　日

此联签发行结清本票时作付出传票

收款人	
凭票即付　人民币（大写）	
转帐　现金	科目（付）____ 对方科目（付）____ 兑付日期　年　月　日 出纳　复核　经办

图 2.2　本票票样

3)　支票

支票(见图 2.3)是银行活期存款人通知银行从其账户上无条件支付一定金额给票面指定人或持票人的付款命令书。

支票按支付方式可分为现金支票和转账支票。现金支票可以用来支取现金，也可以办理转账结算。转账支票只能用于转账，不能提取现金。因其常常在票面上用两条平行线来表示，又称为划线支票。

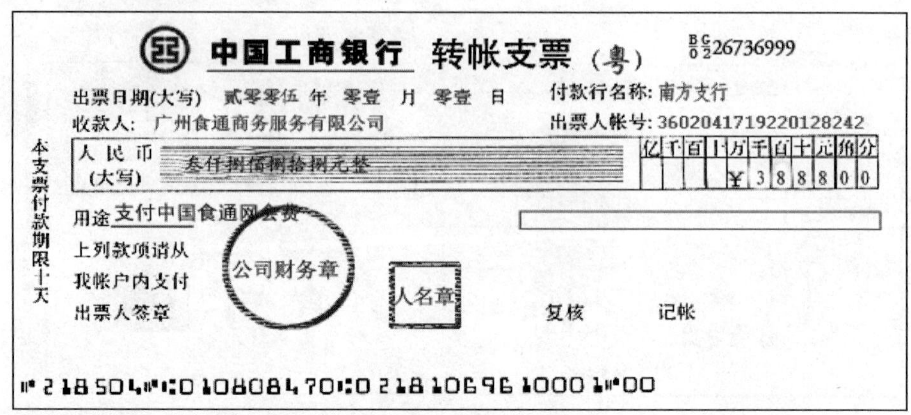
中国工商银行 转帐支票 (粤) BC02 26736999

出票日期(大写) 贰零零伍 年 零壹 月 零壹 日　付款行名称: 南方支行

收款人: 广州食通商务服务有限公司　出票人帐号: 3602041719220128242

本支票付款期限十天

人民币(大写) 叁仟捌佰捌拾捌元整　亿千百十万千百十元角分 ¥388800

用途 支付中国食通网会费

上列款项请从我帐户内支付

出票人签章

公司财务章　人名章　复核　记帐

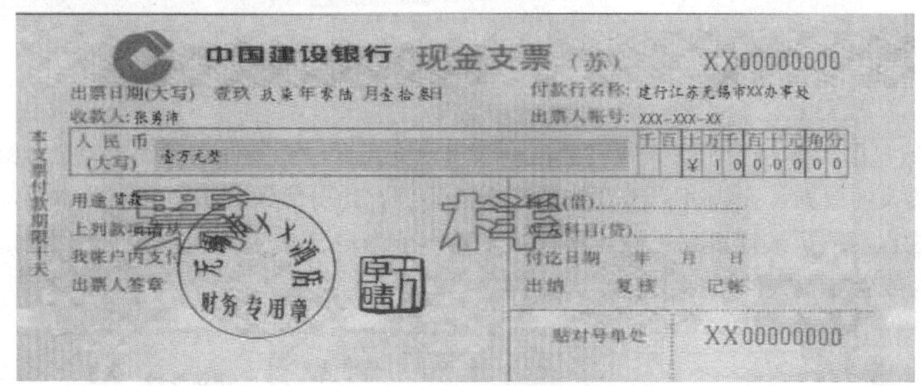
中国建设银行 现金支票 (苏) XX00000000

付款行名称: 建行江苏无锡市XX办事处

出票人帐号: XXX-XXX-XX

本支票付款期限十天

人民币(大写) 壹万元整　千百十万千百十元角分 ¥1000000

用途 货款

上列款项请从我帐户内支付

出票人签章

财务专用章

付讫日期 年 月 日

出纳 复核 记帐

贴对号单处 XX00000000

图 2.3　支票票样

当存款人所签发的支票的票面金额超过其银行存款账户余额的时候，这种支票称为“空头支票”。空头支票是不能兑付的。在我国，如签发空头支票，要给予结算制裁。通常是按支票面额的一定比例处以罚款。

此外，还有一种特殊的支票即旅行支票，由银行或旅行社签发，由旅行者购买，以供其在外地使用的定额支票。

2. 债券

债券是债务人向债权人出具的到期还本付息的债务凭证。凭证上载明债券发行机构的名称、面额、期限、利率等事项。债券分为企业债券、政府债券和金融债券三大类。

1)　企业债券

企业债券又称公司债券(见图 2.4)，是企业为了筹措资金而发行的一种债权证书，持券人每年可以依票面规定的利率从企业取得固定利息，到期时企业应向持券人偿还本金。企业债券因风险较大，利率也较高。为保证投资人的权益，所以企业发行债券要用动产或不动产做抵押，或者由第三者做担保。

图 2.4　公司债券票样

2)　政府债券

政府债券的发行主体是政府，它是指政府财政部门或其他代理机构为筹集资金，以政府名义发行的债券，主要包括国库券(见图 2.5)和公债两大类。一般国库券是由财政部发行，用以弥补财政收支不平衡；公债是指为筹集建设资金而发行的一种债券。有时也将两者统称为公债。中央政府发行的称中央政府债券(国家公债)，地方政府发行的称地方政府债券(地方公债)。政府债券风险较小，故利率一般都略低于企业债券。

3)　金融债券

金融债券是银行或其他金融机构作为筹资主体，为筹措资金而面向个人发行的一种有价证券，是表明债务、债权关系的一种凭证。债券按法定发行手续，承诺按约定利率定期支付利息，并到期偿还本金。它属于银行等金融机构的主动负债，发行额度须经中央银行批准，利率一般略高于同等期限的定期存款，发行方式一般由金融机构的营业点公开出售。金融债券到期还本付息，不能提前支取本金，但允许在金融市场上流通、转让。

图 2.5 国库券票样

3. 股票

股票(见图 2.6)是股份有限公司在筹集资本时向出资人发行的股份凭证，代表着其持有者对股份公司的所有权。这种所有权是一种综合权利，如参加股东大会、投票表决、参与公司的重大决策、收取股息或分享红利等。

(二)间接信用工具

间接信用工具是指金融机构发行的银行票据、大额可转让定期存单、人寿保险单等。

1. 银行票据

银行票据是指由银行签发或由银行承担付款义务的票据，主要包括银行本票、银行汇票、银行签发的支票等。

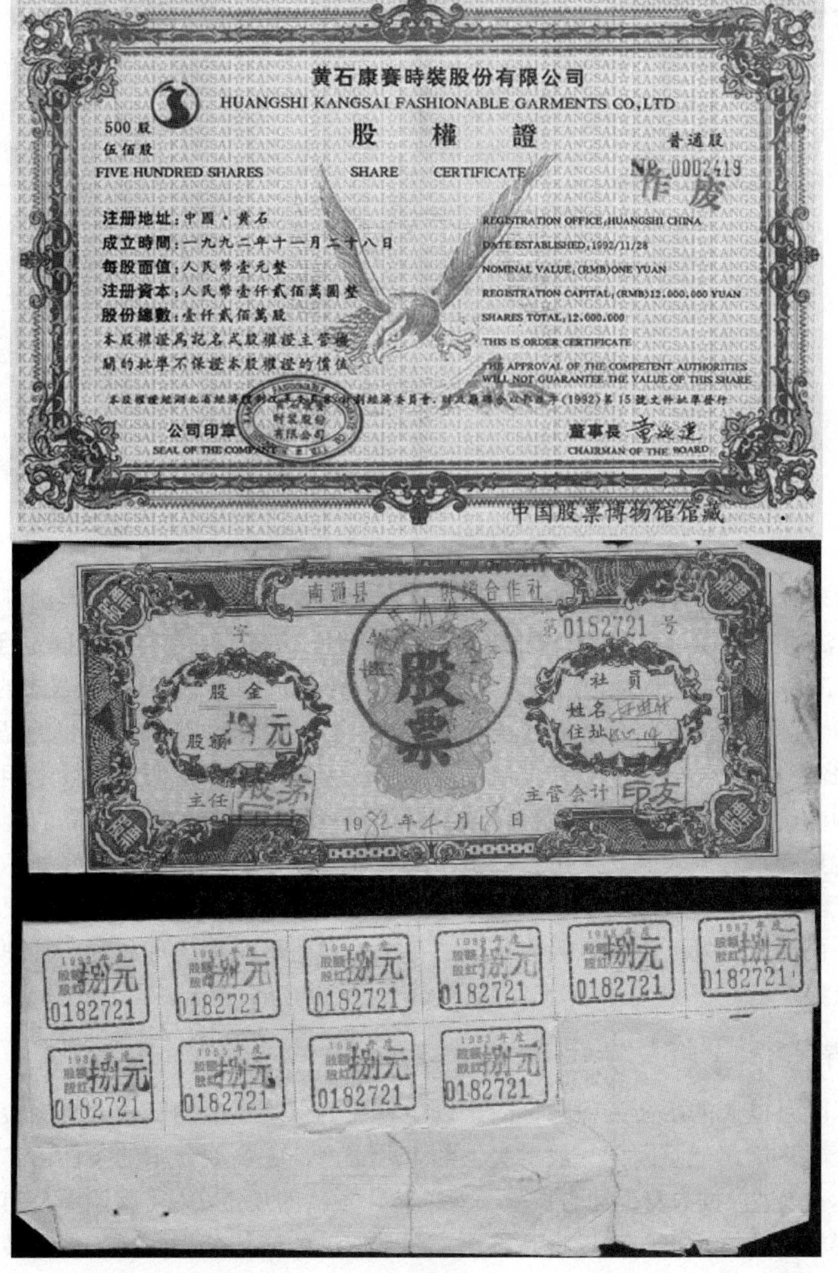

图 2.6　股票票样

2. 大额可转让定期存单

大额可转让定期存单(见图 2.7)是指银行发行的可以在金融市场上转让流通的一定期限

的银行存款凭证。它是商业银行为吸收资金而开出的一种收据，存单上注明存款期限、利率，到期持有人可向银行提取本息。

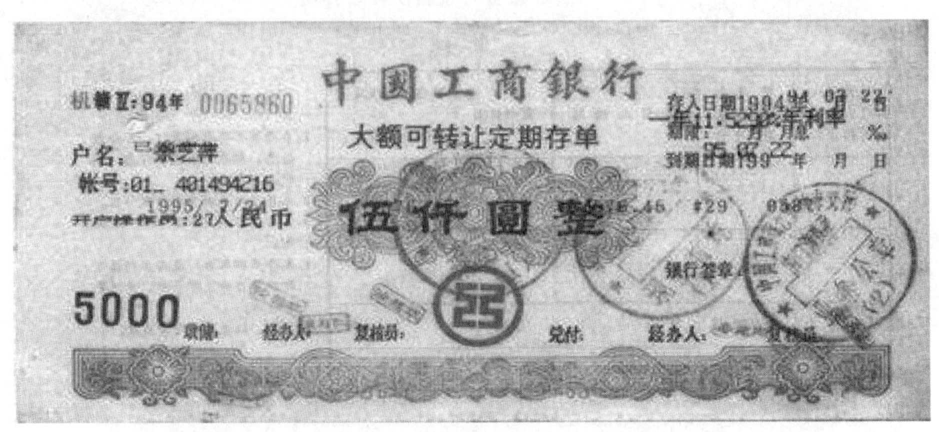

图 2.7　大额可转让定期存单票样

大额可转让定期存单的主要特点是流通性和投资性。具体表现在：大额可转让定期存单具有自由流通的能力，可以自由转让流通，有活跃的二级市场；存款面额固定且一般金额较大；存单不记名，便于流通；存款期限为 3～12 个月不等，以 3 个月居多，最短的 14 天。

第一张大额可转让定期存单是由美国花旗银行于 1961 年创造的，其目的是稳定存款、扩大资金来源。由于当时市场利率上涨，活期存款无利或利率极低，现行定期储蓄存款亦受联邦条例制约，利率上限受限制，存款纷纷从银行流出，转投入收益高的金融工具。大额可转让定期存单利率较高，又可在二级市场转让，对于吸收存款大有好处，于是，这种新的金融工具诞生了。大额可转让定期存单除对银行起稳定存款的作用、变银行存款被动等待顾客上门为主动发行存单以吸收资金、更主动地进行负债管理和资产管理外，存单购买者还可以根据资金状况买进或卖出，从而调节自己的资金组合。

3. 人寿保险单

人寿保险是以人的生命为保险标的，以生、死为保险事故的一种人身保险。人寿保险单是一项金融资产，但不同于一般意义上的金融资产，它需要一定的条件，才能从依法占有变为实际占有。根据人身保险合同——保单转让条款的规定，人寿保险单持有人在不侵犯受益人既得权利的情况下，可以将其转让。通常保单的转让分为两类：绝对转让，即把保单所有权完全转让给一个新的持有人，也就是说，受让人成为新的保单持有人；抵押转让，即把一份具有现金价值的保单作为被保险人的信用担保或贷款的抵押品，也就是受让人仅承受保单的部分权利。在抵押转让下，如果被保险人死亡，受让人得到的是未偿贷款的本息，其余的仍归受益人所有。以人寿保险单做抵押，抵押人通常承诺不做可能使保单失效的事。大多数人寿保险单转让是抵押转让。

另外，按融资期限划分，信用工具又可以划分为长期信用工具、短期信用工具和不定期信用工具。在这里，长期与短期的划分没有一个绝对的标准，一般以 1 年为界，1 年以上为长期，1 年以下则为短期。短期信用工具主要是指国库券、各种商业票据，包括汇票、本票、支票等。西方国家一般把短期信用工具称为“准货币”，这是由于其偿还期短，流动性强，随时可以变现，近似于货币。长期信用工具通常是指有价证券，主要有债券和股票。不定期信用工具是指银行券和多数的民间借贷凭证。

<table>
<tr><td rowspan="3">信用</td><td>信用概述</td><td>· 信用是商品经济发展的产物，是市场经济不可或缺的一部分。信用，是用契约关系保障本金回流和增值的价值运动，是一种体现特定经济关系的借贷行为。
· 信用以实物借贷和货币借贷两种形态存在。一般来讲，信用活动具有三个基本要素：债权人与债务人；时间间隔；信用工具。
· 信用在现代经济生活中的作用既有积极的一面，也有消极的一面。我们要充分发挥信用的积极作用，促进国民经济的稳定增长；同时也要注意防范信用风险和经济泡沫的出现</td></tr>
<tr><td>现代信用的形式</td><td>信用作为一种借贷行为，要通过一定形式表现出来。信用按受授主体不同，主要可分为商业信用、银行信用、国家信用、消费信用、国际信用等。其中，商业信用和银行信用是现代市场经济中与企业的经营活动直接联系的最主要的两种形式</td></tr>
<tr><td>信用工具</td><td>· 信用工具通常是指以书面形式发行和流通,借以保证债权人或投资人权利的一种凭证。按照融资方式，信用工具可分为直接信用工具和间接信用工具；按照融资时间，信用工具可分为短期信用工具和长期信用工具。
· 直接信用工具通常包括商业票据、股票、债券等；间接信用工具通常包括银行票据、大额可转让定期存单、保险公司发出的保险单、通过信托投资公司发出的各种基金等。
· 短期信用工具和长期信用工具的划分一般以 1 年为界，1 年以上的为长期，1 年以下的则为短期。短期信用工具主要是指国库券、各种商业票据，包括汇票、本票、支票等；长期信用工具通常是指有价证券，主要有债券和股票</td></tr>
</table>

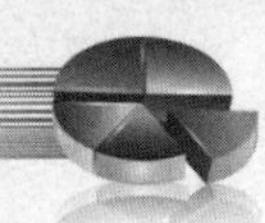

习　题

一、名词解释

1．商业信用
2．消费信用
3．银行信用
4．信用卡
5．信用工具

二、判断题

1．在我们日常生活中所涉及的债权债务关系，即为“信用关系”。（　）
2．现代信用的典型形态是具有特殊商品特征的借贷资金。（　）
3．商业信用的基本形式是赊销和预付货款。（　）
4．商业信用和银行信用都是间接信用形式。（　）
5．在现代市场经济中，商业信用的发展越来越依赖于银行信用。（　）
6．由银行或金融机构向消费者提供的信用，既属于消费信用又属于银行信用。（　）
7．支票是见票即付的委托票据，因此不得另行记载付款日期。（　）
8．公债和国库券的区别只在于期限不同，前者是中长期债券，后者是短期债券。（　）

三、问答题

1．什么叫信用？构成信用活动的要素有哪些？
2．经济学意义上的“信用”与日常生活、道德规范里的“信用”有何区别及联系？
3．简要说明信用对经济发展的作用。
4．现代信用有哪几种基本形式？其发展趋势有哪些？
5．信用工具有哪些基本特点？其构成要素有哪些？

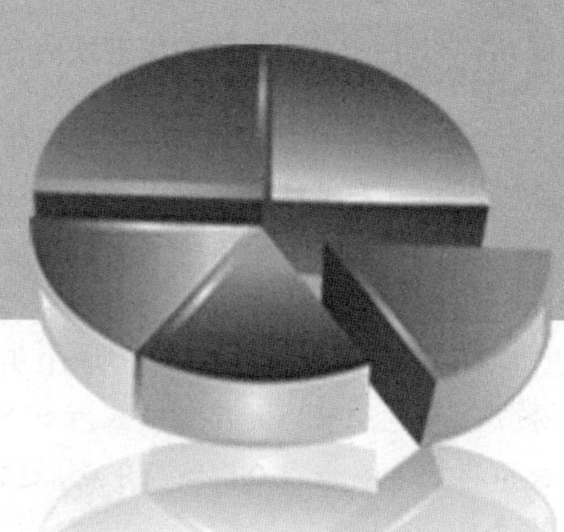

第三章 利息与利率

本章精粹

- 利息与利率概述
- 利息与利率计算分析
- 利率体系
- 利率的功能和作用

案例导入 百日内第五次降息 货币政策再度出击

2008 年 9 月 15 日，央行宣布自 9 月 16 日起下调一年期人民币贷款基准利率 0.27 个百分点，其他期限档次贷款基准利率按照短期多调、长期少调的原则做相应调整，存款基准利率保持不变。与此同时，央行还宣布下调中小金融机构人民币存款准备金率 1 个百分点，汶川地震重灾区地方法人金融机构存款准备金率下调 2 个百分点。

10 月 8 日，央行宣布，从 10 月 9 日起下调一年期人民币存贷款基准利率各 0.27 个百分点，其他期限档次存贷款基准利率做相应调整。从 10 月 15 日起下调存款类金融机构人民币存款准备金率 0.5 个百分点，这是央行近 9 年来首次下调所有存款类金融机构人民币存款准备金率。

10 月 29 日，央行宣布，从 10 月 30 日起下调金融机构人民币存贷款基准利率。其中一年期存款基准利率由现行的 3.87%下调至 3.60%，下调 0.27 个百分点。一年期贷款基准利率由现行的 6.93%下调至 6.66%，下调 0.27 个百分点；其他各档次存贷款基准利率也相应调整。个人住房公积金贷款利率保持不变。

11 月 26 日，央行宣布，从 11 月 27 日起，下调金融机构一年期人民币存贷款基准利率各 1.08 个百分点，其他期限档次存贷款基准利率做相应调整。同时，下调中央银行再贷款、再贴现等利率。与此同时，央行决定自 12 月 5 日起，下调工行、农行、中行、建行、交通银行、邮政储蓄银行等大型存款类金融机构存款准备金率 1 个百分点，下调中小型存款类金融机构人民币存款准备金率 2 个百分点。同时，继续对汶川地震灾区和农村金融机构执行优惠的存款准备金率。

12 月 22 日，央行宣布，从 2008 年 12 月 23 日起，我国下调一年期人民币存贷款基准利率各 0.27 个百分点，其他期限档次存贷款基准利率做相应调整。同时，下调中央银行再贷款、再贴现利率。此外，从 12 月 25 日起，下调金融机构人民币存款准备金率 0.5 个百分点。

此次调整结束后，一年期存款基准利率为 2.25%，仅高于 2002 年 2 月的 1.98%，为历史次低水平；贷款基准利率为 5.31%，与 2002 年 2 月的历史最低水平持平；中小银行的存款准备金率已降至 14%，大型银行的存款准备金率降至 15%。

央行指出，此举是为进一步落实适度宽松的货币政策。此次调整后，年内存款基准利率累计下调 1.89 个百分点；贷款基准利率累计下调 2.16 个百分点；存款准备金率下调 9 次，在上半年上调 3 个百分点，达到 17.5%的历史高点后，继而连续 4 次下调，累计最多下调 3.5 个百分点。

央行行长周小川此前就表示，是否降息要看经济运行数据。在随后央行公布的企业商品价格变动情况(CGPI)显示，该数据与 CPI 和 PPI 走势一致，均出现了大幅回落。业内人士认为，CGPI 环比与同比同时出现负增长，说明进入“通缩”。因此，从此次降息的时机选择看，央行此举仍然是为保证银行体系流动性充分供应，促进货币信贷稳定增长，发挥货币政策在支持经济增长中的积极作用。

(资料来源：苗燕，但有为. 上海证券报)

【启发思考】

1．2008 年世界金融领域发生了什么事情？这些事情与央行降息有没有联系？

2．央行降息的目的是什么？

3．央行降息对我们的生活会产生哪些影响？

本章介绍利息的实质、利率与资本收益率之间的关系，各种利率的概念及其计算公式等内容。通过本章的学习，要求理解利息的实质、利率的作用及利率发挥作用的环境与条件，掌握并熟练应用各种利率的概念及其计算公式，熟练掌握现值的运用。

利息　利率　利率体系

第一节　利息与利率概述

利息对我们每个人来说并不陌生，利息是借贷关系中借入方支付给贷出方的报酬。作为银行的储户(债权人)，我们会从银行得到每期的存款利息。相反，如果从银行贷款买房买车，就应该在每期偿还贷款(本金)的同时向银行支付贷款利息。利息究竟是如何产生的呢？

一、利息的产生和本质

随着人类社会生产力水平的发展和作为支付手段的货币的产生，用以调节商品和货币余缺的信用产生了。信用的主要表现形态最初为高利贷，后来逐渐发展为当今的借贷资本活动。借贷关系中的债务人按约定偿还贷款，并支付一定的超额资金作为使用商品或货币的代价，这部分超额资金就是利息。由此可见，货币资本所有权和使用权的分离是利息产生的经济基础。

在资本主义制度下，利息是剩余价值的一部分。借贷资本家为了获取一定的收入或报酬，才把货币资本暂时贷给职能资本家使用。因此，利息是借贷资本家因贷出货币资本而从职能资本家手里获得的报酬，或者说职能资本家因使用借入货币资本而获得的利润中分割给借贷资本家的部分。

利息只能是平均利润的一部分。这是因为，职能资本家使用借入资本经营企业时，一般都能获得平均利润，他必须从中拿出一部分付给借贷资本家。如果职能资本家把平均利润独占了，不分割一部分给借贷资本家，那么，借贷资本家就不会把货币资本借给职能资本家；如果借贷资本家把职能资本家获得的平均利润全部拿走，那么，职能资本家就不会向借贷资本家贷款经营企业。所以，从本质上说，利息是借贷资本家从职能资本家那里分割来的平均利润的一部分，它是社会总资本在生产过程中生产的剩余价值的一部分的特殊转化形式。

在社会主义制度下，利息同样产生于社会平均利润当中，但其本质与资本主义制度下的利息不同。社会主义公有制的物质基础决定了利息由劳动创造并归劳动者所有，并在社会主义经济运行当中发挥调节资本余缺和劳动成果合理再分配的作用。

二、利率及其决定因素

利率即利息率，是利息与本金的比值，通常以百分比的形式表示。利率这一比值反映了资本借贷关系中债权人出让资金使用权的报酬率，同时也是债务人购买获得资金使用权的价格。与利息相比，作为相对数指标的利率更加便于比较规模不同的借贷资本的报酬高低，因此在经济生活中利率的使用更为广泛。

影响利率水平高低的因素主要有下述四大类。

(一)社会平均利润率

如前所述，利息是社会平均利润的一部分，社会平均利润的另一部分是企业的利润。社会平均利润率的高低决定着利润总量的多寡，进而对利息的总量产生影响。在借贷资本总额一定的情况下，利息总量越多，则利率越高；反之，利息总量越少，则利率越低。从数量上来讲，利率必然介于零和社会平均利润率之间。利率必然大于零是因为只有这样，资金的所有者才可以通过贷出资金来盈利。而利率又不能大于社会平均利润率，因为那样会使资金借入者没有任何利润，从而失去借款的意义。因此，只有利率水平介于零和社会平均利润率之间，借贷双方才能合理地达成交易，才能产生借贷关系。

(二)资金的供求关系

商品的价格会受供求关系的影响而围绕价值上下波动。资金同其他商品一样，其价格表现为借贷利率，也会受到市场供求状况的影响。当资金供应量和资金需求量相等时，市场达到均衡状态，此时的利率是均衡利率。然而，市场并不是总处于均衡的状态，而是往往处于过剩或者短缺状态。当市场出现过剩时，资金供应量大于资金的需求量。资金供大于求会导致利率下降，而利率下降会使资金的供应量减少，资金的需求量增加，从而使资金市场趋向均衡。相反，如果市场出现短缺时，资金的需求量大于资金的供应量，资金供不应求会导致利率上升，而利率上升会使资金的供应量增加，资金的需求量减少，从而使资金市场重新趋向均衡。

(三)资金借贷风险

资金借贷风险是指资金的贷出者即债权人所面临的无法按约定收回资金和获得利息的可能性，即出现借贷合同违约的可能性。这种可能性越大，债权人遭受损失的可能性就越大，因而债权人会要求获得更高的收益水平，也就是按照更高的利率水平获取利息收入。由此可见，利率与资金借贷风险之间存在正相关的变化关系，即风险越高，利率相应也越高。一般而言，资金借贷风险主要来自以下三个方面。

1. 项目的投资风险

该风险是指债务人将借入资金用于投入的项目出现投资损失的可能性。由于债务人依靠投资项目的未来现金流偿还到期债务的本金和利息，投资项目一旦出现投资损失，债务人就无法按期对债权人进行偿付，从而出现债务违约。因此，项目的投资风险程度越高，债权人要求的利率就会越高。

2. 债务期限风险

相对于短期债务而言，长期债务资本在使用过程中的不确定性会大大提高，因而债权人会要求更高的利率水平。

3. 利率风险

利率风险是指市场利率变动的不确定性给商业银行造成损失的可能性。巴塞尔委员会在 1997 年发布的《利率风险管理原则》中将利率风险定义为：利率变化使商业银行的实际收益与预期收益或实际成本与预期成本发生背离，使其实际收益低于预期收益，或实际成本高于预期成本，从而使商业银行遭受损失的可能性。这种可能性使得原本投资于固定利率的金融工具，当市场利率上升时，可能导致其价格下跌的风险。规避利率风险的金融工具包括浮动利率存单、期货、利率选择权、利率交换和利率上限。

(四)通货膨胀

通货膨胀使得货币的购买力随着时间的推移而逐渐降低，这就使得债权人通过贷出资金而获得的利息收益的购买力水平下降，其真正的收益率(实际利率)只是在获得的利率(名义利率)的基础上减去通货膨胀率之后的部分。因此，在名义利率一定的情况下，通货膨胀率越高，实际利率就越低。

【专栏 3-1】巴塞尔委员会

巴塞尔银行监理委员会(The Basel Committee on Banking Supervision)简称巴塞尔委员会，是由美国、英国、法国、德国、意大利、日本、荷兰、加拿大、比利时、瑞典十大工业国的中央银行于 1974 年年底共同成立的，作为国际清算银行的一个正式机构，以各国中央银行官员和银行监理当局为代表，总部设在瑞士的巴塞尔。每年定期集会 4 次，并拥有近 30 个技术机构，执行每年集会所订目标或计划。巴塞尔委员会本身不具有法定跨国监理的权力，所作结论或监理标准与指导原则在法律上也没有强制效力，仅供参考。但因该委员会成员来自世界主要发达国家，影响大，一般仍预期各国将会采取立法规定或其他措施，并结合各国实际情况，逐步实施其所订监理标准与指导原则，或实务处理相关建议事项。在“国外银行业务无法避免监理”与“适当监理”原则下，消弭世界各国监理范围差异是巴塞尔委员会追求的目标。巴塞尔委员会制定了一些协议、监理标准与指导原则，如《关于统一国际银行资本衡量和资本标准的协议》《有效银行监管核心原则》等。这些协议、监理标准与指导原则统称为巴塞尔协议。这些协议的实质是为了完善与补充单个国家对商业银行监管体制的不足，减轻银行倒闭的风险与代价，是对国际商业银行联合监管的最主要形式。这些文件的制定与推广，对稳定国际金融秩序起到了积极作用。

从 1979 年开始，由巴塞尔银行监管委员会牵头举办国际银行监督官大会，它是多边银行监管论坛，每 2 年举行一次，旨在促进各国(地区)银行监管当局的交流和合作。

(资料来源：百度百科，http//baike.baidu.com/view/393696.html)

第二节　利息与利率计算分析

在了解了利息与利率的基本概念之后，很自然会提出下一个问题：如何计算利息和利率？下面重点讨论有关利息和利率的计算方法。

一、利息计算分析

利息的计算所涉及的问题是经济学中有关资金时间价值的问题。首先，一定数量的资金现在的价值量定义为现值(present value)。与现值相对应的概念是终值(future value)，即这笔资金经过一定时间之后的价值量。现值与终值的差额，也就是由于时间因素引起的终值超出现值的价值量部分就是利息。由此可见，计算利息的问题就是如何计算资金的终值和现值。

(一)资金终值的计算

资金终值的计算一般分为两种情况：一次性收付和多次性收付。

1. 一次性收付资金的终值计算

所谓一次性收付资金，是指资金的收支是在某一时刻一次完成的，不存在多次收支的情况，这种情况相对简单，因此我们从这里开始分析。既然要计算利息，我们还要关注另一个问题——计息方式。现实当中有两种计算利息的方法。一种叫单利计息，在这种方法下，用以计算利息的资金基数就是最初发生的资金数量——本金，而本金在接下来各个计息周期所产生的利息是不能产生利息的。我们可以用“利不生利”来简单概括单利计息的特点。

1) 按单利计息

其计算公式如下。

$$V_{\mathrm{f}} = P(1+rt)$$

式中：V_{f}——本金投资的终值；

P——本金；

r——年利率；

t——计息期限(年)。

例如：本金为 1 000 000 元的 4 年期投资，利率为 10%。

则有

$$V_{\mathrm{f}}=1\,000\,000\times[1+(10\%\times4)]=1\,400\,000(\text{元})$$

由此可见，在单利计息的情况下，如果利率不变，各期发生的利息数额也不变。

2) 按复利计息

另一种计算利息的方法叫复利计息，在这种方法下，上一期的利息计入本期的本金来计算本期的利息。因此，随着时间的推移，各期利息会逐期增加。这种利息也能在将来产生利息的计息方法可以用“利滚利”来概括。

(1) 复利下每年计息一次

其计算公式如下。

$$V_f = P(1+r)^t$$

上例中，如果为复利下每年计息一次，则有

$$V_f = 1\,000\,000 \times (1+10\%)^4 = 1\,464\,100(\text{元})$$

(2) 复利下每年 n 次计息(如按月、季计息)

其计算公式如下。

$$V_f = P(1+r/n)^{n \cdot t}$$

上例中，如果为复利每季计息一次，则有

$$V_f = 1\,000\,000 \times (1+10\%/4)^{4\times4} = 1\,484\,505.60(\text{元})$$

2．多次性收付资金的终值计算

多次性收付资金的终值计算是对一次性收付资金的终值分别计算之后的汇总。按照各次资金发生量是否相同又可以分为年金和非年金两种形式。所谓年金，是指各次资金的发生数量完全相同，每次间隔相同的时间发生的多次支付的资金。由于年金具有“定期等额”的特点，所以在终值计算时我们可以遵循一定的规律来减少计算的工作量。下面分别就非年金和年金两种情况加以分析说明。

1) 非年金多次支付

其计算公式如下。

$$V_f = \sum_{n=1}^{t} C_n (1+r)^{t-n}$$

式中：C_n——第 n 年支付的资金。

例如：一笔按 10%利率为期 3 年的投资，在 3 年内分别支付本金和利息，其中第 1 年 550 元，第 2 年 600 元，第 3 年 660 元，则该笔投资的终值为

$$V_f = 550(1+10\%)^2 + 600(1+10\%)^1 + 660(1+10\%)^0 = 1985.50(\text{元})$$

2) 年金多次支付

其计算公式如下。

$$V_f = A\left[\frac{(1+r)^t - 1}{r}\right]$$

式中：A——年金。

例如：一笔可获年金为 600 元的 5 年期投资，利率为 10%，则该笔投资的终值为

$$V_f = 600 \times \left[\frac{(1+10\%)^5 - 1}{10\%}\right] = 3663.06(\text{元})$$

(二)资金现值的计算

资金的现值计算是资金终值计算的逆运算，是在已知某笔资金若干期后的终值以后，反过来计算本金的数量的过程。例如，你希望在 5 年以后用 500 000 元来购买一套住房，那么在当前的利率水平下，需要一次性存入银行多少钱(或者是每年存入银行多少钱)？这就是现值的计算。现值计算也分为两种形式：按单利计息和按复利计息。

1. 按单利计息

$$P=V_{\mathrm{f}}/(1+rt)$$

式中：V_{f}——本金投资的期值；

P——本金；

r——年利率；

t——计息期限(年)。

例如：要在 5 年后从银行得到 15 000 元，利率为 10%，现在应向银行存入多少钱？

则有

$$P=15\ 000/[1+(10\%\times5)]=10\ 000(元)$$

2. 按复利计息

1) 复利下每年计息一次

$$P=V_{\mathrm{f}}/(1+r)^{t}$$

上例中，如果为复利下每年计息一次，则有

$$P=15\ 000/(1+10\%)^{5}=9315(元)$$

2) 复利下每年 n 次计息(如按月、季计息)

$$P=V_{\mathrm{f}}/(1+r/n)^{n\cdot t}$$

上例中，如果为复利下每半年计息一次，则有

$$P=15\ 000/(1+10\%/2)^{5\times2}=9210(元)$$

二、利率计算分析

利率计算问题在财务学中主要是分析投资项目所能达到的收益水平，即内在回报率的问题。内在回报率是指使一个投资项目的贴现现金净流量等于零时的报酬率，也就是使项目的净现值等于零的贴现率。在金融学中，利率多是指银行借贷利率，其本质与上述投资项目内在回报率是一样的。下面就投资项目内在回报率的计算进行简要分析。

(一)一次性偿还投资本金的年内在回报率分析

内在回报率即货币加权回报率或到期收益率，它是测度投资回报最常用的指标。

1. 复利下每年支付一次利息的年内在回报率分析

复利下每年支付一次利息的年内在回报率计算公式如下。

$$r=\left(\frac{V_{\mathrm{f}}}{I}\right)^{1/t}-1$$

式中：r——年内在回报率；

I——投资；

V_{f}——投资的终值；

t——投资年限。

例如：某投资者用 10 000 元进行为期 4 年的投资，投资期末的终值为 14 500 元，复利计算以年度为单位，则该笔投资的年内在回报率为

$$r=\left(\frac{14\,500}{10\,000}\right)^{1/4}-1=9.73\%$$

2. 复利下每年支付 *n* 次利息的年内在回报率分析

其计算公式如下。

$$r=n\left[\left(\frac{V_{\mathrm{f}}}{I}\right)^{1/n\cdot t}-1\right]$$

3. 贴现债券在复利下年内在回报率分析

例如：某投资者对 100 元的某种债券进行为期 8 年的投资，如果该债券的价格为 40 元，半年复利，则我们可以按贴现债券的现值公式求得其年内在回报率。

据公式 $P=\dfrac{B}{\left(1+\dfrac{r}{2}\right)^{2t}}$ (B 为债券面值，P 为债券价格)，则有

$$40=\frac{100}{\left(1+\dfrac{r}{2}\right)^{2\times 8}}$$

解得：r =11.79%

(二)分期多次性偿还投资本金和利息的年内在回报率分析

一般多次性偿付下的年内在回报率，可以依据投资的现值与终值计算公式倒推出来。这里着重分析以永久年金多次性偿付下的年内在回报率。现值计算公式为

$$V_P = \frac{A}{r}$$

式中：V_P——投资的现值；

A——年金；

r——年利率。

可得到永久支付年金的年内在回报率为

$$r = \frac{A}{V_P}$$

例如：当某一种市场价格为 40 元的无偿还期债券，其年金(该债券年金就是永久年金)为 5 元时，该债券的年内在回报率就为

$$r = \frac{5}{40} = 12.5\%$$

(三)有效利率的计算分析

1. 有效利率的含义

有效利率是指在复利支付利息条件下的一种复合利率。当复利支付次数在每年一次以上时，有效利率自然要高于一般的市场利率。由于有效利率概念的产生与出现，我们将市场利率称为平利率。

2. 有效利率的计算

有效利率的计算公式为

$$r_e = \left(1 + \frac{r}{n}\right)^n - 1$$

式中：r_e——有效利率；

r——一般利率(市场利率、平利率)；

n——复利支付的次数。

例如：当市场利率为 8%，而复利采用每季支付一次时，有效利率为

$$r_e = \left(1 + \frac{8\%}{4}\right)^4 - 1 = 8.24\%$$

3. 证券市场有效利率的计算分析

证券市场是以实际天数并按复利计算实际收益的，此收益就是有效收益。而证券市场有效利率则是以 365 天为年周期而推算得出的复合利率，其计算公式为

$$r_e=\left(1+\frac{r}{365}\right)^{365}-1$$

例如：当市场利率为 10%，而复利采用每天支付一次时，有效利率为

$$r_e=\left(1+\frac{10\%}{365}\right)^{365}-1=10.51\%$$

第三节　利 率 体 系

利率体系是指一个国家中存在的各种利率之间的互相依存和互相制约的系统。利率体系的划分方式有两种：①按所依附的经济关系划分为存款利率和贷款利率；②按借贷主体划分为银行利率(中央银行利率和商业银行利率)、非银行金融机构利率、有价证券利率和市场利率。各种不同的利率均按期限划分为不同的档次。利率体系的简单与复杂，主要取决于经济金融发展的需要。我国自改革开放以来，逐步建立起较为合理的、完备的利率体系，并且随着经济、金融市场化的发展，正不断趋于完善。

下面主要介绍中央银行利率和市场利率。

一、中央银行利率

中央银行利率又称为中央银行基准利率，或者简称为基准利率。基准利率是金融市场上具有普遍参照作用的利率，其他利率水平或金融资产价格均可根据这一基准利率水平来确定。基准利率是利率市场化的重要前提之一，在利率市场化条件下，融资者衡量融资成本，投资者计算投资收益，客观上都要求有一个普遍公认的利率水平作为参考。所以，基准利率是利率市场化机制形成的核心。

基准利率必须具备以下几个基本特征。

(一)市场化

利率市场化是指存贷款利率不由上级银行统一控制，而是由各商业银行根据资金市场的供求变化来自主调节，最终形成以中央银行基准利率为引导，以同业拆借利率为金融市场的基础利率，各种利率保持合理的利差和分层有效传导的利率体系。

价格是市场机制的核心，价格反映供求关系，为资源流动提供信号，最终引导资源的优化配置。现代市场经济学说则将利率视为最重要的价格。因为利率是资金的价格、资本的价格。资金作为一种投资、生产、消费等一切经济活动不可或缺的生产要素，其价格机制影响的不是某一局部市场的供求平衡，而是整个社会的供求状况和资源配置效率。因此，在市场经济条件下，利率作为一个重要的经济杠杆，对国家宏观经济管理和微观经济运行起着不可替代的、十分重要的调节作用。

由此可见，在市场经济条件下，基准利率必须由市场供求关系决定，同时反映实际市场供求状况和市场对未来的预期。

(二)基础性

基准利率在利率体系、金融产品价格体系中处于基础性地位，与其他金融市场的利率或金融资产的价格具有较强的关联性。

(三)传递性

基准利率所反映的市场信号，或者中央银行通过基准利率所发出的调控信号，能有效地传递到其他金融市场和金融产品价格上。

二、市场利率

市场利率是指由资金市场上供求关系决定的利率。市场利率因受到资金市场上的供求变化而经常变化。在市场机制发挥作用的情况下，由于自由竞争，信贷资金的供求会逐渐趋于平衡，经济学家这将种状态的市场利率称为“均衡利率”。与市场利率对应的是法定利率，所谓法定利率，是指由货币当局规定的利率。货币当局可以是中央银行，也可以是具有实际金融管理职能的政府部门。

在改革开放政策实施前，中国的利率基本上是法定利率。在30多年的改革开放过程中，随着资金分配和融资格局的变化，市场利率在利率体系中的比例已逐渐加大。法定利率和市场利率是从资金价格决定权的角度来分析利率形式的。实际上，在统一的法定利率背景下，由融资形式多样性、一国经济发展不平衡、市场分割等因素所决定，市场利率也会有多种表现。例如在中国，经济较发达的沿海地区和经济发展较为落后的中西部地区，其市场利率水平也存在相当的差距。

在资金市场彻底开放，对利率的管理基本解除，把资金真正当作商品买卖的情况下，利率由市场上资金供求状况所决定。资金紧张，供给小于需求，利率上升；资金宽松，供给大于需求，利率下降。反过来，利率又能影响资金的供给与需求，促进资金供求趋向平衡。当资金供大于求，市场资金多余，利率下降时，资金供给者的利息减少，能促使一部分投向资金市场的货币转而用于其他方面，例如，用于增加消费，囤积能够保值的商品，扩大本企业的生产与业务经营，使市场资金的供给量减少。同时，由于利率降低，从市场上筹集资金，利息负担减轻，使得筹资者增多，对资金的需求增加。这就可能使市场上的资金供求状况逐渐趋于平衡。反过来，如果市场上的资金求大于供，比较紧张，利率上涨时，则会引起一系列相反的经济活动。人们从各方面挤出来一些资金投向市场，以获取较多的利息收入；同时因筹集资金成本提高，运用这种资金，可能获得的利润减少，而尽可能少从市场筹资，使资金供不应求的紧张状况得以缓解。

我国资金市场开放不久，尚未真正形成由资金供求状况决定的利率，资金市场上的利率实际上是以银行利率为基础，即按略高于银行利率的原则由资金市场管理部门制定。市场利率略高于银行利率，是因为从信用上来讲，到市场上筹资的单位大部分不及银行。

须提到的是，发达国家的金融市场同国外市场联系非常密切，带有一定程度的国际性。资本市场利率较高，就能吸引来国外投资，增加国内资本供应量，如美国在 20 世纪 80 年代前期实行的高利率政策，就从国外吸引了大量资金；反过来，一国利率较低，不仅来本国投资的外国人减少，而且本国的一部分资本也可能转到国外，使国内的资本供给量减少。因此，发达国家资本的增减弹性很大，利率对资本市场的调节作用比较显著。而我国，企业的企业化程度不够高，导致人们利息观念比较弱，利息对资金供求状况的影响相对小些。然而近些年多次提高储蓄存款利率，每次均带来储蓄存款明显上升和提高贷款利率时引起企业反应强烈的事实，说明我国利率对资金供求状况还是存在着较大的影响，所以低估这些影响是不妥的。

市场利率一般参考 LIBOR(伦敦银行同业拆借利率)和美国的联邦基金利率(Federal Funds Rate)。我国也有银行间同业拆借市场，其利率(CHIBOR)也是市场利率。

市场利率与债券价格呈反方向变动。一般是市场利率的变动引起债券价格的变动，比如美联储升息会引起证券价格的下降(实际效果受多方面的影响，比如该政策是否已被预期)。当一个债券由于自身原因(比如债券发行者基本面的恶化)导致价格变动时，其债券持有者的收益率会向相反方向变动。

【专栏 3-2】LIBOR 和 CHIBOR

LIBOR 是 London Interbank Offered Rate 的缩写，即伦敦银行同业拆借利率，是指欧洲货币市场上，银行与银行之间一年期以下的短期资金借贷利率。它代表的是在伦敦的第一流银行借款给伦敦的另一家第一流银行资金的利率。现在 LIBOR 已经作为国际金融市场中大多数浮动利率的基础利率，以银行从市场上筹集资金进行转贷的融资成本，贷款协议中议定的 LIBOR，通常是几家指定的参考银行在规定时间(一般是伦敦时间上午 11:00)报价的平均利率。

LIBOR 是一个英国银行同业之间的短期资金借贷款的成本(利息率)，由英国银行家协会(British Banker's Association)按其选定的一批银行，于伦敦货币市场报出的银行同业拆借利率，再以抽样本的方式，计算出平均指标利率。此指标利率，每个银行营业日都可能不同。

CHIBOR 是 China Interbank Offered Rate 的缩写，即全国同业拆借市场利率。1996 年 1 月中国人民银行建立了全国统一的银行间同业拆借市场，同年 6 月放开了对同业拆借利率的管制，拆借利率由拆借双方根据市场资金供求状况自行决定，初步形成了全国统一的同业拆借市场利率(CHIBOR)。随着全国银行间同业拆借市场的建立和逐步完善，金融机构直接进行拆借交易的渠道已经开通，1997 年下半年中国人民银行决定停办各地融资中心业务，清理并收回逾期拆出资金，撤销相应的机构。

(资料来源：百度百科，http://baike.baidu.com/view/392264.html)

第四节　利率的功能和作用

一、利率的功能

利率作为经济杠杆，具有五个方面的经济功能，对经济发挥着重要作用。

(一)中介功能

利率的中介功能具体表现在三个方面。①它联系着国家、企业和个人三方的利益，其变动将导致三方利益的调整。②它沟通金融市场与实物市场，特别是两个市场上不同利率之间的联动性，使金融市场和实物市场之间相互影响，紧密相关。③它连接宏观经济和微观经济，利率的变动可以把宏观经济的信息传达到微观经济活动中。

(二)分配功能

利率具有对国民收入进行分配与再分配的功能。①利率从总体上确定了剩余价值的分割比例，使收入在贷者和借者之间进行初次分配。②利率可以对整个国民收入进行再分配，调整消费和储蓄的比例，从而使盈余部门的资金流向赤字部门。

(三)调节功能

利率的调节功能主要是通过协调国家、企业和个人三方的利益来实现的。它既可以调节宏观经济活动，又可以调节微观经济活动。对宏观经济的调节，主要是调节供给和需求的比例，调节消费和投资的比例关系等；对微观经济的调节，主要是调节企业和个人的经济活动等，使之符合经济发展的需求和国家的政策导向。

(四)动力功能

实现一定物质利益是推动社会经济发展的内在动力。利率通过全面、持久地影响各经济主体的物质利益，激发他们从事经济活动的动力，从而推动整个社会经济走向繁荣。

(五)控制功能

利率可以把那些关系到国民经济全局的重大经济活动控制在平衡、协调、发展所要求的范围之内。例如，通过利率的调整，影响投资规模、物价等。总之，合理的利率有利于进行有效的宏观调控，从而保证国民经济良性循环。

二、利率在经济中的作用

利率作为经济杠杆，在发达的市场经济中具有“牵一发而动全身”的效应，对一国经济的发展发挥着至关重要的作用。利率的作用，不仅体现在宏观经济运行当中，还表现在对企业及个人经济活动等微观影响上。

(一)利率在宏观经济活动中的作用

1. 调节社会资本供给

一般情况下，利率提高，会导致国民储蓄率上升，借贷资本增多，最后增加社会资本供给；反之，社会资本供给就会减少。

2. 调节投资

利率对投资在规模和结构两个方面都具有调节作用。企业进行投资使用借贷资本时，如利率降低，企业贷款成本降低，投资成本相对减少，就会增加投资，从而使整个社会投资规模扩大；反之，会导致社会投资规模萎缩。

3. 调节社会总供求

利率对供求总量的平衡具有一定的调节作用。这是因为，总需求与市场价格水平、利率之间有着相互联系、相互作用的机制。由于生产者和消费者进入市场从事经济活动，市场机制便能够通过价格水平和利率水平的变动在一定程度上调节企业和消费者的投资与储蓄活动，从而实现总供给和总需求的平衡。

(二)利率在微观经济活动中的作用

对企业来说，利率能够促进企业加强经济核算，提高经济效益。因为企业利润收入=销售收入-(产品成本+利息+税金)。在通常情况下，产品成本和税金是相对稳定的。企业利润取决于应付利息的多少，而利息的多少，又与企业占有信贷资金的多少、占用的时间长短及利率高低有关。

对个人而言，利率影响其经济行为。一方面，利率能够诱发和引导人们的储蓄行为。另一方面，利率可以引导人们选择金融资产。在保证金融商品安全性与流动性的前提下，人们重点考虑的往往是主要由利率决定的收益率的高低。

三、限制利率作用的因素

(一)利率管制

利率管制作为国家宏观经济管理的一种手段，具有可控性强、影响力大的特点，但也可能因制定的利率水平不恰当或调整不及时而限制利率作用的发挥。

(二)授信限量

授信限量包括授信配给制，还包括实施其他授信条件，如首期付款量、质押品、分期还款量限制等，使许多消费需求和投资需求得不到满足，进一步加剧信贷资金的供求矛盾，使银行利率与市场利率之间的距离不合理地扩大，阻碍了利率机制正常发挥作用，还会引起整个利率体系结构和层次的扭曲。

(三)市场开放程度

如果国内资金流动受到各种限制，金融市场不能成为有机的统一市场，利率体系各组成部分之间就失去了有机联系，整个利率体系就会失去弹性，作用的发挥就有了很大的局限性。

(四)利率弹性

利率弹性表示利率变化后其他经济变量对利率变化的反应程度。某一变量的利率弹性越高，表示该变量受利率的影响越大，对利率变动的反应越灵敏，利率的作用就越能充分发挥出来；反之，利率对经济变量及对真实经济的影响就相对微弱。

本章小结

利息与利率	利息的定义	借贷关系中的债务人按约定偿还贷款，并支付一定的超额资金作为使用商品或货币的代价，这部分超额资金就是利息
	利率的定义	利率即利息率，是利息与本金的比值。利率反映了资本借贷关系中债权人出让资金使用权的报酬率，同时也是债务人购买获得资金使用权的价格
	利率体系	利率体系是指一个国家中存在的各种利率之间的互相依存和互相制约的系统

习 题

一、名词解释

1．利息
2．单利
3．复利
4．基准利率
5．名义利率
6．市场利率
7．终值

二、填空题

1．货币资本所有权和________的分离是利息产生的经济基础。

2．马克思指出，发达国家经济中的利息是借贷资本家凭借自己的资本所有权向职能资本家索取的报酬，是_______的一部分，是_______的特殊转化形式，且认为利率取决于_______。

3．根据利率决定的原理，利率的最高界限为_______，最低界限为_______。

4．由政府或政府金融机构确定并强令执行的利率是_______。

5．随市场规律而自由变动的利率就是_______。

6．名义利率=实际利率+_______。

7．任何一笔货币金额都可根据利率计算出在未来的某一时点上的本利和，通常将其称为_______。

三、判断题

1．利率是一定时期利息与本金之比。（　　）
2．一国的通货膨胀率是影响利率的一个重要因素。（　　）
3．利息的本质是剩余价值的一部分。（　　）
4．在市场利率趋于上升时，实行浮动的利率对债务人有利，对债权人不利。（　　）
5．在其他条件不变的情况下，利率的提高会增加储蓄。（　　）
6．通常利润率应低于利率。（　　）
7．物价上涨时，要保持实际利率不变，须提高名义利率。（　　）
8．我国银行的活期储蓄存款是以复利法计息的。（　　）

四、计算题

1．借贷资本金为 10 000 元，1 年的利息额为 1200 元，年利率为多少？

2．一笔借贷期限为 3 年，月利率为 5%的 10 万元贷款，利息总额为多少？到期的本利和为多少？（分别用单利法和复利法计算）

3．若某人每年存入 1 万元，年利率为 1%，10 年后此人存款余额为多少？

4．某企业期望 6 年后折旧基金余额为 100 万元，该企业从今年开始，按 3%的利率计息，每年应提折旧基金为多少？

5．某客户有合格票据 200 万元到商业银行贴现，还差 60 天到期，若按月息 3‰扣除贴现利息，银行实付贴现额为多少？

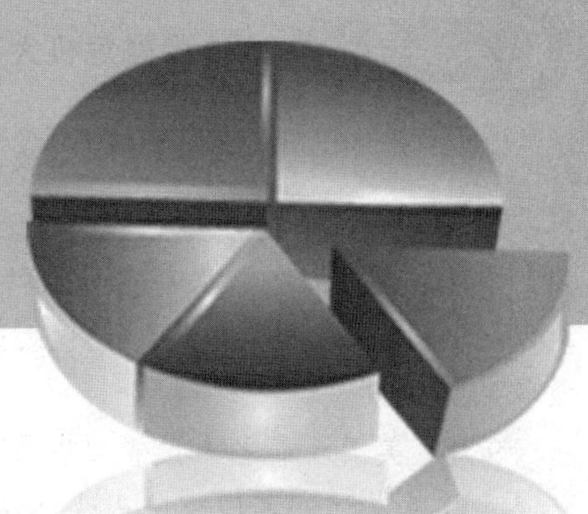

第四章

金融市场

本章精粹

- 金融市场概述
- 货币市场
- 资本市场
- 金融衍生市场

案例导入 2008 金融危机大事记

2008 年 3 月，贝尔斯登被摩根大通以 2.4 亿美元低价收购，次贷危机持续加剧，首次震动华尔街。

7 月，美联储和财政部宣布救助两大房贷融资机构——房利美和房地美，美国国会批准 3000 亿美元住房援助议案，授权财政部无限度提高“两房”贷款信用额度，必要时可不定量收购其股票。

9 月，美国政府宣布接管“两房”；雷曼兄弟宣布申请破产保护；美国银行宣布将以 440 亿美元收购美林；美国政府出资高达 850 亿美元救助美国国际集团(AIG)；美联储批准高盛和摩根士丹利转为银行控股公司的请求，华尔街投行退出历史舞台。

9 月 25 日，华盛顿互惠银行被美国联邦存款保险公司(FDIC)查封、接管，成为美国有史以来倒闭的最大规模银行。

9 月 30 日，美三大股指暴跌，纳斯达克指数创历史最大日跌幅，道·琼斯指数创单日最大下跌点数。

10 月，美国“大萧条”以来最大规模 7000 亿美元金融救助计划获批，美政府当月月底 1250 亿美元注资本国九大银行。

此外，欧洲各国提高个人存款担保额度；富通集团比利时和卢森堡业务被巴黎银行收购；冰岛遭遇“国家破产”危机；英政府宣布向本国四大银行注资 350 亿英镑；乌克兰和匈牙利接受国际货币基金组织(IMF)紧急贷款，危机已经扩散至整个欧洲。

(资料来源：中国证券报，2008-12-16)

【启发思考】

1．2008 年世界金融危机产生的根源是什么？

2．美国金融业中，为何投资银行受金融危机的影响最为严重？

学习目标

本章介绍金融市场的概念、货币市场与资本市场的内容，金融衍生工具的概念及其内容。通过本章的学习，要求：学生理解金融市场的构成要素及金融市场的功能和作用；掌握货币市场与资本市场的主要内容；熟悉主要的金融产品。

金融市场　货币市场　资本市场　金融衍生工具

第一节　金融市场概述

金融市场是金融商品交易的场所，除了买卖信用工具以外，还包括黄金、外汇等。这些金融商品类型随着经济、金融的发展而不断创新更替。现代金融交易的场所不仅包括各种具体的、有形的场所，也包括没有固定空间和工作设施而由通信、互联网等网络构成的无形场所。

一、金融市场的形成

作为一个经济范畴，金融市场的产生与商品货币经济的发展密切相关。无论是政府部门、企业还是个人，其收入和支出不可能时时都相等。一般情况下，将支出可能大于收入的称为资金短缺单位，而将支出可能小于收入的称为资金盈余单位。这样，随着社会市场经济的不断发展，资金盈余单位要寻求投资场所以增加其资本收入，而资金短缺单位则要设法筹集资金以进行简单或扩大再生产，投资与筹资的相互沟通，便产生与发展了金融市场。

从历史上看，往往是为适应商品经济的不断发展，最初形成了一国国内的金融市场，随后，因国际经济交易的发展与扩大，国内金融市场的业务活动逐步延展、相互渗透融合后，就促成了以某几个国家国内金融市场为中心的、各国金融市场连接成网的国际金融市场。关于金融市场产生的具体年代，至今还无人能够准确确定，但根据推算，金融市场首先形成于 17 世纪初的欧洲大陆。

16 世纪初期，西欧就出现了类似现在的证券交易活动。那时，欧洲正处于大航海时代，很多人都知道靠帆船做海外贸易能赚很多钱，但最初这只属于国王或有钱的贵族，老百姓则很少有人能独自负担一艘船的费用。另外，即使能负担，万一出现沉船或被海盗打劫，那就倾家荡产了。于是大家就想到了合伙投资远洋贸易，即每个人都出一笔钱投资入股，收益共享，风险共担。1602 年，荷兰东印度公司成立，荷兰人开始面向全社会筹集资金。每个人只要手头有闲钱，都可以投资东印度公司。公司承诺有收益就给大家分红。于是，小到一个女仆，大到荷兰政府，都可以成为东印度公司的股东。由于公司规模大，所以投资的不确定性大大降低，即使有几艘船沉没，也不会有任何一位股东因此而倾家荡产。这便初步形成了股票市场的雏形。1608 年，荷兰建立了世界上最早的证券交易所——阿姆斯特丹证券交易所。1611 年，阿姆斯特丹证券交易大厦建成，标志着金融市场的形成。

【专栏 4-1】阿姆斯特丹证券交易所与荷兰东印度公司

阿姆斯特丹证券交易所(Amsterdam Stock Exchange，AEX) 于 1609 年在荷兰阿姆斯特丹诞生，成为世界历史上第一个股票交易所。阿姆斯特丹银行也于当年诞生，大约比英国银行早 100 年。

第一个可上市交易股份公司是荷兰的东印度联合公司。1602 年，荷兰联合东印度公司成立，这是世界上第一个联合股份公司。通过向全社会融资的方式，东印度公司成功地将社会分散的财富，变成了自己对外扩张的资本。建立东印度公司的目的是派遣商船前往南洋，通过买卖交易换回当时欧洲没有的货物，如瓷器、香料、纺织品等，这些物品在当时的欧洲可以卖到很高的价钱。但是没有人能单独提供巨资为船队准备航海和贸易，所以人们通过发行股票来筹集所需的资金。对买了东印度公司股票的人来说，所获得的利润既可以以黄金、货币或者货款的形式支付，也可以直接用香料支付。由于船队贩运回来的货物有可能一年比一年值钱，利润可观，因此人们踊跃地大量购买东印度公司的股票。世界上第一个证券交易所和第一只股票就这样开始了其历史使命。

(资料来源：百度百科. 阿姆斯特丹证券交易所，http://baike.baidu.com/view/968693.html)

二、金融市场的构成要素

与其他任何市场一样，金融市场也是一个由多种元素构成的有机整体。一个完整的金融市场必须具备一定的市场要素才能保证市场活动有效、顺畅地运行。一般金融市场的基本构成要素包括：金融市场的参与者(交易主体)、金融市场的交易对象(交易客体)、金融市场的组织方式和金融市场的交易价格(交易机制)，其中金融市场的参与者与交易对象是构成市场的两个最基本要素。

(一)金融市场的主体——参与者

金融市场的主体——参与者，是指参与金融市场交易活动而形成买卖双方的各经济单位或个人。金融市场主体积极从事金融市场交易的内在动力主要来自两个方面：一是资金盈余者和资金短缺者同时存在于现代社会；二是双方对资金收益或回报的追求。这些主体按是否专门从事金融活动划分，可以分为不专门从事金融活动的主体与专门从事金融活动的主体两大类。不专门从事金融活动的主体主要由个人、企业和政府部门构成，他们参与交易是为了自身在资金供求方面的需要。在他们之间发生的金融交易，是直接金融。专门从事金融活动的主体则主要由以金融活动为业的机构或个人组成，包括各类银行、保险公司、财务公司等，通过他们实现的金融交易，称为间接金融。

(二)金融市场的客体——交易对象

金融市场的交易对象是指金融市场参与者进行交易的标的物，从本质上说，是货币资金。但由于货币资金需要借助于金融工具这种载体进行交易，所以，从形式上来说，金融市场主体交易的对象是金融工具。

金融工具也称信用工具，是指在信用活动中产生的、能够证明债权债务关系并据以进行货币资金交易的一种合法凭证，这种凭证对于债权债务双方所应承担的义务和享有的权利均具有法律效力。在金融市场上，人们通过金融工具的流通、买卖，实现资金从盈余部门向短缺部门的转移，使资金资源在时间上和空间上得到重新配置。

一般而言，有效的金融工具必须同时具备三个要点：一是规范化的书面格式；二是有广泛的社会可接受性或可转让性；三是具有法律效力。

金融工具的种类繁多，不同的工具特点不同，但总体而言，具有以下四个共同特征。

1．期限性

期限性一般是指金融工具都有规定的偿还期限，即债务人从借债到全部归还本息之前所经历的时间，如 1 年期的公司债券，其偿还期就是 1 年。对当事人来说，更具现实意义的是实际的偿还期限，即从持有金融工具之日起到该金融工具到期所经历的时间，当事人据此可以衡量自己的实际收益率。金融工具的偿还期有两个极端情况，即零期和无限期，零期是活期存单，无限期是股票或永久性债券，具有无限长的到期日。

2．流动性

所谓流动性，是指金融工具在必要时能迅速转化为现金而不致遭受损失的能力。一般说，金融工具的流动性与安全性成正比，与收益成反比。国库券之类的一些金融工具很容易变成货币，流动性与安全性都较强，而股票、公司债券等金融工具，流动性与安全性则相对较弱，但收益较高。决定金融工具流动性的另一个重要因素是发行者的资信程度，一般发行人资信越高，其发行的金融工具流动性越强。

3．风险性

风险性是指购买金融工具的本金和预期收益遭受损失的可能性大小。由于未来结果的不确定性，所以任何一种金融工具的投资和交易都存在风险，如市场风险、信用风险、流动性风险等。总体而言，风险主要来自两个方面：一是债务人不履行约定按时支付利息和偿还本金的信用风险；二是因市场上一些基础金融变量(如利率、汇率、通货膨胀等方面)的变动而使金融工具价格可能下降所带来的市场风险。相比之下，市场风险更难预测。一般而言，风险与偿还期成正比，与流动性成反比，即偿还期越长，流动性越差，则风险越

大。同时，风险与债务人的信用等级也成反比。

4．收益性

收益性是指持有金融工具能够带来一定的收益，金融工具的收益有两种：一种为固定收益，直接表现为持有金融工具所获得的收入，如债券的票面或存单上载明的利率；另一种是即期收益，即按市场价格出售金融工具时所获得的买卖差价收益。收益大小取决于收益率，收益率是指持有期收益与本金的比例。对收益率大小的比较还要结合当时的银行存款利率、通货膨胀率以及其他金融工具收益率来分析，这样更科学。

(三)金融市场的组织方式

金融市场的组织方式是指将参与者与代表货币资金的金融工具联系起来并组织买卖双方进行交易的方式，主要有三种。第一，有固定场所的、有组织、有制度、集中进行交易的方式，如交易所方式。证券买卖双方在交易所内公开竞争，通过出价与还价的形式来决定证券的成交价格。交易所本身不参加证券的买卖，也不决定证券买卖的价格，而是履行对证券交易的监管职能。因此，它创造了一个具有连续性和集中性的证券交易市场，有利于形成公平合理的交易价格，在保证信息充分披露的基础上，方便投资与筹资。第二，在各金融机构柜台上买卖双方进行面议的、分散交易的方式，如柜台交易方式。与交易所那种以竞价方式确定交易价格不同，柜台交易方式是通过作为交易中介的金融机构如银行、证券公司的柜台来买卖金融工具。第三，场外交易方式，既没有固定场所，也不直接接触，而主要通过中介机构和借助电信手段来完成交易的方式。随着金融市场的分工逐渐细化，这种场外中介交易方式将越来越普遍。

(四)金融市场的交易价格

在金融市场，既然有交易，必然就要有交易价格，金融市场的交易价格是金融工具按照一定的交易方式在交易过程中所产生的价格，它与金融工具的供求、相关金融资产的价格及交易者的心理预期等因素密切相关，其高低直接决定了交易者的实际收益大小，所以是金融市场的另一个重要构成要素。金融市场上货币资金借贷的交易价格和金融工具买卖的交易价格也是两个不同的概念，货币资金借贷的交易价格通常表现为利率，金融工具的价格表现为其总值即本金加收益。可见，金融市场的交易价格不同于商品市场的商品交易价格，众多的影响因素使金融市场的价格变得更加复杂。一般而言，一个有效的金融市场必须具有一个高效的价格运行机制才能正确地引导金融资产的合理优化配置。

总之，金融市场四要素之间是互相联系、密不可分的。其中金融市场参与者与金融市场的交易对象是最基本的要素，只要这两个要素存在，金融市场便会形成；而金融市场的组织方式与金融市场交易价格则是自然产生的，有这两个因素的存在，金融市场才会向更发达、更高级和更完善的方向发展。

三、金融市场的分类

金融市场有许多种分类方法，概括而言，主要有以下五种分类形式。

(一)按融资期限分类，金融市场可分为短期金融市场和长期金融市场

短期金融市场又称货币市场，是指以 1 年内的票据和有价证券为交易工具进行短期资金融通的市场，资金的临时闲置者和资金的临时需求者是市场的主要交易者，而交易对象则包括商业票据、国库券、可转让大额定期存单、回购协议等金融工具。货币市场又可以进一步分为若干不同的子市场，包括同业拆借市场、回购协议市场、商业票据市场、银行承兑汇票市场、短期政府债券市场、可转让大额定期存单市场等。货币市场的主要功能是保障金融资产的流动性，以解决市场参与者短期性的资金余缺问题。

长期金融市场又称资本市场，是指以 1 年以上的有价证券为交易工具进行长期资金融通的市场。资金的长期供应者和需求者是市场的主要交易者，而交易对象则包括中长期债券、股票等金融工具。资本市场又可以进一步分为中长期信贷市场和证券市场。中长期信贷市场是金融机构与工商企业之间的贷款市场；证券市场则是通过证券的发行与交易进行融资的市场，包括债券市场、股票市场、基金市场、保险市场、融资租赁市场等。资本市场的资金大多参与社会再生产过程，起着“资本”的作用，主要用于满足扩大固定资产投资规模、技术改造等长期资本的需求。

(二)按所交易金融产品的交割时间分类，金融市场可分为现货市场和期货市场

现货市场是指随着交易协议的达成而立即进行交割的市场，即一手交钱，一手交货，交易与交割同时进行。一般是买者付出现款，收进证券或票据；卖者交付证券或票据，收进现款。从理论上讲，这种交易一般是当天成交、当天交割，最多不能超过 2 天。

期货市场则是指交易协议虽然已经达成但交割却要在某一特定时间进行的市场。由于市场行情会不断地发生变化，而交割时是要按成交时的协议价格进行，因而，证券价格的升降均可能使买卖双方获利或受损，交易者只能根据自己对市场的判断来进行交易，具有较强的投机性。近年来，金融虚拟经济的不断发展助长了期货市场上的投机行为，世界各国都在一定程度上加强了对期货市场的防范监管措施。

(三)按所交易证券的新旧分类，金融市场可分为初级市场和次级市场

初级市场是新证券发行的市场，又称一级市场或证券发行市场。初级市场没有固定的发行场所，虽然证券发行人在合法的前提下可以自行向市场直接发行证券，但大多数情况下还是通过商业银行、证券公司、信托公司等金融中介机构发售。证券发行者与证券投资者的多少，是决定初级市场规模的直接因素。一般证券承销商在初级市场上向投资者出售金融工具是通过包销或代销方式来进行的。随着社会分工的专业化发展，证券的发行者不容易与分散的、众多的货币持有者进行直接的交易，因此，包销成为证券发行的主要方式。

次级市场是旧证券流通、转让的市场，又称二级市场或证券转让市场。次级市场既有固定的、有组织的交易场所，如证券交易所，也有不固定的、无组织的交易场所，如场外交易。随着现代通信网络技术的发展和电子计算机的广泛应用，世界上越来越多的国家和地区通过电信网络系统进行场外交易活动。

次级市场的主要功能在于为投资者调整自身金融资产的结构及金融资产的流动性。例如，证券持有者需要资金，便可到次级市场通过交易及时地将金融资产转化为现金；反之，若有多余的资金进行证券投资也可在次级市场上实现。

(四)按金融工具的属性分类，金融市场可分为基础性金融产品市场和衍生性金融产品市场

基础性金融工具是指在实际信用活动中出具的能够证明债权债务关系或所有权关系的合法凭证，基础性金融产品市场就是一切基础性金融工具(如股票、债券等)交易的市场，即货币市场、股票市场、外汇市场和债券市场的总和。

衍生性金融产品市场则是指在基础性金融产品上衍生出的新金融工具交易的市场，如期货市场、期权市场等。

(五)按金融市场的地域范围分类，金融市场可分为地方性的、全国性的、区域性的金融市场和国际金融市场

地方性的和全国性的金融市场都同属国内金融市场，其主体都是本国的自然人和法人，融资活动的范围以一国为限。

区域性的金融市场同国际金融市场一样，融资交易活动分属许多国家和地区，交易的主体与客体都比较复杂。

此外，按经营场所方式分类，金融市场可分为有形金融市场，无形金融市场；按市场的交易对象分类，金融市场可分为拆借市场、贴现市场、大额定期存单市场、证券市场(包括股票市场和债券市场)、外汇市场、黄金市场、保险市场等。

四、金融市场的功能

金融市场功能是指金融市场本身的机能以及对经济的能动作用。这种作用主要表现在以下几个方面。

(一)聚集资金的功能

金融市场聚集资金有两种途径：一是将分散于居民手中的消费性货币聚集起来转化为生产性货币，为经济发展提供资金来源；二是把分散、闲置于各企业的不能形成投资规模的小额生产资金聚集起来，形成具有一定投资能力的巨额资金，促进经济发展。

(二)促进资金有效分配的功能

金融市场通过严格监管、规范运作，提供相对充分的信息，有利于及时发现公正的市场价格，在竞争的基础上能把资金配置给效率好的企业和经营能力强的经理层，同时淘汰那些劣质企业和能力差的经营者，从而促进社会资金的有效利用。

(三)促进有效投资的功能

不同的投资者暂时闲置的资金性质不同，投资需求也是完全不同的。金融市场多种商品和投资形式，使投资者有了更多的选择余地，能满足不同的投资需求，以便控制风险，获取相应的收益。一个有效率的金融市场可以促进资金流向社会效益最好的项目与部门。作为一种较高层次的资金运动，金融市场通过市场的价格机制和利率机制来合理地引导资金流向，实现资金的高效运用，最终使社会闲置资金在经济生活中得到重新组合、优化配置。

(四)宏观调控的功能

金融市场是国家宏观间接调控的基本工具。国家的宏观金融政策，通过中央银行传导到金融市场，引起货币流量和流向的变动，作用于各产业部门，从而导致国民经济局部或整体变动，最终达到宏观调控的目的。金融市场历来被认为是一国国民经济的“晴雨表”，是调节经济最灵活、最有力的杠杆。中央银行通过买卖有价证券等行为在金融市场上进行公开市场业务操作，调节货币供应量；而金融市场也为政府开辟了一个经常的、稳定的资金来源，国家财政部门通过金融市场发行国债，既是当代各国筹集资金满足经济建设需要的重要途径，也是各国财政政策发挥作用的前提条件。所以说，金融市场为政府当局提供了一个通过经济手段有效地实施宏观调控的场所，使宏观调控更具弹性和灵活性。

第二节　货 币 市 场

在金融市场上交易的金融工具种类繁多。根据金融工具交易的性质、对象、时间、期限等的不同，金融市场可分为不同的类型。各种类型的金融市场构成金融市场体系。其中根据金融交易对象的期限不同可将金融市场分为货币市场和资本市场。

一、货币市场的含义和特点

通常，将期限在 1 年以内的金融工具作为交易媒介进行短期资金融通的场所称为短期金融市场。由于该市场中交易的金融工具主要是由政府、银行和工商企业发行的短期信用工具，如国库券、短期公债、货币头寸、票据、存单等，它们在货币供应量层次的划分上被置于现钞 $M0$ 与狭义货币 $M1$ 之后，称为“准货币”，所以又称短期金融市场为货币市场。

货币市场的参与者众多，一般资金供应者有中央银行、商业银行、工商企业、政府及有关机构、投资机构、外国金融机构和个人等；相应地，资金需求者也有商业银行、工商企业、政府及有关机构、交易商、经纪商等。根据交易对象的不同，货币市场可分为贴现市场、同业拆借市场、短期国债市场、票据市场、可转让大额定期存单市场、回购协议市场等。

与资本市场相比较而言，货币市场主要有以下几个特点。

(一)交易期限短

作为货币市场交易对象最基本的特征，市场资金主要用于弥补资金需求者临时性的资金不足，以解决短期资金周转需要，并为资金盈余者的暂时闲置资金提供能够获取盈利的机会。所以，在市场上交易的金融工具一般期限较短，最长的不超过 1 年，大多数为 3～6 个月，最短的交易期限只有半天。

(二)所交易的工具有较强的流动性

由于交易期限短，投资者可以在市场上随时将交易的金融工具转换成现金或其他更接近于货币的金融工具。可见，货币市场的活动主要是为了保持资金的流动性。

(三)风险性相对较低

这里的风险主要是指金融工具在未来遭受损失的可能性。金融工具的种种差别，概括起来不外乎是安全性、流动性和收益性三方面的不同。一般而言，流动性强的工具，收益性相对较低；风险性高的工具，其收益性也相对较高，而市场主体就是要在这三者之间进行权衡，以寻求最佳组合。货币市场交易对象期限短、流动性强，不确定因素较少，因此交易双方遭受损失的可能性也较小。虽然收益有限，但它的低风险性仍然吸引了众多投资者参与。

二、货币市场的主要类型

根据交易对象来看，货币市场主要有以下五类。

(一)贴现市场

贴现市场是以票据贴现业务为主的短期资金市场。市场参与者有贴现公司、工商企业、贴现经纪人、商业银行、中央银行等。在票据贴现市场中最主要的工具是银行承兑汇票。银行承兑票据是以银行的信用为担保的。由于银行违约的可能性比一般的企业低，所以银行承兑汇票的风险要比一般的商业汇票小。

在西方，由于不同国家在票据贴现市场的融资规模、结构状况及中央银行对再贴现政策的重视程度方面存在差异，因而票据贴现市场也具有不同的运行特点。美国的票据贴现市场主要由银行承兑汇票市场和商业票据市场构成。银行承兑汇票是进出口贸易中进口商签发的付款凭证，当银行承诺付款并在凭证上注明“承兑”字样后，就变成了承兑汇票。大多数银行承兑汇票偿还期为 90 天，因其以商品交易为基础，又有出票人和承兑银行的双重保证，信用风险较低，流动性较强。商业票据市场容纳的商业票据，则不是以商业交易为基础而签发的汇票，而是以市场筹资为目的签发的融通票据，到期时由发行者偿还。当这种票据的发行利率低于商业银行短期放款的优惠利率时，其发行量就会显著增大，成为借款人重要的资金来源。由于这种商业票据的期限较短，故容纳这种票据的市场基本上是一级市场。

与美国相比，英国贴现市场的历史则更悠久，至今已走过 100 多年的发展历程，且一直比较发达，在金融市场中的地位也颇为重要和独特。英格兰银行在相当长一段时间内高度重视再贴现政策的运用，不能不说和这种情况有直接关系。19 世纪中叶，伦敦贴现市场所经营的几乎全部是商业汇票的贴现业务，到 19 世纪末，才陆续增加国库券和其他短期政府债券的贴现业务。20 世经 50 年代中期以前，票据贴现市场是英国唯一的短期资金市场。50 年代后，英国货币市场的家族才逐步扩大，出现了银行同业存款、欧洲美元、可转让大额定期存单等子市场。尽管如此，票据贴现市场在英国货币市场中仍无可置疑地处于核心地位。英国票据贴现市场的参与者众多，包括票据贴现所、承兑所、企业、商业银行和英格兰银行。票据贴现所在伦敦贴现市场上有 13 家，是贴现市场的主要成员。最初，它只充当商业汇票交易的中介人，从中赚取佣金。后来，它们开始从事商业汇票的贴现业务，并使贴现的票据种类逐步增加，一方面，票据贴现所接受客户的商业票据，为其办理贴现；另一方面，它们又把手中未到期的汇票拿到商业银行或英格兰银行，办理转贴现或再贴现。因为英格兰银行只对贴现所办理再贴现，所以英格兰银行的再贴现政策效能的发挥，主要是通过贴现所这个窗口得以实现的。票据贴现所的独特地位使其成为连接贴现市场各类经济主体的桥梁和纽带。

我国的票据贴现市场起步时间虽然较晚，但是发展速度很快，特别是2000年以后，由于转贴现业务的兴起，贴现交易量发展迅速，远远高于承兑发行量。1994—2006年，全国年度票据签发量由640亿元增长到54 300亿元，平均年度增长55.33%，贴现由470亿元增长到84 900亿元，平均年度增长65.7%。高速的票据业务增长反映了市场对于票据的极大需求。票据作为重要的非现金支付工具之一，不仅是经济行为人安全、高效转移资金的载体，也是货币市场中主要的金融产品之一，票据再贴现还是央行重要的货币政策工具。票据市场在资金配置、流动性管理、风险分散、货币政策传导以及缓解中小企业融资瓶颈等方面发挥着举足轻重的作用，是央行制定货币政策时的考虑因素。总体上看，票据市场作为货币市场的子市场，在规范和引导商业信用、拓宽企业融资渠道、改善银行资产结构、完善货币政策传导机制等方面发挥着十分重要的作用。

(二)同业拆借市场

银行同业拆借市场是各家商业银行或专业银行之间的短期信贷市场，属于信用贷款性质，利率随行就市，期限一般为1～7天。同业拆借须以向中央银行缴纳存款准备金为条件，因为随着缴纳存款准备金制度的完善，不缴足法定准备金，就会被处以罚款。于是银行宁多毋少，形成超额准备金，这笔超额准备金可以用来调剂各专业银行和商业银行的资金余缺，一则方便，二则迅速，三则在划拨款项方面费用较低甚至免费。

同业拆借市场最早出现于美国，其形成的根本原因在于法定存款准备金制度的实施。按照美国1913年通过的“联邦储备法”的规定，加入联邦储备银行的会员银行，必须按存款数额的一定比率向联邦储备银行缴纳法定存款准备金。而由于清算业务活动和日常收付数额的变化，总会出现有的银行存款准备金多余，有的银行存款准备金不足的情况。存款准备金多余的银行需要把多余部分运用，以获得利息收入，而存款准备金不足的银行又必须设法借入资金以弥补准备金缺口，否则就会因延缴或少缴准备金而受到央行的经济处罚。在这种情况下，存款准备金多余和不足的银行，在客观上需要互相调剂。于是，1921年在美国纽约形成了以调剂联邦储备银行会员银行的准备金头寸为内容的联邦基金市场。

在经历20世纪30年代的第一次资本主义经济危机之后，西方各国普遍强化了中央银行的作用，相继引入法定存款准备金制度作为控制商业银行信用规模的手段，与此相适应，同业拆借市场也得到了较快发展。在经历了长时间的运行与发展过程之后，当今西方国家的同业拆借市场，较之形成之时，无论在交易内容开放程度方面，还是在融资规模等方面，都发生了深刻变化。拆借交易不仅仅发生在银行之间，还扩展到银行与其他金融机构之间。从拆借目的看，已不仅仅限于补足存款准备和轧平票据交换头寸，金融机构如在经营过程中出现暂时的、临时性的资金短缺，也可进行拆借。更重要的是同业拆借已成为银行实施资产负债管理的有效工具。由于同业拆借的期限较短，风险较小，许多银行都把短期闲置资金投放于该市场，以利于及时调整资产负债结构，保持资产的流动性。特别是那些市场份额有限，承受经营风险能力脆弱的中小银行，更是把同业拆借市场作为短期资金经常性运用的场所，力图通过这种做法提高资产质量，降低经营风险，增加利息收入。

我国的同业拆借始于 1984 年。此前，我国实行的是高度集中统一的信贷资金管理体制。银行间的资金余缺只能通过行政手段纵向调剂，而不能自由地横向融通。1984 年 10 月，我国针对中国人民银行专门行使中央银行职能，二级银行体制已经形成的新的金融组织格局，对信贷资金管理体制也实行了重大改革，推出了统一计划，划分资金，实贷实存，相互融通的新的信贷资金管理体制，允许各专业银行互相拆借资金。新的信贷资金管理体制实施后不久，各专业银行之间，同一专业银行各分支机构之间即开办了同业拆借业务。不过，由于当时实行严厉的紧缩性货币政策，同业拆借并没有真正广泛地开展起来。1986 年 1 月，国家体改委、中国人民银行在广州召开金融体制改革工作会议，会上正式提出开放和发展同业拆借市场。同年 3 月国务院颁布的《中华人民共和国银行管理暂行条例》，也对专业银行之间的资金拆借做出了具体规定。此后，同业拆借在全国各地迅速开展起来。1986 年 5 月，武汉市率先建立了只有城市信用社参加的资金拆借小市场，武汉市工商银行、农业银行和人民银行的拆借市场随之相继建立。不久，上海、沈阳、南昌、开封等大中城市都形成了辐射本地区或本经济区的同业拆借市场。到 1987 年 6 月底，除西藏外，全国各省、市、自治区都建立了不同形式的拆借市场，初步形成了一个以大中城市为依托的、多层次的、纵横交错的同业拆借网络。

1988 年 9 月，面对社会总供求关系严重失调，储蓄存款严重滑坡，物价涨幅过猛的严峻的宏观经济和金融形势，国家实行了严厉的“双紧”政策，同业拆借市场的融资规模大幅度下降，某些地区的拆借市场甚至关门歇业。到 1992 年，宏观经济、金融形势趋于好转，全国各地掀起一轮新的投资热潮。同业拆借市场的交易活动也随之活跃起来，交易数额节节攀升。1993 年 7 月，针对拆借市场违章拆借行为频生，严重扰乱金融秩序的情况，国家开始对拆借市场进行清理，要求各地抓紧收回违章拆借资金，于是，市场交易数额再度萎缩。1995 年，为了巩固整顿同业拆借市场的成果，中国人民银行进一步强化了对同业拆借市场的管理，要求跨地区、跨系统的同业拆借必须经过人民银行融资中心办理，不允许非金融机构和个人进入同业拆借市场，从而使同业拆借市场得到了进一步规范和发展。1995

年 11 月中国人民银行发出通知，要求商业银行在 1996 年 4 月 1 日前撤销其所办的拆借市场。这一措施为建立全国统一的同业拆借市场奠定了坚实的基础。1996 年 1 月 3 日，经过中国人民银行长时间的筹备，全国统一的银行间同业拆借市场正式建立。

(三)大额可转让定期存单市场

大额可转让定期存单是银行发行的具有固定期限和一定利率并且可以转让的金融工具。这种金融工具的发行和流通所形成的市场称为可转让定期存单市场。

第一张大额可转让定期存单是由美国花旗银行于 1961 年创造的。其目的是稳定存款、扩大资金来源。由于当时市场利率上涨，活期存款无利或利率极低，现行定期储蓄存款亦受联邦条例制约，利率上限受限制，存款纷纷从银行流出，转入收益高的金融工具。大额可转让定期存单利率较高，又可在二级市场转让，对于吸收存款大有好处，于是，这种新的金融工具诞生了。大额可转让定期存款存单除对银行起稳定存款的作用，变银行存款被动等待顾客上门为主动发行存单以吸收资金，更主动地进行负债管理和资产管理外，存单购买者还可以根据资金状况买进或卖出，调节自己的资金组合。

大额可转让定期存单最早产生于美国。美国的 Q 条例规定商业银行对活期存款不能支付利息，定期存款不能突破一定限额。20 世纪 60 年代，美国市场利率上涨，高于 Q 条例规定的上限，资金从商业银行流入金融市场。为了吸引客户，商业银行推出可转让大额定期存单，购买存单的客户随时可以将存单在市场上变现出售。这样，客户实际上以短期存款取得了按长期存款利率计算的利息收入。可转让大额存单提高了商业银行的竞争力，而且也提高了存款的稳定程序，对发行存单的银行来说，存单到期之前，不会发生提前提取款的问题。

中国的大额可转让定期存单业务随着相关政策的变化经历了曲折的发展历程。早在 1986 年交通银行即首先发行大额可转让定期存单，1987 年中国银行和工商银行相继发行大额可转让定期存单。当时大额可转让定期存单作为一种新型金融工具，利率比同期存款上浮 10%，同时又具有可流通转让的特点，集活期存款流动性和定期存款营利性的优点于一身，因而深受欢迎。由于全国缺乏统一的管理办法，市场曾一度出现混乱，中央银行于 1989 年 5 月下发了《大额可转让定期存单管理办法》，对大额可转让定期存单市场的管理进行完善和规范。但是，鉴于当时对高息揽存的担心，1990 年 5 月中央银行下达通知规定，向企事业单位发行的大额可转让定期存单，其利率与同期存款利率持平，向个人发行的大额可转让定期存单利率比同期存款上浮 5%。大额可转让定期存单的利率优势尽失，市场开始陷于停滞状态。

1996 年，央行重新修改了《大额可转让定期存单管理办法》，对大额可转让定期存单的审批、发行面额、发行期限、发行利率和发行方式进行了明确。然而，由于没有给大额可转让定期存单提供一个统一的交易市场，同时由于盗开和伪造银行存单进行诈骗等犯罪活动十分猖獗，中央银行于 1997 年暂停审批银行的大额可转让定期存单发行申请。大额可转让定期存单淡出人们的视野至今已经多年[①]。

【专栏 4-2】Q 条例

Q 条例是指美联储按字母顺序排列的一系列金融条例中的第 Q 项规定，其内容是：禁止联邦储备委员会的会员银行对它所吸收的活期存款(30 天以下)支付利息，并对上述银行所吸收的储蓄存款和定期存款规定了利率上限。当时，这一上限规定为 2.5%，这一利率直至 1957 年都不曾调整，而此后调整次数频繁，它对银行资金来源去向都产生了显著影响。

Q 条例成为美国创建立货币市场基金的最初动因。20 世纪七八十年代，美国经济处于低谷，形成滞胀现象。由于 Q 条例关于商业银行的存款利率不得超过 5.25%～5.5%的规定，使得公众对存款越来越没有兴趣。而在 1970 年，美国国会取消了 Q 条例中关于 10 万美元以上存款利率最高限额的规定。这就造成了对存款小户的利率歧视。于是，货币市场基金应运而生——将小户的资金集中起来，以大户的姿态出现在金融市场上。

货币市场基金诞生后，对美国基金市场产生了重要意义。1981—1982 年，在美国的基金市场上，货币基金占基金市场 70%左右的份额，最高曾达到 73%。可以说，是货币基金挽救了整个美国的基金市场。

(资料来源：Q 条例. 百度百科，http://baike.baidu.com/view/1055729.html)

(四)短期国债市场

短期国债是一国政府为弥补国库资金临时不足而发行的、期限在 1 年以内的短期债务凭证，也称国库券。英国是最早发行短期国债的国家。19 世纪 70 年代，英国政府因为地方政府融资及开拓苏伊士运河的需要，经常缺乏短期周转资金，遂接受经济学家及财政专家 W.拜基赫特的建议，于 1887 年发行了国库券。短期国债自英国创立以后，在美国得到极大的发展，成为最重要的货币市场工具。

一国政府发行国库券的主要目的在于筹措短期资金以解决财政困难。作为政府重要的债务工具交易场所，国库券市场具有以下几个特点。

(1)　市场风险小。由于国库券是由政府发行的国家债券，有国家信用做担保，一般被认为是没有违约风险，因此，对市场广大的投资者来说具有很大的吸引力。同时，商业银行等金融机构与非金融机构为了满足其流动性与营利性的需要，也会保留相当数量的国库券资产。

---

① 摘自《新金融》2008 年 11 期。

(2) 流动性强。由于市场参与者众多，因此极大地提高了国库券的流动性，使之能够在交易成本较低及价格风险较小的情况下在市场上迅速变现，满足了投资者对流动性的需求，这也是国库券市场成为最重要的货币市场的一个主要原因。

(3) 税收优惠。国库券的利率一般虽低于银行存款或其他债券，但由于许多国家的法律都规定，对来自国库券交易的收入免交所得税或资本利得税，所以投资国库券仍可获得较高的收益。例如，美国联邦政府债券的税收处理措施规定对投资于美国联邦政府债券的利息所得只需要向美国联邦政府缴税，而无须向州政府和地方政府缴税。因此，持有美国国债会明显减少个人所得税。根据《中华人民共和国企业所得税暂行条例实施细则》(财法字[1994]第 3 号)第 21 条规定，纳税人购买国债的利息收入，不计入应纳税所得额。

国库券市场的功能主要体现在以下三个方面。

(1) 满足国家经济发展中的临时性资金需求。在市场经济国家，当政府财政因一些不可预测的支出而出现赤字或急需短期资金时，为充分发挥国家在经济建设中的主导作用，通过发行国库券来筹集巨额资金已成为市场经济运行的基本规则。

(2) 成为中央银行贯彻货币政策的重要场所。作为货币政策的“三大法宝”之一，公开市场操作业务是各发达国家中央银行货币政策最重要的工具，随着国库券发行规模的不断加大，国库券的无信用风险、期限短、流动性强等特点，使其成为中央银行公开市场操作业务的最佳选择对象。中央银行成了国库券市场上的重要参与者，它通过公开市场业务买进或卖出国库券，来调节货币供应量，以实现稳定通货的货币政策目标。从某种意义上讲，短期国库券市场在货币政策调控上的意义，有时已超过了平衡财政收支的目的。

(3) 为广大投资者提供短期资金投资的重要场所。国库券因其本身所具有的特征，使它成为机构与个人投资者短期主要的投资工具。对个人投资者来说，国库券市场在其交易中起了降低风险、增强流动性、提高收益的作用。而对商业银行等机构投资者来说，利用国库券可以解决一些其他形式的货币市场金融工具所无法解决的问题，如在很多金融机构中，国库券被作为是仅次于现金的二级储备。

1994 年财政部首次发行了半年和 1 年的短期国债。1994 年，为配合中国人民银行拟议中的公开市场操作业务，我国政府首次发行 1 年期以内的国库券，从而实现了国债期限品种的多样化。

(五)回购协议市场

回购协议是产生于 20 世纪 60 年代末的短期资金融通方式。它实际上是一种以证券为抵押的短期贷款。其操作过程如下：借款者向贷款者暂时出售一笔证券，同时约定在一定时间内以稍高的价格重新购回；或者，借款者以原价购回原先所出售的证券，但是向证券购买者支付一笔利息。这样证券出售者便暂时获得了一笔可支配的资金，证券的购买者则从证券的买卖差价或利息支付中获得一笔收入。回购协议中的出售方大多为银行或证券商，购买方则主要是一些大企业，后者往往以这种方式来使自己在银行账户上出现的暂时性余额得到有效的利用。回购协议的期限大多很短，很多只有1个营业日，但是由于数额巨大，购买者的收入也很可观。

第三节 资本市场

资本市场亦称“长期金融市场”“长期资金市场”，是指期限在1年以上各种资金借贷和证券交易的场所。资本市场上的交易对象是1年以上的长期证券。因为在长期金融活动中，涉及资金期限长、风险大，具有长期较稳定收入，类似于资本投入，故称为资本市场。

一、资本市场的特点

与货币市场相比，资本市场的特点主要包括以下几点。

(1) 融资期限长。至少在1年以上，也可以长达几十年，甚至无到期日。

(2) 流动性相对较差。在资本市场上筹集到的资金多用于解决中长期融资需求，故流动性和变现性相对较弱。

(3) 风险大而收益较高。由于融资期限较长，发生重大变故的可能性也大，市场价格容易波动，投资者需承受较大风险。同时，作为对风险的报酬，其收益也较高。

二、资本市场的内容

在资本市场上，资金供应者主要是储蓄银行、保险公司、信托投资公司及各种基金和个人投资者；而资金需求方主要是企业、社会团体、政府机构等。其交易对象主要是中长期信用工具，如股票、债券等。资本市场主要包括中长期信贷市场与证券市场。

我国具有典型代表意义的资本市场包括以下四个部分。

(一)国债市场

这里所说的国债市场是指期限在1年以上、以国家信用为保证的国库券、国家重点建设债券、财政债券、基本建设债券、保值公债、特种国债的发行与交易市场。

自1981年我国恢复发行国债以来，一直在不断摸索和改革国债的发行方式。1991年，我国首次进行了以承购包销方式发行国债的试验，并获得成功。这标志着我国国债一级市场机制开始形成。1993年，在承购包销方式的基础上，我国推出了国债一级自营商制度，19家信誉良好、资金实力雄厚的金融机构获准成为首批国债一级自营商。1994年，我国进行国债无纸化发行的尝试，借助上海证券交易所的交易与结算网络系统，通过国债一级自营商承购包销的方式成功发行了半年期和 1 年期的国债。1995 年，在无纸化发行取得成功的基础上，引进招标发行方式，以记账形式，由国债一级自营商采取基数包销、余额招标的方式成功发行了 1 年期国债。1996 年，我国国债市场的发展迈上了一个新的台阶，国债市场的发展以全面走向市场化为基本特色，“发行市场化、品种多样化、券面无纸化、交易电脑化”的目标基本得到实现。

(二)股票市场

股票市场包括股票的发行市场和股票交易市场。发行市场是通过发行股票进行筹资活动的市场，一方面为资本的需求者提供筹集资金的渠道；另一方面为资本的供应者提供投资场所。发行市场是实现资本职能转化的场所，通过发行股票，把社会闲散资金转化为生产资本。由于发行活动是股市一切活动的源头和起始点，故又称发行市场为“一级市场”。

流通市场是已发行股票进行转让的市场，又称“二级市场”。流通市场一方面为股票持有者提供随时变现的机会；另一方面又为新的投资者提供投资机会。与发行市场的一次性行为不同，在流通市场上，股票可以不断地进行交易。

发行市场是流通市场的基础和前提，流通市场又是发行市场得以存在和发展的条件。发行市场的规模决定了流通市场的规模，影响着流通市场的交易价格。没有发行市场，流通市场就成为无源之水、无本之木，在一定时期内，发行市场规模过小，容易使流通市场供需脱节，造成过度投机，股价飙升；发行节奏过快，股票供过于求，对流通市场形成压力，股价低落，市场低迷，反过来影响发行市场的筹资。所以，发行市场和流通市场是相互依存、互为补充的整体。

(三)企业中长期债券市场

企业债券市场，是买卖企业债券的场所，由发行市场、流通市场组成。发行企业债券筹集资金，与用银行贷款筹集资金相比，具有以下一些优势。

(1) 这是一种直接融资手段，有利于提高企业在社会上的知名度，加强社会对企业的监督，促进企业改善经营管理。

(2) 筹资成本较低。

(3) 期限较长，资金来源更加稳定。

我国批准发行中央企业债券和地方企业债券，所筹资金主要用于基本建设和技术改造项目。目前，企业债券市场还存在一些问题，逾期无法兑付的企业债券仍普遍存在，各种形式的非法集资屡禁不止。1993 年，国务院颁布了《企业债券管理条例》，是目前对企业债券进行管理的基本法规。按照中国国务院 1993 年 8 月颁布实施的《企业债券管理条例》规定，“企业债券是指企业依照法定程序发行、约定在一定期限内还本付息的有价证券”。

(四)中长期放款市场

该市场的资金供应者主要是不动产银行、动产银行；其资金投向主要是工商企业固定资产更新、扩建和新建；资金借贷一般都需要以固定资产、土地、建筑物等作为担保。

第四节　金融衍生市场

金融衍生市场是一种从证券市场、货币市场、外汇市场派生而来的金融市场，它是利用保证金交易的杠杆效应，以利率、汇率、股价的趋势为对象设计出大量的金融商品进行交易，以支付少量保证金及签订远期合同进行互换、掉期等的金融派生商品的交易市场。

一、金融衍生工具的含义

金融衍生工具，又称金融衍生产品，是与基础金融产品相对应的一个概念，指建立在基础产品或基础变量之上，其价格随基础金融产品的价格(或数值)变动的派生金融产品。这里所说的基础产品是一个相对的概念，不仅包括现货金融产品(如债券、股票、银行定期存款单等)，也包括金融衍生工具。作为金融衍生工具基础的变量则包括利率、汇率、各类价格指数甚至天气(温度)指数等。

金融资产的衍生工具是金融创新的产物，即通过创造金融工具来帮助金融机构管理者更好地进行风险控制，这种工具就叫金融衍生工具。

二、常见的金融衍生工具

常见的金融衍生工具有期货合约、期权合约、远期合同和互换合同。

(一)期货合约

期货合约是指由期货交易所统一制定的、规定在将来某一特定时间和地点交割一定数量和质量实物商品或金融商品的标准化合约。

期货合约的标准化条款一般包括以下内容。

1. 交易数量和单位条款

每种商品的期货合约规定了统一的、标准化的数量和数量单位，统称“交易单位”。例如，美国芝加哥期货交易所规定小麦期货合约的交易单位为 5000 蒲式耳(每蒲式耳小麦约为

27.24 公斤)，每张小麦期货合约都是如此。如果交易者在该交易所买进一张(也称一手)小麦期货合约，就意味着在合约到期日需要买进 5000 蒲式耳小麦。

2．质量和等级条款

商品期货合约规定了统一的、标准化的质量等级，一般采用被国际上普遍认可的商品质量等级标准。例如，由于我国黄豆在国际贸易中所占的比例比较大，所以在日本名古屋谷物交易所就以我国产的黄豆为该交易所黄豆质量等级的标准品。

3．交割地点条款

期货合约为期货交易的实物交割指定了标准化的、统一的实物商品的交割仓库，以保证实物交割的正常进行。

4．交割期条款

商品期货合约对进行实物交割的月份做了规定，一般规定几个交割月份，由交易者自行选择。例如，美国芝加哥期货交易所为小麦期货合约规定的交割月份就有 7 月、9 月、12 月，以及下一年的 3 月和 5 月，交易者可以自行选择交易月份进行交易。如果交易者买进 7 月份的合约，要么 7 月前平仓了结交易，要么 7 月份进行实物交割。

5．最小变动价位条款

最小变动价位条款是指期货交易时买卖双方报价所允许的最小变动幅度，每次报价时价格的变动必须是这个最小变动价位的整数倍。

6．每日价格最大波动幅度限制条款

每日价格最大波动幅度限制条款是指交易日期货合约的成交价格不能高于或低于该合约上一交易的结算价的一定幅度，达到该幅度则暂停该合约的交易。例如，芝加哥期货交易所小麦合约的每日价格最大波动幅度为每蒲式耳不高于或不低于上一交易日结算价 20 美分(每张合约为 1000 美元)。

7．最后交易日条款

最后交易日条款是指期货合约停止买卖的最后截止日期。每种期货合约都有一定的月份限制，到了合约月份的一定日期，就要停止合约的买卖，准备进行实物交割。例如，芝加哥期货交易所规定，玉米、大豆、豆粕、豆油、小麦期货的最后交易日为交割月最后营业日往回数的第七个营业日。

除此之外，期货合约还包括交割方式、违约及违约处罚等条款。

期货上市品种，是指期货合约交易的标的物，如合约所代表的玉米、铜、石油等。并

不是所有的商品都适于做期货交易，在众多的实物商品中，一般而言只有具备下列属性的商品才能作为期货合约的上市品种。

(1) 价格波动大。只有商品的价格波动较大，意图回避价格风险的交易者才需要利用远期价格先把价格确定下来。如果商品价格基本不变，比如，商品实行的是垄断价格或计划价格，商品经营者就没有必要利用期货交易固定价格或锁定成本。

(2) 供需量大。期货市场功能的发挥是以商品供需双方广泛参加交易为前提的，只有现货供需量大的商品才能在大范围进行充分竞争，形成权威价格。

(3) 易于分级和标准化。期货合约事先规定了交割商品的质量标准。因此，期货品种必须是质量稳定的商品，否则就难以进行标准化。

(4) 易于储存、运输。商品期货一般都是远期交割的商品，这就要求这些商品易于储存、不易变质、便于运输，保证期货实物交割的顺利进行。

根据交易品种，期货交易可分为两大类：商品期货和金融期货。以实物商品，如玉米、小麦、铜、铝等作为期货品种的属于商品期货。以金融产品，如汇率、利率、股票指数等作为期货品种的属于金融期货。金融期货品种一般不存在质量问题，交割也大多采用差价结算的现金交割方式。

截至 2005 年 12 月底，我国期货上市品种主要有铜、铝、黄大豆 1 号、黄大豆 2 号、玉米、硬麦、强麦、棉花、燃料油、天然橡胶等①。

(二)期权合约

期权合约是指合同的买方支付一定金额的款项后即可获得的一种选择权合同。

期权合约是关于在将来一定时间以一定价格买卖特定商品的权利的合约。期权的标的资产包括：股票、股票指数、外汇、债务工具、商品和期货合约。期权有两种基本类型，看涨期权和看跌期权，亦称买入期权和卖出期权。看涨期权的持有者有权在某一确定时间以某一确定的价格购买标的资产。看跌期权的持有者有权在某一确定时间以某一确定的价格出售标的资产。期权合约中的价格称为执行价格或敲定价格。合约中的日期为到期日、执行日或期满日。美式期权可在期权有效期内任何时候执行。欧式期权只能在到期日执行。在交易所中交易的大多数期权为美式期权。但是，欧式期权通常比美式期权更容易分析，并且美式期权的一些性质总是可由欧式期权的性质推导出来。目前，我国证券市场上推出的认股权证属于看涨期权，认沽权证则属于看跌期权。

---

① 摘自周正庆的《证券知识读本(修订本)》。

(三)远期合同

远期合同交易是买卖双方签订远期合同，规定在未来某一时期进行实物商品交收的一种交易方式。

与现货交易相比，远期合同交易的特点主要表现在以下几个方面。

(1) 远期合同交易买卖双方必须签订远期合同，而现货交易则无此必要。

(2) 远期合同交易买卖双方进行商品交收或交割的时间与达成交易的时间，通常有较长的间隔，相差的时间达几个月亦较为常见，有时甚至达 1 年或 1 年以上。而现货交易通常是现买现卖，即时交收或交割，即便有一定的时间间隔，也比较短。

(3) 远期合同交易往往要通过正式的磋商、谈判，双方达成一致意见签订合同之后才算成立，而现货交易则随机性较大，方便灵活，没有严格的交易程序。

(4) 远期合同交易通常要求在规定的场所进行，双方交易要受到第三方的监控，以便交易处于公开、公平、公正的状况，因而能有效地防止不正当行为，以维护市场交易秩序；而现货交易不受过多的限制，因此也易产生一些非法行为。

远期合同交易是在现货交易的基础上产生和发展的，是现货交易的一种补充，具有如下功能。

(1) 稳定供求双方之间的产销关系。

远期交易合同是一种预买预卖的合同。对双方供给者来说，它可以预先将商品卖出去，从而能够预知商品的销路和价格，可以一心一意地组织生产；对需求者来说，它可以预先订购商品，从而能够预选商品的来源与成本，可以据此筹措资金，筹划运输、储存等工作，甚至在预买的基础上又可以安排预卖，使各环节有机地衔接起来。远期合同交易的供需关系主要表现为稳定的产销关系。

(2) 在一定程度上减少市场风险。

这是远期合同交易得以产生和发展并受到交易者青睐的根本所在，也是它弥补现货交易不足的主要表现。现货交易的缺点主要表现在成交的价格信号短促，即这种现货价格信号对于指导生产与经营活动有很大的局限性。生产者与经营者如果按照现货价格去安排未来的生产和组织未来的经营活动，就会面临很大的风险。未来市场的价格与目前市场的价格受外界因素影响，很难一致，尤其是农副产品。而这种不一致程度如何是现货交易所不能反映出来的。这样，未来市场的风险就分布在市场交易者的身上。为了弥补现货交易的不足，更为了避免或减少市场风险，人们开始想方设法寻找分担风险之道，于是便出现了在生产尚未出来之前，经营者首先与生产者签订远期合同预购产品，待产品出来之后，再由生产者将产品交付给经营者的远期合同交易活动。

这种“先物交易”，交易承诺在先，履约行为(交货、交款)在后的远期合同交易活动，早在古希腊、古罗马时代就已出现。农产品收获前，城市商人先向农民预购产品，待农产品收割后，农民才会交付农产品给城市商人。到了 13 世纪，这种交易活动出现了凭商品样品的质量、品种、规格等签订远期合同交易的做法。如今，远期合同交易在世界范围内相当普遍，并形成了一定的规模。远期合同交易的优点是将事后的市场信号调节转变为事前的市场信号调节。因此，远期合同交易既可以稳定供需关系，又可以避免或减少一定程度的市场风险。在我国市场经济的发展过程中，市场风险的客观存在，发展远期合同交易具有重大的现实意义。

(四)互换合同

互换合同是指合同双方在未来某一期间内交换一系列现金流量的合同。按合同标的项目不同，互换可以分为利率互换、货币互换、商品互换、权益互换等。其中，利率互换和货币互换比较常见。

本章小结

<table>
<tr><td rowspan="4">金融市场</td><td>金融市场的定义及构成要素</td><td>金融市场是金融商品交易的场所，一般金融市场的基本构成要素包括：金融市场的参与者(交易主体)、金融市场的交易对象(交易客体)、金融市场的组织方式和金融市场的交易价格(交易机制)。其中金融市场的参与者与交易对象是构成市场的两个最基本要素</td></tr>
<tr><td>货币市场的定义</td><td>货币市场通常是指期限在 1 年以内的金融工具作为交易媒介进行短期资金融通的场所。根据交易对象的不同，货币市场可分为同业拆借市场、短期国债市场、票据市场、可转让大额定期存单市场、回购协议市场等</td></tr>
<tr><td>资本市场的定义</td><td>资本市场是指 1 年以上的有价证券为交易工具进行长期资金融通的市场。资本市场可分为中长期信贷市场和证券市场</td></tr>
<tr><td>金融衍生工具</td><td>金融衍生工具，是指建立在基础产品或基础变量之上，其价格随基础金融产品的价格(或数值)变动的派生金融产品</td></tr>
</table>

一、名词解释

1.　金融市场
2.　金融工具

3. 货币市场
4. 资本市场
5. 金融衍生工具
6. 看涨期权
7. 看跌期权

二、不定项选择题

1. 金融市场的构成要素包括(　　)。
   A. 交易对象　　B. 交易场所
   C. 交易主体　　D. 交易工具
   E. 交易价格
2. 金融市场的参与者通常包括(　　)。
   A. 居民　　B. 政府　　C. 企业　　D. 金融机构
3. 按融资期限的长短，金融市场可分为(　　)。
   A. 现货市场　　B. 期货市场　　C. 货币市场　　D. 资本市场
4. 下列属于货币市场的有(　　)。
   A. 贴现市场　　B. 同业拆借市场
   C. 基金市场　　D. 可转让大额定期存单市场
   E. 商业票据市场
5. 期权按照权利的时间有效期来分，可分为(　　)。
   A. 看涨期权　　B. 看跌期权
   C. 双向期权　　D. 美式期权
   E. 欧式期权
6. 国库券的利率较低，其原因主要有(　　)。
   A. 国库券由国家发行，基本上没有信用风险
   B. 发行方式独特，先按面值折扣发行，到期按面值兑现
   C. 利息收入往往可以免所得税
   D. 流动性强，容易在金融市场上转让
7. 金融机构之间发生的短期临时性借贷活动称为(　　)。
   A. 贷款业务　　B. 票据业务
   C. 同业拆借　　D. 再贴现业务

三、判断题

1. 金融商品价格的实质是利率。　　(　　)

2. 金融市场是有形市场。（　）
3. 中长期资金市场称为资本市场。（　）
4. 金融市场中的货币市场是指短期融资市场。（　）
5. 传统的商业票据市场是指大企业信用债券市场。（　）
6. 可转让大额定期存单实际上是金融债券。（　）
7. 看涨期权是指以协议价格卖出某种商品或资产的权利交易。（　）

四、简答题

1. 试述金融市场的功能。
2. 试述金融市场的基本要素。
3. 简述常见的货币市场。
4. 试述常见的金融衍生工具。

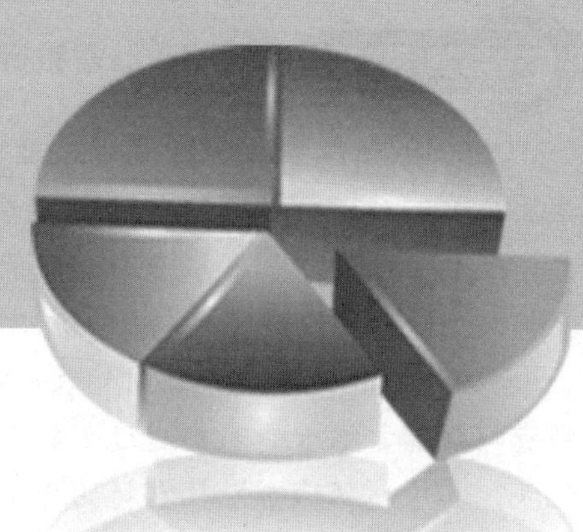

第五章 金融机构体系

本章精粹

- 金融机构概述
- 金融机构体系的一般构成
- 我国金融机构体系

案例导入 中国邮政储蓄银行的成立

2007 年 3 月 20 日，中国邮政储蓄银行成立仪式在北京举行。邮政储蓄银行由中国邮政集团公司组建，邮政网络是邮政储蓄银行生存和发展的依托。邮政企业和邮政储蓄银行将共享改革带来的机遇和成果，将实现网络资源共享、产品交叉销售和业务共同发展，将实现邮政企业和储蓄银行的持续、稳定、协调发展，加快推动邮政储蓄事业实现新的跨越。

截至 2006 年年底，全国邮政储蓄存款余额达到 1.6 万亿元，存款规模列全国第 5 位。持有邮政储蓄绿卡的客户超过 1.4 亿户，每年通过邮政储汇办理的个人结算金额超过 2.1 万亿元，其中，从城市汇往农村的资金达到 1.3 万亿元。在邮政储蓄投保的客户接近 2500 万户，占整个银行保险市场的 1/5。邮政储蓄本外币资金自主运用规模已接近 1 万亿元。邮政储蓄计算机系统运行安全稳定，跨行交易成功率位居全国前列，交易差错率保持全国最低水平。

邮政储蓄注重开发多样化的金融产品，目前形成了以本外币储蓄存款为主体的负债业务；以国内、国际汇兑，转账业务，银行卡，代理保险及证券，代收代付等多种形式的中间业务；以及银行间债券市场业务、大额协议存款、银团贷款和小额信贷为主渠道的资产业务。

成立后的新中国邮政储蓄银行将继续依托邮政网络，按照公司治理架构和商业银行管理要求，不断丰富业务品种，不断拓宽营销渠道，不断完善服务功能，将进一步致力于建设沟通城乡、覆盖全国的金融服务网络；致力于建设资本充足、内控严密、营运安全、竞争力强的现代银行，为构建社会主义和谐社会做出新的贡献。

(资料来源：百度百科，http://baike.baidu.com/view/476598.html)

【启发思考】

1. 中国邮政储蓄银行属于哪一类金融机构？
2. 中国邮政储蓄银行成立有何意义？

中国邮政储蓄银行的成立，是我国邮政体制改革取得的又一重大阶段性成果，也是在国家金融监管部门的指导下，金融体制改革取得的又一项新的重要成就。中国邮政储蓄银行的成立，必将进一步促进我国银行业的发展和银行体系的完善，必将加快推进我国社会主义新农村的建设，也必将有力地支持我国国民经济建设和社会各项事业的发展。

学习目标

本章介绍金融机构的概念、功能与构成内容以及我国金融机构的组成内容。通过本章的学习，要求：理解金融机构的分类及其作用；熟悉我国当前主要的金融机构的构成及其功能。

金融机构　中央银行　商业银行

第一节　金融机构概述

专门从事各种金融活动的组织，均称为金融机构。金融市场上的各种金融活动都要借助于一定的金融机构来完成，金融机构是金融市场不可缺少的中介主体。现代金融机构种类繁多，各种金融机构组成相互联系、分工协作的统一体便构成了金融机构体系。一国社会经济条件对该国金融机构体系的构成具有制约作用，各国经济发展状况不同，因此形成了不同的金融机构体系。

金融机构是指以货币资金为经营对象，从事货币信用、资金融通、金融交易以及相关业务的组织机构。

一、金融机构的分类

金融机构按照不同的标准，可以划分为不同的种类。

(一)按照金融机构的主要业务类别划分

按照金融机构的主要业务类别可划分为：银行金融机构和非银行金融机构。

银行金融机构又叫存款机构或存款货币银行，其共同的特征是以吸收存款为主要负债，以发放贷款为主要资产，以办理转账结算为主要中间业务，直接参与存款货币的创造过程。在市场经济初期，银行占据金融机构的主体地位。随着市场经济的不断发展与社会分工的不断细化，非银行金融机构种类逐渐增加，规模不断扩大。

非银行金融机构是与银行金融机构相对而言的，主要有保险公司、投资机构、信托公司、租赁公司、金融资产管理公司、财务公司等。

(二)按照金融机构的业务性质划分

按照金融机构的业务性质可划分为：商业性金融机构和政策性金融机构。其中政策性金融机构是指那些由政府或政府机构发起、出资创立、参股或保证的，不以利润最大化为经营目的，在特定的业务领域内从事政策性融资活动，以贯彻和配合政府的社会经济政策

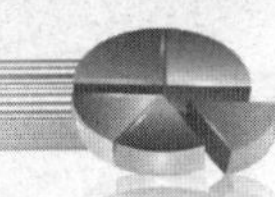

或意图的金融机构。

(三)按照金融机构业务所辖的地理范围划分

按照金融机构业务所辖的地理范围可划分为：国内金融机构和国际金融机构。其中国际金融机构是指从事国际金融管理和国际金融活动的超国家性质的组织机构，按地区可分为全球性的国际金融机构和区域性的国际金融机构。目前主要的全球性国际金融机构有国际货币基金组织(IMF)、世界银行、国际金融公司、多边投资保证机构等。

【专栏 5-1】国际货币基金组织

国际货币基金组织(International Monetary Fund，IMF)根据 1944 年 7 月在美国布雷顿森林召开的联合国货币金融会议上通过的“国际货币基金协定”，于 1945 年 12 月正式成立，总部设在美国首都华盛顿，它是联合国的一个专门机构。

国际货币基金组织成立的宗旨是，帮助会员国平衡国际收支，稳定汇率，促进国际贸易的发展。其主要任务是，通过向会员国提供短期资金，解决会员国国际收支暂时不平衡和外汇资金需要，以促进汇率的稳定和国际贸易的扩大。

按照国际货币基金协定，凡是参加 1944 年布雷顿森林会议并在协定上签字的国家，称为创始会员国。在此以后参加基金组织的国家称为其他会员国。两种会员国在法律上的权利和义务并无区别。国际货币基金组织成立之初，只有 44 个会员国，至 1997 年年底，已发展到 184 个会员国。我国是创始会员国之一。

国际货币基金组织的最高权力机构为理事会，由各成员派正、副理事各 1 名组成，一般由各国的财政部长或中央银行行长担任。每年 9 月举行一次会议，各理事会单独行使本国的投票权(各国投票权的大小由其所缴基金份额的多少决定)；执行董事会负责日常工作，行使理事会委托的一切权力，由 24 名执行董事组成，其中 8 名由美、英、法、德、日、俄、中、沙特阿拉伯指派，其余 16 名执行董事由其他成员分别组成 16 个选区选举产生；中国为单独选区，亦有 1 席。执行董事每 2 年选举一次；总裁由执行董事会推选，负责基金组织的业务工作，任期 5 年，可连任，另外还有 3 名副总裁。

(资料来源：百度百科，http://baike.baidu.com/view/19979.html)

二、金融机构的功能

金融机构作为专业化的融资中介人，在现代经济体系中发挥着越来越重要的作用。金融机构的主要功能体现在以下两个方面。

(一)改善资金转移质量的服务

1．改善金融资产的期限限制

金融机构可以同时向资金供求双方提供不同到期期限的金融产品。因此，在金融机构的参与下，短期的资金供给有可能间接地支持长期的资金需求。

2．增加金融资产的分割性

金融中介机构通过出售金额不等的金融商品，可以达到吸引零散的资金供给来满足巨额资金需求的目的。

3．分散金融资产的风险

为了减少风险，金融中介机构可以直接对资金需求方的市场行为、财务状况、经营运作等方面加以监督。并且，金融中介机构还可以通过对不同风险资产的组合来降低资金风险。

4．提高金融资产的流动性

金融中介机构提供的相当一部分金融产品具有高度的市场流动性，因而可以大大降低金融资产的交易成本。

(二)经纪人服务

经纪人服务包括交易服务、金融咨询服务、资信评估、资金筹集的组织、投资项目的推销、保险和信托服务等。

第二节　金融机构体系的一般构成

金融机构体系又称为金融体系，是一个包括经营和管理金融业务的各类金融机构组成的整体系统。金融机构体系是一种以中央银行为核心、以商业银行为主体、以各种专业银行和非银行金融机构为补充的多种金融中介机构并存的格局。

一、中央银行

中央银行是国家赋予其制定和执行货币政策，对国民经济进行宏观调控和管理监督的特殊的金融机构。

中央银行是在西方国家银行业发展过程中，从商业银行中独立出来的一种银行。从1656年瑞典银行设立到1913年美国联邦储备体系建立，中央银行制度的基本建立大约经历了260年的时间。一个世纪以前，全世界只有18个中央银行，16个在欧洲，另外2个在日本和印度尼西亚。现在共有中央银行 172 个，几乎所有的国家或地区都有中央银行或类似中央银行的金融机构。中央银行是各国金融机构体系的中心和主导环节，对内，它代表国家对整个金融体系实行领导和管理，维护金融体系的安全运行，实施宏观金融调控，是统制全国货币金融的最高机构；对外，它是一国货币主权的象征。

(一)中央银行的职能

中央银行有发行的银行、政府的银行、银行的银行、调控宏观经济的银行四大职能。

(1) 中央银行是发行货币的银行。它垄断货币的发行权，是全国唯一的现钞发行机构。

(2) 中央银行是国家的银行。这一职能主要表现在以下几个方面：代理国库；代理国家债券的发行；向国家给予信贷支持；保管外汇和黄金准备；制定并监督有关金融管理法规。

(3) 中央银行是银行的银行。这一职能最能体现中央银行的特殊金融机构性质。办理“存、放、汇”，仍是中央银行的主要业务内容，但业务对象不是一般企业和个人，而是商业银行与其他金融机构。作为金融管理的机构，这一职能具体表现在集中存款准备、最终贷款人、组织全国的清算三个方面。

(4) 中央银行代表政府参加国际金融组织，出席各种国际会议，从事国际金融活动以及代表政府签订国际金融协定；在国内外经济金融活动中，充当政府的顾问，提供经济、金融情报和决策建议。

(二)世界各主要中央银行

1．瑞典国家银行——中央银行的先驱

最先具有中央银行名称的是瑞典国家银行，它的前身是成立于1656年的瑞典里克斯银行。瑞典国家银行最先享受银行券发行特权，但起初并没有独享货币发行权，因此它只被认为是中央银行的先驱。

【专栏5-2】比尔条例

1844年7月29日，英国国会由首相比尔主持通过一个银行特许条例，又称“英格兰银行条例”。

该条例的主要内容包括以下几个方面。

(1) 规定英格兰银行为国家发行银行。

(2) 其他银行不得增发钞票。

(3) 规定英格兰银行自1844年8月31日起划分为发行部和银行部，使商业银行业务与发行银行分开。

(4) 英格兰银行的发行限额为1400万英镑，这部分信用无须黄金准备，且白银比例不得超过1/4。

比尔条例是英格兰银行逐步成为英国唯一货币发行机构进程中的里程碑。经过1914年和1928年两次通货膨胀，在1928年英格兰银行终于独占了全国的货币发行权，成为唯一的发钞行，1931年金本位制度废弃后，其发行的钞票成为不可兑换的信用货币。

(资料来源：百度百科，http://baike.baidu.com/view/1325094.html)

2. 美国联邦储备系统

美国联邦储备系统 (Federal Reserve System，FED)负责履行美国的中央银行的职责，这个系统是根据《联邦储备法》(Federal Reserve Act)于1913年成立的，主要由联邦储备委员会、联邦储备银行及联邦公开市场委员会等组成。

联邦储备系统的核心机构是联邦储备委员会(Federal Reserve Board)，简称美联储，全称为联邦储备系统管理委员会(The Board of Governors of The Federal Reserve System)，也可以称之为联邦储备系统理事会。它是一个联邦政府机构，其办公地点位于美国华盛顿特区(Washington D.C)。该委员会由7名成员组成(其中主席和副主席各1名，委员5名)，须由美国总统提名，经美国国会上院之参议院批准方可上任，任期为14年(主席和副主席任期为4年，可连任)。

由国会组建的作为国家的中心银行系统的操作力量的12个联邦储备银行，是按照1913年国会通过的联邦储备法，在全国划分12个储备区，每区设立一个联邦储备银行分行。每家区域性储备银行都是一个法人机构，拥有自己的董事会。会员银行是美国的私人银行，除国民银行必须是会员银行外，其余银行是否加入全凭自愿1名。加入联邦储备系统就由该系统为会员银行的私人存款提供担保，但必须缴纳一定数量的存款准备金，对这部分资金，联邦储备系统不付给利息。

联邦公开市场委员会是联邦储备系统中另一个重要机构。它由12名成员组成，包括联邦储备委员会全部成员7名，纽约联邦储备银行行长1名，其他4个名额由另外11个联邦储备银行行长轮流担任。该委员会设1名主席(通常由联邦储备委员会主席担任)，1名副主席(通常由纽约联邦储备银行行长担任)。另外，其他所有的联邦储备银行行长都可以参加联邦公开市场委员会的讨论会议，但是没有投票权。

联邦公开市场委员会的最主要工作是利用公开市场操作(主要的货币政策之一)，从一定程度上影响市场上货币的储量。另外，它还负责决定货币总量的增长范围(即新投入市场的货币数量)，并对联邦储备银行在外汇市场上的活动进行指导。

3．欧洲中央银行

欧洲中央银行是世界上第一个管理超国家货币的中央银行。独立性是它的一个显著特点，它不接受欧盟领导机构的指令，不受各国政府的监督。它是唯一有资格允许在欧盟内部发行欧元的机构，1999 年 1 月 1 日欧元正式启动后，11 个欧元国政府将失去制定货币政策的权力，而必须实行欧洲中央银行制定的货币政策。

欧洲中央银行的组织机构主要包括执行董事会、欧洲央行委员会和扩大委员会。执行董事会由行长、副行长和 4 名董事组成，负责欧洲央行的日常工作；由执行董事会和 12 个欧元国的央行行长共同组成的欧洲央行委员会，是负责确定货币政策和保持欧元区内货币稳定的决定性机构；欧洲央行扩大委员会由央行行长、副行长及欧盟所有 15 国的央行行长组成，其任务是保持欧盟中欧元国家与非欧元国家接触。

欧洲央行委员会的决策采取简单多数表决制，每个委员只有 1 票。货币政策的权力虽然集中了，但是具体执行仍由各欧元国央行负责。各欧元国央行仍保留自己的外汇储备。欧洲央行只拥有 500 亿欧元的储备金，由各成员国央行根据本国在欧元区内的人口比例和国内生产总值的比例来提供。

【专栏 5-3】欧元

欧元(EURO)是欧洲货币联盟(EMU)国家单一货币的名称，是 EMU 国家的统一法定货币。欧元(€，代码 EUR)是欧盟中 16 个国家的货币，这 16 个国家是：奥地利、比利时、芬兰、法国、德国、希腊、爱尔兰、意大利、卢森堡、荷兰、葡萄牙、斯洛文尼亚、西班牙、马耳他、塞浦路斯和斯洛伐克，合称为欧元区(Eurozone)。

根据欧盟的规定，欧元现钞于 2002 年 1 月 1 日起正式进入流通，欧元区的各成员国原流通货币从 2002 年 3 月 1 日起停止流动。如今，欧盟 27 个成员中已有超过半数的国家加入了欧元区。

(资料来源：欧元. 百度百科，http://baike.baidu.com/view/6832.html)

4．我国的中央银行的发展和演变

中央银行在中国出现较晚，最先具有中央银行形态的是 1904 年清政府成立的户部银行。而新中国的中央银行则是 1948 年 12 月 1 日成立于河北省石家庄市的中国人民银行，它是在合并原解放区的华北银行、北海银行和西北农民银行的基础上成立的。成立初期的主要任务是运用经济、行政、法律手段稳定金融物价。1983 年以前，中国人民银行身兼中央银行和专业银行两项职能，附属于财政，充当财政出纳的角色，其职能没有充分发挥。

1983 年，国家设立中国工商银行接管中国人民银行的专业银行业务。从此，中国人民银行专门行使中央银行职能，有了明确的货币政策目标及宏观金融调节手段，宏观调控方式逐渐由直接控制向间接控制转换。1995 年，《中华人民共和国中国人民银行法》颁布，标志着我国中央银行制度的发展进入了一个新的阶段。

二、商业银行

商业银行是以营利为目的，直接面向社会企业、单位和个人，以经营存放款和汇兑为主要业务的信用机构。商业银行在现代各国金融体系中都居于主导地位，是一国金融机构体系的骨干。

(一)商业银行的特征

商业银行通常具有下列几个主要特征。

(1) 经营大量货币性项目，要求建立健全严格的内部控制。

(2) 从事的交易种类繁多、次数频繁、金额巨大，要求建立严密的会计信息系统，并广泛使用计算机信息系统及电子资金转账系统。

(3) 分支机构众多、分布区域广、会计处理和控制职能分散，要求保持统一的操作规程和会计信息系统。

(4) 存在大量不涉及资金流动的资产负债表表外业务，要求采取控制程序进行记录和监控。

(5) 高负债经营，债权人众多，与社会公众利益密切相关，受到银行监管法规的严格约束和政府有关部门的严格监管。

(二)商业银行的职能

商业银行的职能是由它的性质所决定的，主要有以下四个基本职能。

1. 信用中介职能

信用中介是商业银行最基本、最能反映其经营活动特征的职能。这一职能的实质，是通过银行的负债业务，把社会上的各种闲散货币集中到银行，再通过资产业务，投向经济各部门。商业银行是作为货币资本的贷出者与借入者的中介人或代表，来实现资本的融通，并从吸收资金的成本与发放贷款利息收入、投资收益的差额中，获取利益收入，形成银行利润。商业银行成为买卖“资本商品”的“大商人”。商业银行通过信用中介的职能实现资本盈余和短缺之间的融通，并不改变货币资本的所有权，改变的只是货币资本的使用权。

2．支付中介职能

商业银行除了作为信用中介，融通货币资本以外，还执行着货币经营业的职能。通过存款在账户上的转移，代理客户支付，在存款的基础上，为客户兑付现款等，成为工商企业、团体和个人的货币保管者、出纳者和支付代理人。以商业银行为中心，形成经济过程中的支付链条和债权债务关系。

3．信用创造职能

商业银行在信用中介职能和支付中介职能的基础上，产生了信用创造职能。商业银行是能够吸收各种存款的银行，利用其所吸收的各种存款发放贷款，在支票流通和转账结算的基础上，贷款又转化为存款，在这种存款不提现或不完全提现的基础上，就增加了商业银行的资金来源，最后在整个银行体系，形成数倍于原始存款的派生存款。长期以来，商业银行是各种金融机构中唯一能吸收活期存款，开设支票存款账户的机构，在此基础上产生了转账和支票流通。商业银行以通过自己的信贷活动创造和收缩活期存款，而活期存款是构成货币供给量的主要部分。因此，商业银行就可以把自己的负债作为货币来流通，具有了信用创造功能。

4．金融服务职能

随着经济的发展，工商企业的业务经营环境日益复杂，银行间的业务竞争也日益剧烈，银行由于联系面广，信息比较灵通，特别是计算机在银行业务中的广泛应用，使其具备了为客户提供信息服务的条件，咨询服务、对企业“决策支援”等服务应运而生，工商企业生产和流通专业化的发展，又要求把许多原来属于企业自身的货币业务转交给银行代为办理，如发放工资、代理支付其他费用等。个人消费也由原来的单纯钱物交易，发展为转账结算。现代化的社会生活，从多方面给商业银行提出了金融服务的要求。在激烈的竞争下，各商业银行也不断开拓服务领域，通过金融服务业务的发展，进一步促进资产负债业务的扩大，并把资产负债业务与金融服务结合起来，开拓新的业务领域。在现代经济生活中，金融服务已成为商业银行的重要职能。

5．结算职能

商业银行不同于中央银行和投资银行，是一个以营利为目的，以多种金融负债筹集资金，多种金融资产为经营对象，具有信用创造功能的金融机构。

审计准则对商业银行的定义为“依照《中华人民共和国公司法》和《中华人民共和国商业银行法》设立的从事吸收公众存款、发放贷款、办理结算等业务的企业法人”。

三、政策性银行

政策性银行是由政府投资设立的，根据政府的决策和意向专门从事政策性金融业务的银行。它们的活动不以营利为目的，并且根据分工的不同，服务于特定的领域。

政策性银行与商业银行和其他非银行金融机构相比，有共性，如要对贷款进行严格审查，贷款要还本付息、周转使用等。但作为政策性金融机构，也有其特殊性，具体体现在如下四个方面。

(1) 政策性银行的资本金多由政府财政拨付。

(2) 政策性银行经营时主要考虑国家的整体利益、社会效益，不以营利为目标，但政策性银行的资金并不是财政资金，政策性银行也必须考虑盈亏，坚持银行管理的基本原则，力争保本微利。

(3) 政策性银行有其特定的资金来源，主要依靠发行金融债券或向中央银行举债，一般不面向公众吸收存款。

(4) 政策性银行有特定的业务领域，不与商业银行竞争。

在我国，政策性银行有国家开发银行、中国进出口银行和农业发展银行。

四、非银行金融机构

商业银行、中央银行及政策性银行以外的金融机构，统称为非银行金融机构。非银行金融机构筹集资金发行的金融工具并不是对货币的要求权，而是其他的某种权利，如保险公司发行的保险单只代表索赔的权利。从本质上来看，非银行金融机构仍是以信用方式聚集资金，并投放出去，以达到营利的目的，因而与商业银行及政策性银行并无本质区别。根据我国法律规定，非银行金融机构，主要包括信托投资机构、证券公司、保险公司、融资租赁公司等机构以及农村信用社、财务公司等。

(一)信托投资机构

信托是指委托人基于对受托人的信任，将其财产权委托给受托人，由受托人按委托的意愿以自己的名义，为受益人的利益或者特定目的进行管理或者处置的行为。信托投资机构是专门办理金融信托业务的金融机构。它是一种团体受托的组织形式。信托机构的产生是由个人受托发展为团体受托。在商品经济条件下，社会分工越来越细，经济上的交往越来越多，人事与商务关系越来越复杂，人们为了有效地经营和处理自己力不能及的财产及经济事务，就需要专门的信托机构为之服务。信托机构的主要种类有信托投资公司、信托银行、信托商、银行信托部等。1818 年，美国产生了信托投资机构——马萨诸塞互惠人寿保险公司，截至 1980 年年底，美国信托财产总计达 5712 亿美元。

(二)证券机构

证券机构是专门办理证券业务的金融机构。证券是各类财产所有权或债权凭证的通称，是用来证明证券持有人有权依票面所载内容取得相应权益的凭证。所以，证券的本质是一种交易契约或合同，该契约或合同赋予合同持有人根据该合同的规定，对合同规定的标的采取相应的行为，并获得相应的收益的权利。证券机构是随着证券市场的发展而成长起来的，主要有证券交易所、证券公司、证券投资信托公司、证券投资基金、证券金融公司、评信公司、证券投资咨询公司等。

(三)保险公司

保险是指投保人根据合同约定，向保险人支付保险费，保险人对于合同约定的可能发生的事故所造成的财产损失承担赔偿保险金责任，或者当被保险人死亡、伤残、疾病或者达到合同约定的年龄、期限时承担给付保险金责任的商业保险行为。保险公司(insurance company)是销售保险合约、提供风险保障的公司。

保险公司分为人寿保险公司和财产保险公司两大类型。

(四)融资租赁公司

融资租赁(financial leasing)又称设备租赁(equipment leasing)或现代租赁(modern leasing)，是指实质上转移与资产所有权有关的全部或绝大部分风险和报酬的租赁。它的具体内容是指出租人根据承租人对租赁物件的特定要求和对供货人的选择，出资向供货人购买租赁物件，并租给承租人使用，承租人则分期向出租人支付租金，在租赁期内租赁物件的所有权属于出租人所有，承租人拥有租赁物件的使用权。租期届满，租金支付完毕并且承租人根据融资租赁合同的规定履行完全部义务后，对租赁物的归属没有约定的或者约定不明的，可以协议补充；不能达成补充协议的，按照合同有关条款或者交易习惯确定；仍然不能确定的，租赁物件所有权归出租人所有。融资租赁是集融资与融物、贸易与技术更新于一体的新型金融产业。

融资租赁的特征一般归纳为以下五个方面。

(1) 租赁标的物由承租人决定，出租人出资购买并租赁给承租人使用，并且在租赁期间内只能租给一个企业使用。

(2) 承租人负责检查验收制造商所提供的设备，对该设备的质量与技术条件出租人不向承租人做出担保。

(3) 出租人保留设备的所有权，承租人在租赁期间支付租金而享有使用权，并负责租赁期间设备的管理、维修和保养。

(4) 租赁合同一经签订，在租赁期间任何一方均无权单方面撤销合同。只有设备毁坏或被证明为已丧失使用价值的情况下方能中止执行合同，无故毁约则要支付相当重的罚金。

(5) 租期结束后，承租人一般对设备有留购、续租和退租三种选择，若要留购，购买价格可由租赁双方协商确定。

融资租赁按其业务方式可分为以下四种类别。

(1) 直接租赁。租赁公司通过筹措资金，直接购回承租企业选定的租赁标的物后给承租企业使用。承租企业负责设备的安装、维护，同时支付保险金和其他税金。

(2) 杠杆租赁。出租人在投资购买租赁设备时享有杠杆利益，也就是说出租人在购买价格昂贵的设备时，自己以现金投资设备成本费的 20%～40%，其余的购置费用通过向银行或保险公司等金融机构借款而获得，然后把购得的设备出租给用户。这种做法类似银团贷款。

(3) 转租赁。由租赁公司作为承租人，向其他租赁公司租回用户所需要的设备，再将该设备租赁给承租企业使用，原租约与转租约同时并存有效。

(4) 回租租赁。又称回购租赁、返还式租赁，是指由设备使用方首先将自己的设备出售给融资租赁公司(出租人)，再由租赁公司将设备出租给原设备使用方(承租人)使用。

融资租赁和传统租赁一个本质的区别是：传统租赁以承租人租赁使用物件的时间计算租金，而融资租赁以承租人占用融资成本的时间计算租金。它是市场经济发展到一定阶段而产生的一种适应性较强的融资方式，是 20 世纪 50 年代产生于美国的一种新型交易方式，由于它适应了现代经济发展的要求，所以在 60～70 年代迅速在全世界发展起来，已成为今天企业更新设备的主要融资手段之一，被誉为“朝阳产业”。我国 80 年代初引进这种业务方式后，30 多年来也得到迅速发展，但比起发达国家来，租赁的优势还远未发挥出来，市场潜力很大。

(五)财务公司

财务公司是大型企业集团投资成立的，为本集团提供金融服务的非银行金融机构。

根据中国人民银行 2000 年 6 月 30 日第三号令发布的《企业集团财务公司管理办法》的规定：所谓财务公司是指，依据《中华人民共和国公司法》和本办法设立的、为企业集团成员单位(简称成员单位)技术改造、新产品开发及产品销售提供金融服务，以中长期金融业务为主的非银行金融机构。这里所称的成员单位是指集团母公司，母公司控股 51%以上的子公司，母公司、子公司单独或共同持股 20%以上的公司，或持股不足 20%但处于最大股东地位的公[illegible]外资企业集团的成员单位还包括该外资企业集团的外方投资者在中国境[illegible]共同持股 20%以上的公司。我国的财务公司是由企业集团内部集[illegible]其宗旨和任务是为本企业集团内部各企业筹资和融通资金，促进其技术改造和技术进步。

财务公司经营的金融业务，大体上可以分为融资、投资和中介这三大块。

我国企业集团财务公司具有以下几个方面的特点。

(1) 业务范围广泛，但以企业集团为限。财务公司是企业集团内部的金融机构，其经营范围只限于企业集团内部，主要是为企业集团内的成员企业提供金融服务。财务公司的业务包括存款、贷款、结算、担保和代理等一般银行业务，还可以经中国人民银行批准，开展证券、信托投资等业务。

(2) 资金来源于集团公司，用于集团公司，对集团公司的依附性强。财务公司的资金来源主要有两个方面：一是由集团公司和集团公司成员投入的资本金；二是集团公司成员企业在财务公司的存款。财务公司的资金主要用于为本集团公司成员企业提供资金支持，少量用于与本集团公司主导产业无关的证券投资方面。由于财务公司的资金来源和运用都限于集团公司内部，因而财务公司对集团公司的依附性强，其发展状况与其所在集团公司的发展状况相关。

(3) 接受企业集团和中国人民银行的双重监管。财务公司是企业集团内部的金融机构，其股东大都是集团公司成员企业，因而其经营活动必然受到集团公司的监督。同时，财务公司所从事的是金融业务，其经营活动必须接受中国人民银行监管。

(4) 坚持服务与效益相结合、服务优先的经营原则。财务公司作为独立的企业法人，有其自身的经济利益，但由于财务公司是企业集团内部的机构，且集团公司成员企业大都是财务公司的股东，因此，财务公司在经营中一般都应较好地处理服务与效益的关系，在坚持为集团公司成员企业提供良好金融服务的前提下，努力实现财务公司利润的最大化。

五、金融监管机构

金融监管机构是根据法律规定对一国的金融体系进行监督管理的机构。其职责包括按照规定监督管理金融市场；发布有关金融监督管理和业务的命令和规章；监督管理金融机构的合法合规运作等。我国目前的金融监管机构包括银监会、证监会和保监会。

第三节 我国金融机构体系

金融机构体系是指金融机构的组成及其相互联系的统一整体。在市场经济条件下，各国金融体系大多数是以中央银行为核心进行组织管理，因而形成了[illegible]银行为核心、商业银行为主体、各类银行和非银行金融机构并存的金融[illegible]央银行(中国人民银行)为领导，国有商业银行为主体，政策性银行、[illegible]银行金融机构，外资金融机构并存和分工协作的金融机构体系，如图 5.1 所示。

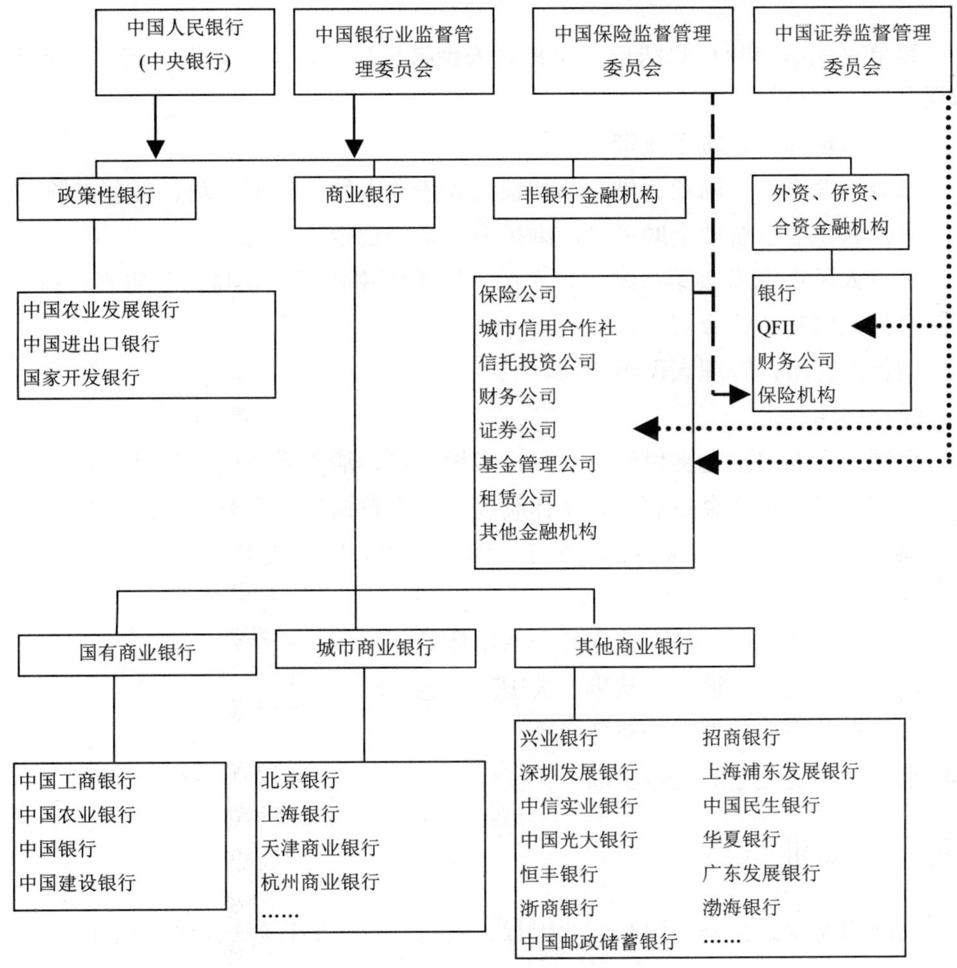

图 5.1　我国现行的金融机构体系

一、中国人民银行

中国人民银行是 1948 年 12 月 1 日在华北银行、北海银行、西北农民银行的基础上合并组成的。1983 年 9 月，国务院决定中国人民银行专门行使国家中央银行职能。1995 年 3 月 18 日，第八届全国人民代表大会第三次会议通过了《中华人民共和国中国人民银行法》，至此，中国人民银行作为中央银行以法律形式被确定下来。

随着社会主义市场经济体制的不断完善，中国人民银行作为中央银行在宏观调控体系中的作用将更加突出。根据 2003 年 12 月 27 日第十届全国人民代表大会常务委员会第六次会议修正后的《中华人民共和国中国人民银行法》规定，中国人民银行的主要职责包括以下内容。

(1) 起草有关法律和行政法规；完善有关金融机构运行规则；发布与履行职责有关的命令和规章。

(2) 依法制定和执行货币政策。

(3) 监督管理银行间同业拆借市场和银行间债券市场、外汇市场、黄金市场。

(4) 防范和化解系统性金融风险，维护国家金融稳定。

(5) 确定人民币汇率政策；维护合理的人民币汇率水平；实施外汇管理；持有、管理和经营国家外汇储备和黄金储备。

(6) 发行人民币，管理人民币流通。

(7) 经理国库。

(8) 会同有关部门制定支付结算规则，维护支付、清算系统的正常运行。

(9) 制定和组织实施金融业综合统计制度，负责数据汇总和宏观经济分析与预测。

(10) 组织协调国家反洗钱工作，指导、部署金融业反洗钱工作，承担反洗钱的资金监测职责。

(11) 管理信贷征信业，推动建立社会信用体系。

(12) 作为国家的中央银行，从事有关国际金融活动。

(13) 按照有关规定从事金融业务活动。

(14) 承办国务院交办的其他事项。

二、我国的商业银行

目前我国的商业银行分为国有商业银行、股份制商业银行和城市商业银行三类。

(一)国有商业银行

国有商业银行包括中国工商银行、中国建设银行、中国银行和中国农业银行，即通常所说的四大国有商业银行。

四大国有商业银行在我国商业银行中占有主导地位。截至 2005 年年底，四大国有商业银行的总资产 191 532.2 亿元，占银行业金融机构总资产的 53.3%。各项负债 183 695.2 亿元，占银行业金融机构的 53.3%。

中国工商银行经营范围包括办理人民币存款、贷款和消费信贷，居民储蓄，各类结算，发行和代理发行有价证券，代理其他银行委托的各种业务，办理外汇存款、贷款、汇款，进出口贸易和非贸易结算，外币及外币票据兑换，外汇担保和见证，境外外汇借款，外币票据贴现，发行和代理发行外币有价证券，代办即期和远期外汇买卖，征信调查和咨询服务，办理买方信贷，国际金融组织和外国政府贷款的转贷，以及经中国银行业监督管理委员会依照有关法律、行政法规和其他规定批准的业务。

中国建设银行在基本建设贷款、流动资金贷款、房地产金融、工程造价咨询、项目融资、贸易融资、投资咨询、财务顾问等传统业务领域中拥有优势，同时开拓新的营销渠道，先后开办了代理性、担保性、咨询类、基金托管等中间业务，利用信息科技手段开发银行卡和网上银行等新产品。产品种类已从以往存款、贷款和结算发展到目前银行卡类产品、电子银行类产品、代理业务类产品、资金类产品等十几大类，数百个品种。

中国银行业务覆盖传统商业银行、投资银行和保险业务领域，并在全球范围内为个人客户和公司客户提供全面和优质的金融服务。中国银行主营商业银行业务，包括公司、零售和金融机构等业务。零售业务主要针对个人客户的金融需求，提供基于银行卡的全套服务。而金融机构业务则是为全球其他银行、证券公司和保险公司提供诸如国际汇兑、资金清算、同业拆借和托管等全面服务。目前在外汇存贷款、国际结算、外汇资金和贸易融资等领域仍居领先地位。

中国农业银行是目前国内网点最多、业务辐射范围最广的大型国有商业银行。业务领域已由最初的农村信贷、结算业务，发展成为品种齐全，本外币结合，能够办理国际、国内通行的各类金融业务。

(二)股份制商业银行

股份制商业银行是指两个或两个以上的利益主体，以集股经营的方式自愿结合的一种按照市场化经营、以盈利为目的的金融企业。

截至 2007 年，中国通过银监会批准成立的股份制银行包括：华夏银行、招商银行、光大银行、兴业银行、中信银行、民生银行、交通银行、上海浦东发展银行、广东发展银行、深圳发展银行、恒丰银行、渤海银行、中国邮政储蓄银行、北京银行、天津银行、上海银行、南京银行、浙商银行、徽商银行、江苏银行、盛京银行、宁波银行、大连银行、富滇银行、海峡银行、深圳平安银行。

(三)城市商业银行

城市商业银行是中国银行业的重要组成和特殊群体，其前身是 20 世纪 80 年代设立的城市信用社。90 年代中期，中央以城市信用社为基础，组建城市商业银行。城市商业银行是在中国特殊历史条件下形成的，是中央金融主管部门整肃城市信用社、化解地方金融风险的产物。截至 2003 年年底，全国共有的城市商业银行 112 家，营业网点 5162 个，从业人员 16.9 万，生产总额 14 552 亿元，占全国银行业金融机构总资产的 6.27%，占全国股份制商业银行总资产的 27.7%。

三、我国的政策性银行

根据党的十四届三中全会精神和《国务院关于金融体制改革的决定》及其他文件，我国于 1994 年相继建立了国家开发银行、中国农业发展银行、中国进出口银行 3 家政策性银行。

国家开发银行(China Development Bank)于 1994 年 3 月 17 日成立，直属国务院领导。国家开发银行的主要任务是为国家基础设施、基础产业和支柱产业提供长期资金支持，引导社会资金投向，缓解经济发展瓶颈制约。电力、公路、铁路、石油石化、煤炭、邮电通信、农林水利、公共基础设施等是国家开发银行的主要业务领域和贷款支持重点。

中国农业发展银行(Agriculture Development Bank of China)是于 1994 年 11 月 8 日成立的国有农业政策性银行，直属国务院领导。中国农业发展银行的主要任务是：按照国家的法律、法规和方针、政策，以国家信用为基础，筹集农业政策性信贷资金，承担国家规定的农业政策性和经批准开办的涉农商业性金融业务，代理财政性支农资金的拨付，为农业和农村经济发展服务。中国农业发展银行在业务上接受中国人民银行和中国银行业监督管理委员会的指导和监督。

中国进出口银行(The Export-Import Bank of China)成立于 1994 年 7 月 1 日，是直属国务院领导的、政府全资拥有的国家政策性银行。中国进出口银行是我国外经贸支持体系的重要力量和金融体系的重要组成部分，是我国机电产品、成套设备和高新技术产品出口和对外承包工程及各类境外投资的政策性融资主渠道、外国政府贷款的主要转贷行和中国政府援外优惠贷款的承贷行，为促进我国开放型经济的发展发挥着越来越重要的作用。中国进出口银行的主要职责是贯彻执行国家产业政策、外经贸政策、金融政策和外交政策，为扩大我国机电产品、成套设备和高新技术产品出口，推动有比较优势的企业开展对外承包工程和境外投资，促进对外关系发展和国际经贸合作，提供政策性金融支持。

四、我国主要的非银行金融机构

我国的非银行金融机构，主要包括证券公司、保险公司、融资租赁公司、信托投资机构以及农村信用社、财务公司等，如表 5.1 所示。

表 5.1　我国主要的非银行金融机构

性　质		机构名称	数量(家)
非银行金融机构	金融信托投资公司	中国国际信托投资公司等	54
	财务公司	东风汽车财务公司、五矿财务公司等	70
	金融租赁公司	中国租赁有限公司、东方租赁公司等	10
	汽车金融公司	—	7
	金融资产管理公司	华融、长城、东方、信达资产管理公司	4
	农村信用合作社	山东农村信用合作社等	8348
	农村资金互助社	河南农村资金互助社等	8
	贷款公司	上海德驰投资贷款公司等	4
	城市信用合作社	湖北城市信用合作社等	42
	合资或外资独资财务公司	—	5
	邮政储汇局	中国邮政储汇局	1

注：表中数据引自《2007 年中国金融年鉴》和《2007 年中国证券期货统计年鉴》。

(一)证券公司

证券公司(securities company)是指依照公司法规定设立的并经国务院证券监督管理机构审查批准而成立的专门经营证券业务，具有独立法人地位的金融机构。证券公司分为证券经营公司和证券登记公司。

证券经营公司，是经主管机关批准并到有关工商行政管理局领取营业执照后专门经营证券业务的机构。它具有证券交易所的会员资格，可以承销发行、自营买卖或自营兼代理买卖证券。普通投资人的证券投资都要通过证券商来进行。

按照证券经营公司的功能，可分为证券经纪商、证券自营商和证券承销商。

(1) 证券经纪商。即证券经纪公司，代理买卖证券的证券机构，接受投资人委托、代为买卖证券，并收取一定手续费(即佣金)，如江海证券经纪公司。

(2) 证券自营商。即综合型证券公司，是指除了拥有证券经纪公司的权限外，还可以自行买卖证券的证券机构。它们资金雄厚，可直接进入交易所为自己买卖股票，如国泰君安证券。

(3) 证券承销商。以包销或代销形式帮助发行人发售证券的机构。按照各国现行的做法，证券交易所的会员公司均可在交易市场进行自营买卖，但专门以自营买卖为主的证券公司为数极少。

(二)保险公司

截至2008年第三季度，我国保险业资产规模累计3.2万亿元人民币，保险公司数量多达115家，从业人员200多万人。从国际排名来看，我国的保费收入居世界第10位，已逐步成为全球重要的新兴保险市场。我国原保险保费收入从1980年的4.6亿元，增加到2007年的7035.8亿元，年均增长30%左右。2008年1—9月，我国原保险保费收入为7939.6亿元，同比增长49%。其中财产险业务原保险保费收入1840.4亿元，同比增长18.6%；寿险业务原保险保费收入5455.9亿元，同比增长63%；健康险业务原保险保费收入482.3亿元，同比增长72.3%；意外险业务原保险保费收入161亿元，同比增长7.8%。目前，保险公司已经达到115家，保险公司的总资产超过3万亿元。

(三)融资租赁公司

融资租赁又称金融租赁或财务租赁，是指出租人根据承租人对供货人和租赁标的物的选择，由出租人向供货人购买租赁标的物，然后租给承租人使用。

在2008年9月召开的“2008租赁投融资论坛”上，与会的商务部促进事务局副局长顾杰说，从1981年4月我国创建第一家租赁公司——中国东方租赁有限公司开始，经过27年的发展，截至2008年6月，经批准设立的中外合资及外商独资租赁公司已有143家，其中主要涉及机械设备租赁、汽车租赁、计算机及通信设备租赁等领域。据了解，这140多家融资租赁企业的注册资本超过400亿元人民币，可承载的资产管理规模可达4000亿元人民币以上。这些公司都不同程度地开展了融资租赁业务，包括传统的融资、租赁、转租赁、售后租回交易、联合租赁或兼营经营租赁业务等。

五、我国的金融监管机构

我国金融监管机构由中国人民银行、中国证券监督管理委员会、中国保险监督管理委员会和中国银行业监督管理委员会4个机构组成。

(一)中国证券监督管理委员会

中国证券监督管理委员会简称证监会，是国务院直属机构，是全国证券期货市场的主管部门，按照国务院授权履行行政管理职能，依照法律、法规对全国证券、期货业进行集中统一监管，维护证券市场秩序，保障其合法运行。

证监会成立于1992年10月。目前设发行监管部、市场监管部、上市公司监管部、机构监管部、基金监管部、法律部、稽查局、会计部、国际合作部、政研室等职能部门，并在上海、深圳设 2 个证券监管专员办事处。

证监会的主要职责包括：起草证券、期货法律、法规，制定管理规则和实施细则，并依法行使审批或者核准权；统一管理证券期货市场，按规定对证券期货监管机构实行垂直领导；对有价证券的发行、上市、交易、登记、托管、结算等进行监管；依法对证券发行人、上市公司、证券交易所、证券公司、证券登记结算机构、证券投资基金管理机构、证券投资咨询机构、资信评估机构以及从事证券业务的律师事务所、会计师事务所、资产评估机构的证券业务活动进行监督管理；依法对证券业协会的业务活动进行指导和监管；依法制定从事证券业务人员的资格标准和行为准则，并监督实施；依法监督检查证券发行和交易的信息公开情况；依法对境内企业直接或间接到境外发行股票、上市，监管境内机构到境外设立证券机构，监管境外机构到境内设立证券机构、从事证券业务；依法(规)对证券期货违法违规行为进行查处；会同有关部门管理证券、期货市场信息，对有关信息咨询进行监管；法律、法规规定的其他职责。

(二)中国保险监督管理委员会

中国保险监督管理委员会(简称中国保监会)成立于 1998 年 11 月 18 日，是国务院直属事业单位。根据国务院授权履行行政管理职能，依照法律、法规统一监督管理全国保险市场，维护保险业的合法、稳健运行。中国保险监督管理委员会内设 15 个职能机构，并在全国各省、直辖市、自治区、计划单列市设有 35 个派出机构。

中国保险监督管理委员会的主要职责包括以下内容。

(1) 拟定保险业发展的方针政策，制定行业发展战略和规划；起草保险业监管的法律、法规；制定业内规章。

(2) 审批保险公司及其分支机构、保险集团公司、保险控股公司的设立；会同有关部门审批保险资产管理公司的设立；审批境外保险机构代表处的设立；审批保险代理公司、保险经纪公司、保险公估公司等保险中介机构及其分支机构的设立；审批境内保险机构和非保险机构在境外设立保险机构；审批保险机构的合并、分立、变更、解散，决定接管和指定接受；参与、组织保险公司的破产、清算。

(3) 审查、认定各类保险机构高级管理人员的任职资格；制定保险从业人员的基本资格标准。

(4) 审批关系社会公众利益的保险险种、依法实行强制保险的险种和新开发的人寿保险险种等的保险条款和保险费率，对其他保险险种的保险条款和保险费率实施备案管理。

(5) 依法监管保险公司的偿付能力和市场行为；负责保险保障基金的管理，监管保险保证金；根据法律和国家对保险资金的运用政策，制定有关规章制度，依法对保险公司的资金运用进行监管。

(6) 对政策性保险和强制保险进行业务监管；对专属自保、相互保险等组织形式和业务活动进行监管。归口管理保险行业协会、保险学会等行业社团组织。

(7) 依法对保险机构和保险从业人员的不正当竞争等违法、违规行为以及对非保险机构经营或变相经营保险业务进行调查、处罚。

(8) 依法对境内保险及非保险机构在境外设立的保险机构进行监管。

(9) 制定保险行业信息化标准；建立保险风险评价、预警和监控体系，跟踪分析、监测、预测保险市场运行状况，负责统一编制全国保险业的数据、报表，并按照国家有关规定予以发布。

(10) 承办国务院交办的其他事项。

(三)中国银行业监督管理委员会

2003 年 4 月 28 日，中国银行业监督管理委员会(简称中国银监会)正式成立，是国务院直属事业单位，履行审批、监督管理银行、金融资产管理公司、信托投资公司及其他存款类金融机构等相关职责。

银监会的主要职责包括以下内容。

(1) 依照法律、行政法规制定并发布对银行业金融机构及其业务活动监督管理的规章、制度。

(2) 依照法律、行政法规规定的条件和程序，审查批准银行业金融机构的设立、变更、终止以及业务范围。

(3) 对银行业金融机构的董事和高级管理人员实行任职资格管理。

(4) 依照法律、行政法规制定银行业金融机构的审慎经营规则。

(5) 对银行业金融机构的业务活动及其风险状况进行非现场监管，建立银行业金融机构监督管理信息系统，分析、评价银行业金融机构的风险状况。

(6) 对银行业金融机构的业务活动及其风险状况进行现场检查，制定现场检查程序，规范现场检查行为。

(7) 对银行业金融机构实行并表监督管理。

(8) 会同有关部门建立银行业突发事件处置制度，制定银行业突发事件处置预案，明确处置机构和人员及其职责、处置措施和处置程序，及时、有效地处置银行业突发事件。

(9) 负责统一编制全国银行业金融机构的统计数据、报表，并按照国家有关规定予以公布。

(10) 对银行业自律组织的活动进行指导和监督。

(11) 开展与银行业监督管理有关的国际交流、合作活动。

(12) 对已经或者可能发生信用危机，严重影响存款人和其他客户合法权益的银行业金融机构实行接管或者促成机构重组。

(13) 对有违法经营、经营管理不善等情形银行业金融机构予以撤销。

(14) 对涉嫌金融违法的银行业金融机构及其工作人员以及关联行为人的账户予以查询，对涉嫌转移或者隐匿违法资金的申请司法机关予以冻结。

(15) 对擅自设立银行业金融机构或非法从事银行业金融机构业务活动予以取缔。

(16) 负责国有重点银行业金融机构监事会的日常管理工作。

(17) 承办国务院交办的其他事项。

金融机构体系	金融机构的定义	金融机构是指以货币资金为经营对象，从事货币信用、资金融通、金融交易以及相关业务的组织机构
	金融机构体系的定义	金融机构体系，是一个包括经营和管理金融业务的各类金融机构组成的整体系统，其格局一般为以中央银行为核心，以商业银行为主体，以各种专业银行和非银行金融机构为补充的多种金融中介机构并存
	我国的金融机构体系	我国当前金融机构体系是以中央银行(中国人民银行)为领导，国有商业银行为主体，政策性银行、保险、信托等非银行金融机构，外资金融机构并存和分工协作的金融机构体系

一、名词解释

1. 商业银行
2. 政策性银行
3. 财务公司

二、不定项选择题

1. 金融机构包括(　　)。

A. 商业银行　　B. 证券公司

C. 保险公司　　D. 信用合作社

E. 财务公司

2. 银行机构包括( )。

A. 商业银行 B. 政策性银行

C. 投资银行 D. 商人银行

3. 目前我国的政策性银行有( )。

A. 国家开发银行 B. 中国进出口银行

C. 中国人民银行 D. 中国农业银行

E. 中国农业发展银行

4. 中国人民银行成立于( )年。

A. 1948 B. 1949 C. 1950 D. 1955

5. 1983 年起中国人民银行专门行使中央银行职能，其将商业银行业务移交给( )。

A. 中国银行 B. 中国工商银行

C. 中国人民建设银行 D. 国家开发银行

6. 目前我国实行的金融管理体制是( )。

A. 分业经营 B. 混业经营 C. 分业管理 D. 综合管理

三、判断题

1. 非银行金融机构主要从事存贷款业务。 ( )
2. 中央银行不以营利为目的。 ( )
3. 信用合作社管理的基本原则是同股同权。 ( )
4. 财务公司主要从事财务咨询业务。 ( )

四、简答题

1. 在我国，银行机构有哪些？非银行金融机构有哪些？
2. 简述我国现有的金融体系。

第六章

商业银行

本章精粹

- 商业银行概述
- 商业银行的主要业务
- 商业银行的经营管理
- 商业银行的信用创造
- 电子银行

案例导入 中国工商银行

中国工商银行于 1984 年成立。2005 年，中国工商银行完成了股份制改造，正式更名为“中国工商银行股份有限公司”。工商银行拥有近 1.7 万家境内外机构，覆盖中国大部分大中城市与主要国际金融中心，为客户直接提供优质服务；国内领先的电子银行平台，触手可及的网上、电话、手机与自助银行四大渠道，提供资金管理、收费缴费、营销服务、金融理财、代理销售、电子商务六大类服务；贵宾理财中心、电话银行、网上银行专属通道，专业金融理财师，为贵宾客户提供独到的服务。工商银行还与国内及 122 个国家和地区的 1400 多家银行建立了代理行关系，全球化服务网络进一步完善。

(资料来源：中国工商银行网站，http://www.icbc.com.cn/icbc/)

【启发思考】商业银行与政策性银行的区别有哪些？浏览中国工商银行网站，回答工商银行的业务有哪些？

学习目标

通过对本章的学习，要求：了解商业银行的产生、发展及其与其他金融机构的差别；了解商业银行组织制度的类型及特点；了解商业银行资产业务、负债业务、中间业务的种类及内容；了解商业银行经营管理的原则以及经营管理理论的演变过程；理解商业银行信用创造过程以及存款货币创造的限制因素。

关键词 商业银行 资产负债业务 信用创造

第一节 商业银行概述

商业银行是市场经济的产物，它是为适应市场经济发展和社会化大生产需要而形成的一种金融组织。商业银行经过几百年的发展演变，现在已经成为世界各国经济活动中最重要的资金集散机构。

一、商业银行的产生与发展

(一)商业银行的产生

最早的银行都是商业银行，因此，商业银行的产生与发展也就是银行的产生和发展。14—15 世纪的欧洲，由于优越的地理环境和社会生产力的较大发展，各国与各地之间的商业往来也渐渐扩大起来。然而，由于当时的封建割据，不同国家和地区之间所使用的货币在名称、成色等方面存在着很大差异。要实现商品的顺利交换，就必须把各自携带的各种货币进行兑换，于是就出现了专门的货币兑换商，从事货币兑换业务。随着商品经济的迅速发展，货币兑换和收付的规模也不断扩大，各地商人为了避免长途携带大量金属货币带来的不便和风险，货币兑换商在经营兑换业务的同时，又出现了货币保管业务，后来又发展到委托货币兑换商办理支付和汇兑。由于货币兑换和货币保管业务的不断发展，货币兑换商借此集中了大量货币资金，当货币兑换商的这些长期大量积存的货币余额相当稳定，可以用来发放贷款，获取高额利息收入时，货币兑换商便开始了授信业务。货币兑换商由原来被动接受客户委托保管货币转而变为积极主动揽取货币保管业务，并且通过降低保管费或不收保管费，后来还给委托保管货币的客户一定好处时，保管货币业务便逐步演变成了存款业务。由此，货币兑换商逐渐开始从事信用活动，商业银行萌芽开始出现。

17 世纪以后，随着资本主义经济的发展和国际贸易规模的进一步扩大，近代商业银行雏形明显开始形成。随着资产阶级工业革命的兴起，工业发展对资金的巨大需求，客观上要求有商业银行发挥中介作用。在这种形势下，西方现代商业银行开始建立。1694 年，英国政府为了同高利贷做斗争，以维护新生的资产阶级发展工商业的需要，决定成立一家股份制银行——英格兰银行，并规定英格兰银行向工商企业发放低利贷款，大约在 5%～6%，英格兰银行的成立，标志着现代商业银行的诞生。发展到今天，商业银行的业务已经渗透到社会经济生活的各方面，成为国民经济中不可缺少的重要部门。

【专栏 6-1】“商业银行”名称的由来

“商业银行”这一名称，源于早期银行的经营特征。最初，以英格兰银行为代表的商业银行，资金来源主要是短期存款，资金运用主要是发放短期性商业贷款。银行通过贴现票据发放短期、周期性贷款，一旦票据到期或承销完成，贷款就可以自动收回。这种贷款由于与商业活动、企业产销相结合，所以期限短、流动性高，商业银行的安全性就能得到一定保证，并获得稳定的利润。因此，人们称之为“商业银行”。随着商品经济的发展，商业银行的业务经营已远远超出传统范围，“商业银行”与最初意义上的商业银行已相去甚远。

(资料来源：蔡泽祥. 货币银行学. 北京：高等教育出版社，2003: 109)

(二)商业银行的发展

20世纪90年代以来，由于国际经济环境的不断变化、经济全球化浪潮的到来，以及以信息技术为核心的现代高科技的迅猛发展，现代商业银行的业务经营和管理发生根本的变革，并且这种变革还将持续。这些变革可归纳为以下几个方面。

1. 银行业务全能化

从20世纪70年代开始，由于金融竞争十分激烈，金融工具的不断创新，金融管理制度逐渐放松，商业银行逐渐突破了与其他金融机构分工的界限，走上了业务经营“全能化”的道路。商业银行业务全能化的主要原因有：①由于近年来商业银行存款结构的变化。近年来商业银行存款中，定期存款和储蓄存款的比重有所上升，这一变化为商业银行发放中长期贷款和证券投资业务提供了稳定的资金来源。②由于商业银行竞争的加剧、金融管制的放松，不仅使商业银行开拓新业务成为必要，而且也使商业银行开拓新业务成为可能。③商业银行经营观念的改变和经营管理理论的发展，不仅为商业银行全能化、综合化的发展提供了理论依据，而且对商业银行全能化、综合化的发展产生了极大的推动作用。

长期实行“分业经营”制度的英国、加拿大、日本、美国等国家，先后通过有关法律、法规，取消银行、证券业务分离的限制，而允许银行、证券、保险等业务“混业经营”，从而使商业银行真正称为“金融百货公司”。

2. 银行资产证券化

20世纪80年代以来，商业银行业务经营出现了证券化趋势。商业银行业务经营证券化的趋势表现在两个方面。首先，国际金融市场融资方式的证券化，各种传统的银行信贷越来越多地被各种各样的证券融资所取代。在国际金融市场上，债券融资方式所占比重平均都超过60%，国际债券的发行总额已经超过了国际银行信贷的总额。其次，商业银行的资产业务也有转换为证券方式的趋势。商业银行将某笔贷款或一组贷款汇集起来，以此作为抵押发行证券，使其在市场上流通转让，因此可以大大提高商业银行资产的流动性。

【专栏6-2】次贷危机与资产证券化

次贷危机又称次级房贷危机，是指一场发生在美国，因次级抵押贷款机构破产、投资基金被迫关闭、股市剧烈震荡引起的金融风暴，2007年8月开始席卷美国、欧盟和日本等世界主要金融市场。次贷危机的产生与资产证券化紧密相关。

资产证券化顾名思义就是企业(银行可以看作是一种特殊类型的企业)把未来可以产生现金流的部分进行证券化处理。例如，可以把银行的住房贷款、企业的应收款、正在建设的高速公路运营公司未来收到的过路费等看作是一种产品，把这些产品经过设计组合后销售给专门的运行机构(如投资银行、证券公司等)，然后再由运行机构把产品负责卖给各种投资者这样一种类似证券化处理的过程。通过这样一个过程，银行就可在获得贷款者偿还贷款之前、企业在获得应收款之前、高速公路运营公司在获得偿付成本的过路费之前，提前从运行机构这个买方手中获得与贷款、应收款、过路费等大致相抵的一笔收入。从全世界范围来看，银行作为发起人在整个资产证券化运行中所占的份额最大，银行把信用度低的房贷借款人的贷款打包出售给投资机构并进行证券化处理也是次贷最主要最基本的操作方式，如果借款人无法偿还贷款，这种被证券化处理的银行资产证券化产品的现金流就会中断，引发次贷危机。

(资料来源：武魏巍. 基于次贷危机启示的我国资产证券化稳健发展的理性思考. 中国物价，2008-08)

3. 银行资本集中化

由于银行业竞争的加剧以及金融业风险的提高，还有产业资本不断集中的要求，商业银行出现了合并的浪潮。在美国，1991 年，以化学银行和汉诺威银行为代表的 6 家大银行合并，1998 年，花旗集团和旅行者集团合并；在瑞士，1997 年瑞士联合银行与瑞士银行合并；1998 年，德意志银行收购美国第八位的信孚银行。在香港，1992 年香港汇丰银行兼并英国米兰银行；在日本，1995 年东京银行和三菱银行合并，日本的三和、朝日、东海 3 家银行也宣布合并，成为世界第三大银行。由于大银行或大金融集团的相互购并，形成金融业的“巨无霸”，使银行资本大量集中，银行资产规模迅速扩大。

4. 业务经营电子化

20 世纪 90 年代起，人类步入信息革命的时代。信息技术每天都在改变着我们的生活，银行业也融入了信息技术发展的潮流，世界各大商业银行强化了信息技术的投入，开拓自助银行、电话银行、网上银行、手机银行等服务，发展电子货币，构思电子货币联网系统等，信息技术的应用越来越决定着银行经营的成败。

二、商业银行的性质

商业银行是以追求最大利润为经营目标，以多种金融资产和金融负债为经营对象，为客户提供多功能、综合性服务的金融企业。在所有金融机构中，商业银行是历史发展悠久、功能全面、对社会有着重大影响的金融企业。 商业银行的性质具体表现在以下三个方面。

(一)商业银行具有一般企业的特征

商业银行首先是企业，因此与一般企业一样拥有业务经营所需要的自有资本，依法经营，照章纳税，自负盈亏，具有独立的法人资格，拥有独立的财产、名称、组织机构和场

所。商业银行经营目标是追求利润最大化，获取最大利润既是商业银行经营与发展的基本前提，也是商业银行发展的内在动力。

(二)商业银行是一种特殊的企业

商业银行具有一般企业的特征，但是，商业银行是经营货币资金的金融企业，是一种特殊的金融企业。这种特殊性表现在以下四个方面。

(1) 商业银行经营的内容特殊。一般企业从事的是一般商品的生产和流通，而商业银行是以金融资产和金融负债为经营对象，从事包括货币收付、借贷以及各种与货币有关的或与之相联系的金融服务。

(2) 商业银行与一般工商企业的关系特殊。一般工商企业要依靠银行办理存、贷款和日常结算，而商业银行也要依靠一般企业经营过程中暂时闲置的资金，增加资金来源，并以一般工商企业为主要贷款对象，取得利润。

(3) 商业银行对社会的影响特殊。一般工商企业经营的好坏只影响到一个企业的股东和这一企业相关的当事人，而商业银行的经营好坏可能影响到整个社会的稳定。

(4) 国家对商业银行的管理特殊。由于商业银行对社会的特殊影响，国家对商业银行的管理要比对一般工商企业的管理严格得多，管理范围也要广泛得多。

(三)商业银行是一种特殊的金融企业

商业银行不仅不同于一般工商企业，与其他金融机构相比，也存在很大差异。

(1) 与中央银行比较，商业银行是面向工商企业、公众、政府以及其他金融机构，商业银行所从事的金融业务主要是以营利为主要目的。而中央银行是只向政府和金融机构提供服务的具有银行特征的政府机关。中央银行具有创造基础货币的功能，不从事金融零售业务，所从事的金融业务也不是以营利为目的。

(2) 与其他金融机构相比，商业银行提供的金融服务更全面、范围更广。商业银行的业务更综合，功能更全面，它的经营范围，从经营金融“零售”(门市)业务，到经营“批发”(大额信贷)业务，为顾客提供所有的金融服务。而专业银行只集中经营指定范围内的业务和提供专门性服务；其他金融机构，如信托投资公司、保险公司、租赁公司等，其业务经营的范围相对来说更为狭窄，业务方式更趋单一。随着一些国家金融管制的放松，专业银行和其他金融机构的业务经营范围也有扩大的趋势，但与商业银行相比，其差距仍然很远。商业银行在其特有的经营优势上，业务扩张更为迅速，发展更快。

三、商业银行的组织形式

商业银行的组织结构，是指商业银行在社会经济活动中存在的形式，它是银行制度的重要组成部分。商业银行组织形式主要有以下几种。

(一)单一银行制

单一银行制又称单元制，是指仅设立总行，业务活动完全由总行经营，不设立任何分支机构的商业银行组织形式。这种银行制度以美国最为典型。单元制银行制是由美国特殊的历史背景和政治制度所决定的。美国是一个各州具有较高独立性的联邦制国家，早期由于东西部经济发展不平衡，为了使经济平衡发展，保护地方中小企业与小银行，一些比较落后的州政府就通过颁布州银行法，禁止或者限制其他地区的银行到本州设立分行，以达到阻止金融权力集中的目的。

这种单一银行制的优点是：有利于防止银行垄断，有利于自由竞争，也可以缓和竞争的剧烈程度；有利于银行与地方政府和工商企业协调关系，集中全力为本地经济服务；银行具有更高的独立性和自主性，业务经营的灵活性也较大；银行管理层次较少，易于内部各部门间的协调，工作效率比较高。

单一银行制的缺点也是十分明显的，主要有：不利于银行的发展，在电脑技术普遍推广应用的条件下，单一银行采用最新技术的单位成本会较高，从而不利于银行采用最新的管理手段和工具，使业务发展和创新活动受到限制；单一银行制使银行业务过度集中于某一个地区或某一行业，容易受到该地区经济的束缚，使经营风险过分集中，同时由于实行单一银行制的银行实力相对较弱，难以有效地抵抗较大的风险；单一银行制本身与经济的横向开放性发展存在矛盾，使银行业无法适应经济发展的需要，也使商业银行丧失竞争能力。

(二)分支行制

分支行制又称为总分行制，是指一种设有总行同时又在总行下设立分支行的商业银行制度，1839 年在英国兴起，是当今世界绝大多数国家的商业银行所采取的组织形式，如英国、德国、日本等国。在这些国家中，少数或十几家大商业银行在银行体系中占有十分重要的地位。它们的分支机构遍布国内外各个角落，形成了一个庞大的银行网络，总行控制着整个商业银行的运作和业务开展，有着举足轻重的作用。中国的商业银行主要采取分支行制。

和单一银行制相比，分支行制的优点十分明显。第一，分支行制形成了分布广泛的分

支机构，便于商业银行吸收存款，扩大经营规模，增强银行实力。第二，由于有大量的分支机构，便于资产在地区和行业上分散，从而也有利于风险的分散，提高银行的安全性。第三，银行分支机构众多，经营规模扩大，便于实现合理的银行经营规模，促进现代化管理手段和技术设备的推广应用，提高服务质量，加快资金周转速度。第四，在分支行制下，总行数量少，国家金融管理当局只要对较少数目的总行管理控制，就可以对整个银行业进行管理控制，便于宏观管理和提高管理水平，还可以避免过多的行政干预。

分支行制虽然存在上述优点，但是也存在一定的缺陷。第一，容易形成垄断，不利于自由竞争，由于分支行制形成许多大银行，并且吞并中小银行，形成银行“巨无霸”，导致垄断，一定程度上阻碍了整个银行业的发展。第二，分支行制银行规模庞大，内部层次多，机构庞杂，加大了银行内部的控制难度，在执行重要决策时往往会出现一定的偏差。

(三)银行控股公司制

持股公司制又称集团银行制，指由某一银行集团成立股权公司，再由该公司控制或收购 2 家以上的若干银行而建立的一种银行制度。这些独立银行的业务和经营决策统属于股权公司控制。银行控股公司在美国发展十分迅速，主要原因是它可纠正单一银行制下的银行资金实力相对较弱、市场竞争力不强的弊端。它可绕开单一银行制对商业银行经营范围与业务区域所设置的种种法律限制。

【专栏 6-3】汇丰控股有限公司

汇丰集团(HSBC Group)的控股公司，总部设于英国伦敦，该公司于 1991 年才正式成立，但旗下附属公司已经有相当悠久的历史。汇丰集团截至 2008 年 12 月 31 日，总资产高达 25 270 亿美元，属于全球资产规模最大及全球第三大银行机构，其名字源自 1865 年于香港创立的创始成员——香港上海汇丰银行有限公司。汇丰的国际网络遍布欧洲、亚洲、美洲、中东和非洲，共计大约 86 个国家和地区 9500 个办事处。被其全面收购或部分收购的公司众多，汇丰参股的中国内地金融机构主要有：中国上海银行(8%，2000 年)，中国平安保险(19.9%，2005 年)，中国福建兴业银行(12.78%，2007 年)，中国交通银行(19%，2007 年)，中国烟台市商业银行(20%，2008 年)。

(资料来源：维基百科，汇丰控股有限公司)

第二节　商业银行的主要业务

商业银行的业务是其经营的基础。良好的业务体系和业务创新机制是银行不断为客户提供优质金融产品的保证。各国商业银行主要业务大致相同。一般都分为负债业务、资产业务和中间业务。

一、商业银行的资产负债表

为了了解商业银行的经营活动，首先我们来看一下商业银行的资产负债表。商业银行的资产负债表是总体反映其资金来源与运用状况的报表。对资产负债表内容和结构的了解，有助于我们理解商业银行的业务。商业银行资产负债表由负债和资产两个部分组成，这两个部分也就是商业银行资金来源业务(负债)和资金运用业务(资产)。银行主要通过吸收存款和借款的方式取得资金。然后，运用资金发放贷款和进行投资。银行运用资金的收益要高于取得资金的成本，两者之差构成银行的利润。一般的商业银行资产负债表可用表 6.1 简要列示。

表 6.1 商业银行资产负债表

资产部分	负债部分
现金资产	自有资本
库存现金	股本
存款准备金	资本盈余
同业存款	未分配利润
应收现金	从属债务
贷款	储备金
工商业贷款	存款
其他贷款	活期存款
投资	定期存款
政府债券	储蓄存款
其他有价证券	借款
其他资产	向中央银行借款
	同业拆借
	其他借入资金
	其他负债

二、商业银行的负债业务

负债业务是商业银行筹措资金，借以形成资金来源的业务，是银行从事资产业务和其他业务的基础。商业银行的全部资金来源包括自有资本和吸收外来资金。

(一)自有资本

自有资本是银行最原始的资金来源，也称资本金。银行和其他企业一样，必须有一定的资本金才能从事相应的经营活动，资本金的规模大小在相当程度上制约着银行的发展。虽然银行可以通过吸收存款和进行短期借款来扩大资本规模，但是其前期的准备工作如筹建营业场所、购置设备等只能依靠自有资金；另外，自有资本规模的大小也是银行实力和信誉的象征，良好的信誉是维持公众信心的基础，而充足的资本又是银行声誉赖以树立的基本物质条件；再者，拥有一定规模的自有资本，也是监管部门对商业银行的基本要求。具体来说，银行资本主要包括股本、资本盈余、未分配利润、债务资本和其他来源。

(1) 股本。是银行资本中最基本、最稳定的，包括普通股和优先股，是银行股东持有的股权证书。银行普通股是银行一种股权证书，它构成银行资本的核心部分，它代表对银行的所有权，而且具有永久的性质。

(2) 资本盈余。也叫资本公积，是指商业银行发行股票时，股票实际销售价格超过股票面值所带来的额外收入，即股票发行溢价。

(3) 未分配利润。又叫留存收益或留存盈余，是银行尚未动用的税后利润部分，是银行所有者权益的一个项目。留存盈余的大小要取决于银行的盈利情况，同时股息政策和税率的高低也是影响留存盈余的重要因素。

(4) 债务资本。又称从属债务，是 20 世纪 70 年代西方国家银行广泛采用的一种外源资本，在 80 年代《巴塞尔协议》以后，债务资本只能作为补充资本。债务资本的偿还顺序仅次于存款者。债务资本主要有两类，即资本债券和资本票据。由于在银行破产清算时，此类证券对银行资产的要求权落在存款和借款等债务之后，所以，也具有一定的资本属性。各国银行监管当局都认可将此类债务算作银行资本。

(5) 其他来源。主要是指储备金。储备金是为了防止意外损失而从收益中提留的资金，包括资本准备金和放款与证券损失准备金。

【专栏 6-4】《巴塞尔协议》

1987 年 12 月 10 日，“十国集团”(美、英、法、日、联邦德国、加拿大、瑞典、意大利、荷兰、比利时)与瑞士和卢森堡在巴塞尔召开 12 国央行行长会议，讨论加强对经营国际业务的商业银行的资本及风险资产的监管问题。会议通过《关于统一国际银行的资本计算和资本标准的报告》(简称《巴塞尔报告》)，后经过修改，于 1988 年 7 月在巴塞尔签署协议，即著名的《巴塞尔协议》。该“协议”的内容主要有以下几个方面。

(1) 制定了一个国际通用的资本标准。“协议”将银行资本划分为两类：核心资本与附属资本。核心资本包括：普通股、永久性的优先股、资本盈余与未分配利润等。附属资本包括：未公开储备、重估储备、普通准备金、混合资本工具、长期附属债务等。规定核心资本在总资本中不得低于50%。

(2) 使用了5个风险权数(即0、10%、20%、50%、100%)来判断资产的信用风险。

(3) “协议”规定，银行资产按以上风险权数加权平均以后，到1990年年末，资本(核心资本加补充资本)对风险资产的比率，至少应达到7.25%，到1992年年末，应达到8%。

(4) 1990—1992年为过渡期。这一时期，各国银行可以将部分补充资本暂时算作核心资本。从1992年年末起，各国银行都开始严格执行“协议”的规定。

(5) 1997年9月，巴塞尔委员会提出《有效银行监管的核心原则》，将风险管理扩大到银行业的各个方面。

由于监管思想的深刻、监管理念的新颖、考虑范围的全面以及制定手段和方法的科学合理，《巴塞尔协议》成了影响最大、最具代表性的监管准则。此后围绕银行监管产生的核心原则或补充规定等，都是在报告总体框架下对报告的补充和完善。尽管巴塞尔委员会并不是一个超越成员国政府的监管机构，发布的文件也不具备法律效力，但各国的监管当局都愿意以报告的原则来约束本国的商业银行。

(资料来源：夏德仁. 货币银行学. 北京：中国金融出版社，1997：143～145)

(二)存款

客户将暂时闲置的资金存入银行形成存款，对银行来说，这是一种负债，是银行资金来源的主要组成部分。存款负债是银行资产经营的基础和前提，存款的数量规模和种类结构制约着银行资产结构和规模，也是商业银行资金实力强弱的重要标志。

(1) 活期存款。主要是指可由存款户随时存取和转让的存款，它没有确切的期限规定，银行也无权要求客户取款时做事先的书面通知。持有活期存款账户的存款者可以用各种方式提取存款，如开出支票、本票、汇票、电话转账、使用自动柜员机或其他各种方式等手段。由于各种经济交易包括信用卡商业零售等都是通过活期存款账户进行的，所以在国外又把活期存款称为交易账户。在各种取款方式中，最传统的是支票取款，因此活期存款也叫支票存款。

活期存款是商业银行的主要资金来源。活期存款流动性大、存取频繁、手续复杂、风险较大。由于活期存款存取频繁，而且还要提供多种服务，因此活期存款成本也较高。通常，活期存款利息较少或不支付利息。活期存款相对稳定部分可以用于发放贷款。尽管活期存款流动性大，但在银行的诸多储户中，总有一些余额可用于对外放款。活期存款还是密切银行与客户关系的桥梁。商业银行通过与客户频繁的活期存款的存取业务建立比较密切的业务往来，从而争取更多的客户，扩大业务规模。

(2) 定期存款。是指客户与银行预先约定存款期限的存款。存款期限通常为三个月、六个月和一年不等，期限最长的可达五年或十年。利率根据期限的长短不同而存在差异，但都要高于活期存款。定期存款的存单可以作为抵押品取得银行贷款。定期存款具有以下特点。一是带有投资性。由于定期存款利率高，并且风险小，因而是一种风险最小的投资方式，对于银行来说，由于期限较长，按规定一般不能提前支取，因而是银行稳定的资金来源。二是手续简单，费用较低，风险性小。由于定期存款的存取是一次性办理，在存款期间不必有其他服务，因此除了利息以外没有其他的费用，因而费用低。同时，定期存款较高的稳定性使其风险性较小。

(3) 储蓄存款。主要是指个人为了积蓄货币和取得一定的利息收入而开立的存款。储蓄存款不能签发支票，使用时只能提取现金或转入存款人的其他账户。储蓄存款也可分为活期存款和定期存款。储蓄存款具有两个特点：主要是个人为了积蓄购买力而进行的存款；同时金融监管当局对经营储蓄业务的商业银行有严格的规定。因为储蓄存款多数属于个人，分散于社会上的各家各户，为了保障储户的利益，各国对经营储蓄存款业务的商业银行有严格的管理规定，并要求银行对储蓄存款负有无限清偿责任。

除上述各种传统的存款业务以外，为了吸收更多存款，打破有关法规限制，西方国家商业银行在存款工具上有许多创新，如可转让支付命令账户、自动转账账户、货币市场存款账户、大额定期存单等。

【专栏6-5】人民币储蓄存款

人民币储蓄存款包括活期储蓄和定期储蓄两大品种。

活期储蓄是指开户时不约定存取日期，可随时存取、存取金额不限的一种个人存款。

定期储蓄是指在存款开户时约定存期，一次或按期分次(在约定存期内)存入本金，整笔或分期、分次支取本金或利息的一种储蓄方式。个人定期储蓄可分为以下几种类型：整存整取、零存整取、整存零取、存本取息、教育储蓄、定活两便和通知存款。

整存整取：指开户时约定存期，整笔存入，到期一次整笔支取本息的一种个人存款。人民币存期分为三个月、六个月、一年、两年、三年、五年六个档次。

零存整取：指开户时约定存期、分次每月固定存款金额(客户自定)、到期一次支取本息的一种个人存款。

整存零取：指在存款开户时约定存款期限、本金一次存入，固定期限分次支取本金的一种个人存款。

存本取息：指在存款开户时约定存期、整笔一次存入，按固定期限分次支取利息，到期一次支取本金的一种个人存款。

定活两便：指在存款开户时不必约定存期，银行根据客户存款的实际存期按规定计息，可随时支取的一种个人存款种类。存期不足三个月的，利息按支取日挂牌活期利率计算；存期三个月以上(含三个月)，不满半年的，利息按支取日挂牌定期整存整取三个月存款利率打六折计算；存期半年以上的(含半年)不满一年的，整个存期按支取日定期整存整取半年期存款利率打六折计息；存期一年以上(含一年)，无论存期多长，整个存期一律按支取日定期整存整取一年期存款利率打六折计息。

通知存款：是指在存入款项时不约定存期，支取时事先通知银行，约定支取存款日期和金额的一种个人存款方式。

(资料来源：中国建设银行网站，http://www.ccb.com)

(三)借款

各类非存款性的借款也是商业银行负债的一个重要组成部分。在现代的经营理念下，通过借入短期资金，商业银行既可获得短期的流动性需要，又可持有较高比例的缺乏流动性的高收益资产。商业银行短期借款的渠道主要有中央银行借款、银行同业借款、回购协议等。

1．中央银行借款

商业银行从中央银行借款的形式主要有再贴现和直接借款。再贴现是指商业银行将办理贴现业务时买进的未到期的票据再转卖给中央银行，以此取得短期流动资金。再贴现是中央银行的一项重要的货币政策。中央银行可通过提高或降低再贴现率的办法，影响商业银行的贴现成本，从而对经济进行调控。直接借款是指商业银行以自己持有的合格票据、银行承兑汇票、政府债券等有价证券作为抵押品向中央银行取得抵押贷款。

2．银行同业借款

银行同业借款是指金融机构之间的短期资金融通，主要有银行同业拆借、转贴现借款和抵押借款 3 种形式。银行同业拆借是商业银行之间的短期借贷行为。银行同业拆借的期限多为 1～7 个营业日。随着经济环境的变化和资金转移技术的进步，同业拆借市场实际上已经成为商业银行稳定的筹措资金的场所。贴现是票据持有者将未到期的票据转让给银行，银行按票面金额扣除利息以后将现款付给票据持有人的行为。而转贴现则是商业银行之间进行的商业贴现行为，即一家商业银行将已买进的未到期票据再拿到另一家商业银行去申请贴现。这是一种短期的资金借贷行为，是商业银行融通短期资金的一条重要渠道。抵押借款是指商业银行在发生资金周转困难时，通过抵押借款从其他的商业银行取得资金的方式。作为抵押品的大部分是客户的抵押品，包括动产和不动产，但这种抵押的技术性很强，手续也比较复杂。当然，也可以将所持有的票据、债券、股票等金融资产作为抵押品，从其他银行取得贷款。

3．回购协议

回购协议就是商业银行在出售金融资产获得资金的同时，同对方签订一个协议，同意在一定时期按预定价格再购回此项金融资产。回购协议一般以政府债券为工具，期限短的有一个或几个营业日，长的有几个月。实际操作中主要有两种方法：一种是交易双方同意按相同的价格出售与再购回证券，购回时，其金额为本金加双方约定的利息额；另一种方法是把回购时的价格定得高于出售时的价格，其价格差就是另一方的收益。

三、商业银行的资产业务

商业银行的资产业务是指商业银行如何运用资金的业务，也是商业银行主要的利润来源。资产业务主要包括现金、贷款和证券投资。

(一)现金业务

现金资产是银行资产中最富流动性的部分，基本上不给银行带来直接的收益，但法律对其持有量有严格规定。现金项目包括库存现金、交存中央银行的存款准备金、应收现金和存放同业。

(1) 库存现金。它是指银行金库中的现钞和硬币。主要是为了应付客户提款及银行本身日常开支。对一家银行来说，要尽量压缩库存现金量，减少不必要的风险和费用。

(2) 存款准备金。包括法定存款准备金和超额存款准备金两种。法定准备是按照中央银行的要求，依照一定的比例在各类存款中保留的准备金，这部分准备金存放在中央银行。同时，银行还主动多保留一部分超额准备金部分，存放在央行，用以进行同业之间的资金结算。

(3) 应收现金。这是指应收而尚未收到的现金项目，例如在途资金，这是在支票清算过程中，已记入商业银行的负债，但实际上商业银行还未收到的那部分资金。通常在短时间内就可以收到，因此属于现金项目。

(4) 存放同业。银行相互之间存放资金，目的是用于相互间的结算、转账、代理服务等，成为银行的资金往来。

(二)贷款业务

贷款是商业银行传统的资产业务，也是商业银行重要的营利性资产，这在我国银行业务中表现得尤为突出。如何降低银行贷款的风险，提高贷款的收益，是商业银行业务经营的重点与核心。

按贷款期限划分，商业银行的贷款可以分为活期贷款和定期贷款两种。活期贷款指没有确立贷款期，银行可以随时收回或借款人可以随时偿还的贷款。定期贷款是指具有确定期限的贷款，银行在向客户提供资金时，事先确定一个期限，当贷款期满时，客户将贷款本息偿还给银行，而在到期之前，银行一般不得要求客户归还款项。

按贷款的偿还方式可以分为一次还清贷款和分期偿还贷款。一次还清贷款，要求借款人于贷款的最后到期日偿还其全部本金，但贷款利息可以分期偿还或于还本时一次付清。

按照贷款的保证程度可以分为抵押贷款、担保贷款和信用贷款。抵押贷款是借款人以特定的抵押品作为保证的贷款，如果借款人不履行债务，银行有权处理其抵押品。担保贷款是由借贷双方以外的有相应经济实力的第三方为担保人而发放的一种贷款。信用贷款是指完全根据借款人的信用，即借款人的品德和财务状况而发放的贷款。

按贷款的发放对象不同可以分为工商业贷款、不动产贷款、消费贷款、证券贷款、票据贴现。

(1) 工商业贷款是发放给工商企业的贷款，它一直是商业银行的主要贷款业务。

(2) 不动产贷款是对土地开发、住宅公寓、厂房建筑、大型设施购置等项目所提供的贷款。这类贷款收益高，但期限较长。不动产市场变化难以捉摸，存在着极大的风险。如果银行不动产贷款比例过大，则会导致银行业甚至整个金融业乃至经济的危机。因此，各国在不动产贷款方面也制定了一些具体规定，以限制银行对不动产信用的极度扩张。

(3) 消费贷款是向个人和家庭提供的，以满足他们消费支付能力不足而发放的贷款。消费贷款项目繁多，主要有住房贷款、汽车贷款、教育贷款、信用卡赊购等。

(4) 证券贷款，即商业银行对证券自营商、经纪人、投资银行、证券公司等发放的与证券业务有关的购买或周转贷款。专门从事证券交易的金融机构，在证券交易中往往出现资金短缺的现象，商业银行可满足他们的需求。由于证券交易贷款的风险很大，银行对这类贷款通常是以有价证券抵押的方式进行，并且都实施保证金比率控制，即发放贷款的额度要低于所抵押证券的市值，差额作为保证金。

(5) 票据贴现，持票人将未到期票据交银行请求贴现，银行按票面额扣除一定贴现利息以后，以现款付给客户，或转入其活期存款账户。这实际上是贷款的一种方式。银行买进票据，等于通过贴现间接地给票据的付款人发放了一笔贷款。贴现是工商企业流动性周转的重要途径，对于银行而言，也是一种风险较低的资产业务，因此在商业银行的资产业务中占有重要地位。贴现利息的计算公式如下：

$$贴现利息=票据票面金额\times年贴现率\times\frac{未到期天数}{360}$$

【专栏 6-6】不良贷款

不良贷款，或称不良资产，在商业银行的经营管理中一直是个重要问题。我国多年来一直使用“一逾两呆”的评价方法评价贷款质量，即逾期贷款、呆滞贷款和呆账贷款。逾期贷款是指逾期未还的贷款，只要超过 1 天即为逾期；呆滞贷款是指逾期 2 年或虽未满 2 年但经营停止、项目下马的贷款；呆账是指按财政部有关规定确已无法收回，需要冲销呆账准备金的贷款。

经过国际比较，我国决定吸取国际金融组织推荐的贷款分类办法，结合我国实际情况，制定了《贷款风险分类指导原则》。《贷款风险分类指导原则》规定，中国人民银行将正式采用贷款风险分类办法，按风险程度，将贷款划分为 5 类，即正常、关注、次级、可疑、损失。①正常。借款人能够履行合同，没有足够理由怀疑贷款本息不能按时足额偿还。②关注。尽管借款人目前有能力偿还贷款本息，但存在一些可能对偿还产生不利影响的因素。③次级。借款人的还款能力出现明显问题，完全依靠其正常营业收入无法足额偿还贷款本息，即使执行担保，也可能会造成一定损失。④可疑。借款人无法足额偿还贷款本息，即使执行担保，也肯定要造成较大损失。⑤损失。在采取所有可能的措施或一切必要的法律程序之后，本息仍然无法收回，或只能收回极少部分。后 3 类合称为不良贷款。

(资料来源：周升业. 金融理论与实务. 北京：中国财政经济出版社，2000)

(三)证券投资业务

证券投资业务是商业银行将资金用于购买有价证券的活动。主要是通过证券市场买卖股票、债券进行投资的一种方式。商业银行的证券投资业务有分散风险、保持流动性、合理避税、提高收益等意义。

商业银行投资业务的主要对象是各种证券，包括国库券、中长期国债、政府机构债券、地方政府债券和公司债券。在这些证券中，由于国库券风险小、流动性强而成为商业银行重要的投资工具。

证券投资业务与贷款业务的区别如下。

(1) 证券投资业务具有较强的流动性，可以随时出售证券变现，而用于贷款的资金，要求在贷款期满后才能收回。

(2) 证券价格受市场供求关系影响较大，银行很难控制，而贷款时银行有权决定贷款条件，如期限、利率、担保等。

(3) 投资存在很大的风险，银行为了保证证券投资的安全性，大多选择投资于政府债券或信誉良好的公司债券，而这些债券的利率一般比贷款利率要低，但是证券投资业务还有可能取得对企业的控股权，这是贷款业务所无法实现的。

由于许多国家的银行法都禁止商业银行投资于股票，因此，商业银行的证券投资对象主要是各类债券，也可称债券投资业务，其目的主要是获取收益、降低风险和补充流动性。

【专栏 6-7】我国首单商业银行不良资产证券化产品成功发行

新华网北京 2008 年 1 月 31 日电：中国建设银行 31 日公布，由该行作为发起人的“建元 2008-1 重整资产证券化”产品日前成功发行。这是中国商业银行首次运用资产证券化方式处置不良资产。

资产证券化是近 30 年来国际金融领域重大的金融创新之一，中国现有的资产证券化形式主要包括信贷资产证券化、房贷资产证券化和不良资产证券化。建设银行是首家获得中国国务院批准开展资产证券化试点项目的银行。

建行有关负责人介绍说，1 月 24 日，本项目开始簿记建档，各类投资机构对优先级产品进行了积极认购。该产品发行总规模为 27.65 亿元人民币，其中优先级资产支持证券 21.5 亿元，获得 AAA 评级，在银行间市场公开发行；次级资产支持证券 6.15 亿元，向中国信达资产管理公司定向发行。建设银行以其未偿本金余额为 95.5 亿元的公司类不良贷款为基础资产池发起设立特定目的信托，并以该信托财产所产生的现金流支付证券的本金和收益。基础资产池的借款人分布于北京、广东、江苏、浙江等建设银行 10 个一级分行所辖区，涉及制造业、零售与批发、房地产等 17 个行业。

(资料来源：新华网，http://www.xinhuanet.com/)

请通过网络查找资产证券化相关资料，然后讨论我国发展资产证券化有何意义，资产证券化有何风险。

四、商业银行的中间业务

商业银行的中间业务是银行无须运用自己的资金，而利用银行设置的机构网点、技术手段和信息网络，代理客户承办收付和委托事项，收取手续费的业务。在银行业激烈竞争、存贷利差不断缩小的今天，这些中间业务显得非常重要，成为商业银行利润的重要来源。

(一)结算业务

银行代客户办理资金的结算业务，银行通过收取手续费获利。一般而言，银行从接收款项到支付款项之间存在时间差，这对银行来说相当于一笔无息资金来源。日常结算的工具有汇票、支票和本票。在国际经济往来中，资金的流动一般都通过银行系统进行。尤其对国际贸易而言，商业信用远不如银行信用，因此贷款的支付通常都由银行结算。国际结算中常见的支付方式有汇款、托收和信用证。

(1) 汇款。汇款是最简便的支付方式，汇款人把款项交给本地银行，由本地银行向收款人所在地的指定银行划转资金，再由对方银行向收款人付款。具体包括电汇、信汇和票汇。

(2) 托收。卖方发货后，将运输单据交给本地银行申请托收；本地托收银行将单据发往付款方所在地的指定的代收银行；代收行提示买方付款并在收到款项后交单，付款人凭单提货。

(3) 信用证。信用证结算是相对较完善的一种国际结算方式。进口商凭贸易合同向本地银行申请开立信用证，审核之后，开证行开立信用证并把信用证发给出口商所在地的指定银行。对方银行通知出口商凭信用证出货。出口商凭发票、提单等信用证要求的所有单据交银行议付，银行审单无误后，一般预先议付给出口商，并寄单给开证行。开证行审单无误后，付款给对方银行，同时通知进口商付款赎单。

(二)代理类中间业务

代理类中间业务是指商业银行接受客户委托、代为办理客户指定的经济事务、提供金融服务并收取一定费用的业务，包括代收代付业务、代理证券业务、代理保险业务、代理政策性银行业务、代理中国人民银行业务、代理商业银行业务等。代收代付业务，是商业银行利用自身的结算便利，接受客户的委托代为办理指定款项的收付事宜的业务，例如代理各项公用事业收费、代理行政事业性收费和财政性收费、代发工资、代扣住房按揭消费贷款还款等。代理证券业务是指银行接受委托办理的代理发行、兑付、买卖各类有价证券的业务，还包括接受委托代办债券还本付息、代发股票红利、代理证券资金清算等业务。代理保险业务是指商业银行接受保险公司委托代其办理保险业务的业务，一般包括代售保单业务和代付保险金业务。

(三)信托业务

信托业务是指接受他人委托与信任，代为管理、营运、处理有关钱财的业务活动。商业银行办理信托业务具有得天独厚的条件，商业银行资金力量雄厚，信誉良好，拥有各种专门人才、丰富的经营经验和广泛的信息资源，还有遍布各地的分支机构和代理机构，通过这些机构可以广泛接触各种信托委托人，为社会不同阶层提供信托服务，开拓信托市场。银行信托业务的收益主要是相关的手续费，信托财产获得的收益则归委托人。同时办理信托业务又给银行带来资金。

(四)担保类中间业务

担保类中间业务是指商业银行为客户债务清偿能力提供担保，承担客户违约风险的业务。主要包括银行承兑汇票、备用信用证、各类保函等。

(五)承诺类中间业务

承诺类中间业务是指商业银行在未来某一日期按照事前约定的条件向客户提供约定信用的业务，主要指贷款承诺，包括可撤销承诺和不可撤销承诺两种。可撤销承诺附有客户在取得贷款前必须履行的特定条款，在银行承诺期内，客户如没有履行条款，则银行可撤销该项承诺。可撤销承诺包括透支额度等。不可撤销承诺是银行不经客户允许不得随意取消的贷款承诺，具有法律约束力，包括备用信用额度、回购协议、票据发行便利等。

(六)交易类中间业务

交易类中间业务是指商业银行为满足客户保值或自身风险管理等方面的需要，利用各种金融工具进行的资金交易活动，主要包括金融衍生业务，如外汇期权、外汇期货、外汇掉期、远期外汇买卖、货币互换等。

(七)咨询类中间业务

咨询顾问类业务是指商业银行依靠自身在信息、人才、信誉等方面的优势，收集和整理有关信息，并通过对这些信息以及银行和客户资金运动的记录和分析，并形成系统的资料和方案，提供给客户，以满足其业务经营管理或发展的需要的服务活动。例如，企业信息咨询业务、资产管理顾问业务、财务顾问业务、现金管理业务等。

(八)银行卡业务

银行卡是由经授权的金融机构(主要指商业银行)向社会发行的具有消费信用、转账结算、存取现金等全部或部分功能的信用支付工具。依据清偿方式，银行卡业务可分为贷记卡业务、准贷记卡业务和借记卡业务。

(九)其他类中间业务

其他类中间业务是指保管箱业务及其他不能归入以上 8 类的业务。

第三节　商业银行的经营管理

商业银行是经营货币资金的特殊企业，其资金主要来自负债，因此在经营管理上与一般工商企业有所区别。商业银行如何处理好盈利性、安全性和流动性三者之间的关系，是

银行经营管理的永恒主题。

一、商业银行的经营管理原则

(一)盈利性原则

盈利性是商业银行获取利润的能力。盈利直接关系到银行的生存和发展，也是银行从事各种活动的内在动力。充足的盈利可以扩充银行资本，扩大经营，增强银行信誉，提高银行的竞争实力。如果银行无法盈利，投资者将丧失信心，银行的信誉将下降，可能引发银行的信用危机，导致客户挤兑，危及银行的生存。银行的盈利是贷款利息收入、投资收入以及各种服务收入，扣除付给存款人的利息、银行自身的运营成本和费用所得的差额。

(二)安全性原则

安全性是指银行的资产、收入、信誉，以及所有经营生存发展条件免遭损失的可靠性程度。其相反的含义，称为风险性。银行的特点在于极其依赖于从外部借入资金经营，因此安全性对于银行非常重要。它既体现在全部资产负债的总体经营上，也体现在每项个别业务上。安全性不仅关系到银行的盈利，而且关系到银行的存亡。银行倒闭往往不是因为盈利不足，而是因为其安全性遭到破坏。银行经营中的风险很多，主要有信用风险、市场风险、购买力风险、管理风险、政策风险等。

(三)流动性原则

流动性是指商业银行资产在无损失情况下的变现能力，着重强调的是以现金资产来保证必要的支付能力。这要求银行不仅能够随时满足存款人提取存款的要求，还要能够随时满足合格客户贷款的要求。从现代银行的发展来看，无论是资产的流动性还是负债的流动性对于银行的经营都十分重要。如果银行不能及时地满足客户贷款的要求，银行就会在声誉上受到损失，丧失优良的客户，在竞争中处于不利地位。

(四)三原则的协调

三原则在经营中既存在着统一的一面，也有矛盾的一面。从短期看，银行的流动性越充足，银行应对意外冲击的能力就越强，银行越安全。但如果流动性过多，银行可用于创造效益的资产就会减少，从而影响银行的营利性。因此，这三个原则在短期内存在冲突。而从长期看，这三个原则是不矛盾的，银行的营利性原则是要保证长期的盈利而不是短期的盈利，这存在着一个综合盈利的问题。如果银行过度冒险经营，最终银行的总盈利仍然会小于稳健经营情况下的盈利。而银行的安全从根本上也是由银行的盈利所保证的，只有银行不断盈利，银行才会安全，才可能有充足的流动性。因此，银行经营的一个重要原则就是要在这三个原则之间正确处理短期和长期的关系，实现协调发展，最终实现银行的经营目标。

《中华人民共和国商业银行法》第 4 条规定，商业银行以效益性、安全性、流动性为经营原则，实行自主经营、自担风险、自负盈亏、自我约束。

二、商业银行的经营管理理论

商业银行应如何协调营利性、流动性和安全性三者关系，对此，商业银行在历史发展过程中依次经历了资产管理理论、负债管理理论、资产负债管理理论、资产负债外管理理论四个阶段。

(一)资产管理理论

商业银行的资产管理主要是指商业银行如何把筹集到的资产恰当地分配到现金资产、证券投资、贷款、固定资产等银行资产上。商业银行的资产管理理论以资产管理为核心。早在 17 和 18 世纪，资产管理就成为商业银行管理遵循的原则。随着经济、法律等外部环境的变化，资产管理理论依次经历了以下 3 种演变。

1. 贷款理论

商业贷款理论是早期的资产管理理论，源于亚当·斯密的《国富论》一书，也称真实票据理论或生产性贷款理论。其基本观点是：存款是银行贷款资金的主要来源，而银行存款的大多数是活期存款，这种存款随时可能被提取，为了保证资金的流动性，商业银行只能发放短期的与商业周转有关的、与生产物资储备相适应的有偿性贷款，而不能发放不动产等长期贷款。这类贷款用于生产和流通过程中的短期资金融通，一般以 3 个月为限，它以商业行为为基础，以商业票据为凭证，随着商品周转的完结而自动清偿，因此不会引起通货膨胀和信用膨胀。

这一理论在相当长的时期受到重视，对商业银行的经营管理起着支配和指导性作用。但是，由于这一理论形成于银行经营的初期，随着商品经济和现代银行业的发展，其局限性越来越明显，主要表现在三个方面：第一，不能满足经济发展对银行长期资金的需求，固守这种带有自偿特征的放款理论，在限制经济发展的同时也限制了银行自身的发展；第二，忽视了银行存款的相对稳定性，使长期负债没有得到充分利用；第三，忽视短期贷款的风险性，且该理论使银行的发展受制于经济周期，银行的经营同样存在风险。

2．资产转移理论

第一次世界大战后，金融市场进一步发展和完善，金融资产多样化，流动性增强，银行对流动性有了新的认识，资产转移理论应运而生。资产转移理论基本观点为：为了保持足够的流动性，商业银行最好将资金用于购买变现能力强的资产。这类资产一般满足三个条件：第一，信誉高，如国债或政府担保债券以及大公司发行的债券；第二，期限短，流通能力强；第三，易于出售。根据该理论，银行持有政府的公债，正是最容易出售转换为现金的盈利资产。正因为如此，这一理论在一段时期内成为商业银行信贷管理的指导思想，使得第二次世界大战后银行有价证券的持有量超过贷款，同时带动了证券业的发展。但该理论也有致命的弱点，主要表现在两个方面：第一，证券价格受市场波动的影响很大，当银根紧缩时，资金短缺，证券市场供大于求，银行难以在不受损失的情况下顺利出售证券；第二，当经济危机发生使证券价格下跌时，银行大量抛售证券，却很少有人购买甚至无人购买，这与银行投资证券以保持资产流动性的初衷相矛盾。

3．预期收入理论

预期收入理论是一种关于商业银行资产投向选择的理论。第二次世界大战后美国经济高速发展，企业设备和生产资料亟须更新改造，中期贷款的需求迅猛增加，贷款投向由商业转向工业，预期收入理论随之产生。其基本思想是：银行的流动性应着眼于贷款的按期偿还或资产的顺利变现，而无论是短期商业贷款还是可转让资产，其偿还或变现能力都以未来收入为基础。如果某项贷款的未来收入有保证，即使期限长，也可以保证其流动性；反之，即使期限短，也可能出现到期无法偿还的情况。

预期收入理论为银行进一步扩大业务经营范围和丰富资产结构提供了理论依据，也是商业银行业务综合化的理论依据。但这一理论也有其局限性，主要表现在：①把预期收入作为资产经营的标准，而预期收入状况由银行自己预测，不可能完全精确；②在贷款期限较长的情况下，不确定性因素增加，债务人的经营情况可能发生变化，到时并不一定具有偿还能力。

以上三种理论各有侧重，但都是为了保持资产的流动性。商业贷款理论强调贷款的用途；资产转移理论强调资产的期限和变现性；预期收入理论强调银行资产投向的选择。它们之间存在着互补的关系，每一种理论的产生都为银行资产管理提供一种新思想，促进了银行资产管理理论的不断完善和发展。

(二)负债管理理论

负债管理理论产生于20世纪50年代末期，盛行于60年代。当时，世界经济处于繁荣时期，生产流通不断扩大，对银行的贷款需求也不断增加。在追求利润最大化的目标下，银行希望通过多种渠道吸收资金、扩大规模。与此同时，欧洲货币市场的兴起，通信手段的现代化，存款保险制度的建立，大大方便了资金的融通，刺激了银行负债经营的发展，也为负债管理理论的产生创造了条件。

负债管理理论是以负债为经营重点，即以借入资金的方式来保证流动性，以积极创造负债的方式来调整负债结构，从而增加资产和收益。这一理论认为，商业银行在保持流动性方面，没有必要完全依赖建立分层次的流动性储备资产，一旦需要资金周转，可以向外举借，只要市场上能借到资金，就可以大胆放款以争取高盈利。由于这一理论弥补了资产管理理论只能在既定负债规模内经营资产业务，难以满足经济迅速发展对资金需求扩大的局限性，因而负债管理理论在 20 世纪 60 年代至 70 年代初期很快风靡西方各国。除传统存款业务以外，商业银行可以以发行大额可转让定期存单的方式来弥补活期存款和定期存款的局限性，从而保持资金的流动性；同时还可积极向中央银行办理再贴现借款，发展同业拆借，利用各种金融债券向公众借款；再者，还可以通过其代理银行或代理人向国外银行或国际金融市场借款。

(三)资产负债管理理论

20 世纪 70 年代末 80 年代初，金融管制逐渐放松，银行的业务范围越来越大，同业竞争加剧，使银行在安排资金结构和保证获取盈利方面困难增加，客观上要求商业银行进行资产负债综合管理，由此产生了均衡管理的资产负债管理理论。

资产负债管理理论认为，在商业银行经营管理中，不能偏重资产和负债的某一方，高效的银行应该是资产和负债管理双方并重。这一理论的基本要求是，通过资产、负债结构的共同调整，协调资产、负债项目在利率、期限、风险和流动性方面的合理搭配，以实现安全性、流动性、营利性的最佳组合。

不论是资产管理理论还是负债管理理论，在保证安全性、流动性和营利性的均衡方面，都存在一些不足。资产理论过于偏重安全与流动，不利于鼓励银行家的进取精神，在盈利方面没有突破性进展。负债管理理论能够比较好地解决流动性和营利性的矛盾，能够鼓励银行家不断开拓与创新，但往往给经营带来很大风险，使流动性、安全性与营利性之间不可能很好地协调。而资产负债管理理论则能从资产与负债之间相互联系、相互制约的角度，把资产负债作为一个整体的、科学的管理体系来研究，所以这一理论是目前现代商业银行最为流行的经营管理理论。

(四)资产负债外管理理论

资产负债外管理理论又称表外管理理论，是 20 世纪 80 年代末期，随着金融自由化浪

潮的掀起而出现的一种新理论。这种理论提倡从正统的银行负债和资产业务以外的范围去寻找新的经营领域，去开辟新的盈利源泉。如以信息处理为核心的服务，将成为银行在资产负债以外发展业务的广阔领域。该理论认为，存贷业务只是银行经营的一条主轴，而在其周围可以发展出多样化的金融服务。此外，还提倡将资产负债表内的业务转化为表外业务，如将贷款转售给第三者，将存款转售给急需资金的单位等，从而使表内业务经营规模缩减或维持现状，维护银行收益的持久、稳定。资产负债外管理理论目前尚不完善，有待实践检验。

第四节　商业银行的信用创造

商业银行最重要的特征是，商业银行能以派生存款的形式创造和收缩货币，从而极大地影响货币供应量。因为商业银行是唯一可以经营活期存款的金融中介机构，而活期存款是货币的组成部分。商业银行通过其经营活期存款的机制，创造出活期存款，从而创造了货币，这个特征也是商业银行与其他金融机构的最重要区别。因此，商业银行成为各国中央银行监管的重要对象。

一、商业银行信用创造的含义

商业银行信用创造是指商业银行通过贷款、投资等业务创造存款货币，增加货币供应量。由于存款货币是信用货币的主要形式，因此，创造存款货币，也就是创造信用货币，简称创造信用或信用创造。

原始存款是指银行吸收的现金存款或中央银行对商业银行贷款所形成的存款。它包括商业银行吸收到的所增加其准备金的存款。商业银行的准备金以两种具体形式存在：第一，商业银行持有的应付日常业务需要的库存现金；第二，商业银行在中央银行的存款。这笔以准备金形式持有的资产可分为两部分：第一，商业银行遵照法律规定不能用于放款盈利的数额；第二，由于经营上的原因尚未用去的部分。前一部分属法定准备金，后一部分属超额准备金。

派生存款是相对于原始存款而言的，是指由商业银行以原始存款为基础发放贷款而引申出来超过最初部分存款的存款。派生存款并非可以凭空创造，必须具有派生的基础，即有一定量的原始存款给予保证。在一定时期内，如果存款派生的系数相对稳定，银行可作为派生基础的原始存款数量越大，创造派生存款的能力亦越大；反之，可作为派生基础的原始存款数量越小，创造派生存款的能力也就越小。

商业银行信用创造是商业银行体系共同活动的结果。派生存款是在商业银行体系内直接形成的，是由若干家商业银行共同活动完成的，它不可能由一家商业银行来实现。

二、商业银行信用创造的前提条件

现代银行采用部分准备金制度和非现金结算制度构成商业银行创造信用的基础，也是商业银行存款创造的前提条件。

(一)部分准备金制度

部分准备金制度又称存款法定准备金制度，国家以法律形式规定存款机构的存款必须按一定比例，以现金和在中央银行存款形式留有准备的制度。对于吸收进来的存款，银行必须按一定比例提留存款准备金，其余部分可以用于放款。若是在100%的全额准备金制度下，则根本排斥银行用所吸收的存款去发放贷款的可能性，银行就没有创造存款的可能。部分准备金制度的建立是银行信用创造能力的基础。对一定数量的存款来说，准备金比例越大，银行可用于贷款的资金就越少；准备比例越小，银行可用于贷款的资金就越多。所以，部分准备金制度，是银行创造信用的基本前提条件。

(二)转账结算制度

转账结算制度又称非现金结算制度，是指人们能通过开出支票进行货币支付，银行之间的往来进行转账结算而无须现金的制度。如果不存在非现金结算，银行不能用转账方式去发放贷款，一切贷款都必须付现，则无从派生存款，银行没有创造信用的可能。非现金结算制度也是商业银行创造信用的前提条件。

三、商业银行信用创造的过程

商业银行信用创造是在商业银行体系内部由若干家银行共同完成的。为了便于理解其信用创造过程，我们首先做如下假设：①银行体系由央行和多家商行组成；②活期存款的法定存款准备金率为 20%；③准备金由商业银行库存现金和在中央银行存款组成；④公众不保留现金，并将一切货币收入都存入银行体系；⑤商业银行都只保留法定准备金而不持有超额准备，其余均用于贷款或投资。

现在假设某人 A 将 10 000 元现金，以活期存款的形式存进甲银行。由于法定准备金率为 20%，甲银行需要提取 2000 元为法定存款准备金，其余 8000 元贷给 B 客户。甲银行经过接受存款和发放贷款这两次交易以后，其资产负债表如表 6.2 所示。

表6.2 甲银行资产负债表　　单位：元

资产		负债	
准备金	2000	客户A活期存款	10 000
客户B贷款	8000		
总计	10 000	总计	10 000

假设客户B将从甲银行取得的8000元贷款全部用来向C购买商品，C将8000元货款存入乙银行。乙银行在接受客户C的8000元活期存款后，提取20%的存款准备金1600元，将剩余的6400元贷给客户D。乙银行经过这两次交易后的资产负债表如表6.3所示。

表6.3 乙银行资产负债表　　单位：元

资产		负债	
准备金	1600	客户C活期存款	8000
客户D贷款	6400		
总计	8000	总计	8000

假设乙银行将6400元贷给客户D后，D将其用来全部购买E的商品，E将6400元货款存入丙银行。丙银行提取20%存款准备金1280元，将剩余5120元贷给客户F。丙银行资产负债表如表6.4所示。

表6.4 丙银行资产负债表　　单位：元

资产		负债	
准备金	1280	客户E活期存款	6400
客户F贷款	5120		
总计	6400	总计	6400

假设客户F又将贷款全部用于购买客户G的商品，客户G将货款存入丁银行，丁银行提取准备金后将剩余款项贷给客户 H……这个过程不断地进行下去，直到整个银行系统再都没有钱可以用于贷款。这个过程中，每一个银行都在创造存款。表6.5更清楚地反映了这一过程。

表6.5 商业银行存款货币创造过程　　单位：元

银行	活期存款	存款准备金	贷款
甲	10 000	2000	8000
乙	8000	1600	6400

续表

银　行	活期存款	存款准备金	贷　款
丙	6400	1280	5120
丁	5120	1024	4096
…	…	…	…
…	…	…	…
总计	50 000	10 000	40 000

从表6.5中可以看出，若活期存款(原始存款)增加10 000元，在法定存款准备金率为20%的情况下，经过商业银行系统信用扩张之后，活期存款总额增加到50 000元，其中有40 000元是由贷款转化而来的派生存款。

它们之间的数量关系可以表示为

$$D=\frac{1}{r}\times D_0$$

$$\Delta D=D-D_0$$

$$K=\frac{D}{D_0}=\frac{1}{r}$$

式中：D——经过派生过程可能形成的最大存款金额；

ΔD——派生存款额；

D_0——原始存款额；

r——法定存款准备金比率；

K——存款货币乘数。

以上公式表明，商业银行信用创造、派生存款是在原始存款的基础上完成的。商业银行信用创造能力的大小，派生存款数量的多少，不仅受到原始存款数量的制约，还直接受到法定存款准备金率的影响。存款货币乘数与法定存款准备金率互为倒数。当原始存款全部转化为法定存款准备金时，商业银行派生存款数量最大，信用创造达到极限。

如前所述，商业银行信用创造包括存款扩张和存款收缩两个方面。当原始存款增加时，引起存款扩张；相反，当原始存款减少时，引起存款收缩。这一过程正好与存款扩张的过程相反，但原理相同。例如，客户从银行提取现金，银行在无超额准备金的情况下，就会引起银行原始存款的减少。银行就要相应地收回贷款，引起存款收缩。假设法定存款准备金率为20%，若原始存款减少10 000元，贷款将减少40 000元，派生存款减少40 000元，存款总额将减少50 000元。

四、存款货币创造的限制因素

整个商业银行体系所能创造的存款货币并不是无限的，而是有限的。这个限度主要取决于两个因素：其一是客观经济过程对货币的需求，它要求银行体系必须适度地创造货币；其二是商业银行在存款创造的过程中，不仅要受法定存款准备金率高低的制约，而且还要受诸如超额准备金率、现金漏损率等因素的影响。下面我们继续考察和理解各种因素对存款创造倍数的限制。

(一)法定存款准备金率(r)

各家商业银行均须按一定比率将其存款的一部分转存于中央银行，目的就在于限制商业银行创造存款的能力。例如在法定准备金率为 20%的条件下，商业银行如果拥有 100 万元的活期存款，则必须至少保持 20 万元的法定准备金，其他部分才可能用于放款。存款准备金率越高，商业银行创造存款的倍数越小；存款准备金率越低，商业银行创造存款的倍数越大。

如果排除其他影响存款创造倍数的因素，设 K 为银行体系创造存款的扩张乘数，则：

$$K = \frac{1}{r}$$

可见，整个商业银行创造存款货币的数量会受法定存款准备金率的限制，其倍数同存款准备金率呈现一种倒数关系。

(二)现金漏损率(c)

现金漏损是指银行在扩张信用及创造派生存款的过程中，难免有部分现金会流出银行体系，保留在人们的手中而不再流回。由于现金外流，银行可用于放款部分的资金减少，因而削弱了银行体系创造存款货币的能力。由于社会经济中现金的数量同活期存款的数量之间在一定时期大致存在某种比率关系，故我们可用这种比率来表示现金在存款派生过程中的漏损率。这种现金漏损对于银行扩张信用的限制与法定存款准备金率具有同等的影响，因而当把现金漏损问题考虑进去后，银行体系创造存款的扩张乘数公式应修正为

$$K = \frac{1}{r + c}$$

(三)超额准备金率(e)

银行在实际经营中所提留的准备金绝不能恰好等于法定准备金，为了应付存款的变现和机动放款的需要，事实上银行实际具有的准备金总是大于法定准备金，这种差额称为超

额准备金。从实证分析我们发现，银行的超额准备金同活期存款在数量之间也保持着某种有规律的关系，对其可用超额准备金率来表示。

在银行体系中，超额准备金率的变化对于信用的伸缩影响，同法定准备金率及现金漏损率有同等作用。如果超额准备金率大，则银行信用扩张的能力缩小；如超额准备金率低，则银行信用扩张倍数提高。因此，当我们再把超额准备金的因素考虑进去，银行体系创造存款的扩张乘数公式应修正为

$$K=\frac{1}{r+c+e}$$

(四)活期存款转化为定期存款的比率(t)

由于企业等经济行为主体既会持有活期存款，也会持有定期存款。当企业的活期存款被转入定期存款时，这种变动会对活期存款乘数 K 产生影响，因为银行对定期存款也要按一定的法定准备金率提留准备金(定期存款的法定准备金率 r_{t} 较活期存款的法定准备金率 r_{d} 低)。这时，银行体系创造存款的扩张乘数公式应修正为

$$K=\frac{1}{r_{\mathrm{d}}+c+e+t\cdot r_{\mathrm{t}}}$$

第五节　电 子 银 行

电子银行是银行业务在服务上的创新与延伸，它利用先进的信息技术手段，通过网络、电话、手机、自助终端等渠道开展金融服务。它可以在任何时间、任何地点，以多渠道整合的方式提供一致性体验，具有互动性强、定制化、自助服务等特点，在改善客户关系、增强产品创新能力、降低运行成本等方面具有不可忽视的作用，并极大地推动了银行业的创新和革命。

一、电子银行的定义

2001 年 5 月，巴塞尔银行监管委员会发布的《电子银行的风险管理原则》将电子银行定义为：“持续的技术革新和现有的银行机构与新进入市场的机构之间的竞争，使得从事零售和批发业务的客户可以通过电子销售渠道来获得更为广泛的银行产品和服务，这统称为电子银行业务。”国际清算银行认为，电子银行业务泛指利用电子化网络通信技术从事与银行业相关的活动，提供产品和服务的方式包括：商业 POS、ATM、智能卡、EMV 等设施。

世界范围内电子银行的发展主要经历了三个阶段：第一阶段是计算机辅助银行管理阶

段，这个阶段始于 20 世纪 50 年代，直到 80 年代中后期；第二阶段是银行电子化或金融信息化阶段，这个阶段是从 80 年代后期至 90 年代中期；第三阶段是网络银行阶段，时间是从 90 年代中期至今。

电子银行业务在国内商业银行中又细分为“网上银行”“电话银行”“手机银行”等业务，均指银行利用不同的服务渠道，如互联网、电话、手机等，通过银行内部网络和通信向客户提供的金融服务。它的核心是将银行的服务遍及到客户的每一个角落，为客户提供 3A 级服务，使客户无论何时(Anytime)、何地(Anywhere)、以何种方式(Anyway)都可以享受到银行现代金融服务。

二、电子银行的分类

电子银行分为广义的电子银行和狭义的电子银行两大类。狭义的电子银行包括网上银行、电话银行、手机银行等产品；广义的电子银行不仅包括上述产品，还包括 POS、ATM、家庭银行、TV 银行、自助终端、自助银行、电子票据、代收代付等所有离柜业务。

(一)网上银行

网上银行又称网络银行或虚拟银行，它是以 Internet 技术为基础，通过互联网这一公共资源实现银行与客户之间的连接，以此提供各种金融服务，实现各种金融交易。通俗地说，网上银行就是在互联网上建立的一个虚拟的银行柜台，为客户开展各项金融服务。客户只需要坐在家中或办公室里轻点鼠标，就可以享受以往必须到银行网点才能得到的金融服务。目前，中国人民银行对网上银行业务的开展几乎没有限制，从我国各商业银行开展的网上银行业务情况来看，网上银行几乎提供了所有传统柜面业务的服务，甚至涉及银行柜面没有的更多服务。其主要功能有账户查询、对外支付、账户转账、外汇买卖、国债买卖、基金买卖等几乎所有银行柜面服务，还能提供集团理财、自动收款、现金管理等柜面没有的银行服务，如企业网上银行提供的现金管理业务，可每日实时归集企业在全国各分支机构的账户余额到总部账户，以减少资金沉淀，增加财务控制能力，降低财务风险，大大提高企业的财务管理水平。

(二)电话银行

电话银行，一般又称 Call Center，是使用计算机电话集成技术，采用电话自动语音和人工座席服务方式为客户提供金融理财服务的一种银行业务系统，它是现代通信技术与银行金融理财服务的完美结合。电话银行的特点有使用简单，操作便利；覆盖广泛，灵活方便；手续简便，功能强大；成本低廉，安全可靠；服务号码统一。我国商业银行的电话银行分个人电话银行业务和企业电话银行业务两种，个人电话银行业务基本包括账户查询、对外转账、外汇买卖、基金买卖、银证转账等服务；企业电话银行一般只有查询业务。

(三)手机银行

手机银行又称"移动银行"，是货币电子化与移动通信业务的结合，它以无线通信技术为手段，在人们应用无线通信手段进行信息交流的基础上，将银行业务应用到手机的功能当中，特别是短信息、WAP 等方式，使移动通信真正成为人们身边的银行，随时、随地办理银行业务。

(四)自助银行

自助银行包括 ATM、POS 和其他自助银行综合网点。

ATM 分在行式和离行式两种模式，银行客户使用持有的银行卡，可以通过 ATM 进行取款、余额查询、转账交易等银行业务。

POS 是指银行客户在特约商户消费时，可以使用持有的银行卡，通过银行安装在商场的 POS 进行转账支付。

自助银行综合网点一般包括 ATM、CDM、自助终端等。客户可以办理自助存取款、账务查询、综合信息查询、缴纳公用事业费、转账、补登存折等业务。

三、电子银行的特点及优势

(一)电子银行的特点

电子银行是社会信息化高度发展的产物，它的产品和服务有以下几个特点。

(1) 客户自助服务。这是电子银行有别于传统商业银行最显著的特点。通过各种电子渠道，客户可以自行操作完成各类交易和银行服务，从而可以有效缓解柜台的压力，降低成本。

(2) 提供多方位、全天候服务。电子银行提供超越时空的 AAA 式服务(Anytime，Anywhere，Anyhow)，客户可以通过电话、互联网、手机等多种途径得到一年 365 天，每天 24 小时的全天候金融服务，而且使用方便、快捷。

(3) 业务多样，综合性强。电子银行业务覆盖了个人、企业金融服务的多个方面，它利用一体化的电子网络平台将各种业务进行重新组合，不仅简化了银行业务流程，还可以扩大销售范围，改进目标市场产品，进行电子银行产品的创新。它还可以提供很多柜台上无法办理的人性化服务，这对于吸引和留住那些要求越来越高的优质客户无疑起到决定性作用。

(4) 科技含量高。电子银行是当今世界计算机、通信等高科技在金融领域的综合应用，技术是否先进，交易平台的设计是否科学合理，都将直接影响到电子银行业务的发展以及运营成本的高低。随着科技的发展，电子银行系统更趋于电子化、科学化、网络化。

(5) 边际成本低。电子银行成本较高，但是建成后客户的增长与提供的服务成本之间没有明显的递增关系。所以，电子银行提供的功能越多，客户使用次数越多，单笔服务的成本也就越低。

(二)电子银行的优点

电子银行和传统银行相比较，主要有以下几个方面的优点。

(1) 有利于分流银行柜面压力，降低经营管理成本。

银行的服务网点和柜面窗口需要大量的人力、物力，成本较高，开展电子银行业务，可以将常用的服务和交易交由客户自助完成，不仅可以大大减轻柜面压力，还能提高银行网点的服务质量和客户满意度。从经济效益上来讲，一般传统银行的经营成本占经营收入的60%，而电子银行的经营成本仅占经营收入的15%～20%。

(2) 有利于调整银行人员结构。

未来银行发展的方向是由交易型银行向服务营销型银行转变，而这样的转变离不开电子银行的大力发展。电子银行将大量简单、重复的银行业务从柜台分离，进而将更多的柜台人员充实到客户经理队伍中去，提供银行产品的咨询、理财等营销服务，提高对优质客户的服务质量，营销和开拓新市场。

(3) 有利于实现网点的延伸。

电子银行客户端的电话、电脑、手机等从某种意义上来说就是银行网点。通过电子银行，可以将银行网点延伸到客户的家庭、办公室，甚至全球各地，起到不增加物理网点而拓展银行业务的效应。

(4) 有利于提供延时服务。

电子银行由客户自助办理业务，不受银行营业网点作业时间限制，可提供24小时×365天的全天候服务。

(5) 有利于实现差异化服务。

电子银行可针对不同的客户需求、客户级别和客户喜好，提供有差异的服务。

(6) 有利于降低经营成本。

电子银行可大大降低银行经营成本。网上银行、电话银行规模发展后，其经营成本约为柜面网点成本的百分之几，实现成本收入比的降低。

【专栏 6-8】花旗银行发展电子银行业务概况

在电子银行业务领域，花旗银行(CitiBank)起步较早。自 1995 年，花旗银行开始发展网上银行，是第一家在亚太地区推出网上银行服务的银行。同时，花旗银行在电子渠道十分注重运用花旗自身的品牌优势，投入巨资，构建全新的全球性电子银行平台。不断培育引导客户，帮助客户克服电子银行交易安全性的畏惧心理，并积极推行价格优惠奖励方案吸引传统客户使用电子银行。这一系列措施，切实有效地促进了花旗银行电子银行业务的发展。近年来，花旗银行提供的网上银行服务多次获得业界评选的最佳网上银行荣誉。目前花旗银行企业客户 95%的业务都是通过电子银行平台所完成的。

在电子银行业务的组织管理方面，花旗银行于 1999 年在其全球公司与投资银行部线下成立了电子银行业务部门 Citi F/I。花旗银行的电子银行产品品牌细分为：企业网上银行 Citidirect，个人网上银行服务 Citibank Online 及面向高端客户的 Citigold Online。

花旗银行在电子银行领域的发展不仅表现为业务规模的扩展，而且表现出超强的产品创新能力。面对电子银行领域日益激烈的市场竞争和产品同质化趋势，花旗银行在电子银行产品设计中有效强调和实践“以客户为中心”的原则，在全球的 9 个城市建立了 26 个客户实验室，研究客户行为，提升客户体验。并且，花旗银行针对不同的客户群提供了不同的电子银行品牌和产品包，从功能到界面摆放均支持个性化定制，最大限度地为客户提供差异化的服务。花旗银行认为“电子渠道在提供差异化解决方案方面具有独特优势”。

例如，花旗银行在为企业客户提供 Payment Flow Manager 这一支付管理产品后，根据客户需要随时掌握支付过程信息的需求，很快发掘了 Payment Investigation Manager 这一支付信息管理产品。客户在使用花旗银行的支付产品后，即可非常方便地通过网上银行查询支付相关信息，不仅满足了客户了解付款进度、顺序的需求，而且通过与已有支付产品的组合，提升了风险防范水平。

总之，花旗银行在电子银行方面的业务策略可概括为“连接、转换、扩展”。“连接”策略是指通过电子银行为客户提供更多的渠道以接触到花旗银行，网上银行是连接银行与客户的核心服务。“转换”策略则是指通过电子银行建设，实现内部工作流程自动化、现金管理区域化等转变，将工作效率的提升和成本的下降转化成花旗的核心竞争力。“扩展”策略则是指要广泛推广电子银行，将所有客户都转移到电子渠道，将更多产品和功能通过电子渠道传递给客户。

(资料来源：张伟芹. 金融基础. 北京：中国人民大学出版社，2009：151～152)

四、电子银行在我国的发展

短短几年的时间，我国的电子银行业务已经迅速发展起来，不仅形成了以电话银行、手机银行、网上银行和自助银行为主的立体电子银行体系，并且也得到了国际金融界的认可。英国《银行家》杂志将中国工商银行网站评为 2002 年“全球最佳银行网站”；美国《环球金融》杂志在首次全球最佳电子银行评选中，将中国工商银行评为“中国最佳企业网上银行”，2003 年又授予中国工商银行 2003 年度“中国最佳个人网上银行”的殊荣。2005 年 10 月，招商银行被《科学与财富》(VALUE)杂志评为“优秀基金网上代销银行”和“优秀基金电子交易结算渠道”。

(一)国内网上银行发展现状

1．国内网上银行的总体发展现状

自 1997 年以来，国内各大商业银行纷纷开办网上银行业务。中国银行业协会 2009 年年初发布的《2008 年度银行业改进服务情况报告》中显示，截至 2008 年年末，全国银行业金融机构网上银行个人客户达到 14 814.63 万户，较年初增加 5119.74 万户，增速达到 52.81%；网上银行企业客户达到 414.36 万户，较年初增加 223.63 万户，增长 117.25%。电子银行 2008 年度交易金额为 301.80 万亿元。从数据显示的高增长率可见，同传统营业网点相比，网络银行的发展可谓一日千里。

2．国内各大银行网上银行业务开展现状

中国工商银行于 2000 年推出网上银行业务，清楚地将网上银行、电话银行、手机银行统一归为电子银行；树立了以“金融 e 通道”为主品牌，以“金融@家”“工行财 e 通”“95588”为子品牌的电子银行品牌体系；形成集资金管理、收费缴费、金融理财、电子商务和营销服务功能于一体的综合金融服务平台。其个人网上银行品牌“金融@家”拥有 12 大类、60 多项功能；企业网上银行品牌“工行财 e 通”能为企业和同业机构提供 6 大类、36 种自助金融服务。2005 年中国工商银行通过电子银行渠道完成的交易为 36.5 亿笔，占同期全行业务量的 26%。中国工商银行的网上银行在国内外多次获得殊荣：连续 3 年赢得美国《环球金融》杂志评选的“中国最佳个人网上银行”称号，在 2005 年 12 月中国互联网产业品牌 50 强的评选活动中，获得网上银行类第一名。

招商银行于 1997 年 4 月推出银行网站，在我国第一家推出网上银行业务，目前已形成了以网上企业银行、网上个人银行、网点支付、网上商城、网上业务五大子系统为主的网上银行服务体系。早在 2000 年年底，招商银行的企业网上银行用户数就超过 18 000 户，网上交易金额突破 5000 亿元；个人网上银行用户数超过 6 万户，其中 80%～90%的客户实现

了真正意义上的在线支付。目前，招商银行的个人网上银行约占行业10%的市场份额。

中国银行网上银行业务于1997年7月启动，目前主要提供“企业在线理财”“支付网上行”和“银证快车”三大系列服务。它的个人网上银行推出了特色业务“外汇宝”、开放式基金等多种自助投资服务；企业网上银行中的特色服务“报关即时通”和“期货e支付”可以使用户轻松实现网上支付通关税费、异地报关以及期货保证金出入金支付等。

中国建设银行2004年4月推出网上银行系统3.0版，统一了电子银行品牌“e路通”，先后推出全国龙卡支付、柜台签约、查得快、网上双币种贷记卡业务等，并逐步向着“客户足不出户，全面提供银行业务”的目标迈进。

中国农业银行在2000年建成网上银行中心，2005年3月成立了专门的电子银行部，网上银行服务新增了贷记卡业务、智能安装包、漫游汇款、企业及个人跨中心实时到账、批量复核等功能。

上海浦东发展银行是开展网上银行业务的后起之秀，“轻松理财”“电子客票”“网上二手房”等服务独具特色。“轻松理财”系列产品集网上银行、电话银行、手机银行等强大功能于一身，从支付、投资、理财、融资、资讯等方面为客户搭建了一个轻松高效的理财平台。2006年4月推出的“浦发创富——网上银行”公司网银离岸查询服务可以使企业客户及时掌握离岸业务信息，在瞬息万变的离岸业务市场中从容应对。

表6.6列出了国内网上银行业务的主要内容。

表6.6　国内网上银行业务介绍

序　号	业务种类	业务描述
1	基本银行业务	在线查询账户余额、交易记录，下载数据，转账等
2	投资	股票、基金、黄金、期权等多种金融产品投资服务
3	电子商务	提供银行卡或个人结算户的在线支付
4	个人理财助理	通过网络为客户提供理财的各种解决方案，提供咨询建议，或者提供金融服务技术的援助
5	企业银行	企业账户余额查询、交易记录查询、总账户与分账户管理、转账、在线支付各种费用、透支保护、储蓄账户与支票账户资金自动划拨、商业信用卡等服务。此外，还包括投资服务等。部分网上银行还为企业提供网上贷款业务
6	其他金融服务	除了银行服务外，大商业银行的网上银行均通过自身或与其他金融服务网站联合的方式，为客户提供多种金融服务产品，如保险、抵押、按揭等，以扩大网上银行的服务范围

(二)国内电话银行发展现状

电话银行早在 1992 年就在我国出现了，但直到 1999 年国内建立第一批银行客户服务中心，电话银行才进入快速发展时期。此后，银行业的客户服务中心又提出了统一号码、统一监控、统一路由、统一分配、集中管理的战略思路，各商业银行陆续进行了数据大集中，把电话银行业务集中到总行统一管理，实现了业务处理模式的标准化和管理的集约化。

现在，我国电话银行的产品种类进一步丰富，功能进一步完善，不仅能提供账户查询、转账、代理缴费、银证转账、外汇买卖等业务，各银行还推出了自己的特色服务。例如，2004 年中国工商银行实现了电话银行国内异地以及香港与内地的漫游功能，2005 年 8 月招商银行推出以英语作为操作平台语言的英语版电话银行，为外国商务人士提供更为便捷的服务。

此外，电话银行的产品线也进一步拓展，一系列更适合电话银行特点的新产品相继产生。例如，中国银行的“黄金宝”业务和中国工商银行的买卖纸黄金业务都可以通过电话银行进行；中国工商银行和中国建设银行推出了基于电话银行平台的电话彩票投注业务；中国工商银行和招商银行的电话银行还能为电子商务提供 B2C 在线支付功能，客户在网上订购产品后，可以通过电话银行进行转账支付。

(三)国内手机银行发展现状

截至 2008 年 12 月底，我国移动电话用户达到了 6.41 亿户。由于手机具有便捷及时的特性，客户可以得到随时随地的服务，这样一种大众化的便捷通信工具理所当然地会成为支付工具。

我国的手机银行业务始于 1999 年。2000 年，中国移动联合多家商业银行推出了手机银行业务，提供账户查询、转账、缴费、证券信息等服务。2004 年开始，各大银行纷纷推出的新一代手机银行业务可以进行现金存取以外的大部分银行业务。例如，中国建设银行 2005 年年初推出的手机银行服务采用 BREW 传输技术，实现了全国开通，全网漫游，使用 CDMA 手机的建行用户可以直接用手机缴纳水、电、气、电话、交通等各项费用。

国内的手机银行业务大多是以 SMS 制式来服务，即银行短信服务。2005 年年初，交通银行推出了 WAP 通信方式的手机银行服务，可以说是国内第一家“真正”的手机银行。它的业务包括个人理财、外汇宝、基金业务、公共服务、卡号管理五大类，客户可以通过无线上网或短信方式实现账户查询、账户转账、外汇买卖、基金代销等在线金融交易。

(四)国内自助银行发展现状

2003 年银联的成立实现了在 ATM 上跨行交易，大大加快了它的推广应用。现在的

ATM 自助终端除了能提供修改密码、查询余额、取现等传统功能外，还可提供存款、转账、缴费和其他高级功能。

近年来，各银行业金融机构普遍加快营业网点布局调整和功能转型，加大自助银行、ATM、POS 等自助设备投放，推动柜面业务向自助设备转移。据不完全统计，2008 年年末，全国银行业金融机构自助银行总量达到 35 873 个，增长 53.12%；自助设备总数达到 223 434 台，较年初增加 63 163 台，增长 39.41%，交易笔数达到 1 034 496 万笔，交易金额达到 84.51 万亿元。

随着无线技术和网络技术的发展，目前我国还出现了无线 ATM、无线 POS、智能刷卡电话等新型的支付终端。无线 POS 可应用于星级宾馆、餐饮娱乐、超市百货、票务配送、交通运输等服务。例如，航空票务及商品配送行业，可携带 GPRS 移动 POS 上门刷卡，一手刷卡一手交货，既方便了客户，又保证了货款的安全。2006 年 4 月面世的智能刷卡电话是一种集成了刷卡支付功能的新型电话终端，它的出现和普及将给传统支付方式带来一场新的变革。

【专栏 6-9】招商银行的网上银行业务

招商银行成立于 1987 年 4 月 8 日，总行设在深圳。经过 20 多年的发展，招商银行已从当初偏居深圳蛇口一隅的区域性小银行，发展成为一家具有一定规模与实力的全国性商业银行，初步形成了立足深圳、辐射全国、面向海外的机构体系和业务网络。招商银行目前在中国境内的 45 个城市设有 40 家分行及 534 家支行，1 个分行级专营机构(信用卡中心)，1 个代表处；在香港设有 1 家分行，在美国设有 1 家代表处，并获得美国联邦储备委员会批准在纽约设立 1 家分行。

招商银行在 1992 年引入 IBM AS/400 主机后，电子化建设进入了新的发展时期，先后成功策划开发了银行储蓄、会计、信贷、国际业务、信用卡、ATM、SWIFT、办公自动化、IC 卡变码印鉴、IC 卡 POS、电话银行、客户终端、触摸屏自助银行、互联网银行等系统。招商银行立足于市场和客户需求，发挥拥有全行统一的电子化平台的巨大优势，开发了一系列高技术含量的金融产品与金融服务，打造了“一卡通”“一网通”等知名金融品牌，树立了技术领先型银行的社会形象。

1995 年 7 月招商银行在深圳推出的银行卡——“一卡通”银行借记卡，被誉为我国银行业在个人理财方面的一个创举。“一卡通”银行借记卡是一张印有金色葵花在蓝色的天空灿烂开放图案的小卡片，集多币种，多储种存折、存单于一身，并且具有使用安全、简便、高效等特点。截至 2005 年 9 月底，累计发卡量已超过 4000 万张，卡均存款余额近 5000 元，居全国银行卡前列。

从 1997 年开始，招商银行把目光瞄向了刚刚兴起的互联网，并迅速取得了网上银行发

展的优势地位。1997 年 4 月，招商银行开通了自己的网站，建成了国内第一个银行数据库，金融电子服务从此进入了互联网时代。1999 年 9 月在国内首家全面启动的网上银行——“一网通”，即通过互联网，将客户的电脑终端连接至银行，实现将银行服务直接送到客户办公室或家中的服务系统(见图 6.1)。它拉近客户与银行的距离，使客户不再受限于银行的地理环境、上班时间，突破空间距离和物体媒介的限制，足不出户就可以享受到招商银行的服务。

图 6.1　“一网通”——网上银行的发展

经过几年的快速发展，招商银行构建起由企业银行、个人银行、网上证券、网上商城、网上支付组成的功能较为完善的网络银行服务体系，被业界公认为目前国内最先进、最完善的网上银行体系。“一网通”在国内网上银行领域始终占据着领先地位，被国内许多企业和电子商务网站列为主要的网上支付工具。截至 2005 年 8 月，招商银行网上银行已拥有近 1000 万名网上银行客户和 1000 余家网上合作商户。仅 2005 年前 8 个月，网上企业银行交易额累计达到了 14 000 亿元人民币，网上个人银行累计交易额达到了 2300 亿元人民币。中国人民银行、联想集团等众多政府机构和大型企业都选择了“一网通”进行财务管理。

“一网通”的成功推出标志着招商银行在银行电子化建设方面开始追赶国际水平，进而确立了国内网上银行领跑者的地位。2003 年 6 月，“一网通”作为中国电子商务和网上银行的代表，登上了被誉为国际信息技术应用领域奥斯卡的 CHP 大奖的领奖台，这是中国企业首次获此殊荣。

继拳头产品“一卡通”和“一网通”走红全国后，招商银行又推出了“手机银行”业务、IP 长途电话业务、自助贷款业务、外汇实盘买卖业务以及移动支付、酒店预订、证券买卖等功能。1998 年 9 月，招商银行开通了电子汇兑系统，使该行的汇兑、支付和清算体系日趋完善，为提供更快更好的金融服务创造了良好的条件。该系统是以招行总行清算中心为总中心，以全国各个营业网点作为客户委托办理款项汇划的计算机网络，具有安全、高效、方便、快捷的特点，系统前台输入实现数字化和智能化处理。率先在国内同业中实现了系统内资金的瞬间达账的功能，网上银行通过电子汇兑清算系统进一步实现了 office(付款客户办公室)to office(收款客户办公室)资金汇划“零”在途，是真正的金融资金汇划高速公路。

招商银行有不同于纯粹 COM 公司的绝对优势，其传统银行业务构成了对网上银行业务的强大支撑。而且其传统业务与网上银行业务正形成互相促动的关系。招行敏锐地认识到：发展网上银行是起步晚、规模小的股份制商业银行缩短与国内外商业银行差距的有效途径。互联网给招商银行提供了千载难逢的机遇！互联网跨越时空的特性，支撑起招商银行核心竞争优势。“一网通”系统的推出，使招商银行在一定程度上摆脱了网点较少对规模发展的制约，可以在物理网点的经营建设上节省大量的人力和财力，为招商银行在网络经济时代实现传统银行业务与网上银行业务的有机结合，进一步加快发展步伐奠定了坚实的基础。

“一网通”——网上企业银行业务

网上企业银行是招商银行网上银行“一网通”的重要组成部分，其核心内容是使企业客户不出财务室也可以办理银行业务，在线完成许多传统银行的柜台业务，享受突破时空限制的银行服务手段。1998 年 4 月，“一网通”推出“网上企业银行”1.0 版，为互联网时代银企关系进一步向纵深发展构筑了全新的高科技平台。2008 年 5 月，招商银行发布网上企业银行全新品牌 U-BANK，并推出 U-BANK6.0。

U-BANK 是全面的、综合化的网上业务平台，新推出的 U-BANK6.0 继承了网上企业银行稳定、安全、高效等诸多优点，整合了结算、融资、现金管理、投资理财、供应链金融五大业务平台，全新推出网上保理、网上透支、网上公司卡、网上商务卡、贸易融资、网上公司理财、第三方存管、期货交易、网上外汇买卖、手机银行 10 项新产品，全面升级网上票据、网上离岸业务、网上国际业务 3 项服务，提供跨内地和香港的资金管理与理财服务，并推出针对同业金融机构的专属版本，同时优化系统操作，提供个性化、高自由度的用户体验。

“一网通”——网上个人银行业务

个人银行分为个人银行大众版、个人银行专业版、财富账户专业版，以方便、快捷、安全的方式处理客户个人账务，适用于个人和家庭。

个人银行大众版：只要在招商银行开立了普通存折或一卡通账户，即可通过互联网查询账户余额、当天交易和历史交易、转账、缴费和修改密码、计算按揭贷款月供等个人业务的处理。无须另行申请，上网即可享用。

个人银行专业版：建立在严格的客户身份认证基础上，为参与交易的客户发放数字证书，交易时需要验证数字证书。具有定活互转、自助缴费、转账汇款、自助贷款、按揭、外汇买卖、国债买卖、基金买卖、电子商务支付等具体功能。目前主要使用个人银行专业版6.0版。

财富账户专业版：提供全方位的现金管理和全方位的投资管理，可方便、清楚、高效地管理个人的全部资产。在现金管理方面，财富账户可以作为资金的集中管理和调度中心，可以方便向招商银行或其他银行的任何账户转账汇款，也能按时按需自动向各种银行卡调拨资金，轻松完成按揭还贷、保险缴款、生活缴费等各项生活支付。在投资管理方面，财富账户连通各个投资市场，可以直接投资股票、基金和外汇买卖，同时可投资招商银行的受托理财产品和定期存款。财富账户可以将资金和投资集中于一个账户统一管理，通过财富账户专业版和综合对账单，可以让客户清楚地掌握全部资产状况，资金余额、投资分布、投资盈亏一目了然。

(资料来源：招商银行网站，http://www.cmbchina.com/)

本章小结

商业银行	商业银行概述	商业银行是以追求最大利润为经营目标，以多种金融资产和金融负债为经营对象，为客户提供多功能、综合性服务的金融企业。在所有金融机构中，商业银行是历史发展悠久、功能全面、对社会有着重大影响的金融企业
	商业银行的主要业务	商业银行的业务是其经营的基础。良好的业务体系和业务创新机制是银行不断为客户提供优质金融产品的保证。各国商业银行主要业务大致相同，一般都分为负债业务、资产业务和中间业务
	商业银行的经营管理	营利性、安全性和流动性是商业银行的经营管理上的3个基本经营方针。营利性直接关系到银行的生存和发展，是银行从事各种活动的动力所在；安全性是商业银行在经营中使资产免遭风险的程度；流动性是银行在资产不受损失的情况下满足客户的提款和正常货款的需要。对营利性、安全性和流动性三者，任何银行都希望同时达到最佳境地，但未必能同时兼顾。如何处理好三者的组合，是银行经营管理的永恒主题

续表

商业银行	商业银行的经营管理	为了使营利性、安全性和流动性三者目标协调合理配合，在银行经营管理上发展出资产管理、负债管理、资产负债管理、资产负债外管理等一系列经营管理理论和方法
	商业银行的信用创造	商业银行信用创造是指商业银行通过贷款和投资等业务创造存款货币，增加货币供应量
	电子银行	电子银行业务在国内商业银行中又细分为“网上银行”“电话银行”“手机银行”等业务。均指银行利用不同的服务渠道，如互联网、电话、手机等，通过银行内部网络和通信向客户提供的金融服务

习 题

一、名词解释

1．单一银行制
2．中间业务
3．商业银行经营管理原则
4．信用创造
5．原始存款
6．派生存款

二、单项选择题

1． 在商业银行的负债业务中，处于最重要地位的业务是(　　)。
A． 吸收存款　B． 筹集资本金　C． 发行债券　D． 向央行借款

2． 法定存款准备金率为7%，超额存款准备金率为5%，存款货币最大扩张额为6000万元。如果不考虑其他因素，则原始存款为(　　)万元。
A． 120　B． 720　C． 2100　D． 5000

3． 在国际银行业，被视为银行经营管理三大原则之首的是(　　)。
A． 营利性原则　B． 流动性原则
C． 安全性原则　D． 效益性原则

4． 下列属于我国商业银行资本金来源的是(　　)。
A． 企业存款　B． 储蓄存款　C． 未分配盈余　D． 同业拆借

5． 如果存款总额为100万元，存款乘数为4，则原始存款为(　　)万元。
A． 15　B． 20　C． 25　D． 35

6. 商业银行负债业务经营的核心是( )。

A. 资本金　　B. 存款
C. 同业拆借　　D. 向中央银行借款

7. 作为金融企业，商业银行以( )为目标。

A. 利润最大化　　B. 执行货币信贷政策
C. 资产与负债的对称　　D. 控制金融风险

8. 银行系统吸收的、能增加其存款准备金的存款，称为( )。

A. 派生存款　B. 原始存款　C. 现金存款　D. 支票存款

9. 现假设银行系统的原始存款为 900 万元；法定存款准备金率为 6%；现金漏损率为 15%；超额准备金率为 3%。根据上述材料计算并回答下列问题(保留两位小数)。

(1) 此时银行系统的最大存款金额为( )万元。

A. 3750　B. 4286　C. 5000　D. 10 000

(2) 此时银行系统的存款乘数约为( )。

A. 4.17　B. 6.67　C. 16.67　D. 33.33

(3) 如果现金漏损率和超额准备金率都为 0，银行系统的派生存款总额为( )万元。

A. 10 000　B. 12 000　C. 15 000　D. 18 000

10. 假设某商业银行的业务如下：各项存款 2000 万元；各项贷款 1000 万元；库存现金 100 万元；向央行办理票据再贴现 100 万元；开办信托投资业务 150 万元；发行金融债券 300 万元；在央行存款 200 万元；承诺向水电厂贷款 80 万元。根据上述材料回答下列问题。

(1) 该商业银行的负债业务总金额为( )万元。

A. 2000　B. 2100　C. 2300　D. 2400

(2) 除了库存现金，商业银行的现金资产还包括( )。

A. 在中央银行存款　　B. 票据贴现
C. 存放同业存款　　D. 托收中现金

(3) 该商业银行办理的表外业务金额为( )万元。

A. 70　B. 80　C. 100　D. 150

(4) 按法定存款准备金率为 7%计算，该商业银行可自由动用在中央银行的存款金额为( )万元。

A. 40　B. 60　C. 140　D. 160

三、简答题

1. 商业银行在经营过程中为什么要遵循 3 个基本原则？
2. 为什么说商业银行是一个特殊的企业，其特殊性表现在哪些方面？

第七章

中央银行

本章精粹

- 中央银行概述
- 中央银行的业务
- 中央银行的金融监管

中国人民银行的性质和职能

中国人民银行在国务院领导下，制定和执行货币政策，防范和化解金融风险，维护金融稳定。中国人民银行的主要工作是集中力量，研究和做好全国的宏观调控决策，加强金融监管，以保持货币稳定，更好地为国家宏观经济决策服务。中国人民银行履行下列职责：①发布与履行其职责有关的命令和规章；②依法制定和执行货币政策；③发行人民币，管理人民币流通；④监督管理银行间同业拆借市场和银行间债券市场；⑤实施外汇管理，监督管理银行间外汇市场；⑥监督管理黄金市场；⑦持有、管理、经营国家外汇储备、黄金储备；⑧经理国库；⑨维护支付、清算系统的正常运行；⑩指导、部署金融业反洗钱工作，负责反洗钱的资金监测；⑪负责金融业的统计、调查、分析和预测；⑫作为国家的中央银行，从事有关的国际金融活动；⑬国务院规定的其他职责。此外，中国人民银行为执行货币政策，还可以依照有关规定从事金融业务活动。

(资料来源：中华人民共和国中国人民银行法)

【启发思考】中央银行与商业银行的区别有哪些？中央银行的存在有何意义？

通过对本章的学习，要求了解中央银行产生的原因和发展过程；理解中央银行的性质和职能；掌握中央银行的负债业务、资产业务及其他业务；了解中央银行金融监管的含义、目标、原则、方法及监管内容。

中央银行　中央银行业务　金融监管

第一节　中央银行概述

中央银行是现代金融体系的核心，是管理一国金融体系、控制货币供给、执行货币政策、实施金融监管的最高金融机构。中央银行是在商业银行的基础上发展演变而来的，是商品信用经济发展到一定阶段的产物。

一、中央银行的产生

18—19 世纪，随着资本主义经济的发展，各国都先后建立了银行。银行数量的增加，扩大了商品生产和商品流通，促进了资本主义的经济繁荣。但随着资本主义经济的发展，这种情况已不适应经济发展的需要。后来，在大型商业银行的基础上产生了中央银行。中央银行产生的客观原因有以下几个方面。

(一)银行券集中统一发行的需要

在银行业发展的初期，没有专门发行银行券的银行，许多商业银行除了办理存、放款和汇兑业务以外，都有权发行银行券。但许多小银行资金实力薄弱，发行的银行券往往不能兑现，造成了货币流通的混乱；同时，小银行的经营范围有限，其发行的银行券只能在小范围内流通，给生产和流通造成了很多困难。因此，客观上要求在全国范围内有享有较高信誉的大银行来集中发行货币，以克服分散发行造成的混乱局面。于是，国家以法律限制或取消一般商业银行银行券发行权的方式，将银行券的发行权集中到几家以至最终集中到一家大银行。这些资金力量雄厚并且在全国范围内具有权威的大银行在享有国家授予的银行券发行权以后，就逐渐成为货币发行银行。

(二)票据交换和清算的需要

随着银行的发展，银行业务不断扩大，每天收受的票据数量也逐渐增多，各银行之间的债权和债务关系复杂化了，由各个银行自行轧差进行当日结清已经发生困难。这样，不仅异地结算矛盾很大，即便是同城结算也有问题。这就在客观上要求建立一个全国统一的权威、公正的清算中心为之服务。

(三)保证银行支付能力的需要

随着资本主义的发展和流通的扩大，对贷款的要求不仅数量多，而且期限延长。商业银行如果仅靠自己吸收的存款来提供放款，就远远不能满足社会经济发展的需要，如将吸收的存款过多地提供贷款，又会削弱银行的清算能力，使银行存在挤兑和破产的可能。于是就有必要适当集中各家商业银行的一部分现金准备，在有的商业银行发生支付困难时，给予必要的支持。这在客观上要求有一个银行的最后贷款者，能够在商业银行发生困难时，给予贷款支持。

(四)加强金融监管的需要

商业银行是以盈利为目的的金融企业，它经营的是特殊的货币资金，与社会上千家万户有着密切的关系，如果商业银行在竞争中破产、倒闭就会引起社会经济的动荡。因此，客观上需要一个代表政府意志的专门机构从事对金融业的监督和管理，以保证金融业的健康发展。

中央银行正是为了解决上述几个方面的客观要求而产生的，但上述几个方面的客观要求并非同时提出的，中央银行的形成也有一个发展的过程。世界各国中央银行的形成，大致有两条途径：一是由信誉好、实力强的私人或国有商业银行逐渐演变而来的，英国的英格兰银行就是一个典型的例子；二是由政府出面直接组建中央银行，成立之时就履行中央银行职责，20 世纪以后建立的中央银行多是这种形式。

【专栏 7-1】英格兰银行

英格兰银行成立于 1694 年，被西方国家称为近代中央银行的先驱。

英国的中央银行作为世界上最早形成的中央银行，为各国中央银行体制的鼻祖。1694 年根据英王特许成立，股本 120 万镑，向社会募集。成立之初即取得不超过资本总额的钞票发行权，主要目的是为政府垫款。

到 1833 年英格兰银行取得钞票无限法偿的资格。1844 年，英国国会通过《银行特许条例》(即《皮尔条例》)，规定英格兰银行分为发行部与银行部，从而奠定了现代中央银行组织的模式。此后，英格兰银行逐渐垄断了全国的货币发行权，至 1928 年成为英国唯一的发行银行。与此同时，英格兰银行凭其日益提高的地位承担商业银行间债权债务关系的划拨冲销、票据交换的最后清偿等业务，在经济繁荣之时接受商业银行的票据再贴现，而在经济危机的打击中则充当商业银行的“最后贷款人”，由此而取得了商业银行的信任，并最终确立了“银行的银行”的地位。

随着伦敦成为世界金融中心，英格兰银行形成了有伸缩性的再贴现政策和公开市场活动等调节措施，成为近代中央银行理论和业务的样板及基础。

1933 年 7 月设立“外汇平准账户”代理国库。1946 年之后，英格兰银行被收归国有，仍为中央银行，并隶属财政部，掌握国库、贴现公司、银行及其余的私人客户的账户，承担政府债务的管理工作，其主要任务仍然是按政府要求决定国家金融政策。

英格兰银行总行设于伦敦，职能机构分政策和市场、金融结构和监督、业务和服务 3 个部分，设 15 个局(部)。同时英格兰银行还在伯明翰、布里斯托、利兹、利物浦、曼彻斯特、南安普顿、纽卡斯尔及伦敦法院区设有 8 个分行。

英格兰银行享有在英格兰、威尔士发钞的特权，苏格兰和北爱尔兰由一般商业银行发钞，但以英格兰发行的钞票做准备；作为银行的最后贷款人，保管商业银行的存款准备金，并作为票据的结算银行，对英国的商业银行及其他金融机构进行监管；作为政府的银行，代理国库，稳定英镑币值及代表政府参加一切国际性财政金融机构。因此，英格兰银行具有典型的中央银行的“发行的银行、银行的银行、政府的银行”的特点。

英格兰银行的领导机构是理事会，由总裁、副总裁及16名理事组成，是最高决策机构，成员由政府推荐，英王任命，至少每周开会一次。正副总裁任期5年，理事为4年，轮流离任，每年2月底离任4人。理事会选举若干常任理事主持业务。理事会下设5个特别委员会：常任委员会、稽核委员会、人事和国库委员会以及银行券印刷委员会。理事必须是英国国民，65岁以下，但下院议员、政府工作人员不得担任。

(资料来源：MBA智库百科)

二、我国中央银行的发展

我国的中央银行萌芽于20世纪初。在清政府和北洋政府时期，户部银行(1905年开业，1908年改组为大清银行，1912年再次改组为中国银行)和交通银行都曾经起过中央银行的某种职能。当时主要是为了解决因战争赔款所带来的财政困难，统一币制，推行纸币。户部银行于1905年8月正式成立，是清政府的官办银行，除办理一般业务外，还享有国家授予的铸造货币、代理国库、发行纸币的特权。

最早以立法形式成立的中央银行是1928年成立的国民政府中央银行。1928年10月，当时的国民政府颁布了《中央银行条例》和《中央银行章程》。1928年11月1日中央银行正式成立，总部设在上海。《中央银行条例》规定，中央银行为国家银行，享有经理国库、发行兑换券、铸发国币、经理国债等特权。中央银行成立之初，尚未完全独占货币发行权，当时能同时充当法偿货币的，还有中国银行、交通银行和中国农业银行等几家银行发行的银行券。到1942年7月1日，根据“钞票统一发行办法”，将中国银行、交通银行和中国农业银行三家发行的钞票及准备金全部移交给中央银行，由中央银行独占货币发行权，同时由中央银行统一管理国家外汇。1945年3月，当时的财政部授权中央银行检查和管理全国的金融机构，其管理职能得到强化。1949年，国民政府的中央银行体系在大陆崩溃。

中国人民银行作为新中国的中央银行，是1948年12月1日在原华北银行的基础上经过合并改组建立起来的，同时开始发行全国统一的人民币。1949年2月将总行设在北京。在党的十一届三中全会以前，中国人民银行既是行使货币发行和金融管理职能的国家机关，又是从事信贷、储蓄、结算、外汇等业务经营活动的专业银行，可以说是“一身二任”的银行机构，这是适应于新中国成立初期制止通货膨胀的历史需要，也同后来高度集中的经济管理体制相适应。1979年以后，经济体制改革展开，银行体制也进行了改革。1983年9

月，国务院决定中国人民银行专门行使中央银行的职能，不再对企业、个人直接办理存贷业务，中国人民银行成为负责“管理全国金融事业的国家机关”，其三项根本任务是：“集中力量研究和做好全国金融的宏观决策，加强信贷资金管理，保持货币稳定。”

中国人民银行行使中央银行的职能，标志着我国现代中央银行制度的确立。图 7.1 所示为中国人民银行大楼外观。

图 7.1　中国人民银行

三、中央银行的性质与职能

(一)中央银行的性质

中央银行虽然是从商业银行发展演变而来，但一旦当其取得中央银行的资格，其性质就随之改变。商业银行是经营货币的特殊企业，以获取利润为经营目的。而中央银行是不以营利为目的，统管全国金融机构的半官方组织。中央银行作为国家的银行，是一国金融体系的核心和最高管理机关，负责制定和执行国家的货币金融政策，享有国家法律所赋予的发行货币的权力和其他种种特权。中央银行根据政府经济政策的要求，对商业银行和非银行金融机构进行业务上的管理和调节，以确保信用规模和货币供应适应经济发展的需要。中央银行作为国家管理金融的机构不直接对企事业单位和个人办理日常的存贷款业务，而是面向商业银行和非银行金融机构，通过制定全国的金融宏观决策、货币政策和信贷政策，运用各种经济手段管理和监督商业银行和非银行金融机构的业务活动，使之适应国家经济政策的要求。

与一般国家机关相比，中央银行又具有特殊性。一般国家机关主要依靠行政手段和法律手段来对经济进行管理，而中央银行虽然也有用这些手段来进行管理的权利，但更多的是通过经济手段对商业银行或其他金融机构进行业务上的管理和调节来进行的。

因此，中央银行不是普通的经营性银行，不以营利为目的，而是从属于国家，贯彻执行国家经济政策的特殊国家机关，是代表国家管理金融的特殊机构。中央银行的这一性质决定了它的任务就是控制一般银行，执行货币政策，进行金融监管，维持币值稳定，以推进经济发展。

(二)中央银行的职能

中央银行的性质决定了其有三项职能：发行的银行、银行的银行和政府的银行。

1．发行的银行

在现代银行制度中，中央银行首先是货币发行的银行。垄断货币发行特权，成为全国唯一的货币发行机构，是中央银行不同于商业银行及其他金融机构的独特之处。

中央银行独占货币发行权，是中央银行发挥其职能作用的基础。中央银行通过掌握货币发行，可以直接地影响整个社会的信贷规模和货币供给总量，通过货币供给量的变动，作用于经济过程，从而实现中央银行对经济的控制作用。一部中央银行史，就是一部从独占货币发行到控制货币供应量的发展史。在当代，控制货币供应量成为各国中央银行的基本职能。货币有如经济中的“血液”，中央银行掌握货币发行权，控制着货币供应量，也就掌握着经济“血液”的输入和输出，从而成为经济体系运行的心脏。

2．银行的银行

中央银行一般不同工商企业和个人发生往来，只与商业银行和其他金融机构直接发生业务关系，在业务上和政策上对所有金融机构进行指导、管理和监督，同时也为金融机构提供各种服务。

首先，中央银行集中保管各商业银行和其他金融机构的存款准备金。各国银行法都规定商业银行吸收的存款要按一定的比例作为法定的准备金，并保留在中央银行账户上。中央银行集中保管存款准备金最初的目的是保障存款人和金融机构的安全，后来逐渐演变为中央银行调控信贷规模和货币供应量的重要手段。商业银行在中央银行的存款一般是没有利息收入的。

其次，中央银行向商业银行提供信贷。商业银行需要补充资金时，可将其持有的票据向中央银行请求再贴现，或以有价证券抵押申请贷款。中央银行对商业银行的贷款，其资金主要来源于国库存款和商业银行交存的准备金，如果中央银行资金不足，则可发行货币。中央银行成为商业银行的“最后贷款者”，这是中央银行极为重要的职能。通过对商业银行提供信用，中央银行加强了对它们的监督和管理。

另外，中央银行办理商业银行之间的清算业务。商业银行在中央银行开立账户，并在中央银行拥有存款。这样，它们收付的票据则可通过其在中央银行的存款账户划拨款项，办理结算，从而清算彼此间的债权债务关系。这一方面节约了资金的使用，减少了清算费用，解决了单个银行资金清算所面临的困难；另一方面，也有利于中央银行通过清算系统，对商业银行体系的业务经营进行全面及时的了解、监督和控制，强化了中央银行对整个银行体系的监管职能。时至今日，大多数国家的中央银行都已成为全国清算中心。

3．政府的银行

政府的银行是指中央银行既作为政府管理金融的工具，又为政府提供金融服务，代表国家贯彻执行金融政策，其职能有以下几个方面。

(1) 代理国库。中央银行经办政府的财政收支，保管国库的存款，兑付国库签发的支票，代理收缴税款，经办政府公债的发行、还本付息以及其他有关国库的事务，充当国库的出纳。

(2) 对政府提供信贷。中央银行作为政府的银行，负有对政府融通资金、解决政府临时资金需要的义务。但中央银行仅向政府提供短期贷款，用以弥补财政收支的临时性差额，这种信贷对货币流通总的影响一般不大。在财政赤字长期化的时候，政府如果利用中央银行的信用弥补自己的支出，就会破坏货币发行的独立性，从而使这部分政府的贷款成为威胁货币稳定的因素。所以许多国家为了稳定货币流通，对中央银行向财政贷款的数量及期限都有法令加以规定，限制财政向中央银行的无限制借款。

(3) 管理金融活动，调节国民经济。作为政府的银行，中央银行不以营利为目的，不受某个经济利益集团的控制，处于一个比较超脱的地位，这样就可以较好地保证一国的各种金融货币政策的制定、实施符合国家的最高利益，为国家的经济发展长远目标服务。中央银行除了是国家货币政策的制定和执行者之外，还是管理金融机构和金融市场的最高当局，负责监督和管理各金融机构和境内金融市场的业务活动。此外，在金融立法方面，一般除国会之外，中央银行作为代表政府管理全国金融的机构，是全国唯一具有金融立法权的机构。

(4) 代表政府参加国际金融活动，进行国际金融事务的协调、磋商等。在国际金融事务中，各国政府往往授权中央银行作为本国的代表，参加国际金融组织，参与国际金融重大决策，积极促进国际金融领域里的合作与发展。

(三)中央银行的类型结构

由于世界各国的社会制度、政治制度、经济体制、商品经济发展水平、金融业发展程度各不相同，因而各国中央银行的组织制度也有差异。目前各国的中央银行制度大致有以下几种类型。

1. 单一式中央银行制

(1) 一元式中央银行制。一元式中央银行制是指一个国家设立一个中央银行专门行使中央银行的职能。其特点是：权力集中，职能齐全，机构设置采取总分行制。目前世界上大多数国家都实行这种中央银行制度，如英国、日本等。

(2) 二元式中央银行制。二元式中央银行制是指在全国范围内，在中央和地方两级设置中央银行机构，分别行使金融管理权，其中，中央级机构是高权力或管理机构，地方机构也有其独立的权利，各自行使中央银行职能。其特点是：地方区域性中央银行不是隶属于总行的分支机构，它们有自己的权力机构，除执行统一的货币政策外，在业务经营中具有较大的独立性。实行这类体制的主要是一些联邦制的国家，如美国、德国等。

【专栏 7-2】美国联邦储备系统

美国联邦储备系统的结构属于单一式的二元中央银行制。它由三部分构成，即联邦级的联邦储备理事会、联邦公开市场委员会和地方级的 12 家联邦储备银行及其分支机构。联邦储备理事会是联邦储备系统的最高机构，它由 7 名理事组成，由总统征得参议院同意后任命，每一理事任期 14 年，届满后不再连任，并且任期互相错开。理事会主席由总统在理事会成员中遴选任命，任期只有 4 年，但是可以连任。联邦储备理事会是美国货币政策的制定者，它控制贴现率，并可以在规定范围内改变银行的法定存款准备金率。它和联邦公开市场委员会的其他成员一道，控制着重要的货币政策工具——公开市场业务。

由于公开市场业务在联邦储备系统实施其货币政策过程中的重要性，联邦公开市场委员会也就成为联邦储备系统内一个重要的决策中心。该委员会由 12 名委员组成，其中包括 7 名联邦储备理事会理事，5 名联邦储备银行行长(其中纽约联邦储备银行行长为委员会的必然成员，其余 11 家联邦储备银行的行长则轮流占据其余的 4 个席位)。联邦储备理事会主席同时兼任联邦公开市场委员会主席。联邦公开市场委员会每年约召开 8 次会议，讨论决定联邦储备系统的公开市场业务，即在公开市场上买卖证券的活动。那些不是该委员会现任委员的联邦储备银行行长通常也出席会议并参加讨论，但是没有表决权。在联邦储备系统内部还有一些机构，如联邦顾问委员会等，但是它们远不如联邦公开市场委员会重要。

按 12 个联邦储备区设立的 12 家联邦储备银行分别位于纽约、波士顿、费城、克利夫兰、里士满、亚特兰大、芝加哥、圣路易斯、明尼阿波利斯、堪萨斯城、达拉斯和旧金山。这些银行的股份分别为它们各自的会员银行所拥有。这12家联邦储备银行又在其他25个大城市中设立了分支机构。纽约、芝加哥和旧金山3家联邦储备银行的规模最大，它们持有一半以上的联邦储备资产。而纽约联邦储备银行又是“冠中之冠”，持有联邦储备总资产的30%。每家联邦储备银行都由9名兼职董事组成的董事会来管理。这些董事被分为A、B、C三类，每类各3名。A类董事由会员银行推选产生，他们本人也是银行家。B类董事可以不是银行的官员或职员，他们也可以由会员银行推选产生，但通常是由联邦储备银行行长向会员银行推荐的。C类董事不由会员银行推选，而是由联邦储备理事会任命，其中的两名将分别担任董事会的主席和副主席。董事会的重要职责之一是选举产生各联邦储备银行的行长，但行长的正式任命必须经过联邦储备理事会的同意。除了负责检查会员银行、审批某些银行合并的申请、支票清算，收回被损坏的旧钞、发行新钞等日常的职能外，各联邦储备银行还具有一定的政府职能。例如可以管理自己的贴现窗口，决定是否向辖区内的某一商业银行或其他存款机构提供贷款；还可以在征得联邦储备理事会批准的情况下设定自己的贴现利率。更重要的还在于，各联邦储备银行占据着联邦公开市场委员会12个席位中的5个。

(资料来源：货币金融学精品课网站，http://202.205.10.58/2005/guojia/huobijinrongxue/)

2．复合式中央银行制

复合式中央银行制是指一个国家或地区没有专门设立行使中央银行职能的银行或机构，而是由一家大银行既行使中央银行职能，又从事一般商业银行业务。这种制度主要存在于苏联和东欧一些国家。我国在1983年之前也实行这样的制度。

3．准中央银行制

准中央银行制是指某些国家地区没有建立通常意义上的中央银行，而只设有类似中央银行的机构，或由政府授权某个或某几个商业银行行使部分中央银行职能的制度。新加坡、我国的香港特别行政区就实行这样的机制。新加坡设有金融管理局和货币委员会这两个机构来行使中央银行职能，前者负责制定货币政策和金融业的发展政策，执行除货币发行之外的一切中央银行职能；而后者则主要负责发行货币和保管发行准备金。香港地区在过去较长时期内没有一个统一的金融管理机构，中央银行的职能由政府、同业公会和商业银行分别承担。1993年4月1日，香港成立了金融管理局，它集中了货币政策制定、金融监管及支付体系管理等中央银行的基本职能，但它又不同于一般的中央银行。例如，货币发行职能就由渣打银行、汇丰银行和中国银行共同承担，票据清算由汇丰银行管理，政府的银行这一职能也由商业银行执行。另外，马尔代夫、斐济、利比里亚、莱索托等国也实行类似的准中央银行制度。

4．跨国中央银行制

跨国中央银行制是指参加某一货币联盟的所在成员国联合设立的机构，在成员国内部统一行使中央银行职能。其特点是：发行货币、为成员国政府服务，执行其共同的货币政策及有关成员国政府一致决定授权的事项。实质上是各成员国把它们制定货币政策的主权交给了跨国中央银行，其好处是可以节约开支，防止本国政府实行过分的通货膨胀政策。目前属于这种类型的跨国中央银行主要有西非货币联盟、中非货币联盟、加勒比海货币管理局以及欧洲中央银行。

【专栏 7-3】欧洲中央银行

跨国中央银行制度最典型的例子就是欧洲中央银行。欧盟(原欧共体)为了推进内部经济一体化，早在 1969 年就提出要建立欧洲经济与货币联盟，以最终实现统一的欧洲货币、统一的欧洲央行、统一的货币与金融政策。这一计划于 1979 年正式开始实施，20 世纪 90 年代以来进展显著。1998 年 7 月成立了欧洲中央银行，1999 年 1 月 1 日，欧元正式启动。在过渡期内，欧元是一种非现金交易的“货币”，仅用支票、信用卡、电子钱包、股票和债券的方式流通。当时共有 11 个国家首批参加欧元区，它们是法国、德国、意大利、西班牙、比利时、荷兰、卢森堡、葡萄牙、奥地利、芬兰、爱尔兰。2002 年 1 月 1 日，欧元的现金货币在欧元区 11 国市面上正式流通。各缔约国(11 国)原有的本国货币可继续流通到 2002 年 6 月 30 日止。从 2002 年 7 月 1 日起，欧元区内各国(11 国)的货币完全退出流通。希腊、斯洛文尼亚、塞浦路斯、马耳他和斯洛伐克相继加入欧元区。至此，欧洲货币联盟共有 16 个成员国。这样，欧洲联盟尚有英国、丹麦、瑞典还未加入欧元区。欧元由各成员国中央银行组成的超国家欧洲中央银行统一发行，制定和执行统一的货币政策和汇率政策，并依据《稳定和增长条约》对各成员国的金融管理进行监管。

欧元正式启动可以结束欧盟内部货币动荡的局面，从而创造出一个稳定的货币环境；可以降低投资风险，减少交易成本，扩大资本市场的融资能力；同时，也可促进各成员国的财政健康稳定，带动经济增长。但是，欧元作为人类历史上跨国货币制度的创新，在单一货币和新汇率制度运行、跨国中央银行的运作等方面，还存在着不少困难和障碍，这都有待于在实践进程中逐步加以克服。

在欧元的启示下，世界各大洲都出现了建立跨国货币制度的动向。在美洲，秘鲁和厄瓜多尔试图实行以美元为基础的经济；被誉为“欧元之父”的罗伯特·达德尔在 2000 年 4—5 月的巡回演讲中，大力倡导巴西、阿根廷和巴拉圭建立南美共同货币；在非洲，西非经济共同体六国领导人于 2000 年 4 月 21 日签署协议，规定在今后 3 年内建立统一货币；

经历1997年亚洲金融危机后，为了稳定亚洲的货币环境，一些国家和地区也提出了建立“亚元”的构想。但是，跨国的货币制度必须建立在各国经济、政治制度接近，生产力发展水平相近，各国货币政策、经济政策和价值观念趋同的基础之上，因此需要一个较长的发展和磨合过程。

(资料来源：孙绍年. 货币银行学. 北京：清华大学出版社，2004)

第二节　中央银行的业务

中央银行的性质，决定了其区别于商业银行和其他金融机构的业务，中央银行通过其自身的业务操作调节商业银行和其他金融机构的资产与负债，进而实现宏观调控的目的。

一、中央银行的负债业务

中央银行的三大职能都体现在其具体的业务活动中，而中央银行的主要业务也无非是资产和负债。通过其资产负债表来了解中央银行的基本业务简便易行。一般的中央银行资产负债表如表7.1所示。

表7.1　中央银行资产负债表

资产部分	负债部分
再贴现及再贷款	流通中的现金
各种证券投资	准备金存款
财政贷款	财政存款
黄金外汇储备	其他存款
其他资产	资本项目

中央银行负债业务是形成其资金来源的业务，主要包括以下几个方面的内容。

(一)货币发行(流通中的现金)

货币发行是中央银行最重要的负债业务，流通中的现金构成了最大的资金来源。中央银行的货币发行是通过再贴现、贷款、购买有价证券、收购金银及外汇等中央银行的业务活动，将货币投放市场、注入流通，进而增加社会货币供应量的。货币发行都有法律规定的程序，各国不尽相同，但都是根据中央银行法的规定，依据经济发展的进程制定操作程序，以配合货币政策的执行。货币发行一般遵循以下原则：一是垄断原则，即货币发行权高度集中于中央银行；二是信用保证原则，即中央银行的货币发行必须要有一定的准备金做保证，并建立发行准备制度；三是适度弹性原则，即中央银行要根据经济发展状况有伸缩性地供应货币，避免引起通货膨胀或通货紧缩。

(二)准备金存款

准备金存款业务是中央银行存款业务中最主要的业务，它是中央银行资金的重要来源。这部分存款由两部分构成：一是法定准备金，其大小由中央银行规定的存款准备金率决定，而且商业银行等金融机构无权动用，这部分存款构成了中央银行稳定的长期性资金来源；二是超额准备金，是除法定准备金外商业银行在中央银行账户上的存款，这部分存款是短期周转性存款，主要是为了方便金融机构之间的清算。

中国人民银行是于 1984 年行使央行职能后开办准备金存款业务的。目前中国人民银行的准备金存款业务对象除了存款货币银行(包括商业银行、城乡信用社、财务公司)外，还包括特定存款机构，如信托投资公司、国家开发银行和中国进出口银行等。中国人民银行对各类金融机构的准备金存款按旬平均余额计提。我国现行对存款准备率的调整不做明确规定，根据货币政策的操作规程需要而进行调整。

(三)财政存款

财政存款主要是指中央政府存款。有的国家也将地方政府存款和政府部门存款列入其中。中央银行的政府存款一般包括国库持有的货币、活期存款、定期存款和外币存款等。

(四)资本项目

中央银行必须保留一定的资本金，保证业务的正常开展。世界各国中央银行按资本所有权不同可划分为以下三种主要类型。

1. 政府出资

政府出资是指即中央银行的全部资本来自政府。目前绝大多数国家都是如此。而且，在很多国家政府出资是中央银行自由资本的唯一来源，即政府拥有中央银行的全部资本，比如英、法、德以及绝大多数发展中国家。另外，一些国家政府出资占中央银行全部资本的一半或一半以上，比如日本的中央银行，政府持股 55%；比利时中央银行，政府持股 55%；墨西哥中央银行，政府持股 51%。

2. 地方政府或国有机构出资

地方政府或国有机构出资是指政府不直接持有中央银行股份资本，而是由地方政府、国有银行、公共部门等出资构成中央银行资本。比如瑞士中央银行资本的58.6%由州政府、州银行和公共部门出资形成。

3. 私人银行和部门出资

私人银行和部门出资是指中央银行的资本是由该国的商业银行按一定资本量认购其股票。采取这种方式的国家有美国和意大利。美联储的资本是由几千家商业银行按其资本的一定比例认购股份。意大利中央银行的资本由私营性质的银行集团出资形成。尽管这些国家中央银行资本由私人拥有，但股东无权参与中央银行管理，也不能转让所持股份。

需要指出，由于中央银行拥有特殊的地位和法律特权，其资本金的使用实际上比一般金融机构要小得多，有的国家中央银行甚至没有资本金。

二、中央银行的资产业务

中央银行资产业务是指其资金运用业务，即对政府、商业银行等金融机构提供特殊金融服务，实现宏观调控的业务。

(一)再贴现业务

在商业票据流通盛行、贴现市场发达的国家，这是中央银行向商业银行融通资金的重要方式。所谓再贴现，是指商业银行买进客户未到期的票据，请求中央银行再办理贴现的资金融通行为。在这里，中央银行买进商业银行的票据，形成了自己的资产，并作为“最后贷款人”向商业银行融通了资金；商业银行获得资金，就可以为自己购买新的资产。再贴现利率是中央银行购进其资产——票据的“价格”，换句话说，就是商业银行获得资金的成本。这样中央银行通过对再贴现率的调节，来影响商业银行借入资金的成本，刺激或抑制资金需求，实现对货币供应量的控制。

(二)贷款业务

中央银行主要面向商业银行和政府发放贷款。

1. 对商业银行贷款

这种贷款称为再贷款，是中央银行贷款的最主要渠道。它是中央银行为了解决商业银行在信贷业务中发生临时性资金周转困难而发放的贷款，是中央银行作为“银行的银行”职能的具体表现。在国外再贷款多为有政府债券或商业票据为担保的抵押放款。中央银行通常定期公布贷款利率，商业银行提出申请后，由中央银行对其数量、期限用途和申请者资信进行审查。

中国人民银行向国内金融机构再贷款多为短期贷款。自中国人民银行行使中央银行职能以来，再贷款一直是中国人民银行的主要资产业务。目前中国人民银行对金融机构的再贷款由中国人民银行总行直接对商业银行总行发放。中国人民银行向商业银行发放再贷款也是我国实现货币政策目标的重要间接调控手段。

2．对政府贷款

这种贷款是在政府财政收支出现失衡时，中央银行提供贷款支持的应急措施，多为短期的信用放款。由于这种贷款会威胁货币流通的正常和稳定，削弱中央银行宏观调控的有效性，因而各国法律对此都有严格的时间规定和数量限制。在我国，中国人民银行不得对政府财政透支，不得直接认购、包销国债和其他政府债券，不得向地方政府和各级政府部门提供贷款。

(三)证券业务

在证券市场比较发达的国家，证券业务是中央银行最重要的资产业务。买卖证券的种类主要有政府公债、国库券以及其他市场性很高的有价证券。中央银行买卖证券的目的不是为了盈利，而是调节和控制社会货币供应量，以影响整个宏观经济。当市场需要扩张时，中央银行即在公开市场买入证券，以增加社会的货币供应量，刺激生产；反之则相反。

我国于 1996 年中央银行开始在二级市场买卖短期国债。买卖对象不是个人与企业，而是由中国人民银行根据条件在参与国债交易的金融机构中选定的一级交易商，主要是采取公开投标方式，进行国债的回购交易。目前人民银行证券业务数量占资产的比例还很低，但已出现逐年增长趋势。

(四)保管国际储备资产

中央银行作为政府的银行，替政府保管国际储备资产是其基本职责之一，也是中央银行的主要资产业务。国际储备是指各国政府委托本国中央银行持有的国际间广泛接受的各种形式资产的总称。目前国际储备主要由外汇、黄金组成，其中外汇储备是最重要的部分。

中央银行经营国际储备是中央银行作为政府的银行这一功能的又一表现，可弥补国际收支逆差，干预外汇市场，维持汇率稳定，增强国际信誉度，增强本国货币的国际信誉。

三、中央银行的其他业务

除以上介绍的资产业务外，中央银行还开展以下几项业务，即代理国库、代理政府债券和提供资金清算业务等。

(一)代理国库

中央银行作为政府的银行，一般都有政府赋予其代理国库的职责，财政的收入和支出也都由中央银行代理。同时，依靠国家拨给行政经费的行政事业单位的存款，也都由中央银行办理。中央银行代理国库一方面可以吸收大量的财政金库存款，形成它的重要资金来源之一；另一方面这种存款通常都是无息的，因而可以降低其总的筹资成本。对政府而言，由于中央银行代理国库，既可减少(甚至完全免去)收付税款的成本，又可安全地保管资金，为其妥善使用提供方便。同时，它可以沟通财政与金融之间的联系，使国家的财源与金融机构的资金来源相连接，充分发挥货币资金的作用，并为政府资金的融通提供一个有力的调节机制，即当政府资金短缺时，还可借助中央银行融通短期资金。

(二)代理政府债券

此项业务具体体现在两个方面：一方面，中央银行一般都是政府债券的代理机构，可为政府代办政府债券的发行、还本付息等业务；另一方面，中央银行可通过购买政府债券的方式为政府融通资金。融通资金时，包括中央银行从一级市场和二级市场分别购买政府债券两种做法。前者是中央银行直接为政府融通资金，其实质与透支并无多少差别；后者即从二级市场购买政府债券的做法比较可取，这项业务是中央银行间接地为政府提供资金。

(三)提供资金清算业务

中央银行是金融机构的清算中心，即为各商业银行办理转账结算，了结其债权债务关系。在信用制度高度发达的今天，企业间因经济往来发生的债权债务关系一般通过商业银行办理转账结算，这种企业间的债权债务关系就转变成了银行间的债权债务关系。不同银行间的债权债务关系又需要通过一个中枢机构办理转账结算，这个中枢机构即为中央银行，中央银行因此成为全国资金清算中心。中央银行的此项业务实现了银行之间债权债务的非现金结算，免除了现款支付的麻烦，便利了异地间的资金转移，加速了商品流通。支付清算业务包括同地区(或同城)票据交换和办理异地资金转移。

【专栏7-4】《中国人民银行法》关于我国中央银行业务的规定

(1) 中国人民银行为执行货币政策，可以运用下列货币政策工具：①要求银行业金融机构按照规定的比例交存款准备金；②确定中央银行基准利率；③为在中国人民银行开立账户的银行业金融机构办理再贴现；④向商业银行提供贷款；⑤在公开市场上买卖国债、其他政府债券和金融债券及外汇；⑥国务院确定的其他货币政策工具。中国人民银行为执行货币政策，运用前款所列货币政策工具时，可以规定具体的条件和程序。

(2) 中国人民银行依照法律、行政法规的规定经理国库。

(3) 中国人民银行可以代理国务院财政部门向各金融机构组织发行、兑付国债和其他政府债券。

(4) 中国人民银行可以根据需要，为银行业金融机构开立账户，但不得对银行业金融机构的账户透支。

(5) 中国人民银行应当组织或者协助组织银行业金融机构相互之间的清算系统，协调银行业金融机构相互之间的清算事项，提供清算服务。具体办法由中国人民银行制定。中国人民银行会同国务院银行业监督管理机构制定支付结算规则。

(6) 中国人民银行根据执行货币政策的需要，可以决定对商业银行贷款的数额、期限、利率和方式，但贷款的期限不得超过 1 年。

(7) 中国人民银行不得对政府财政透支，不得直接认购、包销国债和其他政府债券。

(8) 中国人民银行不得向地方政府、各级政府部门提供贷款，不得向非银行金融机构以及其他单位和个人提供贷款，但国务院决定中国人民银行可以向特定的非银行金融机构提供贷款的除外。中国人民银行不得向任何单位和个人提供担保。

(资料来源：中国人民银行法)

第三节　中央银行的金融监管

随着经济全球化和金融国际化的发展，金融在现代经济体系中的地位显著提高，与此同时，金融领域的风险也在急剧增大。金融监管作为整个金融体系健康、有序、高效运行的重要保障，对一国经济的协调运行和稳定发展起着十分重要乃至决定性的作用。

一、金融监管的含义

金融监管是金融监督和金融管理的总称。金融监管是指政府通过特定的机构(如中央银行)对金融交易行为主体进行的某种限制或规定。金融监管本质上是一种具有特定内涵和特征的政府规制行为。综观世界各国，凡是实行市场经济体制的国家，无不客观地存在着政府对金融体系的管制。

金融监督是指金融主管当局对金融机构实施的全面性、经常性的检查和督促，并以此促进金融机构依法稳健地经营和发展。金融管理是指金融主管当局依法对金融机构及其经营活动实施的领导、组织、协调和控制等一系列活动。

金融监管有狭义和广义之分。狭义的金融监管是指中央银行或其他金融监管当局依据

国家法律规定对整个金融业(包括金融机构和金融业务)实施的监督管理。广义的金融监管在上述含义之外，还包括了金融机构的内部控制和稽核、同业自律性组织的监管、社会中介组织的监管等内容。

金融监管由金融监管主体、金融监管客体和金融监管手段共同构成一个系统。金融监管主体是指对金融业实施监管的政府或准政府机构。它是作为社会公共利益的代表，运用国家法律赋予的权利去监管整个金融业的特殊机构。从国际范围来看，作为金融监管当局的有的是中央银行，有的是财政部，有的是专职监管机构。中国金融监管主体是中国人民银行、中国证券监督管理委员会、中国保险监督管理委员会和中国银行业监督管理委员会。金融监管客体是金融监管的对象，即指依法应当接受金融监管当局监管的各类金融机构。我国目前对金融机构进行分业监管，各监管客体只能在规定的业务范围内依法经营。金融监管手段是监管当局实施监管的工作方法的总称，是监管方式的具体体现。金融监管的手段主要有法律手段、经济手段和行政手段。

二、金融监管的目标

在不同的国家，由于面临的经济金融环境不同，金融监管的目标存在一定的差异，此外随着各国金融业的发展，金融监管的目标也在不断地调整和完善。但综观当今世界各国的情况，金融监管的目标基本上可以概括为以下几个方面。

(一)保证金融体系的安全与稳健运行，保护存款人和投资人的利益

金融业是一个特殊的行业，由各种金融机构和金融市场构成的整个金融体系能否安全、稳健地运行，直接关系到成千上万的存款人和投资人的利益，从而直接影响到一个国家的社会稳定。高负债经营是现代金融机构，尤其是现代商业银行的重要特征，即在其全部的资金来源中，自有资本所占的比例很小。高负债经营是一把双刃剑，它一方面使这些金融机构能够较为充分地利用财务杠杆的作用来实现其利润最大化的目标；另一方面也容易诱发金融机构的支付危机，而一旦出现这种情况，就会影响到整个金融体系的安全运行，从而对众多存款人和投资人的利益造成损害。金融市场作为现代金融经济运行的基础，其参与者十分广泛，如果出现持续的动荡，对一国经济的打击以及给社会稳定带来的危害都是巨大的。20 世纪以来的多次世界性或区域性的银行危机、金融危机，无不给有关国家的社会和经济造成巨大损失，而究其原因，又无不与各国金融监管当局对金融机构和金融市场监管不力有着密切关系。正是因为金融业的这种特点和在这方面深刻的历史教训，各国都把保证金融体系的安全与稳健运行作为金融监管的首要目标。

(二)维护金融业平等有序的竞争

维护金融业平等有序的竞争有两个方面的含义。一是指防止某些金融机构对金融市场的垄断，因为竞争的存在是市场机制发挥作用的重要条件，通过金融机构之间的相互竞争，能够大大提高它们的运作效率和服务质量，从而更加充分地发挥金融体系对经济运行和增长的推动作用。二是指防止金融机构之间的恶性竞争、盲目竞争和非法竞争，因为这种竞争不仅无助于提高效率，还会造成竞争者的两败俱伤，甚至破产倒闭，从而引发整个金融体系的不稳定，而最终受害的还是众多的存款人和投资人。因此，金融监管的目标之一，就是要通过对金融机构业务活动的监督管理，创造一个平等有序的金融业竞争环境，防止垄断，使金融机构在合理合法的竞争中为社会提供高效率、多样化的金融服务，充分发挥金融体系对经济运行和增长的推动作用。

(三)确保货币政策和金融宏观调控目标的顺利实现

中央银行采取各种货币政策工具，实现其货币政策和金融宏观调控的目标，必须由金融市场和金融市场各个主体的经营活动作为传导的中介。但作为金融市场最重要主体的各种金融机构，出于追求利润最大化的目标，其经营活动往往与中央银行的政策意向不一致，使得中央银行采取的某些货币政策工具在实施的过程中受阻，不能发挥相应的作用，从而影响到货币政策和金融宏观调控目标的顺利实现。有鉴于此，金融监管当局必须对金融机构的经营活动进行严格的监管，采取措施限制其与政策意向和调控目标不一致的经营活动，促使其成为中央银行货币政策工具实施和传导的有效中介，以保证货币政策和金融宏观调控目标的顺利实现。

(四)增强本国金融业在国际市场上的竞争力

国际化已成为当今世界各国金融市场发展不可逆转的潮流，这使得各国金融业之间争夺国际市场份额的竞争日趋激烈。表面上看，金融监管由于对金融机构，尤其是本国金融机构的经营活动进行了某些方面的限制，因此会降低本国金融业的竞争力。但实际上，金融监管的目标之一恰恰在于增强本国金融业的竞争力。因为，只有严格规范的金融监管，才能保证本国金融市场的稳定运行，保证各种金融机构的安全运作。而只有在安全稳健的基础上发展壮大起来的金融业才具有更强的抗风险能力和更强的竞争力。

三、金融监管的原则

金融监管的原则各国大致相同，特别是巴塞尔委员会于 1997 年 9 月公布了《有效银行监管的核心原则》之后，各国金融监管当局基本上都将其作为金融业监管的指导原则。这些原则渗透和贯穿在金融监管体系的各个环节。

(一)依法管理原则

依法管理有两个方面的含义：一是所有金融机构都必须接受金融监管当局的监督管理，不能有例外；二是金融监管必须由金融监管机构依法进行，有关各方权利与义务的划分必须有明确的法律依据，以确保金融监管的权威性、严肃性、强制性和一贯性，从而确保金融监管的有效性。因此，金融法规的完善和依法管理是有效金融监管的基本前提，依法管理也就成为金融监管的首要原则。

(二)适度竞争原则

竞争是市场经济中的基本规律，是市场机制发挥作用的基础。但竞争必须适度，才能真正提高效率，而不至于造成市场的混乱。为此，金融监管当局在实施金融监管的过程中，必须遵循促进各金融机构适度竞争的原则。这就要求金融监管当局把监管的重心，放在为金融业创造适度竞争的环境上，形成和保持适度竞争的格局，避免形成金融业高度垄断，使金融业失去竞争从而失去生机和活力上。同时还要防止出现过度竞争、破坏性竞争，从而危及金融业的安全和稳定。

(三)外部监管与自我约束相结合的原则

这一原则是指在加强金融监管当局对金融业的监管的同时，也要加强金融市场各个主体以及金融业从业人员的自我约束、自我管理和自我教育。金融监管当局的监管是金融业健康稳定发展的外部保证，而金融业的自律则是金融业健康稳定发展的内在基础。按照这一原则，只要金融机构和金融市场各主体的经营和活动符合金融法律、法规规定的范围、种类及风险管理的要求，金融监管当局就不应做过多的干预。各国金融监管的实践证明，过多地依赖外部监管，以至对金融业的内部管理进行干预，或者反过来单纯依靠金融业的自我约束都不可能使金融监管达到令人满意的效果，而只有把通过内因和外因产生作用的两个方面有机地结合起来，才能取得成功。

(四)稳健运行与风险预防原则

安全稳健与风险预防及风险管理是密切相连的。安全稳健是一切金融监管当局监管工作的基本目标，而要达到这一点就必须进行风险监测和管理。因此，所有监管技术手段体系无一不是着眼于金融业的安全稳健及风险性预防管理。

(五)母国与东道国共同监管

随着世界经济一体化的发展，跨国银行日趋增多。跨国银行的母国与东道国对其监管应有明确的责任。母国监管者的责任是："必须实施全球性监管，对银行在世界各地的所有业务进行充分的监测并要求其遵守审慎经营的各项原则，特别是其在外国的银行、附属机构和合资机构的各项业务。"东道国监管当局的责任是："必须要求外国银行应按东道国国内机构同样遵守的要求从事当地业务。"母国与东道国建立联系，交换信息，共同完成对跨国银行的监管。这种联系表现为：在东道国监管当局发照之前要征求其母国监管当局的意见。

四、金融监管的方法

中央银行的金融监管主要依据法律，法规来进行，在具体实施监管的过程中，主要运用以下监管方法。

(一)事先检查筛选法

事先检查筛选法是指金融机构设立前的审查批准和注册登记。在各类金融机构设立之前，金融监管当局一般都要对拟设机构的地址、规模、股东人数、最低资产额、资本结构状况、管理层的组成和管理水平、是否妨碍竞争、未来收益和增长是否有保证、是否有利于社会经济的发展等问题，进行严格的审查。通过这种事先检查和筛选的方法，可以杜绝不合格金融成员的产生，防止那些资本金不足、缺少高水平的经营管理人才、未来收益无保障的金融机构的建立，从总体上减少金融风险，消除金融体系运行中的潜在隐患。

(二)定期报告分析法

各国金融监管当局一般都依法规定了各类金融机构的定期报告制度，按照时间间隔可以分为年度报告制度、中期报告制度、季度报告制度、月度报告制度和临时报告制度等，具体适用哪种制度，以及这些报告的内容、口径和信息披露程度等，因金融机构的种类、规模大小的不同而各异。对金融机构提交的各类定期报告进行认真的分析，据此就是否深入检查或采取其他制裁措施做出决策，是金融监管的一种十分关键而有效的方法。

(三)现场检查分析法

现场检查分析法是由中央银行或其他金融监管机构派专人到银行和金融机构进行实地检查，以了解银行和金融机构的资本充足情况、资产质量、管理质量、收入和盈利状况、清偿能力等，在此基础上做出全面的综合估价。在检查分析过程中，检查人员要分析和判断金融机构的经营活动是否安全、稳健及合法，这就需要检查金融机构各项业务活动的政策、做法和程序，包括金融机构的社会活动和制订战略计划的安排；判断金融机构内部与外部的管理情况，评价贷款、投资及其他资产质量；检查存款与其他负债状况及构成情况，判断银行资本是否充足；评价管理人员的能力和胜任程度；等等。美国是使用现场检查分析法最早和最为充分的国家，这一方法可以说是其金融监管制度的核心。目前，现场检查分析法已被日本、西欧、加拿大、澳大利亚以及众多的发展中国家广泛采用。

(四)自我监督管理法

与前一种方法正好相反，自我监督管理法是指金融监管当局要求银行和金融机构根据法律法规进行自我约束、自我管理，强调银行和金融机构在自觉自愿的基础上进行自我纪律约束。自我监督管理法与各种外部监管方法相结合，可以减少监管当局直接管理的工作量，并有助于提高外部监管的效果。当然，这种方法不能单独使用，只能作为外部监管的补充，否则会使金融监管机构的监管流于形式。

(五)内部审计法

内部审计法是金融机构聘请有资格的审计师对其经营和财务状况进行审核。审计师的责任是对股东大会负责，其审查重点是金融机构的盈利，而不是金融监管当局十分关注的风险与安全。

(六)及时处理法

对出现问题的金融机构进行及时处理，也是各国金融监管当局对金融业进行监督管理的一个重要方法。当银行或其他金融机构的业务活动违反或不符合金融法规规定，经营或财务状况不良，或有危害公众利益的行为时，监管当局将采取相应的措施，督促金融机构纠正偏差，改变现状。如果金融机构在执行过程中行动迟缓，或坚持不改，监管当局可采取措施限期解决，甚至可以采取更强硬的措施，强制性解决有关金融机构存在的问题。这种发现问题及时处理的方法，不仅树立了金融监管当局的权威，而且保证了金融监管的实际作用。

五、金融监管的内容

中央银行的监管对象主要是各类金融机构，金融监管的内容主要包括市场准入监管、市场运作过程监管和市场退出监管三个方面。

(一)市场准入监管

市场准入监管是指金融监管当局采取积极策略，在金融机构成立之前，对其设立条件、组织、经营项目、营业区域、资本要求和金融预警系统加以规定和审查。市场准入监管是各国金融监管体制中的第一道安全防线。各国对金融机构设立所规定的条件及其要求的程度不尽一致，但大体包括如下几项：①有足够的自有资本；②具有由较高素质管理人员组成的管理部门；③确属经济发展需要并有较好前景；④有组织章程；⑤规定经营范围；⑥接受监督管理；⑦有固定的经营场所和必要的经营条件。

(二)市场运作过程监管

市场运作过程监管是指中央银行运用有关政策、法规对金融机构的经营活动进行监管，是一种事中监管。其主要目标是保证金融机构经营过程健康有序进行，控制金融风险。

市场运作过程监管的内容主要包括：资本充足性监管、流动性监管、业务范围监管、贷款风险的控制、外汇风险管理、准备金管理、存款保险管理等。

(三)市场退出监管

市场退出监管是指中央银行按照金融法律法规对因种种原因不能继续独立运作的金融机构退出市场的监管，是一种事后监管。金融机构退出市场的方式可以分为两类：主动退出和被动退出。主动退出是指金融机构因分立、合并或者出现公司章程规定的事由需要解散，因此而退出市场。被动退出则是指由于法定的理由，如法院宣布破产或者因严重违规、资不抵债等原因而遭关闭，中央银行将金融机构依法关闭，取消其经营金融业务的资格，金融机构因此而退出市场。

发生清偿困难的金融机构会得到金融监管当局提供的紧急援助，可以说这是维护金融体系安全的最后一道防线。各国金融监管当局对问题金融机构的最后援助通常包括下列几项措施。

(1) 直接贷款。从各国的情况来看，当金融机构出现流动性困难时，通常是由金融监管当局和存款保险机构以票据贴现、抵押或非抵押贷款等方式提供支持。但在一些国家，除了由金融监管当局提供支持外，同时还有由金融界自发建立的“自救”机构向问题金融机构提供流动性支持。

(2) 组织大金融机构救助小金融机构。这项措施是指当小金融机构出现安全问题时，由监管当局出面，联合几家大金融机构集资救助，安排贷款(对尚具有一定偿债能力的金融机构)，或由大金融机构对问题金融机构进行合并。

(3) 由政府出面援助。这项措施适用于较大型的金融机构发生危机时。具体形式包括：

政府在问题金融机构大量存款；由政府接管经营问题金融机构并清偿全部债务。

六、我国的金融监管

(一)我国金融监管的现状

从1983年中国人民银行专门行使中央银行职能开始，到1992年中国证券监督管理委员会成立之前，我国的金融监管体制为典型的高度集中统一模式，由中国人民银行对全国金融业实行统一监督管理。随着我国证券市场的产生和迅速发展，为了加强证券市场的宏观管理，统一协调有关政策，1992年10月国务院决定成立专门的国家证券监管机构——国务院证券委员会，对全国证券市场进行统一宏观管理，同时成立证券委的监管执行机构——中国证券监督管理委员会。1998年4月，中国人民银行向中国证监会(与国务院证券委员会合并)移交对证券经营机构的监管权。1998年11月，中国保险业监督管理委员会成立，专司对中国保险业的监管。2003年3月，中国银行业监督管理委员会成立，2003年12月27日《中华人民共和国银行业监督管理法》颁布，自2004年2月1日起施行，确定中国银监会履行原由中国人民银行履行的对银行、金融资产管理公司、信托投资公司及其他存款类金融机构等的审批、监督管理职责及相关职责。中国人民银行对整个金融业的宏观调控、金融机构反洗钱工作的管理、跨业金融创新与金融工具运用的监督管理等方面，保留了为履行中央银行职能所必需的部分金融监管职能。

从对整个金融业进行监管的角度来看，我国的这种监管体制有些类似于单线多头金融监管体制模式。但从银行、证券、保险三业分开的角度来看，三大领域中的业务分别是由中国银监会、中国证监会、中国保监会和中国人民银行实施集中统一监管，并且从法律上三个监管机构都是在国务院的统一领导下依法行使金融监管权，所以，目前我国的金融监管体制仍然属于集中统一监管模式。这种监管体制适应了我国金融业发展演变和当前分业经营、分业管理的需要。

(二)我国金融监管的目标

随着我国市场经济体制的建立与发展，经济发展向金融方面提出了更多、更高的要求，促进了金融市场的产生与发展，也促使金融机构不断推出新的金融工具，开拓新的业务领域，以控制金融风险，并增强自己在市场中的竞争地位。在这种背景下，我国的金融监管除了应符合前面所述金融监管的一般性目标之外，还应着重强调两个目标：一是提高金融机构适应市场竞争和国际竞争的能力；二是建立一个及时、准确反映金融机构经营状况的金融信息系统，为金融机构的适度竞争，提高金融服务质量，以及为金融监管当局的监督管理提供及时、准确的信息。

(三)我国金融监管的原则

我国的金融监管除了应遵循前面所述金融监管的一般性原则之外，还应特别强调以下三条原则。

1．不干涉金融业内部管理的原则

我国的金融体制目前正处在由计划型向市场型转变的过程中，各类金融机构已经或正在转变成为以自主经营为基本特征的独立经济实体。作为真正的企业，在遵守国家法律及规章制度的前提下，其内部经营管理权理应得到充分的保障，否则不利于金融机构的发展。另外，社会主义市场经济的发展离不开金融体系在资金融通和资源配置方面所发挥的巨大作用，在这一过程中效率的高低是十分关键的。如果对金融机构管得过死，金融体系缺乏应有的活力，就会降低整个社会的资源配置效率，从而制约社会主义市场经济的发展。在间接调控机制下，中央银行的货币政策必须以各金融机构的业务活动及其调整作为传导，才能对金融和经济运行发挥有效的调节作用。

2．公正、独立的原则

公正是指金融监管机构在整个金融体系中处于超然地位，在监督管理过程中依法办事，绝不偏袒任何一家金融机构。独立是指各金融监管机构在国务院的统一领导下，不受任何干扰和压力，独立自主地行使对金融业进行监督管理的权力。在我国对经济的调控由行政手段转向经济手段和法律手段的过程中，这条原则尤其需要强调。

3．遵循国际惯例的原则

中国金融业要与国际金融业接轨，中国金融机构要进入国际金融市场，就必须遵循相应的国际惯例，按国际规则办事。在金融监管方面，最重要的就是要遵守巴塞尔委员会所颁布的若干指导文件。尽管这些文件并不具有法律效力，但由于为大多数国家的金融监管当局和金融机构所接受和执行，在国际上具有相当的权威性，所以我们仍须将其作为国际惯例来遵守。这是我国金融机构参与国际竞争的需要，也是增强我国金融业安全性，提高我国金融机构信用级别的需要。

(四)我国金融监管的方法

对于前面所述金融监管的一般方法，我国的金融监管当局已开始逐步采用。但从目前来看，稽核和行政管理仍然是我国金融监管最主要的两种方法。

1．稽核

在我国，对金融机构进行稽核有三种方式：一是专项稽核，即对金融机构的某一项或某一类业务，如信贷规模、固定资产贷款规模、证券自营规模等进行稽核；二是常规稽核，即根据监管当局的安排，每年或定期对一定比例的金融机构进行稽核，这种方式需要对被稽核的金融机构业务开展情况实施全面的检查；三是非现场检查，即通过对各金融机构提供的资料和报表进行分析，考察金融机构的内部组织、内部稽核、财务结算及业务经费等是否违反或超越了有关金融法规规定的警戒范围，以便及时纠正。这实际上是一种建立金融预警制度的方法。

2. 行政管理

金融监管的行政管理包括对金融机构的监督管理和对非金融单位违反有关金融法规的管理。对金融机构的管理分为审批管理和机构设立的管理，前者是金融机构当局依法审批金融机构的设立；后者分为常规检查和年度检查。对非金融单位违反有关金融法规的管理，主要是对非法设立的金融机构、非金融单位从事金融业务以及非法集资等问题进行处理。由于这方面的问题有些已超越金融系统，因此，金融监管机构要进行有效的管理，需要取得政府及有关职能部门的支持和配合。

除上述两种主要方法之外，人民银行、银监会、证监会和保监会等监管当局的下属部门对各金融机构相应业务活动的日常监督检查，也属于金融监管的组成部分，而调查统计部门则是金融监管的信息反馈系统，共同构成金融监管的整体。

(五)我国金融监管的内容

我国的金融监管在内容上也基本包括前面所述的金融监管的一般内容。具体来讲，主要有以下几个方面：①对最低实收资本的监管，即监督金融机构的实收资本能否达到设立所需的最低实收资本限制标准，以确保金融机构有相当的资本实力开展业务活动与防范风险。②对资本充足率的监管，即根据巴塞尔协议的要求对各商业银行是否达标进行监督检查。③对资产负债比例的监管，我国的信贷资金管理体制已经由规模控制转变为资产负债比例管理，所以，对商业银行资产负债比例的监管成为金融监管的重要内容。④对信贷资产质量及信贷资金投向的监管，这主要是防止不良贷款的产生，以及监督银行的信贷资金投向是否符合国家产业政策和信贷倾斜政策，对单个企业发放贷款是否超过规定比例等。⑤对利率的监管，在我国利率的市场化进程完成之前，还需要由中央银行对存贷款利率进行统一管理，主要内容是监督银行是否在规定幅度内行使利率浮动权，是否提高或变相提高利率吸引存款等。⑥对业务资格的监管，即对各类金融机构是否具备从事某一类金融业务的资格进行检查认定，如对证券经营机构从事证券经纪、证券承销及证券自营业务的资格的监管。

【专栏 7-5】海南发展银行的关闭

1998 年 6 月 21 日，中国人民银行发表公告，关闭刚刚诞生 2 年零 10 个月的海南发展银行。这是新中国金融史上第一次由于支付危机而关闭一家银行，因而不可避免地引起了社会各界的广泛关注。

海南发展银行成立于 1995 年 8 月，是海南省唯一一家具有独立法人地位的股份制商业银行，其总行设在海南省海口市，并在其他省设有少量分支机构。它是在合并原海南省 5 家信托投资公司的基础上，吸收了 40 多家新股东后成立的。成立时的总股本为 16.77 亿元，海南省政府以出资 3.2 亿元成为其最大股东。关闭前有员工 2800 余人，资产规模达 160 多亿元。

如此一家银行，为什么开业不到 3 年，就被迫关闭了呢？事实上，早在海南发展银行成立之时，就已经埋下了隐患。成立海南发展银行的初衷之一就是为了挽救一些有问题的金融机构。1993 年海南的众多信托投资公司由于大量资金压在房地产上而出现了经营困难。在这个背景下，海南省决定成立海南发展银行，将 5 家已存在问题的信托投资公司合并为海南发展银行。据统计，合并时这 5 家机构的坏账损失总额已达 26 亿元。有关部门认为，可以靠公司合并后的规模经济和制度化管理，使它们的经营好转，信誉度上升，从而摆脱困境。1997 年年底，遵循同样的思路，有关部门又将海南省内 28 家有问题的信用社并入海南发展银行，从而进一步加大了其不良资产的比例。

但是合并后成立的海南发展银行，并没有按照规范的商业银行机制进行运作，而是大量进行违法违规的经营。其中最为严重的就是向股东发放大量没有合法担保的贷款。股东贷款实际上成为股东抽逃资本金的重要手段。有关资料显示，海南发展银行成立时的 16.77 亿股本在建行之初，甚至在筹建阶段，就已经以股东贷款的名义流回股东手里。绝大部分股东贷款都属于无合法担保的贷款；许多贷款的用途根本不明确，实际上是用于归还用来入股的临时拆借资金；许多股东的贷款发生在其资本金到账后 1 个月内，入股单位实际上是“刚拿来，又带走；拿来多少，带走多少”。这种不负责任的行为显然无法使海南发展银行走上健康发展的道路。

由于上述原因，海南发展银行从开业之日起就步履维艰，不良资产比例大，资本金不足，支付困难，信誉差。在有关部门将 28 家有问题的信用社并入海南发展银行之后，公众逐渐意识到问题的严重性，出现了挤兑行为。持续几个月的挤兑耗尽了海南发展银行的准备金，而其贷款又无法收回。为保护海南发展银行，国家曾紧急调拨了 34 亿人民币抵御这场危机，但这只是杯水车薪。为控制局面，化解金融风险，国务院和中国人民银行当机立断，宣布 1998 年 6 月 21 日关闭海南发展银行。

从宣布关闭海南发展银行起至其正式解散之日前，由工商银行托管海南发展银行的全部资产负债。对于海南发展银行的存款，则采取自然人和法人分别对待的办法，自然人存款即居民储蓄一律由工行兑付，而法人债权进行登记，将海南发展银行全部资产负债清算完毕以后按折扣率进行兑付。6 月 30 日，在原海南发展银行各网点开始了原海南发展银行存款的兑付业务。由于公众对工行的信任，兑付业务开始后并没有造成大量挤兑，大部分储户只是把存款转存工行，现金提取量并不多。

(资料来源：西南财经大学. 货币金融学精品课网站，http://202.205.10.58/2005/guojia/huobijinrongxue/)

【专栏 7-6】提高金融监管能力，保障金融稳定和安全

随着金融业快速发展，金融改革继续深化，金融领域开放不断扩大，金融运行日益复杂，金融监管任务越来越重。必须始终把依法加强金融监管作为金融工作的重中之重，这是金融业持续健康发展和安全运行的重要保证。

要以全面提高监管能力为重点，着力抓好以下几个方面。

一是不断完善金融监管体制机制。实行银行、证券、保险分业监管体制，总体上符合我国当前金融发展的状况和要求。同时，要适应金融改革、创新、发展、开放新形势的要求，建立健全协调机制，进一步加强金融监管工作的协调配合。分业监管与协调配合的体制，还要实行一段时间。这是因为：一方面，目前我国金融体制机制不完善，现代金融企业制度不健全，企业风险控制意识和能力不强，金融监管水平不高；另一方面，随着金融业的发展，各类金融市场交叉和融合程度提高，金融创新步伐加快，综合经营试点稳步推进。因此，既要继续实行分业监管体制，又要加强监管协调配合。

二是坚持全面监管与重点监管相结合。银行、证券、保险监管部门都要根据本行业特点，加强对金融企业全方位全过程监管，同时要做好重点领域和重点环节监管。

三是强化金融监管手段。要积极采取先进的监控和检查技术手段，对重大金融活动和交易行为实行严密监测，提高现场检查和非现场检查的效率。

四是进一步加强金融法制建设，不断完善金融法律法规。依法监管，加大对金融违法违规行为的查处力度。完善金融监管部门对金融企业高级管理人员任职资格审查制度和失职责任追究制度。

五是加快建立存款保险制度。设立功能完善、权责统一、运作有效的存款保险机构，增强金融企业、存款人的风险意识，防范道德风险，保护存款人的合法权益。存款保险制度要覆盖所有存款类金融企业。加快建立金融机构风险救助和市场退出机制，及时处置风险。

六是健全金融应急机制和预案。要针对金融风险容易集中爆发的情况和特点，研究建立有效防范系统性金融风险、维护金融稳定的应急机制。要健全跨境资金流动监测预警体系，加强对短期资本流动特别是投机资本的有效监控。要贯彻今年开始实施的反洗钱法，切实加大反洗钱工作力度，加强对异常资金流动情况的监控，遏制洗钱犯罪及相关犯罪，有效打击洗钱活动。要加强与境外金融监管机构和国际金融组织的交流与合作，共同防范跨境金融风险。

七是继续深入整顿规范金融秩序。坚决遏制逃废银行债务的违法违规行为，严禁非法金融活动，取缔非法集资、地下钱庄、地下保单和非法外汇交易，依法打击各种金融诈骗违法犯罪行为。通过坚持不懈的努力，把各类金融活动纳入制度化、法治化的轨道。

(资料来源：温家宝. 全面深化金融改革　促进金融业持续健康安全发展. 全国金融工作会议上的讲话稿，2007)

本章小结

中央银行	中央银行概述	中央银行是现代金融体系的核心，是管理一国金融体系、控制货币供给、执行货币政策、实施金融监管的最高金融机构。中央银行的产生满足了银行券集中统一发行的需要、票据交换和清算的需要、保证银行支付能力的需要，以及加强金融监管的需要。 中央银行不是普通的经营性银行，不以营利为目的，而是从属于国家，贯彻执行国家经济政策的特殊国家机关，是代表国家管理金融的特殊机构。中央银行的这一性质决定了其任务就是控制一般银行，执行货币政策，进行金融监管，维持币值稳定，以推进经济发展。中央银行的性质决定了其有三项职能：发行的银行、银行的银行和政府的银行
	中央银行的业务	中央银行的性质，决定了其区别于商业银行和其他金融机构的业务，中央银行通过其自身的业务操作调节商业银行和其他金融机构的资产负债，进而实现宏观调控的目的。中央银行的三大职能都体现在其具体的业务活动中，主要业务是资产和负债
	中央银行的金融监管	金融监管是金融监督和金融管理的总称。金融监管是指政府通过特定的机构对金融交易行为主体进行的某种限制或规定。金融监管作为整个金融体系健康、有序、高效运行的重要保障，对一国经济的协调运行和稳定发展起着十分重要乃至决定性的作用

习 题

一、名词解释

1. 发行的银行
2. 银行的银行
3. 政府的银行
4. 单一式中央银行制
5. 复合式中央银行制
6. 再贴现
7. 金融监管
8. 金融监管的原则

二、单项选择题

1. 中央银行最重要的负债业务是(　　)。
   A. 公开市场业务　　B. 货币发行业务
   C. 代理国库业务　　D. 跨国清算业务
2. 存款保险制度的目的是保护(　　)的利益。
   A. 银行　　B. 存款人　　C. 国家　　D. 投资者
3. 黄金收购量大于销售量，基础货币将(　　)。
   A. 减少　　B. 增加　　C. 不变　　D. 不确定
4. 根据《中国人民银行法》的规定，中国人民银行可以(　　)。
   A. 允许政府财政透支　　B. 对商业银行贷款
   C. 包销国债　　D. 向地方政府提供贷款
5. 调节宏观经济，管理全国金融活动的特殊金融机构是(　　)。
   A. 商业银行　　B. 中央银行　　C. 政策性银行　　D. 专业银行
6. 我国目前实行的中央银行体制属于(　　)。
   A. 单一中央银行制　　B. 复合中央银行制
   C. 跨国中央银行制　　D. 准中央银行制
7. 中央银行握有证券并进行买卖的目的不是(　　)。
   A. 盈利　　B. 投放基础货币
   C. 回笼基础货币　　D. 对货币供求进行调节

8. 中央银行若提高再贴现率，将(　　)。
   A. 迫使商业银行降低贷款利率　　B. 迫使商业银行提高贷款利率
   C. 使企业得到成本更低的贷款　　D. 增加贷款发放
9. 垄断货币发行权，是央行作为(　　)的职能的体现。
   A. 银行的银行　　B. 国家的银行
   C. 监管的银行　　D. 发行的银行
10. 依法监管原则是指(　　)。
   A. 金融监管必须依法而行　　B. 金融机构必须依法经营
   C. 金融运行必须依法管理　　D. 金融调控必须依法操作

三、问答题

1. 中央银行区别于一般商业银行的特点是什么？通过中央银行的资产负债表来说明其特定的职能。

2. 中央银行作为“最后贷款者”的角色，其重要意义日益受到重视，为什么？

3. 监管当局的监管、行业自律和金融业的内部管理，这三者之间的相互关系应该怎样理解？

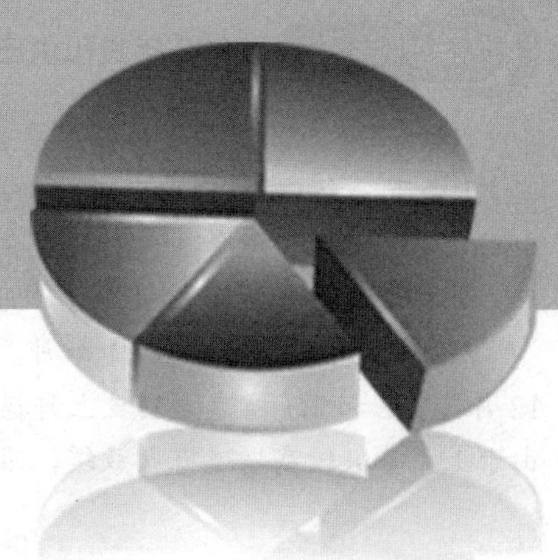

第八章 货币供求

本章精粹

- 货币需求
- 货币供给
- 货币供求均衡

2008 年货币供应量增速高于上年

2008 年年末，广义货币供应量 $M2$ 余额为 47.5 万亿元，同比增长 17.8%，增速比上年高 1.1 个百分点。狭义货币供应量 $M1$ 余额为 6.6 万亿元，同比增长 9.1%，增速比上年低 12.0 个百分点。流通中现金 $M0$ 余额为 3.4 万亿元，同比增长 12.7%，增速比上年高 0.5 个百分点。全年现金净投放 3844 亿元，比上年增加 541 亿元。

$M2$ 增速年末加快。前 11 个月，$M2$ 增速整体走低；年末，货币供应量增速逐步加快。12 月份 $M2$ 和 $M1$ 增速分别较上月提高了 3.0 和 2.3 个百分点。从 $M2$ 的结构来看，全年 $M1$ 由于上年基数较高增速有所放缓，准货币保持稳步增长。

(资料来源：中国货币政策执行报告，2008 年第 4 季度)

【启发思考】

1．什么是货币供应量？

2．货币供应的机制是什么？

3．我国货币供应量与货币需求量的关系是怎样的？两者是如何实现动态平衡的？

通过本章的学习，要求正确理解货币需求和货币供给的含义；掌握影响货币需求的主要因素；了解主要的货币需求理论；能够说明基础货币与货币乘数对货币供给的影响；掌握货币供给机制的主要内容；了解货币均衡与经济均衡的关系。

货币需求　货币供给　货币均衡

货币供求理论是整个货币理论的重要组成部分，也是中央银行制定货币政策的重要依据。在信用货币流通的条件下，人们对货币需求的动机和对货币数量的要求是不同的，哪些因素在影响着货币需求，经济学家对货币需求的主要理论有哪些，这是学习货币需求需要思考的问题。与货币需求对应的是货币供给，货币供给的机制是什么？如何对货币供给进行控制？货币需求和货币供给有什么关系，二者如何实现动态平衡？

第一节　货 币 需 求

对整个社会而言，货币不是财富，而是提高效率的工具。因此，社会对货币的需求有一个量的限制。对经济个体而言，货币是一种财富，从这个层面上来看，对货币的需求是无限的。然而，经济学中的需求，是愿望与能力的结合。因此，人们对货币的需求，表现为基于货币同其他财富在形态上的差别，保持一种机会成本最小，所得收益最大的货币数量。

一、什么是货币需求

经济学意义上的货币需求不同于社会学或心理学意义上的需求——一种主观的、一厢情愿的占有欲，而是社会各经济主体(包括企业单位、事业单位、政府部门、个人)在其财富中能够并且愿意以货币形式持有而形成的对货币的需求。

在现代高度货币化的经济社会里，社会各部门需要持有一定的货币去媒介交换、支付费用、偿还债务、从事投资或保存价值，因此便产生了货币需求。货币需求通常表现为一国在既定时间上社会各部门所持有的货币量。对于货币需求含义的理解，还需把握以下几点。

(1) 货币需求是一个存量的概念。它考察的是在某个时点和空间内(如 2008 年年底，中国)，社会各部门在其拥有的全部资产中愿意以货币形式持有的数量或份额，而不是在某一段时间内(如从 2006 年年底到 2008 年年底)，各部门所持有的货币数额的变化量。因此，货币需求是个存量概念，而非流量概念。

(2) 货币需求量是有条件限制的，是一种能力与愿望的统一。它以收入或财富的存在为前提，在具备获得或持有货币的能力范围之内愿意持有的货币量。因此，构成货币需求需要同时具备以下两个条件。①必须有能力获得或持有货币。②必须愿意以货币形式保有其财产。

二者缺一不可，有能力而不愿意持有货币不会形成对货币的需求；有愿望却无能力获得货币也只是一种不现实的幻想。

(3) 现实中的货币需求不仅包括对现金的需求，而且包括对存款货币的需求。因为货币需求是所有商品、劳务的流通以及有关一切货币支付所提出的需求。这种需求不仅现金可以满足，存款货币也同样可以满足。如果把货币需求仅仅局限于现金，显然是片面的。

(4) 人们对货币的需求既包括了执行流通手段和支付手段职能的货币需求，也包括了执行价值贮藏手段职能的货币需求。二者的差别只在于持有货币的动机不同或货币发挥职

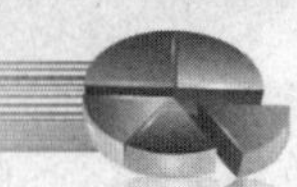

能作用的不同，但都在货币需求的范畴之内。

二、货币需求的影响因素

由于不同国家在经济制度、金融发展水平、文化和社会背景以及所处经济发展阶段的不同，影响货币需求的因素也会有所差别。现阶段影响我国货币需求的因素主要包括以下几个。

(一)收入

在市场经济中，各微观经济主体的收入最初都是以货币形式获得的，其支出也都要以货币支付。一般来说，收入提高，说明社会财富增多，支出也会相应扩大，因而需要更多的货币量来满足商品交易。所以，收入与货币需求呈同方向变动关系。近年来，随着人们收入水平的不断上升，以及经济货币程度的提高，货币在经济生活中的作用领域不断扩大，使得我国的货币需求不断增加。货币需求量与取得收入的时间间隔长短成正比。在其他条件不变的情况下，人们取得收入的时间间隔越长，则对货币的需求也越多。

(二)价格

从本质上看，货币需求是在一定价格水平上人们从事经济活动所需要的货币量。在商品和劳务量既定的条件下，价格越高，用于商品和劳务交易的货币需求也必然增多。因此，价格和货币需求，尤其是交易性货币需求之间，是同方向变动关系，在现实生活中，由商品价值或供求关系引起的正常物价变动对货币需求的影响是相对稳定的。而由通货膨胀造成的非正常物价变动对货币需求的影响则极不稳定。建国后我国几次通货膨胀期间都曾不同程度地出现了提款抢购、持币待购的行为，造成了这些时期货币需求的超常增长。可见，价格因素对我国货币需求的影响是很大的。

(三)利率

由于利率的高低决定了人们持币机会成本的大小，利率越高，持币成本越大，人们就不愿持有货币而愿意购买生息资产以获得高额利息收益，因而人们的货币需求会减少；利率越低，持币成本越小，人们则愿意持有货币而减少了购买生息资产的欲望，货币需求就会增加。利率的变动与货币需求量的变动是成反方向的。

【专栏 8-1】物价上涨对货币需求的影响

1988 年全国零售物价指数上升 18.5%，而当时一年定期的储蓄利率则仅为年率 7.2%，实际利率为负的状况导致了人们大量挤提存款，抢购商品，货币需求急剧上升。当政府很

快采取物价指数保值的储蓄办法之后，实际利率上升挤兑抢购的状况很快得到扭转，储蓄余额又开始上升，货币需求回落。

(四)货币流通速度

货币流通速度是指一定时期内货币的转手次数。动态地考察，一定时期的货币总需求就是货币的总流量，而货币总流量是货币平均存量与速度的乘积。在用来交易的商品与劳务总量不变的情况下，货币速度的加快会减少现实的货币需求量；反之，货币速度的减慢则必然增加现实的货币需求量。因此，货币流通速度与货币总需求呈反方向变动关系。改革开放以来，我国的货币流通速度有减缓的趋势，客观上加大了货币需求量。

(五)金融资产选择

各种金融资产与货币需求之间有替代性。证券类资产收益率的变化，造成证券价格的升降，从而使人们有可能在持有货币与购买证券之间做出选择。一般来说，资产收益率上升对货币需求会减少；反之，对货币需求会增加。

(六)市场规模及交易方式

一般而言，市场规模越大，对货币的需求自然越大。但货币需求在更大程度上取决于交易方式。在现代经济条件下，信用制度健全，经济交易更多地采用信用交易方式，即使市场规模再大，对货币的需求也不会增加。

(七)其他因素

如体制变化对利润与价格的预期变化、财政收支引起的政府货币需求的变化、信用发展状况、金融服务技术与水平，甚至民族特性、生活习惯等都影响我国的货币需求。

【启发思考】近年，许多知名网站纷纷推出名称各异的虚拟货币，如腾讯的 Q 币、新浪的 U 币、网易的 POPO 币等。网络虚拟货币是个“新生事物”，但发展势头很猛。虚拟货币的发展对我国现实的货币需求会产生影响吗？应该如何看待虚拟货币？

三、主要货币需求理论简介

(一)传统的货币数量说

所谓“货币数量说”，是指以货币的数量来解释货币的价值或一般物价水平的一种理论，它是经济学中流传最广、势力最大的一种解释物价与货币价值的学说。该学说认为，在其他情况不变的条件下，一个国家物价水平的高低、货币价值的大小完全取决于这个国家货币数量的多少，货币数量的变动必将引起一般物价水平做同方向、等比例的变动。这种理论产生较早，研究的学者也较多，其中以费雪的现金交易说和剑桥学派的现金余额说为主要代表。

1. 费雪的现金交易说(费雪方程式)

美国经济学家欧文·费雪在 1911 年出版的《货币的购买力》一书中，对古典的货币数量进行了概括，提出了著名的交易方程式，即

$$MV=PT$$

式中，M 代表一定时期内流通中货币的数量；V 代表货币的流通速度；P 代表物价水平；T 代表一定时期内各类商品的交易总量。

在公式中，MV 表示一定时期内的货币总量，PT 表示同一时期内商品的交易总额，两者是相等的。由于在一定时期内商品的交易总量与流通速度是相对稳定的，可将它们假设为常数。因此，P 的值特别取决于 M 数量的变化，任何货币数量的变化都会作用于一般物价水平，从而导致一般物价水平做同方向、等比例的变动。

2. 剑桥学派的现金余额说(剑桥方程式)

现金余额说是由剑桥的经济学家马歇尔、庇古、罗伯逊等人发展起来的，因此该学说也被称为剑桥方程式。该方程式为

$$M=KPY$$

式中，M 为货币数量(现金余额)；K 为国民收入中以货币形式持有的比例；P 表示一般物价水平；Y 为实际国民收入。

这一理论认为在短期内 K 和 Y 都是相对稳定的，同时货币数量的变动也不会对这两个变量产生影响。因此，其基本结论与费雪的结论相似，也认为货币数量的变动会使一般物价水平做同方向、等比例的变动。不同的是，剑桥学派是从货币需求函数出发推导出货币数量论，而现金交易说是从货币数量论推导出货币需求函数。这种逻辑顺序的不同使现金余额说包含了较多的合理成分，因为它的出发点是正确的。剑桥学派开创的这一研究视角为后来的经济学家研究货币需求奠定了基础，凯恩斯的流动性偏好论正是在现金余额说的基础上发展起来的。

(二)凯恩斯的货币需求理论

凯恩斯继承了剑桥学派的分析方法，从资产选择的角度来考察货币需求。所不同的是，凯恩斯对人们持有货币的各种动机进行了详尽的分析，得出了“实际货币需求不仅受实际收入的影响，也受利率影响”的结论。

凯恩斯将人们持有货币的动机称为流动性偏好，所以凯恩斯的货币需求理论也被称为流动性偏好理论。

1. 持有货币的动机

凯恩斯认为，人们对货币的需求出于三种动机，即交易动机、预防动机和投机动机。相应地，货币需求也被分为三部分，即交易动机的货币需求、预防动机的货币需求和投机动机的货币需求。

(1) 交易动机的货币需求。交易动机的货币需求是指人们为进行日常交易而产生的货币需求。该货币需求的数量主要决定于收入的多少。收入多，则货币需求也多；收入少，则货币需求也少。

(2) 预防动机的货币需求。预防动机的货币需求是为应付那些意料之外的支出而产生的货币需求，它的产生主要是因为未来收入和支出的不确定性。这部分货币需求也受收入水平的影响，故也是收入的递增函数。

(3) 投机动机的货币需求。投机动机的货币需求是指人们根据对市场利率变化的预测，需要持有货币以便从中获利的动机。这实际上是人们对闲置货币余额的需求，而不是对交易媒介的需求。人们之所以持有闲置的货币余额，是为了在利率变动中进行债券的投机，以获取利润。这一货币需求与市场利率成反比，市场利率高，则投机动机的货币需求少；利率低，则投机动机的货币需求就多。

2. 凯恩斯的货币需求函数

在货币需求的三种动机中，由交易动机和预防动机而产生的货币需求均与商品和劳务的交易有关，与收入水平成正比，是收入的递增函数。投机动机产生的货币需求则与利率有关，利率越低，投机性货币需求就越多，故投机性货币需求是利率的递减函数。于是，可将货币需求函数 M 分成两部分：满足交易动机与预防动机的货币需求 $M1$ 和满足投机动机的货币需求 $M2$。若以 Y 表示收入，以 i 表示利率，则凯恩斯的货币需求函数为：

$$M = M1 + M2 = L1(Y) + L2(i) = L(Y, i)$$

3. 对凯恩斯货币需求理论的评述

凯恩斯货币需求理论的新颖之处在于：①强调了货币作为资产或价值贮藏的重要性，即货币并非仅是一种交易手段，它本身也有值得保有的价值；②当利率降低到某一低点后，货币需求就会变得无限大，即著名的“流动性陷阱”。流动性陷阱是指当利率降到某一低点后，货币需求对利率的敏感性变得无穷大，货币供给的增加已不可能使利率进一步下降。这时，没有人会愿意持有债券或其他资产，每个人只愿意持有货币。故按传统凯恩斯的观点，经济处于“流动性陷阱”时，货币政策失效，只有启动财政政策。

但是传统凯恩斯理论也有缺陷，即：①忽视利率对交易动机和预防动机货币需求的影响；②将人们的资产选择范围假定在货币与债券之间。

凯恩斯货币理论的政策含义：①货币供给取决于中央银行，货币需求取决于流动性偏好。②如果中央银行通过增加货币供应量降低利率，使利率低于资本边际效率，就会刺激投资的增加，通过投资乘数的作用，提高有效需求，使就业量与国民收入成倍增长。

【专栏 8-2】流动性陷阱举例

在我国 1998—2002 年通货紧缩时期，央行曾先后 5 次降息，试图刺激消费，促进投资，结果并没有达到目的，居民短期储蓄倾向反而继续上升。日本在 20 世纪 90 年代经济衰退后，曾持续降息以期振兴经济。名义利率在 1999 年降至零，但是物价却进入通货紧缩状态，日本央行已无法通过减息提振经济，经济持续低迷长达十余年。许多经济研究文献在分析当时两国货币政策难有作为的原因时，都运用了“流动性陷阱”理论。

(三)弗里德曼的货币需求理论

1. 理论要点

弗里德曼将货币视为资产的一种形式，用消费者的需求和选择理论来分析人们对货币的需求。消费选择理论认为，消费者在选择消费品时，须考虑三类因素：收入，这构成预算约束；商品价格以及替代品和互补品的价格；消费者的偏好。

(1) 影响人们货币需求的第一类因数是预算约束，也就是说，个人所能够持有的货币以其总财富量为限，并以恒久收入作为总财富的代表。恒久收入是指过去、现在和将来收入的平均数，即长期收入的平均数。弗里德曼注意到在总财富中有人力财富和非人力财富。人力财富是指个人获得收入的能力，非人力财富即物质财富。弗里德曼将非人力财富占总财富的比率作为影响人们货币需求的一个重要变量。

(2) 影响货币需求的第二类因数是货币及其他资产的预期收益率，包括货币的预期收益率、债券的预期收益率、股票的预期收益率、预期物价变动率。其他资产的预期收益率是人们持有货币的机会成本，其他资产收益率越高，货币需求就越少。

(3) 影响货币需求的第三类因数是财富持有者的偏好，在短期内可视为不变。

2. 货币需求函数

通过对影响货币需求因素的分析，弗里德曼提出了货币需求函数公式。该函数强调货币需求与恒久收入和各种非货币性资产的预期回报率等因素之间存在着函数关系，货币需求函数具有稳定性的特点。弗里德曼的函数较为复杂，简化以后的函数形式为

$$M_d/P=f(Y_r, W, R_m, R_b, R_e, g_P, u)$$

式中，Y_r 为实际恒久性收入；W 为非人力财富占个人财富的比率；R_b 为债券的预期名义收益率；R_e 为股票的预期名义收益率；g_P 为预期价格变动率；R_m 为货币的预期名义收益率，是度量持有货币的收益的。可以看出，R_m、R_b 与 R_e 的代数和相当于凯恩斯式中的 i。所以，可以说，弗里德曼的货币需求函数是在凯恩斯的货币需求函数基础上的进一步精确与完善，与现实更为接近。

他强调恒久性收入的波动幅度比现期收入小得多，且货币流通速度也相对稳定，所以货币需求也比较稳定。

3. 弗里德曼的货币需求理论与凯恩斯的货币需求理论的区别

(1) 在凯恩斯的货币需求函数中，利率仅限于债券利率，收入为即期的实际收入水平。而在弗里德曼的货币需求函数中，利率包括各种财富的收益率，收入则是具有高度稳定性的恒久收入，是决定货币需求的主要因素。

(2) 凯恩斯的货币需求函数是以利率的流动性偏好为基础的，认为利率是决定货币需求的重要因素。而弗里德曼则认为，货币需求的利率弹性较低，即对利率不敏感。

(3) 凯恩斯认为，货币流通速度与货币需求函数不稳定。而弗里德曼则认为，货币流通速度与货币需求函数高度稳定。

(4) 凯恩斯认为，国民收入是由有效需求决定的，货币供给量对国民收入的影响是一个间接作用的过程，即经由利率、投资及投资乘数作用而作用于社会总需求和国民收入。弗里德曼则认为，由于货币流通速度是稳定的，货币流通速度的变动则直接引起名义国民收入和物价水平的变动，所以货币是决定总支出的主要因素。

【专栏 8-3】米尔顿·弗里德曼生平

米尔顿·弗里德曼(1912—2006 年)是美国当代经济学家，货币学派的代表人物，1976 年度诺贝尔经济学奖获得者。

弗里德曼一贯遵循芝加哥学派的传统，极力提倡经济自由主义，反对国家干预。在他看来，理想中的经济制度是自由竞争的资本主义。但弗里德曼并不主张无政府主义，他所提倡的是从国家积极干预经济的道路上转变方向，政府只应扮演规章制度的制定者和仲裁人的角色，只应在反对技术垄断和克服市场的不完全性等方面发挥作用。

在经济学方法论上，弗里德曼赞同并宣扬实证经济学。他认为实证经济学在原则上不依从于任何特别的伦理观念或规范性的判断，它是类似于任何一种自然科学的客观的科学，它的最终目的是创立一种能对现象提出正确的、有意义的预测的理论或假说。在实证经济学方法论的指导下，弗里德曼明确地提出“恒久性收入假说”，指出，消费者不是根据他们的现期收入，而是根据长期的或已成为惯例的恒久性收入来安排自己的支出。

(资料来源：百度百科，http://baike.baidu.com/view/476057.htm)

现代货币数量论是弗里德曼整个理论体系的基石和制定货币政策的依据。在现代货币数量论的基础上，他进一步提出了“名义收入货币理论”，用于考察货币数量变动与名义国民收入水平之间的关系。此外，弗里德曼还提出“自然失业率”假说，试图解释通货膨胀与失业并存问题。

第二节 货币供给

货币供给的变动会影响利率和整体经济的健康运行，从而影响经济生活中的每个人。由于它对经济生活的深远影响，理解货币供给如何决定就显得非常重要。谁控制了货币供给？什么因素引起其变化？如何加强对它的控制？在本节中，我们会详细描述货币供给过程——决定货币供给水平的机制，从而回答上述问题。

一、货币供给与货币供给量

(一)货币供给与货币供给量的含义

货币供给是指某一国或货币区的银行系统向经济体中投入、创造、扩张(或收缩)货币的金融过程。

货币供给量是指在一定时点上，一国经济中用于各种交易的货币总量，包括现金、存款、商业票据、可流通转让的金融债券、政府债券等；也可以理解为除中央政府或财政部、中央银行或商业银行以外的非银行大众所持有的货币量。它是一个存量概念，而不是一个流量概念。即它是一个时点的变量，而不是一个一定时期的变量。货币供给有狭义、广义之分。从狭义上说，它由流通中的纸币、铸币和活期存款构成，银行的活期存款是货币供给的一个重要组成部分。从广义上说，货币供给还包括商业银行的定期存款、储蓄和贷款协会及互助储蓄银行的存款，甚至还包括储蓄债券、大额存款单、短期政府债券等现金流动资产。

【专栏 8-4】货币层次

一般认为，货币层次可以划分如下。

$M1$=现金 + 活期存款；

$M2$=$M1$ + 定期存款 + 储蓄存款 + 其他存款；

$M3$=$M2$ + 其他金融资产。

(二)理解货币供给应注意的几个问题

1. 名义货币供给与实际货币供给

名义货币供给是指一定时点上不考虑物价因素的货币存量；而剔除了物价影响之后一定时点上的货币供给量就是实际货币供给。人们通常使用的货币供给概念都是指名义货币供给，但是如果一个经济体系正经历着物价水平的剧烈波动，那么，只考察名义货币供给就可能导致对经济形势错误的判断。

2. 货币存量与货币流量

货币存量是指某一时点上的货币供应量；而货币流量则是指按一定时期计算的货币周转总额。货币流量大小等于货币存量乘以货币流通速度。由于货币流通速度的不同，同样的货币供给量可以有规模不同的货币流量；同样规模的货币流量，货币供给量也可以是不同的。

3. 货币供给的内生性与外生性

货币供给的内生性是指货币的变动取决于经济体系中的实际变量，如收入、储蓄、投资、消费等因素，以及微观主体的经济行为，而不是货币当局的政策；货币供给的外生性是指货币当局能够凭自身的意图，运用政策工具对社会的货币量进行扩张或收缩。因而，货币供应量在很大程度上为政策所左右。货币供应究竟是内生变量还是外生变量，或者两者兼而有之，在现实中很难区分，应视具体情况进行区分。

二、货币供给机制

货币创造(供给)机制是指银行主体通过其货币经营活动而创造出货币的过程，它包括商业银行通过派生存款机制向流通供给货币的过程和中央银行通过调节基础货币量而影响货币供给的过程。

(一)货币供给机制中的中央银行

中央银行在货币供给机制中的作用是通过提供基础货币来发挥的。

基础货币是指流通中的现金和商业银行在中央银行的准备金存款之和，用公式表示为

$$B=C+R$$

式中：B——基础货币；

C——流通中的现金；

R——商业银行在中央银行的准备金存款。

从基础货币的构成看，C 和 R 都是中央银行的负债，中央银行对这两部分都具有直接的控制能力。现金的发行权由中央银行掌握，中央银行对商业银行的准备金存款也有较强的控制力。中央银行可以通过调整法定存款准备金、再贴现率或公开市场业务操作等来改变商业银行的准备金数量。

中央银行控制的基础货币是商业银行借以创造存款货币的源泉。中央银行供应基础货币是整个货币供应过程中的最初环节，它首先影响的是商业银行的准备金存款，只有通过商业银行运用准备金存款创造活动后，才能最终完成货币的供应。货币供应的全过程就是由中央银行供应基础货币，基础货币形成商业银行的原始存款，商业银行在原始存款基础上创造派生存款并最终形成货币供应总量的过程。

如果以 M_s 表示货币供应量，以 B 表示基础货币，以 K 表示存数，货币供应量用公式可以表示为

$$M_s=B \cdot K$$

(二)货币供应机制中的商业银行

商业银行在货币供给机制中的作用是通过创造存款货币的功能来发挥的。

在不兑现信用货币制度下，商业银行的活期存款与通货一样，充当完全的流通手段和支付手段，存款者可据以签发支票进行购买、支付和清偿债务。因此，客户在得到商业银行的贷款和投资以后，一般并不立即提现，而是把所得到的款项作为活期存款存入同自己有业务往来的商业银行中，以便随时据以签发支票。这样，商业银行在对客户放款和投资时，就可以直接贷入客户的活期存款。所以，商业银行一旦获得相应的准备金，就可以通过账户的分录使自己的资产(放款与投资)和负债(活期存款)同时增加。从整个商业银行体系来看，即使每家商业银行只能贷出它所收受的存款的一部分，全部商业银行却能把它们的贷款与投资扩大为其所收受的存款的许多倍。换言之，从整个商业银行体系来看，一旦中央银行供给的基础货币被注入商业银行内，为某一商业银行收受为活期存款，在扣除相应的存款准备金之后，就会在各家商业银行之间辗转使用，从而最终被放大为多倍的活期存款。下面以简单存款创造来说明商业银行的存款货币创造功能。

存款货币创造的三条假定：①每家银行只保留法定准备金，其余部分全部贷出，超额准备金为零。这样银行每增加一笔存款时，只是法定存款准备金相应地增加。②客户收入

的一切款项全部存入银行，而且不提取现金。③法定准备率为 10%。

在这些假设条件下，设想为了增加货币供应量，中央银行在公开市场业务中向甲购买国库券 1000 元，甲又把现金存入到 A 银行，存款创造就开始了。最初的 A 银行(第一级银行)得到 1000 元存款，在法定准备金制度下 A 银行必须首先留出 100 元作为法定存款准备金，然后才能把余下的 1000 元-100 元=900 元以支票或者现金的形式全部贷出。这 900 元又经其借贷人之手转存到他在另一家银行的账户。这家银行称为第二级银行，它得到了 900 元的存款(这笔存款称为“派生存款”，也就是由贷款引起的存款)，这时银行体系内增加了 900 元的新存款。第二家银行必须留出 90 元作为准备金，然后才能将余下的 900 元-90 元=810 元全部贷出，这 810 元又被借款人存入他在第三级银行的账户，银行体系内又增加了 810 元的新存款。第三级银行再留出 81 元作为准备金，贷出 729 元，这 729 元又成为第四级银行的存款。至此，银行体系的存款已经由最初的 1000 元增加到了 3439 元。这种存款——贷款——再存款——再贷款的过程将继续反复进行下去，每一轮贷款金额及其派生存款总是比上一轮递减 10%，最后递减为零，存款创造过程终结，这时整个银行体系的存款将达到 10 000 元，如表 8.1 所示。

表 8.1 银行存款创造过程 单位：元

银 行	新 存 款	新 贷 款	新准备金
最初的银行	1000	900	100
第二级银行	900	810	90
第三级银行	810	729	81
第四级银行	729	656.1	72.9
第四级银行小计	3439	3095.1	343.9
……	…	…	…
整个银行体系合计	10 000	9000	1000

如果以 R 代表原始存款，r_d 代表法定准备金率，D 表示整个银行体系存款总额，则上述过程可表示为

$$D=R[1+(1-r_d)+(1-r_d)^2+(1-r_d)^3+\cdots+(1-r_d)^n+\cdots]$$

$$=\frac{R}{1-(1-r_d)}=\frac{R}{r_d}$$

即银行活期存款总额是初期存款的 $1/r_d$ 倍。$1/r_d$ 称为存款创造乘数，用 k_D 表示，它是法定存款准备金率的倒数。上例中若 r_d=10%，则存款创造乘数为 10，初始存款为 1000 元，银行活期存款总额为 10 000 元；若 r_d=5%，则存款创造乘数为 20，初始存款为 1000 元，银行活期存款总额为 20 000 元。可见，法定准备金率在银行存款创造中起着控制器的作用。

较低的法定准备金率对应着一个较大的存款创造乘数，活期存款总额就较多；较高的法定准备金率则对应着一个较小的存款创造乘数，活期存款总额就较少。这是因为，r_d的值越大，每一轮可用于贷款的金额越少，也就是每一轮“漏出”的金额越多，因而每一轮由存款创造的金额越小，从而各轮派生存款之和越小，所以乘数之值越小。这也就为中央银行控制货币供给提供了一个可能。中央银行提高或者降低法定准备金率，就能控制商业银行创造活期存款的倍数，从而控制货币的供给。

【专栏 8-5】派生存款

派生存款(derivative deposit)——是原始存款的对称，是指由商业银行发放贷款、办理贴现或投资等业务活动引申而来的存款。派生存款产生的过程，就是商业银行吸收存款、发放贷款，形成新的存款额，最终引起银行体系存款总量增加的过程。

派生存款的创造必须具备两大基本条件：①部分准备金制度。准备金的多少与派生存款量直接相关。银行提取的准备金占全部存款的比例称作存款准备金率。存款准备金率越高，提取的准备金越多，银行可用的资金就越少，派生存款量也相应减少；反之，存款准备金率越低，提取的准备金越少，银行可用资金就越多，派生存款量也相应增加。②非现金结算制度。在现代信用制度下，银行向客户贷款是通过增加客户在银行存款账户的余额进行的，客户则是通过签发支票来完成其支付行为。因此，银行在增加贷款或投资的同时，也增加了存款额，即创造出了派生存款。如果客户以提取现金方式向银行取得贷款，就不会形成派生存款。

(资料来源: baike.baidu.com/view/130882.htm)

三、基础货币与货币乘数

(一)基础货币

基础货币也称货币基数、强力货币、初始货币，因其具有使货币供应总量成倍放大或收缩的能力，又被称为高能货币。基础货币包括中央银行为广义货币和信贷扩张提供支持的各种负债，主要指银行持有的货币(库存现金)和银行外的货币(流通中的现金)，以及银行与非银行在货币当局的存款。

1. 基础货币的特征

基础货币是整个商业银行体系借以创造存款货币的基础，是整个商业银行体系的存款得以倍数扩张的源泉。从本质上看，基础货币具有以下几个最基本的特征。

(1) 中央银行的货币性负债，而不是中央银行资产或非货币性负债，是中央银行通过自身的资产业务供给出来的。

(2) 通过由中央银行直接控制和调节的变量对它的影响，达到调节和控制供给量的目的。

(3) 支撑商业银行负债的基础，商业银行不持有基础货币，就不能创造信用。

(4) 在实行准备金制度下，基础货币被整个银行体系运用的结果，能产生数倍于它自身的量，从来源上看，基础货币是中央银行通过其资产业务供给出来的。

2. 基础货币的公式

从用途上看，基础货币表现为流通中的现金和商业银行的准备金。从数量上看，基础货币由银行体系的法定准备金、超额准备金、库存现金以及银行体系之外的社会公众的手持现金等四部分构成。其计算公式为

基础货币=法定准备金+超额准备金+银行系统的库存现金+社会公众手持现金

(二)货币乘数

货币乘数的基本计算公式是：货币供给/基础货币。货币供给等于通货(即流通中的现金)和活期存款的总和；而基础货币等于通货和准备金的总和。

银行提供的货币和贷款会通过数次存款、贷款等活动产生出数倍于它的存款，即通常所说的派生存款。货币乘数的大小决定了货币供给扩张能力的大小。而货币乘数的大小又由以下四个因素决定。

(1) 法定准备金率。定期存款与活期存款的法定准备金率均由中央银行直接决定。通常，法定准备金率越高，货币乘数越小；反之，货币乘数越大。

(2) 超额准备金率。商业银行保有的超过法定准备金的准备金与存款总额之比，称为超额准备金率。显而易见，超额准备金的存在相应减少了银行创造派生存款的能力，因此，超额准备金率与货币乘数之间也呈反方向变动关系，超额准备金率越高，货币乘数越小；反之，货币乘数就越大。

(3) 现金比率。现金比率是指流通中的现金与商业银行活期存款的比率。现金比率的高低与货币需求的大小成正相关。因此，凡影响货币需求的因素，都可以影响现金比率。例如银行存款利率下降，导致生息资产收益减少，人们就会减少在银行的存款而宁愿多持有现金，这样就加大了现金比率。现金比率与货币乘数负相关，现金比率越高，说明现金退出存款货币的扩张过程而流入日常流通的量越多，因而直接减少了银行的可贷资金量，制约了存款派生能力，货币乘数就越小。

(4) 定期存款与活期存款间的比率。由于定期存款的派生能力低于活期存款，各国中央银行都针对商业银行存款的不同种类规定了不同的法定准备金率，通常定期存款的法定

准备金率要比活期存款的低。这样即便在法定准备金率不变的情况下，定期存款与活期存款间的比率改变也会引起实际的平均法定存款准备金率改变，最终影响货币乘数的大小。一般来说，在其他因素不变的情况下，定期存款对活期存款比率上升，货币乘数就会变大；反之，货币乘数会变小。总之，货币乘数的大小主要由法定存款准备金率、超额准备金率、现金比率及定期存款与活期存款间的比率等因素决定。而影响我国货币乘数的因素除了上述四个因素之外，还有财政性存款、信贷计划管理两个特殊因素。

第三节 货币供求均衡

经济体系需要多少货币，取决于有多少社会总供给需要货币流通去实现，这是货币需求由社会总供给决定的理论出发点。货币同时又是社会总需求实现的手段和载体，因此货币供给是形成社会总需求的根源。货币均衡与社会总需求平衡是一个问题的两个方面。

一、货币供求均衡概述

(一)货币供求均衡的含义

货币供求均衡是指社会的货币供应量与客观经济对货币的需求量基本相适应，即，货币需求=货币供应。

在现代商品经济条件下，一切经济活动都必须借助于货币的运动，社会需求都表现为拥有货币支付能力的需求，即需求都必须通过货币来实现。货币把整个商品世界有机地联系在一起，使它们相互依存、相互对应。整个社会再生产过程，就其表象而言，就是由各种性质不同的货币收支运动构成的不断流动的长河，货币的运动反映了整个商品世界的运动。因此，货币供求的均衡也可以说是由这些货币收支运动与它们所反映的国民收入及社会产品运动之间的相互协调一致。

(二)货币供求均衡的特征

货币供求均衡有如下几个特征。

(1) 货币供求均衡是一种状态，是货币供给与货币需求的基本适应，而不是指货币供给与货币需求数量上的相等。

(2) 货币供求均衡是一个动态过程。它并不要求在某一个时点上货币的供给与货币的需求完全相适应，它承认短期内货币供求不一致状态，但长期内货币供求之间应大体上相互适应。

(3) 货币供求均衡在一定程度上反映了国民经济的平衡状况。在现代商品经济条件下，货币不仅是商品交换的媒介，而且是国民经济发展的内在要素。货币收入的运动制约或反映着社会生产的全过程，货币收支把整个经济过程有机地联系在一起，一定时期内的国民经济状况必然要通过货币供求的均衡状况反映出来。

二、货币供求均衡与社会总供求

(一)货币供给与社会总需求

在现代商品经济条件下，任何需求都表现为有货币支付能力的需求。任何需求的实现都必须支付货币，如果没有货币的支付，没有实际的购买，社会基本的消费需求和投资需求就不能实现。因此，一定时期内，社会的货币收支流量就构成了当期的社会总需求。

社会总需求的变动，一般来说，首先是来源于货币供给量的变动。但是，货币供应量变动以后，能在多大程度上引起社会总需求的相应变动，则取决于货币持有者的资产偏好和行为，即货币持有者的资产选择行为。当货币供应量增加以后，人们所持有的货币量增加。如果由于种种原因，人们不是把这些增加的货币用于消费或投资，而是全部用于贮藏，则对社会总需求不会产生影响。因为这些增加的货币量并没有形成现实的追加购买支出，所以对商品市场和资本市场都没有直接的影响。如果货币供应量增加以后，人们不是将这些增加的货币用于贮藏，而是用于增加对投资品的购买，从而增加了社会总需求中的投资支出，则会直接影响到投资品市场的供求状况。

(二)货币供给与货币需求

在研究货币供求关系问题上，货币需求的数量在现实中并不能直接地表现出来，也就是说，客观上需要多少货币，是很难界定的。这是因为，其一，社会经济本身是一个不断发展变化的过程，客观经济过程对货币的需求受多种因素的制约，且这种需求也是随客观经济形势的变化而不断变化的。其二，在纸币流通条件下，再多的货币都会被流通所吸收，因此，不管社会的货币需求状况如何，货币供给量与货币需求量始终都是相等的。也就是说，在货币供给量一定的条件下，不管社会的货币需求状况如何，全社会所持有的货币的名义数量既不可能超过现在的货币供应量，也不可能少于这个量，二者名义上始终是相等的。但是，这种名义上的货币供求均衡关系，并不一定就是实际的货币供求均衡的实现。因为，从社会的角度看，名义货币总量并不一定就代表了社会经济过程所要求的货币需要量。名义货币量可以反映出如下 3 种动态趋势。

(1) $M_s=M_d$，即价格稳定，预期的短缺趋于稳定，国民收入增加。

(2) $M_s<M_d$，即物价上涨，预期的短缺增加，名义国民收入增加，而实际国民收入增

加受阻，或增幅下降。

(3) $M_s > M_d$，即物价下跌或趋于稳定，预期的短缺消失，企业库存增加，商品销售不畅，国民收入下降，经济处于停滞状态。

因此，分析货币供求均衡与否，仅从名义的货币供求状况是很难做出判断的，必须深入分析实际的经济过程，才能弄清问题的实质。

货币供给和货币需求之间是一种互相制约、相互影响的关系，一方的变动会引起另一方的相应变动。当货币供给小于货币需求时，如果不增加货币供应，经济运行中的货币需求就得不到满足，致使社会的总需求减少，生产下滑，总供给减少。由于商品供给的减少，致使货币需求量减少，最终使货币供求在一个较低的国民收入水平上得以均衡。如果中央银行采取放松即增加货币供应的方针，以满足经济运行对货币的需求，从而导致社会的投资需求和消费需求增加，促使生产持续发展，货币供求在一个较高的水平上会得以均衡。当货币的供给大于货币需求时，典型的情况是通货膨胀，在这种情况下，存在着两种可能：一是有生产潜力可挖，需求增加和物价上涨，可以刺激生产的发展，即在物价上涨的同时，产出增加，从而导致实际的货币需求增加，使货币供求恢复均衡。二是随着生产的发展，生产潜力在现有条件下已充分挖掘，这时中央银行应采取收缩银根的政策，控制货币供应量的增长，从而导致货币供求趋于均衡。

总之，货币供求之间是相互联系、相互影响的，货币供给的变动可在一定条件下改变货币需求；而货币需求的变动，也可以在一定程度上改变货币的供给。联系货币供给与货币需求的桥梁和纽带就是国民收入和物价水平。

(三)货币供应、货币需求、总需求和总供应

如果把总供求平衡放在市场的角度研究，它包括了商品市场的平衡和货币市场的平衡，也就是说，社会总供求平衡是商品市场和货币市场的统一平衡。商品供求与货币供求之间的关系可用图 8.1 来简要描述。

图中包括了几层含义：一是商品的供给决定了一定时期的货币需求。因为，在商品货币经济条件下，任何商品都需要货币来表现或衡量其价值量的大小，并通过与货币的交换实现其价值。因此，有多少商品供给，必然就需要相应货币量与之对应。二是货币的需求决定了货币的供给。就货币的供求关系而言，客观经济过程的货币需求是基本的前提条件，货币的供给必须以货币的需求为基础，中央银行控制货币供应量的目的，就是要使货币供应与货币需求相适应，以维持货币的均衡。三是货币的供给形成对商品的需求，因为任何需求都是有货币支付能力的需求，只有通过货币的支付，需求才得以实现，因此在货币周转速度不变的情况下，一定时期的货币供给水平，实际上就决定了当期的社会需求水平。四是商品的需求必须与商品的供应保持平衡，这是宏观经济平衡的出发点和归宿。

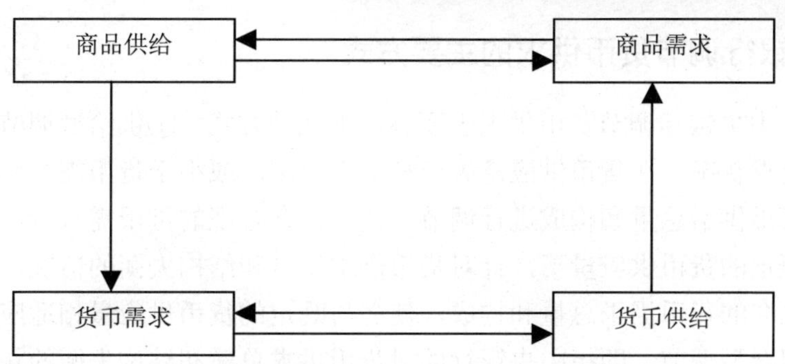

图 8.1　货币均衡与社会总需求均衡的联动

三、中央银行对货币供求的调节

(一)货币供求的几种状况

中央银行总是针对具体的货币供求状况来进行调节。一般而言，货币供求状况可能有以下几种情况。

(1) 货币供求均衡，社会总供求也处于均衡状态。此时，社会物价稳定，生产发展，资源得到有效的利用。这是一种较为理想的状态。在这种情况下，中央银行应采取一种中立的货币政策。供应多少货币，完全由经济过程中的各种力量决定，中央银行不必从外部施予调节。

(2) 货币供给不足，客观的货币需求得不到满足，整个经济处于萎缩或萧条状态，资源大量闲置，企业开工不足，社会经济的发展因需求不足而受阻。在这种情况下，中央银行就应采取一种扩张性的货币政策，增加货币供应，降低市场利率，刺激社会总需求的增加，从而促进生产的恢复和发展，促使货币的供求保持均衡。

(3) 货币供给量过多，超过货币需求量，整个经济处于过度膨胀状态，生产发展很快，各种投资急剧增加，市场商品物资供应不足，太多的货币追逐太少的商品，物价上涨。这时中央银行就应采取一种紧缩的政策，缩减货币供应量，提高市场利率，抑制社会总需求的增加，从而使物价趋于稳定，社会的货币供应与货币需求趋于均衡。

(4) 货币供给与货币需求构成不相适应，一些经济部门由于需求不足，商品积压，一些商品不能顺利实现其价值和使用价值，生产停滞；而另一些经济部门则需求过度，商品供不应求，价格上涨，生产发展速度很慢。这表明整个经济结构失调，发展畸形。这时，中央银行的货币政策应有松有紧，松紧搭配，通过调整货币供给的构成和流向，改变这种供求结构不相适应的状况，促使供求结构趋于平衡，以促进整个经济的协调发展。

(二)中央银行调节货币供求的主要方式

一般来说，中央银行调节货币供求主要有以下几种方式。①供给型调节，即中央银行根据客观的货币需求状况，在货币供应量大于货币需求量，或小于货币需求量，或供求结构不相适应时，对货币供给总量和构成进行调节，使之符合客观的货币需求量。②需求型调节，即中央银行在既定的货币供应量下，针对货币供求总量和结构失衡的情况，运用利率、信贷等措施，调节社会的货币需求总量和构成，使之与既定的货币供应量相适应，以保持货币供求的均衡。③混合型调节，即指中央银行面对货币供求总量和结构失衡的状况，不是单纯地调节货币的供应量，或单纯地调节货币需求量，而是双管齐下，既进行供应型调节，也进行需求型调节，以尽快收到货币供求均衡的效果。④逆向型调节，即指中央银行面对货币供给量大于货币需求量的失衡状况，不是采取收缩货币供应量的政策，而是用“以毒攻毒”的办法，适当增加货币供应量，调整货币供给结构，以增加货币需求，从而促使货币供求恢复均衡。采取这种办法的关键，就是增加的货币要适度，投向要合理，能在短期内促进生产的发展，通过商品供应量的增加来消化多余的货币，从而使货币供求实现均衡。

【专栏 8-6】中国未进流动性陷阱，*M*2 有些失真

不断扩大并刷新着历史新高的 *M*1、*M*2“剪刀差”，引起了市场对“中国陷入流动性陷阱了吗？”的热议，而最新公布的 7 月金融数据则加剧这种担忧后，中国人民银行以答记者问的方式告诉市场：这不能作为衡量是否进入“流动性陷阱”的指标。

2016 年 8 月 15 日晚间，央行有关负责人就 7 月份货币信贷数据答记者问中回应称：*M*1 与 *M*2 增速“剪刀差”主要反映货币在各部门分布以及活性方面的变化，这与“流动性陷阱”的理论假说之间相距甚远，并没有什么必然联系，不能作为衡量是否进入“流动性陷阱”的指标。

央行还提到，从 *M*2 看，去年二、三季度股市波动较大，使当时的基数大幅抬高，导致近几个月 *M*2 同比数据有些“失真”，不代表真实增速。预计随着基数效应逐步消失，8、9 月份 *M*2 同比增速将有所回升。

从去年开始不断扩大的 *M*1、*M*2“剪刀差”，引发了市场对中国陷入流动性陷阱的讨论。

狭义货币量(*M*1)包含流通中的现金、企业及事业单位的活期存款，而代表广义流动性的 *M*2，包括 *M*1 加上企事业单位的定期存款、居民储蓄存款、非银金融机构的同业存款、住房公积金存款，及保证金存款等。所谓剪刀差，就是两者同比增速之间的差额。*M*1 增幅比 *M*2 快，一般会被认为流动性没有注入实体经济。

数据显示，*M*1 增速不断攀升，同比增速从去年 3 月的 2.9%一路加速至今年 7 月的 25.4%，伴随 *M*2 增速 7 月末回落到 10.2%，*M*1 与 *M*2“剪刀差”进一步扩大到 15.2 个百分点。

值得一提的是，央行调查统计司司长盛松成 7 月 16 日在“2016 中国资产管理年会”上公开提到的企业陷入了某种形式、某种程度的“流动性陷阱”，尽管其加了限定语，但还是近一步加剧了市场对流动性陷阱担忧。

盛松成当时说，当调查统计司司长好几年以来，很少遇到这样的情况(*M*2 和 *M*1 的差距不断扩大)。

可见的是，眼下，金融市场上并不缺钱，央行对金融机构的流动性需求也有求必应。

而另一方面，资产荒也开始显现。

以债市为例，8 月 12 日，10 年期国债买价收益率报 2.66%，刷新 2006 年 3 月以来的最低。在一级市场上。财政部在 8 月 12 日上午招标的 3 个月期贴现国债加权中标收益率 2.0063%，较上周降逾 5 个基点。

这意味着，投资者宁愿接受更低的投资回报率，也希望把资金放在风险较低的国债上。

在 8 月 15 日的答记者问中，央行也解释了 2015 年下半年以来 *M*1 增速持续上升的原因，即主要是企业活期存款增速加快。央行认为：一是中长期利率降低，企业持有活期存款的机会成本下降。二是房地产等资产市场活跃，交易性货币需求上升，尤其房地产和建筑业公司持有的货币资金增加比较多。三是地方政府债务置换过程中会暂时沉淀一部分资金。

“由于 2014 年和 2015 年上半年 *M*1 基数比较低，很多月份 *M*1 增速低于 5%，也明显低于 *M*2 增速，所以近期企业活期存款多增加一些，*M*1 增速就出现明显上升，这里面也有很强的基数效应。”央行称。

流动性陷阱真的快来了吗?

中金公司首席经济学家梁红更倾向于认为，企业面临的更多是一种“不确定性陷阱”而非“流动性陷阱”。因为眼下投资回报率和贷款利率仍远高于活期存款利率，不具备形成“流动性陷阱”的条件，也无法解释囤积流动性的动机。

梁红认为，过去两年来，政策不确定性有所增加，主要源于：结构性改革与稳定增长之间的艰难平衡，使得投资前景不明朗；逆周期调控和政策协调，使市场对政策立场可能的转变充满担忧；人民币汇率不稳，导致部分企业设法配置外汇资产，难以专注于境内投资。

(资料来源：新浪财经，http://finance.sina.com.cn/china/hgjj/2016-08-15/doc- ifxuxnak0330820.shtml?cre=sinapc&mod=g&loc=5&r=0&doct=0&rfunc=64&tj=none)

货币供求	货币需求	货币需求通常表现为一国在既定时间上社会各部门所持有的货币量。影响货币需求的因素主要有：收入、价格利率、货币流通速度、金融资产选择、市场规模及交易方式、人们心理预期和心理偏好等因素
	货币数量说	货币数量说是指以货币的数量来解释货币的价值或一般物价水平的一种理论。该学说认为，在其他情况不变的条件下，一个国家物价水平的高低、货币价值的大小完全取决于这个国家货币数量的多少，货币数量的变动必将引起一般物价水平做同方向、等比例的变动
	货币供给	货币供给是指某一国或货币区的银行系统向经济体中投入、创造、扩张(或收缩)货币的金融过程。货币供给量是指在一定时点上，一国经济中用于各种交易的货币总量，包括现金、存款、商业票据、可流通转让的金融债券、政府债券等
	货币供给机制	货币供给机制是指银行主体通过其货币经营活动而创造出货币的过程，它包括商业银行通过派生存款机制向流通供给货币的过程和中央银行通过调节基础货币量而影响货币供给的过程
	货币供求均衡	货币供求均衡，是指在一定时期经济运行中的货币需求与货币供给在动态上保持一致的状态

一、单项选择题

1. 货币主义者认为，决定货币需求量的主要因素是(　　)。

A. 现期收入水平　　B. 恒久收入
C. 相对收入水平　　D. 绝对收入

2. 关于货币政策的传导机制，凯恩斯主义者和货币主义者分别重视(　　)的中介作用。

A. 利率和货币供应量　　B. 货币供应量和利率
C. 价格水平和货币需求　　D. 货币需求和价格水平

3. 在费雪看来，货币流通速度可假定为(　　)。

A. 趋于下降　　B. 趋于上升　　C. 不变　　D. 随周期波动

4. 弗里德曼认为，从长期来看，货币流通速度(　　)。

A. 稳定可预测　　B. 易变难以预测

C. 恒定不变　　D. 决定于利率水平

5. 在正常情况下，市场利率与货币需求成(　　)。

A. 正相关　　B. 负相关

C. 正负相关都可能　　D. 不相关

6. 提出现金交易说的经济学家是(　　)。

A. 凯恩斯　　B. 马歇尔　　C. 费雪　　D. 庇古

7. 根据凯恩斯流动性偏好理论，当预期利率上升时，人们就会(　　)。

A. 抛售债券而持有货币　　B. 抛出货币而持有债券

C. 只持有货币　　D. 只持有债券

8. 投机动机的货币需求是对闲置的货币余额的需求，即对资产形式的需求，这是(　　)提出的观点。

A. 凯恩斯　　B. 托宾　　C. 鲍莫尔　　D. 弗里德曼

9. 货币供应量是指在一定时点上由(　　)之外的经济主体所拥有的货币总量。

A. 商业银行　　B. 中央银行

C. 存款机构　　D. 金融机构

10. 基础货币是(　　)。

A. 中央银行的负债　　B. 中央银行的资产

C. 商业银行的负债　　D. 商业银行的资产

11. 在中央银行资产项目不变的条件下，除基础货币项目外的(　　)会引起基础货币的变化。

A. 财政借款　　B. 黄金外汇占款

C. 财政性存款　　D. 对商业银行再贷款

12. 商业银行对货币供给量的影响主要取决于(　　)。

A. 法定准备金率　　B. 超额准备金率

C. 提现率　　D. 通货比例

13. 货币乘数是(　　)。

A. 内生变量　　B. 外生变量

C. 常量　　D. 既是内生变量又是外生变量

二、多项选择题

1. 弗里德曼认为货币需求是稳定的，是因为从实证的研究中他得出(　　)。

A. 利率的变动是稳定的

B. 利率经常波动，但货币需求的利率弹性很低

C. 货币需求的收入弹性很高，但恒久收入本身稳定

D. 货币需求不受利率和收入的影响

E. 货币需求受人力财富和非人力财富的影响

2. 凯恩斯认为，人们持有货币的动机有( )。

A. 交易动机　B. 贮藏动机　C. 预防动机

D. 投机动机　E. 投资动机

3. 弗里德曼把影响货币需求量的诸因素划分为( )。

A. 各种金融资产　B. 恒久收入和财富结构

C. 各种资产预期收益率和机会成本　D. 财富持有者的偏好

E. 各种有价证券

4. 商业银行存款创造的前提条件是( )。

A. 吸收存款制度　B. 部分准备金制度

C. 部分现金提取制度　D. 发放贷款制度

E. 证券投资

5. 制约商业银行派生存款创造的因素有( )。

A. 法定存款准备金率　B. 提现率　C. 超额准备金率

D. 活期存款转定期存款的比例　E. 原始存款

6. 基础货币是由( )构成的。

A. 流通中的存款　B. 流通中的现金　C. 存款准备金

D. 货币发行　E. 货币供应量

7. 在除基础货币项目外的中央银行其他负债不变的条件下，影响基础货币变化的因素主要有( )。

A. 对商业银行的再贷款和再贴现　B. 对财政的借款或透支

C. 黄金外汇占款规模　D. 财政在中央银行的存款

E. 商业银行的存款准备金

8. 影响货币供给的经济主体有( )。

A. 中央银行　B. 商业银行　C. 企业

D. 家庭个人　E. 政府

9. 中央银行提供基础货币的主要方式有( )。

A. 公开市场业务　B. 再贴现　C. 再贷款

D. 投资　E. 黄金外汇占款

10. 影响货币乘数的因素有(　　)。

A. 活期存款法定准备金率　　B. 定期存款准备金率

C. 超额准备金率　　D. 通货比例

E. 非交易存款与支票存款的比例

三、简答题

1. 如何理解货币需求的内涵？
2. 费雪方程式与剑桥方程式所体现的货币需求思想有何异同？
3. 凯恩斯货币需求理论的主要观点是什么？
4. 简要分析收入状况和市场利率对货币需求的影响。
5. 商业银行存款创造的前提条件是什么？
6. 影响货币乘数的因素有哪些？它们是如何影响货币乘数的？

四、计算题

1. 假设银行体系准备金为15 000亿元，公众持有现金为500亿元。中央银行法定活期存款准备金率为10%，法定定期存款准备金率为5%，流通中通货比率为20%，定期存款比率为40%，商业银行的超额准备金率为18%。

(1) 货币乘数是多少？

(2) 狭义货币供应量$M1$是多少？

2. 商业银行体系的活期存款为10亿元，定期存款为40亿元，流通于银行体系之外的现金为1亿元，商业银行向中央银行分别按10%和5%的比例缴存活期存款和定期存款的存款准备金，目前的超额准备金率是4%，请计算此时的基础货币、货币乘数及货币供给量分别是多少？

五、案例分析

基础货币与货币供应量的关系

2003年12月末，我国基础货币余额为5.23万亿元，广义货币供应量($M2$)余额为22.1万亿元，货币乘数为4.23。我国基础货币的投放主要有公开市场证券买卖、对金融机构贷款、外汇占款、有价证券及投资等渠道。20世纪90年代中期以前，中国人民银行投放基础货币的主渠道是对金融机构贷款，近年来主要是外汇占款。

一般而言，在货币乘数相对稳定的条件下，货币供应量与基础货币应保持同向运动。但在具体实践中，两者的运动有时并不完全一致。一是货币政策操作最终影响到货币供应量的变化有一段时间(时滞)，如当中央银行观察到货币供应量增长偏快时，采取发行央行票据等公开市场操作收回基础货币，基础货币增长速度放慢，但由于政策发挥作用还需要一段时间，货币供应量可能还会保持一段时间的较高增长速度。二是货币乘数出现变化。当中央银行调整法定存款准备金率或金融机构超额准备金率变动时，货币乘数会随之变化，同样数量的基础货币会派生出不同的货币供应量。

2003 年 9 月，中国人民银行针对外汇占款投放基础货币快速增长的情况，上调存款准备金率 1 个百分点，金融机构在补足法定存款准备金的同时，为保持充足的流动性，将超额准备金率维持不变甚至提高，银行总存款准备金随之上升，基础货币总量有所增加。但由于货币乘数随准备金率的上升而缩小，基础货币扩张能力减弱，货币供应量由此逐步得到控制。

请思考：

请联系我国实际情况，分析基础货币和货币供应量不一致时可能带来什么影响？

六、论述题

试比较凯恩斯货币需求理论与弗里德曼货币需求理论的不同之处。

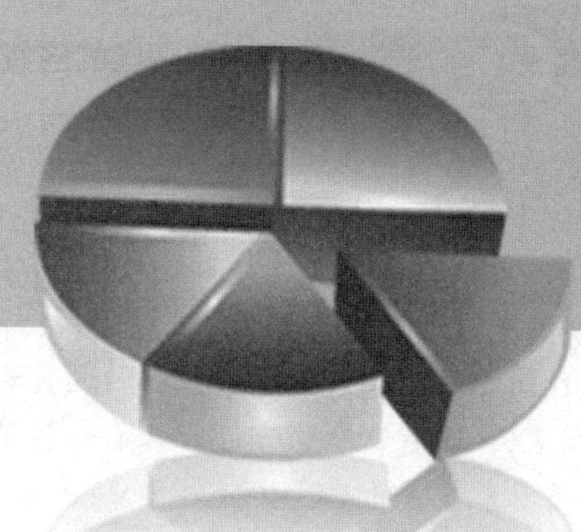

第九章 通货膨胀与通货紧缩

本章精粹

- 通货膨胀
- 通货紧缩

案例导入 中、美两国的通货膨胀与通货紧缩

通货膨胀与通货紧缩是影响一个国家经济增长与运行的重要问题。改革开放以来，我国在 1985 年、1988 年、1993 年、1994 年有过四次较大的通货膨胀，并且各次上涨的峰值不断攀升，1985 年的物价指数为 9.3%，1988 年的物价指数为 18.8%。1994 年通胀率高达 24.1%，此后一直到 2002 年我国又经历了一段时间的通货紧缩。从 2003 年 8 月开始到 2007 年 3 月，我国逐步进入一个相对温和的通货膨胀时期。2008 年 2 月通胀率达到近年来的历史峰值 8.7%。随着政府和央行采取了一系列相应的宏观调整措施，CPI 指数逐渐回落。中国 1980 年以来各年的 CPI 指数如表 9.1、表 9.2 和图 9.1 所示。

表 9.1 中国历年通货膨胀率 单位：%

1980年	1981年	1982年	1983年	1984年	1985年	1986年	1987年	1988年	1989年
6.0	2.4	1.9	1.5	2.8	9.3	6.5	7.3	18.8	18.0
1990年	1991年	1992年	1993年	1994年	1995年	1996年	1997年	1998年	1999年
3.1	3.4	6.4	14.7	24.1	17.1	8.3	2.8	−0.8	−1.4
2000年	2001年	2002年	2003年	2004年	2005年	2006年	2007年	2008年	
0.4	0.7	−0.8	1.2	3.9	1.8	1.5	4.8	5.9	

表 9.2 中国 2008 年 1—12 月 CPI 单位：%

2008年	1月	2月	3月	4月	5月	6月	7月	8月	9月	10月	11月	12月
CPI	7.1	8.7	8.3	8.5	7.7	7.1	6.3	4.9	4.6	4.0	2.4	1.2

(资料来源：中国统计局国民经济和社会发展统计公报，http://www.stats.gov.cn/tjgb/indx.htm)

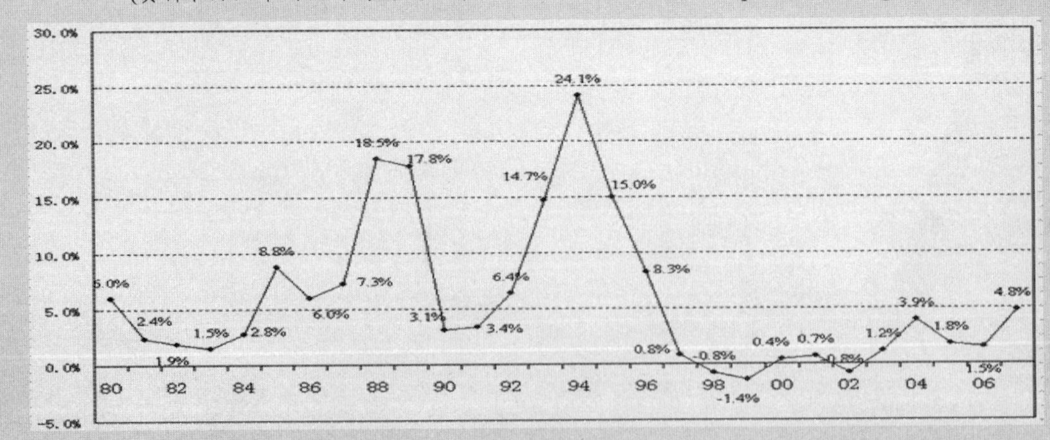

图 9.1 中国历年通货膨胀率

在历史上，美国的通货膨胀率也一直很不稳定，20 世纪 80 年代曾达到令人难以接受的水平，而 90 年代由于美联储的有效控制和较小的供给冲击，通货膨胀率一直保持在较低水平。2000 年随着网络科技泡沫的破灭，经济一度陷入衰退，通货膨胀率有所上升。之后，随着经济的持续稳定发展，通货膨胀率又有所回落，而 2008 年开始的华尔街金融风暴再一次将美国的通货膨胀率推向顶峰。美国 1985 年以来逐年的通货膨胀率数据如表 9.3 所示。

表 9.3　美国历年通货膨胀率　　单位：%

1985 年	1986 年	1987 年	1988 年	1989 年	1990 年	1991 年	1992 年	1993 年	1994 年	1995 年	1996 年
3.55	1.91	3.66	4.08	4.83	5.39	4.25	3.03	2.96	2.61	2.81	2.93
1997	1998	1999	2000	2001	2002	2003	2004	2005	2006	2007	2008
2.34	1.55	2.19	3.38	2.83	1.59	2.27	2.68	3.39	3.24	2.85	3.85

（资料来源：http://inflationdata.com/inflation/Inflation_Rate/HistoricalInflation.aspx）

【启发思考】

1．什么叫通货膨胀？什么叫通货紧缩？

2．通货膨胀和通货紧缩如何衡量？

3．我国在 1985 年、1988 年、1993 年、1994 年、2007 年有过数次较大的通货膨胀，引发这些通货膨胀的成因分别是什么？

4．通货膨胀的负面影响有哪些？

5．通货膨胀和通货紧缩与经济增长有何关系？

6．如何治理通货膨胀和通货紧缩？

学习目标

通过本章的学习，要求：掌握通货膨胀和通货紧缩的基本概念；了解通货膨胀与通货紧缩的类型、形成的原因及其对经济和社会的影响；能根据相应的国际、国内宏观经济形势，正确解读政府采取的通货膨胀和通货紧缩的治理措施。

通货膨胀　通货紧缩　CPI 指数

通货膨胀与通货紧缩是经济中货币供求和社会总供求严重失衡的两种不同状态，它们始终是困扰各国政府和各国经济发展的经济难题。无论是 1929—1933 年席卷资本主义国家的经济危机，1997 年的亚洲金融危机，还是 2008 年的全球金融风暴，世界各国的人们不止一次地饱受了通货膨胀所带来的惨痛打击；而 1997—2002 年的通货紧缩也曾在一定程度上制约了我国经济的快速稳定发展。本章我们就来学习通货膨胀和通货紧缩的相关知识。

第一节 通货膨胀

一、通货膨胀的定义及衡量指标

(一)通货膨胀的定义

经济学界对通货膨胀的解释并不完全一致，比较普遍被接受的定义是：所谓通货膨胀，是指在纸币流通条件下，因纸币发行过多，超过了流通中所需要的货币量，从而引起纸币贬值、一般物价水平普遍而持续上涨的现象。在理解这一概念的时候应注意以下三个方面。

(1) 通货膨胀与纸币流通相关联，是纸币流通条件下的特有现象。

(2) 通货膨胀指的是物价水平的普遍上升，而不是某一种或几种商品的价格上升，如果只是某几种商品价格上升，不能算作是通货膨胀。

(3) 通货膨胀指的是物价水平的持续上升，而不是在个别时间点或个别时间段内发生，如果只是个别时间范围内发生的价格上升，不能算作是通货膨胀。

【启发思考】2006年10月我国北方某地区大白菜价格上涨了20%，能否因此判断发生了通货膨胀？为什么？

(二)通货膨胀的衡量

经济学上常用物价指数作为衡量通货膨胀的指标。物价指数是表明商品价格报告期与基期相比综合变动程度的指标。常用的物价指数主要有3个：国民生产总值折算数、消费价格指数和批发物价指数。

1. 国民生产总值折算数

国民生产总值折算数是根据GDP的价格变动因素计算出来的，是衡量各个时期一切商品与劳务价格变动的指标。

$$国民生产总值折算数=(名义\ GDP/实际\ GDP)\times 100\%$$

$$物价指数=国民生产总值折算数-1$$

由于GDP的统计范围较广，包括所有的商品和劳务，所以用这种方法衡量通货膨胀率往往会出现高估，而衡量通货紧缩指数时又会出现低估的现象。

2. 消费价格指数CPI

消费价格指数(Consumption Price Index)又称为零售物价指数或生活费用指数，在我国现行的统计制度中，通常采用它来指称“物价”。它是用来衡量各个时期居民个人消费的商品和劳务零售价格变化的指标。这一指标的变化能反映出家庭及居民个人日常消费价格水平的变化程度和变化趋势，进而反映百姓生活所面临的涨价压力。国际上，一般采用 CPI 指标来观察某个国家或地区是否发生了通货膨胀或通货紧缩。

3．批发物价指数 WPI

批发物价指数(Wholesale Price Index)是衡量各个时期生产资料(即资本品)与消费资料(即消费品)批发价格变化的指标。它是指批发厂商购买各种商品的价格的平均变动幅度，反映了批发商品所支付的价格变动情况。由于该指数对生产资料的价格变动反应敏感，因此常用来衡量物质生产部门生产成本的变化。

以上 3 种价格指数从不同的角度反映出通货膨胀率，其计算出的变动的趋势也是基本相同的。但由于各种指数所包括的范围不同，所以计算出的数值并不相同。在 3 种指数中，消费价格指数与人们的生活水平关系最为密切，因此，一般都用消费价格指数来衡量通货膨胀率。

【专栏 9-1】我国的 CPI

在商品经济和科学技术日益发达的今天，市场上的商品品种繁多、琳琅满目，面对这么丰富的商品，我们该如何选择代表商品，如何确定各类商品权重，科学地、客观地统计测算 CPI 呢?

在具体的价格调查过程中，我们通常选择那些消费量较大、市场供应相对稳定、价格容易采集而且必须是合格的商品作为代表规格品。目前，我国的 CPI 指数统一执行国家统计局规定的“八大类”体系，每大类再分中类、小类、基本类。国家统计局选择了近 12 万户城乡居民家庭作为价格抽样调查样本，选定 263 个基本分类、约 700 个规格品种的商品和服务，作为 CPI 调查的“商品篮子”。而权重的确定要取决于每一种调查商品或服务项目价格对市场价格总水平影响的重要程度。CPI 计算权重的来源主要是城镇居民家庭收支抽样调查资料，并辅之以典型调查数据作为补充。

2006 年 6 月国家统计局局长邱晓华首次披露了我国现行居民价格指数的权数构成。其中，食品占比为 33.2%，烟酒及用品为 3.9%，衣着为 9.1%，家庭设备占 6%，医疗保健为 10%，交通通信为 10.4%，娱乐教育占 14.2%，居住占 13.2%。我国消费者价格指数中各组成部分的权重如表 9.4 所示。

表 9.4　中国消费者价格指数(CPI)中各组成部分的权重　　单位：%

类别	居住	娱乐教育	交通通信	医疗保健	家庭设备	衣着	烟酒及用品	食品	合计
权重	13.2	14.2	10.4	10	6	9.1	3.9	33.2	100

各市县有专职物价调查员到不同类型、不同规模的农贸市场和商店现场采集价格资料，他们严格按照“定人、定点、定时和直接调查”的原则进行采价。一般来说，对于与居民生活密切相关、价格变动比较频繁的鲜菜、鲜果、肉禽蛋、水产品等食品价格，物价调查员每5天就要去规定的肉菜市场调查1次价格；要去2～3次商场采集烟酒、衣着、家电等工业消费品价格；至于教育、旅游、水电等由国家或地方政府定价的一些主要商品、服务项目或价格相对稳定的商品，则视情况每月采集1～2次价格。专业人员将市场上采集回来的各种调查商品的价格进行逻辑检查校对后，逐一录入到计算机程序中，计算出每种商品的月综合平均价格，然后根据各调查商品或服务项目的基期价格和报告期价格，计算出各类商品或服务项目所属基本分类的物价指数，最后由基本分类指数依次加权计算出所属更高层次的大类指数和物价总指数。

(资料来源：国家统计局山西调查总队. 消费价格指数为何与百姓生活感受不一致，http://www.xinhuanet.com)

【启发思考】

1．为何物价指数与日常生活感受不一致？

2．你是否也会经常感到官方公布的物价指数与自己的切身感受不一致呢？学习了本节内容后，该如何正确看待CPI呢？

二、通货膨胀的分类

通常，人们根据通货膨胀的严重程度与特征，将其分为以下四种类型。

(一)温和的或爬行的通货膨胀

温和的或爬行的通货膨胀，是指持续但较低的物价水平上升。一般在两位数以下，上涨率不超过 10%。这种通货膨胀是完全可以预期的。一些经济学家认为，在经济发展过程中，这种缓慢而逐步上升的价格对经济和收入的增长有积极的刺激作用。

(二)急剧的或猛烈的通货膨胀

急剧的或猛烈的通货膨胀是指一般物价水平以相当大的幅度持续上升，通货膨胀率一般在两位数以上。发生这种通货膨胀时，人们对货币的信心产生动摇，经济社会产生动荡，所以这是一种较危险的通货膨胀。例如，阿根廷和巴西，在20世纪70年代和80年代，年通货膨胀率就曾经高达50%～700%。

(三)恶性的或超速的通货膨胀

恶性的或超速的通货膨胀是指通货膨胀率非常高，一般达到三位数以上，而且完全失去控制。这种通货膨胀会引起金融体系完全崩溃，经济亦达到崩溃的境地，以至于出现政权的更迭。这种通货膨胀在经济发展史上是很少见的，通常发生于战争或社会大动乱之后。

目前，公认的恶性通货膨胀在世界范围内出现过以下几次。第一次发生在 1923 年的德国，当时第一次世界大战刚结束，德国的物价在一个月内上涨了 2500%，一个马克的价值下降到仅及战前价值的 1/1012。1922 年年初拥有一张 3 亿元的债券，两年后却连一块糖也买不到。第二次发生在 1946 年的匈牙利，第二次世界大战结束后，匈牙利的一个便哥价值只相当于战前的 1/(828×1027)。第三次发生在中国，从 1937 年 6 月到伪法币退出流通，伪法币的发行量和同期物价指数均上涨了天文数字。还有一次是在巴西，1987 年的巴西，通胀率为 365%，1988 年为 934%，1989 年竟然高达 1765%。难怪巴西的经济学家卡洛斯・兰戈尼说，“你发现最好在午饭第一道菜上来之前付款，而不是等到甜点之后”，逼真地刻画了当时通货膨胀的严重程度。

(四)隐蔽的或受抑制的通货膨胀

隐蔽的或受抑制的通货膨胀是指社会经济中存在着通货膨胀的压力或潜在的价格上升危机，但由于政府实施了严格的价格管制政策，使通货膨胀并没有真正发生。但是，一旦政府解除或放松价格管制措施，就会发生较严重的通货膨胀，原先的一些计划经济体制国家在经济改革过程中出现的通货膨胀就属于这种情况。

苏联解体后的俄罗斯人民，过去几十年都习惯了稳定价格，当 1992 年物价突然开放时，5 年内价格上升 1000 倍。那种以传统方式保存财富的人是最不幸的，他们眼睁睁地看着自己的财富无论是现金还是银行储蓄，一夜间化为乌有，民众苦不堪言。

【专栏 9-2】通货膨胀

通货膨胀也可以解释为因纸币发行量超过商品流通中实际需要的货币量而引起的纸币贬值、物价上涨现象。同时它也可以定义为总供给小于总需求，物价持续上涨 6 个月以上，或货币持续贬值 6 个月以上，物价上涨幅度大于等于 3%。一般来说，物价增长率介于 3%至 5%的为温和通货膨胀，在 5%与 10%之间的为严重通货膨胀，而物价增长率大于 10%的则是猛烈的通货膨胀(也就是严重的通货膨胀)。

【启发思考】能否这样认为，只要物价指数持续上涨就意味着通货膨胀的发生？为什么？

三、通货膨胀的原因

对于通货膨胀的成因，西方经济学家给出了很多不同的解释，总体上可以分为两方面：一是用总需求与总供给来解释；二是从经济结构因素变动的角度来说明通货膨胀的成因。

(一)需求拉动型通货膨胀

需求拉动型通货膨胀，是指总需求超过总供给所引起的一般价格水平的持续显著的上涨。它侧重从总需求的变化方面来解释通货膨胀的主要原因，凯恩斯主义者和货币主义者赞同并支持这一解释。

该理论认为，当经济中总需求扩张超出总供给增长时所出现的过度需求是拉动价格总水平上升、产生通货膨胀的主要原因。通俗的说法就是“太多的货币追逐太少的商品”，使得对商品和劳务的需求超出了在现行价格下可得到的供给，从而导致一般物价水平的上涨。

根据引起总需求增加的原因，需求拉动型通货膨胀又可分为三种类型：①自发性需求拉动型，其总需求的增加是自发性的而不是由于预期的成本增加；②诱发性需求拉动型，主要是由于成本增加而诱发了总需求的增加；③被动性需求拉动型，由于政府增加支出或采用扩张性货币政策增加了总需求，从而导致通货膨胀。

【专栏 9-3】1988 年的通货膨胀

1987—1988 年是一个经济扩张的阶段，政府为了满足社会固定资产的投资增长要求和解决企业的资金短缺问题，从 1986 年开始加大政府财政支出，不断扩大政府财政赤字，特别是 1988 年实行财政的“包干”体制以后，社会的需求进一步猛增。与此同时，为了解决政府赤字问题，货币连年超经济发行，到 1988 年第四季度，市场中的货币流通量为 2134 亿元，比上年同期上涨 46.7%。由于货币的超量发行，市场货币的流通量剧增，引发了物价的猛烈上涨，货币贬值。同年 5 月政府宣布物价补贴由暗补转为明补，6 月份政府一再表示要下决心克服价格改革的障碍，7 月份政府尝试着开放了名牌烟酒的价格。这一系列措施加剧了居民的不确定性心理预期，引发了 1988 年 8 月中旬的抢购风潮和挤兑银行存款的现象。1988 年第四季度末的零售总额比上年同期上涨 20.3%，8 月份银行存款减少了 26 亿元，官方宣布的通货膨胀率达到 18.5%。

【启发思考】

1. 如何分析这次通货膨胀的成因？
2. 这次通货膨胀造成的不良影响有哪些？
3. 我们在今后的经济调控中应如何引以为鉴？

(二)成本推动型通货膨胀

成本推动型通货膨胀又称供给通货膨胀，是指在没有超额需求的情况下由于供给方面的提高所引起的一般价格水平持续和显著的上涨。它侧重的是从总供给的变化方面来解释通货膨胀的主要原因。

该理论认为通货膨胀的根源不在于总需求的过度，而是在于总供给方面产品成本的上升。因为在通常情况下，商品的价格是以生产成本为基础，加上一定的利润而构成，所以生产成本的上升必然导致物价上升。

成本推动说还进一步分析了促使产品成本上升的原因，并根据引起成本增加的具体原因，将成本推动通货膨胀细分为工资成本推动型通货膨胀、利润成本推动型通货膨胀及进出口推动型通货膨胀。

1．工资成本推动型通货膨胀

在不完全竞争的劳动市场中，强大的工会组织、工资刚性等原因，工资增长率超过生产增长率，造成工资过高，引起成本增加，从而导致物价上涨；物价上涨后，工人又要求提高工资，从而再度引起物价上涨。如此循环往复，形成所谓工资—物价的螺旋上升。

2．利润成本推动型通货膨胀

正如工会垄断了劳动市场而能迫使资本家提高工资一样，垄断企业也会为了不断谋求高额利润而操纵商品价格，导致一般商品价格不断上涨。由于在西方经济学中，利润也是成本的一个组成部分，因此，这种因追求更大利润而造成的物价上升，也属于成本推动型的通货膨胀论。

3．进出口推动型通货膨胀

一国经济中一些主要依靠进口的原材料、燃料等的商品价格上升会引起以此为原料的本国产品的制造成本上升，从而导致物价水平上涨，进而推动通货膨胀的发生，这种通货膨胀通常被称为进口推动通货膨胀；与此相应，如果出口迅速扩张，导致出口制造部门的边际成本上升，国内市场原材料及商品供不应求，也会导致国内物价水平上升，这种通货膨胀通常被称为出口推动通货膨胀。在开放经济的条件下，物价上涨会通过贸易、投资、资本流动等渠道在全球范围内会迅速蔓延。

【专栏 9-4】2007 年以来的全球性通货膨胀

为了应对 2000 年前后的网络科技泡沫破灭，2001 年 1 月至 2003 年 6 月，布什在格林斯潘支持下推行令富人受益的减税政策。为了促进经济增长和就业，美国政府将房地产作为新的经济增长点。同时，美联储连续 13 次下调利率，联邦基金利率由 6.5%降至 1%的历史最低水平。过低的利率引发了宽松信贷，也直接刺激了民众的贷款投资热潮，越来越多的生活状况不稳定的民众通过银行贷款加入到购房者的行列中，“在经济形势一片大好，房屋价格节节攀高的环境下，即便是无力偿贷卖掉房屋，自己也不会吃亏”。正是市场对美国房市前景普遍预期过高，极大地刺激了美国房市，房价在 1996—2006 年飞涨了大约 85%，为次贷危机的爆发埋下了种子。

次贷危机爆发以后，美联储开始不断降息，美元持续走低。美国希望借美元贬值刺激外贸出口，降低进口，减少美国的外贸逆差。而且，美元贬值以后，美国可以多印美钞向全球输送通货膨胀。紧接着，欧盟、日本、俄罗斯、新加坡、韩国、中国都出现了反应，物价上涨、经济放缓。

随着美元贬值，以美元标价的原油价格不断上涨。至 2008 年 7 月，美国、纽约和伦敦的期货石油价格最高接近每桶 150 美元。石油是全球的软黄金，经济高速发展之后，石油更是经济血脉。目前，我国每年石油的消耗量是 2.7 亿吨，仅次于美国，是世界第二大石油消耗国。石油涨价，引发我国很多产品涨价，2007 年我国物价上涨，工业品是石油领涨，副食品是猪肉领涨，并逐渐引发了通货膨胀。我国 2007 年各月的通货膨胀率变化如表 9.5 所示，2008 年各月的通货膨胀率如表 9.2 所示。

表 9.5　中国 2007 年各月的通货膨胀率　　单位：%

1 月	2 月	3 月	4 月	5 月	6 月	7 月	8 月	9 月	10 月	11 月	12 月
2.2	2.7	3.3	3.0	3.4	4.4	5.6	6.5	6.2	6.5	6.9	6.5

(资料来源：中国国家统计局)

【启发思考】

我国 2007 年以来的通货膨胀是如何引发的？这次的通货膨胀给了我们什么借鉴？如何防范这种通货膨胀？

(三)供求混合推动型通货膨胀

供求混合推动型的通货膨胀是将总需求与总供给结合起来分析通货膨胀的原因。许多西方经济学家认为，通货膨胀既不是单纯由“需求”方面引起的，也不是单纯由“供给”方面引起的，而是双方共同起作用的结果。

假设通货膨胀是由需求拉动开始的，那么过度的需求增加必将导致价格总水平上涨，而价格总水平的上涨又会成为工资上涨的理由，工资上涨最终又导致了成本推动的通货膨胀。显然，如果没有需求和货币收入的增加，成本推动的通货膨胀也很难维持下去。

(四)结构性通货膨胀

1959 年，美国经济学家舒尔茨认为，通货膨胀与经济结构有关，所以又有结构性通货膨胀理论。结构性通货膨胀是指，在没有需求拉动和成本推动的情况下，只是由于经济结构因素的变动，也会出现一般价格水平的持续上涨。

这一理论认为，在整体经济中不同的部门有不同的劳动生产率增长率，但却有相同的货币工资增长率。因此，当劳动生产率增长率较高的部门货币工资增长时，就给劳动生产率增长率较低的部门形成了一种增加工资成本的压力，因为尽管这些部门劳动生产率的增长率较低，但各部门的货币工资增长率却是一致的，在成本加成的定价规则下，这一现象必然使整个经济产生一种由工资成本推动的通货膨胀。具体来说，有以下 3 种情况。

(1) 一个国家中一些经济部门的劳动生产率比另一些经济部门的劳动生产率提高得快。

(2) 一个国家中，与世界市场联系紧密的开放经济部门的劳动生产率比与世界市场没有直接联系的封闭经济部门的劳动生产率提高得快。

(3) 一个国家中各部门的产品供求关系不同，也会导致通货膨胀的发生。

四、通货膨胀的影响

通货膨胀的影响曾被凯恩斯精确地表述为：当通货膨胀来临时，货币的实际价值每月都产生巨大的波动，所有构成资本主义坚实基础的、存在于债权人和债务人之间的永恒关系，都变得混乱不堪甚至几乎完全失去意义，获得财富的途径退化到依靠赌博和运气的境地。

【专栏 9-5】美国南北战争时期的恶性通货膨胀

我们常说的通货膨胀一词，虽然事实上早已存在，但却是在美国南北战争时期才被创造出来的。当时美国联邦政府为筹集战争经费，大量发行一种不能兑现的绿背纸币，使物价如空气入袋一样膨胀起来，因而通货膨胀被人们形象地用 Inflation 来表示。下面一段话描述的就是美国南北战争时期，南方联邦所发生的恶性通货膨胀的情况。在这种情况下，更能看清通货膨胀的影响。

“过去我们一般都是在兜里装着钱去购物，将买到的食物装在篮子里带回来。而现在，我们要用篮子装着钱，再用衣兜装回所买的食品。除了纸票子以外，一切都十分缺乏！以前一顿饭的价钱和一张歌剧票差不多，现在却几乎是原来的 20 倍。每个人都在囤积‘东西’，并尽力抛掉不值钱的‘纸币’，这就将值钱的金属货币赶出了流通领域。结果，人们的生活部分地退回到极不方便的物物交换时代。”

(资料来源：[美]保罗·萨缪尔森，威廉·诺德豪斯著，肖琛主译. 宏观经济学(第 17 版). 北京：人民邮电出版社，2004)

(一)通货膨胀的经济影响

由于发生通货膨胀时，所有的价格和工资并不按同样的比率变动，也就是说相对价格会发生变化。由于相对价格的不断游移，通货膨胀会带来如下 3 种影响。

1．通货膨胀对收入和财富分配的影响

西方经济学家认为，如果社会的通货膨胀率是稳定的，且人们可以完全预期，那么通货膨胀率对收入和分配的影响很小。因为，在这种可预期的通货膨胀之下，各种名义变量(如名义工资、名义利率等)都可以根据通货膨胀率进行调整，从而使实际变量(如实际工资、实际利率等)保持不变。这时通货膨胀对社会经济生活的唯一影响，是人们将减少他们所持有的现金量。

但是，在通货膨胀率不能完全预期的情况下，通货膨胀将会影响财富和收入在不同阶层之间的再分配。这是因为，此时人们无法准确地根据通货膨胀率来调整各种名义变量，以及他们应采取的经济行为。一般来说，通货膨胀不利于靠固定货币收入生活的人，这些人主要包括领取救济金者、退休者、一些雇工等。通货膨胀会使货币收入和财富从固定收入者手中转移到非固定收入者手中，从消费者手中转移到生产者手中，从债权人手中转移到债务人手中，从社会公众手中转移到政府手中。难怪凯恩斯曾写道：“据说列宁曾声称，摧毁资本主义的最好方法是摧毁其通货。通过一个持续的通货膨胀过程，政府可以秘密而隐蔽地把其公民的大部分财富收归国有。”

【启发思考】假设某人为购买住宅贷款 10 万元，按固定利率每年偿还银行的抵押贷款额为 1 万元。当通货膨胀使工资和收入都翻了一番以后，此人的实际债务负担会发生什么变化？

2．通货膨胀对经济增长和就业的影响

一般认为，如果发生比较温和的、爬行的、不被人们预期的通货膨胀，对产出和就业具有刺激作用；如果发生成本推动的通货膨胀，则原来总需求所能购买的实际产品的数量将减少，就会使产出和就业下降；如果发生了猛烈的、奔腾的、被人们预期的通货膨胀，就会导致生产萎缩，经济增长率下降，经济崩溃。

除此之外，通货膨胀对宏观经济也有影响。对此，西方经济学家有不同的观点。一些

西方经济学家认为通货膨胀有利于经济增长和提高就业水平。例如，美国在 20 世纪 70 年代以前，较高的通货膨胀率一直伴随着较高的就业水平和产出水平；另一些经济学家则认为通货膨胀会使人们增加消费，减少投资，不利于经济增长。也有西方经济学家认为通货膨胀与经济增长的关系不大。从 20 世纪 70 年代的联邦德国来看，它的经济是高增长、低通胀的；而英国却是低增长、高通胀的，同时期的日本呈现的却是高增长、高通胀的情况。所以说，通货膨胀与经济增长之间的关系很难绝对地用一个“是”或“否”来回答。

3．通货膨胀对对外经济关系的影响

通货膨胀会降低本国产品的出口竞争能力，引起黄金外汇储备的外流，从而使汇率贬值。

(二)通货膨胀的社会影响

通货膨胀除了严重影响经济活动外，对社会的政治、文化、思想等方面也会带来严重影响。首先，通货膨胀会严重危害与污染社会心理，生活在通货膨胀里的公众在心理上容易滋生恐惧感。相当一部分人实际生活水平下降，不安心工作，对社会和政府蕴藏着不满的情绪；在通货膨胀中得到好处的人也埋怨价格太高。虽然收入多了，但总觉得物价太贵了，从而引起各阶层都对社会现实不满。其次，由于通货膨胀的对经济中各行业、各部门的影响程度不同，一些部门生产下降，失业增加。而失业的增加除了会造成千千万万的个人悲剧，也给社会带来了巨大的浪费。还会造成犯罪增加，引起社会的不安定。通货膨胀甚至对教育、文化、科学、艺术等都有很大的冲击和伤害。

总之，经济学家认为，通货膨胀给经济造成的影响本身并不严重，真正的严重性在于财富和收入再分配所导致的政治后果。特别是在恶性通货膨胀条件下，利益再分配可以引起社会各阶层的冲突和对立，生产和就业会出现停滞和混乱局面，造成社会不安和动乱，甚至会带来灾难性的后果。

五、通货膨胀的治理

通货膨胀是市场经济运行过程中难以避免的一个客观经济现象，严重的通货膨胀对经济发展和社会稳定是有害的。因此，各国政府纷纷把通货膨胀当作“头号公敌”来加以反对。

治理通货膨胀必须 “对症下药”，对于不同原因引致的通货膨胀，采取的反通货膨胀政策也不完全一致。通常各国政府主要采用财政政策、货币政策、收入政策和供给政策，从以下几个方面入手治理通货膨胀。

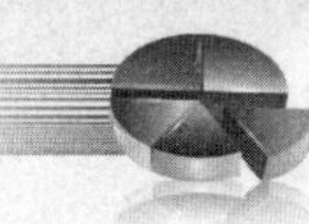

(一)控制货币供应量

由于通货膨胀作为纸币流通条件下的一种货币现象，其最直接的原因就是流通中的货币量过多，所以各国在治理通货膨胀时所采取的一个重要对策就是控制货币供应量，使之与流通中的货币需求量相适应，减轻货币贬值和通货膨胀的压力。具体做法通常采取紧缩的货币政策，提高存款准备金率；提高再贴现率；中央银行在公开市场上出售有价证券等，从而达到抽紧银根、减少投资、减少货币供给量的目的。

(二)调节和控制社会总需求

对于需求拉动的通货膨胀，调节和控制社会总需求是关键。这主要通过实施紧缩的财政和货币政策来实现。在财政政策方面，就是通过紧缩财政支出，增加税收，谋求预算平衡、减少财政赤字来实现。在货币政策方面，主要是紧缩信贷，控制货币投放，减少货币供应量，控制固定资产投资规模和控制消费基金过快增长来实现控制社会总需求的目的。

(三)增加商品有效供给，调整经济结构

治理通货膨胀的另一个重要方面就是增加有效商品供给。从长期来看，发展经济、增加有效供给，是抑制物价上涨、控制通货膨胀的根本措施。具体的办法包括：改善产业结构和投资结构，支持短缺商品的生产；鼓励技术创新，提高单位资源利用率，较快地增加有效供给，减缓市场需求压力；供给政策是治理结构性通货膨胀和需求拉动性通货膨胀的有效措施。

(四)收入指数化政策

收入指数化政策是指将工资、储蓄和债券利息、租金、养老金、保险金和各种社会福利津贴等名义收入与消费物价指数紧密联系起来，名义收入随物价指数的变化而变化。也就是说，对各种不同的收入实行指数化，使其按照物价指数的变动而得到调整，以避免通货膨胀所带来的损失，并减弱由通货膨胀所带来的分配不均的问题。

(五)收入政策

对于通货膨胀，尤其是成本推进的通货膨胀，还可以通过采取适当的收入政策，控制工资与物价的过快增长，以此达到治理通货膨胀的目的。收入政策主要包括：①规定工资和物价增长率的标准。如规定工资增长率与劳动生产增长率应保持一定的关系。②工资—价格指导。通过各种形式的政府说服工作，使企业和工会自愿执行政府公布的“工资—价

格指导线”。③工资—物价管理。即冻结工资、冻结物价，若有违规，即予以处罚。收入政策在早期曾被广泛采用，主要采取语言劝告、法律控制或者其他激励措施来进行，但是现在已很少使用。

【专栏 9-6】改革开放以来我国通货膨胀的治理

1980 年的通货膨胀发生在我国开始实行改革开放政策，党的工作重心刚转移到社会主义现代化建设上这段时期，宏观上经济增长速度迅猛、投资规模猛增、财政支出加大导致出现较严重财政赤字、盲目扩大进口导致外贸赤字，外汇储备迅速接近于零。1979 年、1980 年物价出现了明显上涨，其中 1980 年通胀达到 6%。后来我国经过压缩基本建设投资、收缩银根、控制物价等一系列措施，通货膨胀得到抑制，表现为国务院在 1980 年 12 月发出了《关于严格控制物价、整顿议价的通知》，对通货膨胀进行治理。

1984—1985 年的通货膨胀体现为固定资产投资规模过大引起社会总需求过旺，工资性收入增长超过劳动生产率提高引起成本上升导致成本推动，伴随着基建规模、社会消费需求、货币信贷投放急剧扩张，经济出现过热现象，通货膨胀加剧。为了抑制高通胀，当时采取了控制固定资产投资规模，加强物价管理和监督检查，全面进行信贷检查等一系列措施。表现为从 1984 年 11 月到 1985 年 10 月国务院发布的一系列宏观调控措施。

1987—1989年的通货膨胀是由于1984—1985年中央采取的紧缩政策在尚未完全见到成效的情况下，1986 年又开始全面松动，导致需求量的严重膨胀。此期间，1988 年的零售物价指数，创造了建国 40 年以来上涨的最高纪录。物价的上涨和抢购风潮引发了一系列社会问题。在突如其来的冲击面前，中央迅即做出反应，召开会议整顿经济秩序。于是 1989 年 11 月党的十三届五中全会通过《中共中央关于进一步治理整顿和深化改革的决定》，提出用 3 年或更长一些时间基本完成治理整顿任务，使用大力度的调整措施。

1992 年邓小平南方讲话后，中国经济进入高速增长的快车道，1993—1995 年的通货膨胀起因主要是固定资产投资规模扩张过猛与金融秩序的混乱。有人形象地总结为“四热”(房地产热、开发区热、集资热、股票热)、“四高”(高投资膨胀、高工业增长、高货币发行和信贷投放、高物价上涨)、“四紧”(交通运输紧张、能源紧张、重要原材料紧张、资金紧张)和“一乱”(经济秩序特别是金融秩序混乱)。此次通胀的治理以 1993 年 6 月《中共中央、国务院关于当前经济情况和加强宏观调控的意见》提出 16 条措施为起点，经过 3 年的治理，到 1996 年我国实现经济的“软着陆”。

2007 年至今的物价上涨、通胀压力加大是多方面原因导致的，是一种非典型性的通胀。针对这次全球范围内的通货膨胀，我国实施从紧的货币政策，配合稳健的财政政策。2007 年至今已经数次调整，以及不对称调整了利率、存款准备金率等，并利用公开市场业务手段 2007 年净回笼 2.63 万亿元资金。2008 年 1 月 3 日，央行召开的 2008 年工作会议继续强调执行从紧的货币政策，并将严格控制货币信贷增长放在首位。在财政政策方面，采取了调整出口退税率、财政补贴支出等措施，对于缓解通货膨胀，维护宏观经济持续稳定发展起到了积极作用。

第二节 通货紧缩

一、通货紧缩的定义及衡量指标

(一)通货紧缩的定义

通货紧缩是一个与通货膨胀相对应的概念。关于通货紧缩的定义，学术界也有很多不同的观点。目前，国内外主要有以下三种观点。

第一种观点认为，通货紧缩是指物价的普遍持续下降的现象。持这种观点的人认为，通货紧缩是一种宏观经济现象，其含义与通货膨胀正好相反。

第二种观点认为，通货紧缩是物价持续下跌、货币供应量持续下降，与此相伴随的是经济衰退。

第三种观点认为，通货紧缩是经济衰退的货币表现，因而必须具有三个特征：①物价持续下跌、货币供应量持续下降；②有效需求不足、失业率高；③经济全面衰退。

诺贝尔经济学奖得主保罗·萨缪尔森所做的定义是："价格和成本正在普遍下降即是通货紧缩。"在一些主要发达国家，如日本从1994年起，就开始出现了通货紧缩，通胀率一直呈现负增长，通货紧缩问题已经成为影响日本经济复苏的最主要因素之一。美国、德国、英国从20世纪90年代开始，通货膨胀率就持续走低。

(二)通货紧缩的衡量指标

既然通货紧缩与通货膨胀是一个相对应的概念，因此衡量通货膨胀的指标同样适用于衡量通货紧缩。然而，关于如何判断经济中是否出现了通货紧缩，学术界依然存在很多分歧。

一般来说，判断通货紧缩必须满足3个条件，即"两个特征，一个伴随"。"两个特征"包括：一是物价持续负增长，"物价派"一般认为，物价持续稳定下降超过两个季度，即可认为出现通货紧缩；二是货币供应量的下降。"一个伴随"就是判断它是否伴随着经济衰退的出现。

【专栏9-7】中国的通货紧缩

最近10年来，我国共经历过两次通货紧缩，均是受到外部冲击所致：一次是在1997—1999年亚洲金融风暴前后；另一次是2001—2002年美国互联网泡沫破灭。在两次通货紧缩过程中，PPI 持续下降的月份分别达到 31 个月和 20 个月，而 CPI 持续下降的月份分别历时 27 个月和 16 个月。

1997 年 10 月份，全国零售物价指数首次出现负增长(−0.4%)，以后持续 6 个月保持这一趋势。从 1997 年下半年开始到 1999 年 7 月，我国物价已经连续 22 个月下降，物价不振，商品积压严重，而且到 2001 年年初这种现象还没完全消失，这在建国的历史中也没有出现过的。按经济学的解释，这是典型的通货紧缩。

2009 年 2 月 10 日，国家统计局公布的 1 月份物价数据显示，2009 年 1 月份，CPI 增幅连续 9 个月回落，同比上涨 1%，而 PPI 则连续 2 个月呈现负增长同比下降 3.3%。而且这次华尔街金融风暴导致的经济衰退是全球性的，我国面临的经济形势比前两次通货紧缩时更为严峻。据此，很多专家学者认为我国或许正在经历近 10 年来幅度最深的通货紧缩。

【启发思考】

1．你同意上述观点吗？

2．这几次的通货紧缩是怎样引起的？给中国经济造成了怎样的影响？

3．为治理通货紧缩我国政府分别采取了什么措施？

二、通货紧缩的分类

通货紧缩根据其程度不同，可分为轻度通货紧缩、中度通货紧缩和深度通货紧缩 3 类。一般认为，通货膨胀率持续下降，并由正值变为负值，此种情况可称为轻度通货紧缩。这种通货紧缩通常是由于技术进步引起产品价格下降，但是产出仍呈上升趋势。通货膨胀率负增长 1 年且未出现转机，此种情况可视作中度通货紧缩。中度通货紧缩继续发展，持续时间达到 2 年以上，或物价降幅达到两位数，此时就是深度通货紧缩。深度通货紧缩通常是由于生产能力过剩和需求低迷引起的，实际产出与潜在产出之间的“产出缺口”不断扩大，商品积压严重，物价持续大幅下降。

三、通货紧缩的成因

造成通货紧缩的原因是多方面的，总体来说可以概括为两个方面：一是有效总需求不足；二是供给绝对过剩。

(一)总需求不足引发的通货紧缩

在开放的经济条件下，有效需求包括 4 个方面：居民消费、企业投资、政府支出和出口。造成总需求不足的原因可能是信贷紧缩或货币供应紧张导致的市场利率上升，筹资成

本增加，致使投资需求下降；而投资下降，又会导致生产萎缩，并使企业开工不足，工人收入下降，从而引起消费需求减少；也可能是金融、房地产泡沫破灭，国民财富缩水，引起居民消费需求萎缩，同时使银行等金融机构坏账增加，导致信用紧缩，引致投资需求也同时减少。

需求不足因国家制度、经济发展阶段、社会传统等因素而异。对于我国还有具体的国情。例如，劳动力价格偏低，城乡居民收入水平偏低，加上近年来失业、再就业压力较大，居民在住房、养老、医疗、子女教育等方面不确定性的预期支出增加。同时由于收入的两极分化，高收入阶层消费趋向饱和，边际消费倾向递减；低收入阶层由于收入增长缓慢，有效购买力不足，这些都在一定程度上影响了消费需求的增长。

(二)供给绝对过剩引起的通货紧缩

引起供给过剩的原因也是多方面的。由于经济发展的周期性，当经济发展进入繁荣的高峰阶段，投资高涨，生产能力大量过剩，产品供过于求，可能引起物价水平持续下跌，进而引发通货紧缩；随着知识经济的发展，科技进步和企业管理水平提高的速度不断加快，当企业通过技术进步及加强管理而降低成本后，其产品的价格也会因成本的降低而下降，再加上全球经济一体化和市场竞争的日益加剧，这些也会促使企业不断降低商品价格，从而引起通货紧缩；在开放的经济体系下，国际经济和金融环境的冲击，也会是造成通货紧缩的原因。我国近 10 年来发生的两次较为明显的通货紧缩或多或少都与这种外来冲击有关。在我国，长期以来低效率盲目追求速度的粗放式发展模式、经济结构的失调，造成了某些产业盲目扩张、重复投资，再加上货币政策的调整，信贷过度扩张，产生大量不良投资，这些也都是引起通货紧缩的原因之一。

四、通货紧缩的影响

通货紧缩一旦发生，如若处理不当，会对社会经济生活产生不良影响。

1. 对财富分配和收入分配结构的影响

在通货紧缩过程中，不同种类财富的市场价值的下降和不同收入类型的人们收入的下降幅度并不相等，通货紧缩会改变财富分配结构和收入分配结构。一般来说，通货紧缩使实物资产的持有者受损，现金资产将升值；使固定利率的债权者受益，而债务人受损；使企业利润减少，固定货币收入的员工受益；使企业负债的实际利率上升，收入进一步向个人转移，使个人税收负担相对减轻，政府财富向公众转移。

2．通货紧缩对经济增长的影响

关于通货紧缩对经济增长的影响，有两种不同的观点。

(1) 促退论。促退论认为，通货紧缩会引起经济衰退。理由是：在出现通货紧缩的条件下，物价的持续下降会使生产者利润减少甚至亏损，这会使企业削减生产。同时，生产投资的减少会导致失业增加，居民收入减少，造成总需求不足，因而导致经济增长下降。另外，通货紧缩使名义利率不变，实际利率上升，银行的利息负担加重，金融系统风险加大，从而信用投资减少，引起经济增长下降。例如，据美国国民经济研究局和商务部提供的数据，1920—1921 年的通货紧缩使美国 GDP 下降了 6.7%；1929—1933 年的经济危机使整个资本主义世界的工业生产水平大约后退到 1908—1909 年，其中美国退到 1905—1906 年。

(2) 促进论。促进论则认为，适度的通货紧缩有利于经济的增长。理由是：在适度通货紧缩状态下，可以延长经济扩张的时间而不会威胁经济的稳定；通货紧缩促使长期利率下降，有利于企业投资改善设备，提高生产率；而且，如果通货紧缩是与技术进步、效益提高相联系的，则物价水平的下降与经济增长是可以相互促进的。

3．通货紧缩对就业的影响

一般认为，通货紧缩会对就业造成消极影响。例如，美国历史上发生的通货紧缩，对就业都产生了消极影响。在几次影响较大的通货紧缩中，美国的失业人数或失业率都非常高。例如 1921—1922 年、1929—1933 年、1938—1940 年这 3 次通货紧缩都造成美国工人大量失业。1921 年秋，美国的失业人数达到 575 万人，工人失业率由 1920 年的 7.2%猛增到 23.1%；1929—1933 年，美国失业人数从 150 万人增加到 1300 多万人，约占民用劳动力的 1/4，包括半失业者共有 1700 万人，失业率高达 1/3；1938 年，美国加工工业的开工率降至 64.9%，失业率高达 19%，失业人数再次超过 1000 万人。

4．通货紧缩对进出口贸易产生的影响

一般认为，通货紧缩会引起对外贸易额的减少。一方面，通货紧缩使消费和投资支出减少，因而国内需求减少，从而影响到该国的进口；另一方面，严重的通货膨胀或紧缩会造成工资提高，或失业率增加，这样与国外比，我国的比较优势就会相对降低，进而对出口造成消极影响。例如，美国历史上出现的几次较大的通货紧缩，都曾造成了美国对外贸易额大幅度缩减，尤其是 1921—1922 年发生的通货紧缩，致使美国的进出口贸易下降了一半以上。

五、通货紧缩的治理

由于通货紧缩往往会造成经济发展的萧条和失业的增加，给社会经济发展带来很多不利影响，因此，世界各国的政府对于治理通货紧缩都比较重视。治理通货紧缩的政策措施通常包括以下几个方面。

(一)实行积极的货币政策

实行积极的货币政策，综合运用货币政策工具中的信贷政策、利率政策、准备金政策或公开市场业务，适时增加货币供应量，降低实际利率。密切关注金融机构的信贷行为，通过灵活的货币政策促使金融机构增加有效贷款投放量，以增加货币供给。

(二)实行积极的财政政策

实行积极的财政政策，扩大财政支出，可以弥补个人消费需求不足造成的需求减缓，还可以通过投资的“乘数效应”带动私人投资的增加，以增加社会总需求。

(三)优化供给结构

调整供给结构，使其适应需求结构的变化，是扩大有效需求，缓解通货紧缩的有效措施之一。优化供给结构就是要使供给在品种、数量、价位等方面更好地适应消费者的即期需求，并适当超前地适应消费者的未来需求，减少过剩部门或行业的投资，鼓励新兴部门或行业发展，这样既可以减少重复投资和不良投资，又可以建立新的经济增长点，调节有效需求不足，促进新的经济周期的形成。

(四)完善社会保障体系，提高城乡居民收入

根据我国的具体国情，培育城乡居民的购买力关键是增加收入，主要是增加中、低收入阶层的收入。同时，从货币政策上，扩大消费信贷发放的规模和范围，也是增加城乡购买力的有效措施。在此基础上，建立健全社会保障体系，适当改善国民收入的分配格局，提高中下层居民的收入水平和消费水平，可以增加广大居民的消费需求，缓解有效需求不足造成的通货紧缩。

(五)深化金融体系的改革

在通货紧缩、经济面临衰退阴影的情况下，金融体系的稳定至关重要。如何防范金融风险，同时又能使货币政策发挥有效的作用，最根本的出路在于深化金融体系改革。这包

括：进一步改革商业银行，建立风险防范机制；在防范风险的同时，增强现有金融机构之间的竞争，运用竞争压力促使银行积极开拓信贷市场，努力提供金融服务，为货币政策作用的充分发挥创造必要条件，清理违法金融机构，健全金融法规，完善金融市场，利率市场化等。

无论是美国、欧盟、日本等发达国家的历史经验，还是改革开放以来我国经历的几次经济的周期性波动都表明，通货膨胀和通货紧缩对经济发展均有较大的破坏作用，只有物价稳定才最有利于促进经济增长和社会发展。因此，在实际的经济生活中，防范通货膨胀固然重要，但是对我们发展中国家来说，警惕和治理通货紧缩更加具有现实意义和政治意义，在这方面还需要货币政策、财政政策、收入政策等宏观经济政策的有机配合。

本章小结

通货膨胀与通货紧缩	通货膨胀	• 通货膨胀的概念：通货膨胀是指在纸币流通条件下，因纸币发行过多，超过了流通中所需要的货币量，从而引起纸币贬值、一般物价水平普遍而持续上涨的现象。 • 通货膨胀的衡量：世界上大多数国家都采用消费价格指数、批发物价指数和国民生产总值折算数来测量通货膨胀的程度。 • 通货膨胀的分类：根据通货膨胀的严重程度与特征，将其分为温和的或爬行的通货膨胀、急剧的或猛烈的通货膨胀、恶性的或超速的通货膨胀、隐蔽的或受抑制的通货膨胀等 4 种类型。 • 通货膨胀的成因：形成通货膨胀的原因是多方面的，主要的有需求拉动通货膨胀、成本推动通货膨胀、结构性通货膨胀和供求混合推进通货膨胀
	通货紧缩	• 通货紧缩的概念：诺贝尔经济学奖得主保罗·萨缪尔森认为通货紧缩是“价格和成本正在普遍下降”。 • 通货紧缩的分类：通货紧缩根据其程度不同，可分为轻度通货紧缩、中度通货紧缩和深度通货紧缩 3 类。 • 通货紧缩的原因：造成通货紧缩的原因是多方面的，总体来说可以概括为两个方面，一是有效总需求不足；二是供给绝对过剩
	稳定通货的对策	严重的通货膨胀和通货紧缩都会给社会经济生活带来一系列负面影响，稳定通货的对策主要是财政政策、货币政策、收入政策、收入指数化方案和货币规则等

习　题

一、名词解释

1. 通货膨胀
2. 通货紧缩
3. 消费价格指数
4. 需求拉动型通货膨胀
5. 成本推动型通货膨胀

二、判断题

1. 通货膨胀不是指一次性或短期的价格总水平的上升，只有当价格持续的上涨作为趋势不可逆转时，才可称为通货膨胀。（　）
2. 在物价管制的情况下，不可能发生通货膨胀。（　）
3. 货币主义学派认为，通货膨胀无论何时何地都是一种货币现象。（　）
4. 指数化政策通常是指按物价变动情况自动调整收入的一种分配方案。（　）
5. 通货膨胀对社会收入分配没有影响。（　）
6. 利润推进型通货膨胀属于一种需求拉动型通货膨胀。（　）
7. 通货紧缩表现为物价持续下跌，从而货币购买力提高，因此有利于消费者。（　）

三、不定项选择题

1. 通货膨胀引起的物价上涨是指(　　)。
   A. 一般物价总水平的持续上涨　　B. 个别商品物价的上涨
   C. 短期性物价上涨　　D. 季节性物价上涨
2. 我国在计划经济体制下的通货膨胀主要表现为(　　)。
   A. 公开性通货膨胀　　B. 隐蔽性通货膨胀
   C. 无通货膨胀　　D. 恶性通货膨胀
3. 根据通货膨胀是否直接表现为上涨，通货膨胀可分为(　　)。
   A. 公开性通货膨胀　　B. 隐蔽性通货膨胀
   C. 严重的通货膨胀　　D. 恶性的通货膨胀
4. 根据形成原因不同，通货膨胀可分为(　　)。
   A. 需求拉动型　　B. 成本推动型

C．结构型　　　　D．滞涨型

5．衡量通货膨胀的指标通常有(　　)。

A．消费价格指数　　　　B．生活费用指数

C．批发物价指数　　　　D．国民生产总值折算数

6．通货紧缩可能的危害有(　　)。

A．导致社会财富缩水　　　　B．扩大财政赤字

C．可能引发银行危机　　　　D．加速经济衰退

7．在通货膨胀中经济主体更愿意持有以下哪些资产？(　　)

A．固定收益的债券　　　　B．股票

C．黄金　　　　D．货币

8．在通货膨胀的过程中，下列经济主体中会得利的是(　　)。

A．债权人　　　　B．债务人

C．货币财富持有者　　　　D．靠固定收入维持生活的人

9．通货紧缩的标志可以表现为以下哪几个方面？(　　)

A．财政赤字持续增加　　　　B．货币供应量持续下降

C．物价总水平持续下降　　　　D．经济增长率持续下降

E．外贸逆差持续下降

10．在通货紧缩的情况下，实际利率会(　　)。

A．降低　　　　B．升高

C．不受影响　　　　D．上下波动

四．简答题

1．简述通货膨胀对社会经济的不良影响。

2．简要说明需求拉动型通货膨胀的形成机制。

3．简要说明成本推动型通货膨胀的形成机制。

4．简述通货紧缩的内涵和主要危害。

5．试结合我国具体国情，分析治理通货膨胀和通货紧缩的主要对策。

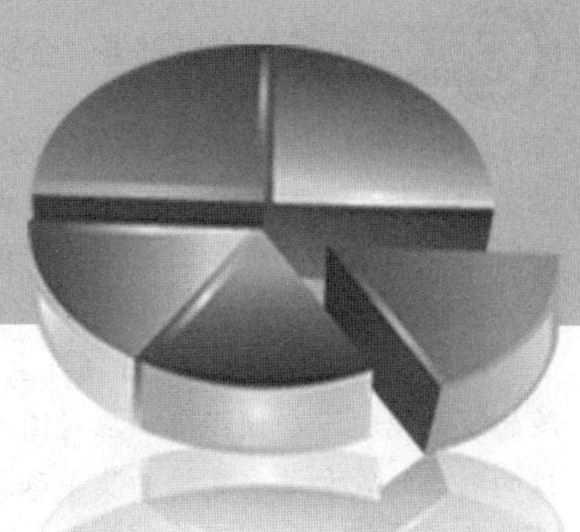

第十章 货币政策

本章精粹

- 货币政策目标
- 货币政策工具
- 货币政策效应
- 我国货币政策的实践

案例导入 国务院部署“金融国九条”“金融 30 条”促进经济发展的政策措施

2008 年 9 月以来，随着曾经叱咤华尔街的美国多家投资银行的破产倒闭，美国宣称遭遇了“百年一遇”的金融危机。在开放的经济体系下，美国的金融危机迅速席卷全球，面对国际金融危机冲击和国内宏观经济下行风险，如何利用金融“抓手”促进经济发展，已成为当前决策层考量的重点。

国务院总理温家宝 12 月 3 日主持召开国务院常务会议，研究部署当前金融促进经济发展的政策措施，会议指出，应对国际金融危机，保持经济平稳较快发展，必须认真实行积极的财政政策和适度宽松的货币政策，进一步加大金融对经济发展的支持力度。要通过完善配套政策措施和创新体制机制，调动商业银行增加信贷投放的积极性，增强金融机构抵御风险的能力，形成银行、证券、保险等多方面扩大融资、分散风险的合力，更好地发挥金融支持经济增长和促进结构调整的作用。会议研究确定了金融促进经济发展的政策措施，时称“金融国九条”。

5 天之后，国务院办公厅制定下发了《国务院办公厅关于当前金融促进经济发展的若干意见》，简称“金融 30 条”。其全文逾 4600 字，以 30 条措施逐一细化“金融国九条”，内容涵盖落实宽松货币政策、推动银行信贷、扩大企业融资渠道、促进保险业发展、稳定股票市场、改进外汇管理等多个方面。

(资料来源：人民日报，2008-12-04)

【启发思考】

1．为了减轻国际金融危机对我国经济的不良影响，我国政府分别出台了哪些经济政策？

2．“金融国九条”和“金融 30 条”的具体内容和政策目标是什么？

3．实现货币政策目标需要借助的工具有哪些？这些工具的作用机理是什么？

4．如何根据宏观经济形势进行货币政策目标和货币政策工具的相机抉择？

学习目标

本章介绍货币政策的目标、货币政策工具，以及货币政策的相机抉择等内容。通过本章的学习，要求：理解货币政策的目标体系及其相互之间的关系；掌握一般性货币政策工具调控机理和我国目前的货币政策工具；熟悉货币政策选择的基本原理，并能分析解释近年来我国的货币政策实践及其理论依据。

关键词　货币政策最终目标　货币政策中介目标　货币政策工具

无论是计划经济体制国家，还是市场经济体制国家，宏观经济的健康稳定发展都离不开政府的宏观调控。货币政策作为宏观经济政策的重要组成部分，通常由一国的中央银行制定和贯彻执行，在现代市场经济中，货币政策在政府的宏观调控中起着举足轻重的作用。

第一节　货币政策目标

货币政策的目标是一国货币当局(一般为中央银行)采取调节货币和信用的措施所要达到的目的。按照中央银行对货币政策的影响力和影响速度，货币政策划分为两个不同的目标层次，即最终目标和中介目标，它们共同构成中央银行货币政策的目标体系。

一、货币政策的最终目标

货币政策理论所要研究的首要问题就是货币政策的目标及其确定。而所谓“货币政策的目标”是指中央银行制定和实施某项货币政策所期望达到的特定的经济目的。这是货币政策制定者——中央银行的最高行为准则，又称货币政策的最终目标。

货币政策的目标客观上体现了各国货币当局的调控意图与政策取向。因此，一般被认为是一国货币政策制定以及实施各环节中最重要的一项。现代西方国家货币政策的最终目标一般来说有 4 个，即稳定物价、充分就业、经济增长和国际收支平衡。这四大目标并不是同时确立的，而是随着经济社会的发展变化先后出现的，它们有一个逐渐形成的过程。值得注意的是，一个国家的货币政策目标在经济发展的不同时期不是一成不变的，不同国家货币政策的目标选择也不尽相同。

(一)西方国家货币政策目标选择的演变历程

20 世纪 30 年代以前，金本位制流行于西方社会，资本主义经济发展也较为顺利。在这种背景下，维持物价水平的稳定就成了经济政策和货币政策追求的主要目标。1929—1933 年的世界性经济危机，使西方社会生产急剧下降，失业迅速增加。各国纷纷放弃金本位制，竞相采取货币贬值、高筑关税壁垒等办法干预经济，消除萧条，增加就业。充分就业就成了与稳定物价并列的宏观经济政策和货币政策的目标。自 50 年代起，由于普遍的、持续的通货膨胀，在各国中央银行的货币政策目标中，又把物价稳定的分量加重了。到了 50 年代后期，西方国家中经济增长理论广泛流行，许多国家为了保护自身的经济实力和国际地位，都把发展经济、促进经济增长作为货币政策目标的重点。从 60 年代开始，一些国家国际收支逆差的出现，使维持固定汇率发生困难。伴随着随后发生的两次美元危机，一些国家又将平衡国际收支作为一项货币政策目标。进入 70 年代，西方国家的经济运行中出现了“滞胀”的局面，即经济停滞和通货膨胀并发，货币政策陷入了两难的境地。从那时开始，货币政策的主要目标锁定为抑制通货膨胀。进入 90 年代，在货币政策最终目标问题上，各国货币当局意见较为一致，普遍放弃了多重目标的做法，而把控制通货膨胀，保持物价稳定，进而创造一个平稳的经济环境当作各国货币当局追求的首要目标，有时甚至是唯一的目标。西方主要国家近 50 年来货币政策最终目标的演变历程如表 10.1 所示。

表 10.1　西方主要国家货币政策最终目标的变化

国　别	50—60 年代	70—80 年代	90 年代以后
美国	充分就业	稳定物价	无通货膨胀的经济增长
英国	充分就业兼顾国际收支平衡	稳定物价	稳定货币
加拿大	充分就业	稳定货币兼顾国际收支平衡	
日本	稳定货币兼顾对外收支平衡	以稳定物价为主兼顾汇率稳定	
德国	一直将稳定货币作为主要目标并兼顾对外收支平衡		

注：80 年代以前的德国是指联邦德国。

(资料来源：胡新智. 金融创新对货币政策理论与实践的影响. 中国社会科学院研究生院博士学位论文)

(二)我国货币政策目标

对于我国货币政策最终目标应当如何选择的问题，理论界一直存在着单目标、双目标、多目标的争论。1995 年颁布并经 2003 年修改的《中华人民共和国中国人民银行法》将我国现行的货币政策目标明确规定为“保持货币币值的稳定，并以此促进经济增长”。也就是说，我国的货币政策把保持币值稳定作为目标，而把发展经济看作是稳定币值的自然结果，只要实现了币值的稳定，就能促进经济的更快发展。在某种意义上可以说，《中华人民共和国中国人民银行法》以法律形式结束了有关我国货币政策目标的争论，中央银行的货币政策目标完成了由双重目标向单一目标的转变。

(三)货币政策目标的具体含义

1. 稳定物价

所谓稳定物价，一般是指通过实行适当的货币政策，保持一般物价水平的相对稳定，以避免出现通货膨胀或通货紧缩。稳定物价是中央银行货币政策的首要目标，而稳定物价的前提或实质是币值的稳定。在金本位制时代，币值意指单位货币的含金量，币值变动即单位货币的黄金量变动，而黄金价格的变动是引起币值变动的主要原因。因此，大多数经济学家以黄金价格的涨跌幅度来测度币值变动的程度。自 20 世纪 30 年代世界发生经济大危机之后，各国政府相继放弃金本位制，纷纷宣布纸币与黄金脱钩，不规定纸币的含金量，这样便无法继续以黄金价格的变动来作为币值稳定的标准。由于物价的变动是纸币币值变动的指示器，是衡量货币流通正常与否的主要标志，所以目前世界各国政府和经济学家改以综合物价指数来衡量币值是否稳定。物价指数上涨，表示货币贬值；物价指数下跌，表示货币升值。由于在现代经济社会里，一般物价水平呈上升的趋势。因此，稳定物价主要是控制通货膨胀，将一般物价水平的上涨幅度控制在一定的范围之内，并使之短期内不发生急剧的波动。

对于把一般物价水平上升的幅度控制在何种范围之内，不同的经济学家有不同的看法，不同的国家也有不同的标准。从各国实际情况来看，在制定货币政策时，中央银行都显得十分保守，一般要求物价上涨率必须控制在 2%～3%以内。

2．充分就业

充分就业是指一国所有资源都得到充分利用时的就业状态。在实际的经济生活中，一个社会的充分就业，并不是指人人都有工作，即不是指就业率为 100%。在通常情况下，失业可以分为由于需求不足而造成的周期性失业、由于经济中某些难以克服的原因而造成的自然失业两种情况。消灭了周期性失业时的就业状态，就是充分就业。因此，充分就业与自然失业的存在并不矛盾。

由于测度各种经济资源的利用程度非常困难，其中只有测度劳动力的利用程度比较容易，因此，西方学者通常以失业率作为衡量社会经济资源是否充分利用的指标。所谓失业率就是失业人数与愿意就业的劳动人口之比。充分就业率的高低，取决于劳动市场的完善程度、经济状况等各种因素。充分就业率由各国政府根据实际情况确定。各国在各个时期所定的充分就业率都不同。从二战后的美国来看，20 世纪 50～60 年代，充分就业率为 95.5%～96.5%；70 年代为 94.5%～95.5%；80 年代为 93.5%～94.5%。近年来，多数经济学家认为，将自然失业率维持在 5%～6%的水平就可以认为是达到了充分就业。我国《劳动和社会保障事业发展“十一五”规划纲要(2006—2010 年)》规定，“十一五”期间，全国城镇登记失业率要控制在 5%以内。

3．经济增长

在西方经济学中，对经济增长的含义有两种不同的理解。一种观点认为，经济增长是指国民生产总值的增加，即一国在一定时期内所生产的商品和劳务的总量的增加，或者是人均国民生产总值的增加。另一种观点认为，经济增长是指一国生产商品和劳务的能力的

增长。但是，目前世界上大多数国家都采用国民生产总值来反映经济增长的速度。

经济增长会增加社会福利，但并不是增长率越高越好。这是因为经济增长一方面要受到各种资源条件的限制，不可能无限地增长，尤其是对于经济已相当发达的国家来说更是如此。另一方面，经济增长也要付出代价，如造成环境污染，引起各种社会问题等。因此，经济增长就是实现与本国具体情况相符的适度增长率。

4. 国际收支平衡

国际收支平衡是指一定时期内(通常指 1 年)，一国对其他国家或地区的全部货币收支保持基本平衡。目前，经济学家普遍认为，国际收支平衡应当是一种动态的平衡，在若干年的时间内，如 3～5 年，一国国际收支平衡表主要项目的变动接近于平衡，大致上就可以认为国际收支平衡。在这一时期，某一年份的不平衡可以由另一年份加以弥补。

国际收支平衡不是消极地使一国在国际收支账户上经常收支和资本收支相抵，也不是消极地防止汇率变动、外汇储备变动，而是使一国外汇储备有所增加。适度增加外汇储备被看作是改善国际收支的基本标志。同时一国国际收支状况不仅反映了这个国家的对外经济交往情况，还反映出该国经济的稳定程度。

(四)货币政策目标间的矛盾与统一

按照西方的货币政策理论，尽管货币政策所追求的最终目标有 4 个，但就任何一个国家的中央银行而论，对上述各种目标往往不能同时兼顾。通常的情况是，为实现某一货币政策目标所采用的货币政策措施很可能阻碍另一货币政策目标的实现。因此，在承认若干目标间的互补性的同时，也应注意货币政策目标之间的矛盾性与冲突性。

1. 稳定物价与充分就业的矛盾

1958 年新西兰经济学家菲利普斯通过整理英国 1861—1957 年的资料，总结出了菲利普斯定律。根据菲利普斯定律，失业率与通货膨胀率之间是反向变化的。因此，降低失业率与稳定物价就不能并行。要实现充分就业就要牺牲一定程度的物价稳定；为了维持物价稳定，就必须以提高失业率为代价。这是因为，一个国家要实现充分就业，就得增加货币供应量，降低税率，增加政府支出，以刺激社会总需求的增加，而总需求的增加，在一定程度上引起一般物价水平的上涨；如果要稳定物价，就会压抑社会总需求的增长，而社会总需求的缩减则必然导致失业率的提高。这样，货币政策在稳定物价与充分就业之间就陷入两者不能兼顾的境地。

但是，20 世纪 70 年代，西方各国经济领域“滞涨”的现实多与这个原理相悖。这些国家自那以来的很长时间里，伴随着失业率的提高，各国通货膨胀率并没有相应降低，而是

相反。美国著名经济学家米尔顿·弗里德曼认为：通货膨胀与失业率在远期内没有交替关系。然而，不管长期来看这种交替关系是否存在，至少在短期内，充分就业与稳定物价在现实经济生活中的确是两个相互冲突的目标。

2．物价稳定与国际收支平衡的矛盾

一般而言，若国内物价上涨，使外国商品的价格相对降低，将导致本国输出减少，输入增加，国际收支恶化；若本国维持物价稳定，而外国发生通货膨胀，则本国输出增加，输入减少，则会发生贸易顺差。

因此，只有全球都维持大致相同的物价水平，物价稳定才能与国际收支平衡同时存在。在国际经济关系日益复杂，世界经济发展极不平衡的现实经济生活里，这两个条件同时并存是不可能的。稳定物价与国际收支平衡的目标也就很难兼顾。

3．经济增长与国际收支平衡的冲突

在正常情况下，随着国内经济的增长，国民收入增加以及支付能力的增强，通常会增加对进口品的需要。此时，如果出口贸易不能随进口贸易的增加而增加，就会使贸易收支情况恶化，发生大量的贸易逆差。尽管有时由于经济繁荣而吸收若干外国资本，这种外资的注入可以在一定程度上弥补贸易逆差造成的国际收支失衡，但并不一定就能确保经济增长与国际收支平衡目标能够同时达到。

尤其是在国际收支出现失衡、国内经济出现衰退时，货币政策很难在两者之间做出合理的选择。在国际收支逆差的情况下，通常必须压抑国内有效需求，其结果可能消除逆差失衡，但同时也带来经济衰退；面对经济衰退，通常采取扩张性货币政策，其结果可能刺激经济增长，但也可能因输入增加导致国际收支逆差。

4．稳定物价与经济增长的矛盾

从长期来看，物价稳定与经济增长之间具有一致性。稳定的物价，可以减少市场的不确定性，充分发挥市场的功能，维持经济的长期增长；而经济的持续增长又有利于生产充足的商品，保持物价的稳定；从短期来看，政府可能比较关注经济的短期增长，而经济增长有时需要有货币的超前供给，超前的货币供给量可能带来物价的上涨与币值的下跌，进而造成经济增长与稳定物价两者之间的矛盾。

综上所述，由于在现实的经济中，这些政策目标之间常常存在着矛盾，因此，各国政府往往不能将这 4 个目标同时作为货币政策实施的目标。如何在这些相互冲突的矛盾中，做出最恰当的选择和取舍，是当代各国金融当局所面对的最大难题。货币政策目标之间的矛盾性，要求政策的制定者在制定货币政策时，必须对这些目标进行价值判断，权衡轻重缓急和利弊得失，确定目标的实现顺序和目标指数高低，同时使各个目标能有最佳的匹配

组合，使所选择和确定的目标体系成为一个和谐的有机的整体。

二、货币政策的中介目标

(一)货币政策中介目标的概念

货币政策中介目标是指为实现货币政策最终目标而选定的中间性或传导性金融变量。一般来说，在货币政策最终目标确定之后，中央银行需要通过观测和控制它所能控制的一些具体的指标来影响实际的经济活动，间接地达到其最终目标。这些能被中央银行所直接控制和观测的指标，就是我们通常所说的货币政策的中介目标或中间目标。

一般来讲，从货币政策工具的实施到其效果的实现并不是一个同步的过程，这中间存在一个传导过程相当长的“政策效应时滞”。因此，从控制论的角度出发，为了在最终目标的追求过程中，了解目标实现的程度或者政策措施的有效性，以便及时采取必要的纠正或补充措施来争取最终目标的实现，就需要在工具与最终目标之间纳入一些中介目标。实践中的货币政策中介目标既是货币当局制定货币政策的基础，也是实施货币政策过程中的一个重要支点。

货币政策中介目标位于货币政策工具和最终目标之间，根据其与最终目标的距离，可以分为近期中介目标(也称操作目标)和远期中介目标(也称中间目标)。操作目标是中央银行通过货币政策工具操作能够有效准确实现的政策变量，如准备金、基础货币等指标。中介目标处于最终目标和操作目标之间，是中央银行通过货币政策操作和传导后能够以一定的精确度达到的政策变量，主要有市场利率、货币供应量。通常，近期中介目标的可控性较远期中介目标更强；而远期中介目标与货币政策的最终目标更为接近。

(二)货币政策中介目标的选择标准

并非所有金融指标都能够成为中介目标的。一般来说，无论是远期还是近期目标，货币政策中介目标的选择都必须满足四个基本特性。

(1) 可测性。即中央银行能够迅速和准确地获得它所选定的中介目标的各种资料，并且能被社会理解、判断与预测。这种可测性必须包括准确和及时两个层次。所谓准确，就是指该金融变量的含义要明确，不允许有似是而非的解释；其变动能够比较准确地反映货币政策的贯彻情况，不受或少受非货币政策因素的影响，从而避免政策的失误。所谓及时，就是该金融变量的数据资料等容易收集，并且时间快、周期短，以便中央银行及时分析、观察和监测。

(2) 可控性。即作为货币政策中间目标的金融变量必须能够被中央银行运用各种货币政策工具，有效地控制和调节。

(3) 相关性。即作为中介目标的金融变量必须与货币政策的最终目标存在高度的相关性。只有两者存在稳定的关系，该中介目标才能使中央银行据以判断最终目标的变化情况及其趋势，才能实现货币政策的最终目标。

(4) 抗干扰性。即作为中介目标的金融指标应能较正确地反映政策效果，并且较少受外来因素的干扰。

(三)货币政策中介目标的指标选择

根据上面的标准，可供选择的中介指标通常包括利率、货币供应量、超额准备金和基础货币等几个金融变量，下面分别做以下简单的分析。

1. 利率

利率作为中介指标，有其优点：一是可控性强，通过贴现率的变动，可以调节市场利率的走向；二是可测性也较强；三是货币当局能够通过利率影响投资和消费支出，从而调节总供求。

作为近期中介指标，货币政策时常运用的短期市场利率是银行同业拆放利率。中央银行随时可在货币市场上观察到短期利率的水平，然后通过公开市场业务操作和再贴现率影响短期利率的水平和结构。出于资金成本的考虑，银行和金融机构一般会对再贴现率与同业拆放利率之间的差额做出反应。中央银行在公开市场上出售证券，必然会减少银行准备金，从而导致同业拆借利率提高，迫使银行到贴现窗口借入中央银行资金或降低其借款意愿。这必然会对银行的信用扩张产生影响，相应地引起长期利率的追随性变动。

以长期利率作为货币政策的中介目标，从可测性看，中央银行在任何时候都可以观察到资本市场上的利率水平和结构，并及时进行分析。从可控性看，中央银行只要借助公开市场业务的作用来影响商业银行准备金数量、商业银行的信用创造，就可以影响短期利率，相应地引起长期利率的追随性变动，以达到对长期利率的控制。从相关性看，利率的变化与经济周期的变化有密切关系：当经济处于萧条阶段，利率呈下降趋势；当经济转向复苏以至高涨时，利率则趋于上升。因此，利率可作为观测经济波动状况的一个尺度。

2. 货币供应量

就是通过政策工具来调节、监控货币供给量增长水平，以使货币供给增长与经济增长要求相适应。货币供应量作为中介指标，首先，满足可测性的要求。货币供应量有明确的外延和内涵的规定，通过中央银行自身和金融机构的资产负债表，中央银行可以对货币供应量进行量的测算和分析。其次，满足可控性的要求。按照界定，货币供应量一般由通货和各种存款货币构成，前者直接是由中央银行产生并投入流通，中央银行对其有一定的控制能力；后者是商业银行和其他金融机构的负债，中央银行通过货币政策工具的操作也可以间接地加以控制。再次，就相关性而言，一定时期的货币供应量代表了整个社会的购买力，直接影响着货币政策目标的实现，因此，货币供应量与货币政策最终目标之间存在着密切的联系。

3. 超额准备金

超额准备金作为中介指标，就是通过政策工具来调节、监控商业银行及其他各类金融机构的超额准备金水平，并以此达到控制银行体系总体信用创造能力和调整货币供给量的目的。

4. 基础货币

基础货币作为中介指标，就是中央银行直接调节基础货币量。基础货币是银行存款准备金总量和流通中通货的总和。它包括商业银行及其他各金融机构在中央银行的存款、银行库存现金及社会公众持有的现金。在基础货币中，银行存款准备金至关重要，它构成基础货币的主体。从理论上讲，活期存款是银行准备金总量的一个确定的倍数。只要中央银行能控制住其准备金操作目标，就基本上能控制货币供应量指标了。由此，作为政策工具和中介目标货币供应量之间的一个环节，准备金总量被西方各国中央银行作为近期中介目标加以利用。

最近数十年来，西方学者关于中介指标选择的争论主要集中在利率与货币供应量这两个金融变量上。由于不同国家的经济环境及金融环境不同，市场经济的发展水平不同，因此，不同国家在货币政策中介目标的指标选择上也不能盲目苟同，必须结合本国的具体国情，做出因地制宜的合理选择。即使在同一个国家，由于经济和金融环境总是处于动态变化之中，货币政策中介指标的选择也必须因时制宜。

由于我国特殊的国情，我国在货币政策中介指标的选择实践上与西方国家存在明显的差异。改革开放以前，在计划经济体制下，我国并没有准确意义上的中介目标，只是密切关注现金的投放，对其投放渠道进行严格的控制。随着改革开放和经济体制改革的不断深入、商品经济的发展和金融体制的改革，我国中央银行确定的货币政策中介目标也经历了一个发展变化的过程。1993 年年底《国务院关于金融体制改革的决定》指出，我国“货币政策的中介目标和操作目标是货币供应量、信用总量、同业拆借利率和银行备付金率”。因此，从 1994 年下半年起，我国货币政策中介目标由现金和信贷规模转为货币供应量和信用总量，并于第三季度开始按季度向社会公布货币供应量。1995 年，中国人民银行尝试将货币供应量 $M1$、$M2$ 纳入货币政策中间目标体系，1996 年正式确立为货币政策中介目标。货币政策中介目标的转换，是由于我国金融体系的发展，使国家银行在整个金融信用总量中的比例下降。因此，仅仅通过控制信用规模已很难控制货币供应量。自 1998 年 1 月 1 日起，中国人民银行取消信贷总量指标，货币供应量成为我国唯一的货币政策中介目标。

【专栏 10-1】新中国成立以来历次储蓄存款利率调整

下面看一看新中国成立以来历次储蓄存款利率的调整，具体如表 10.2 所示。

表 10.2 新中国成立以来历次储蓄存款利率调整

调整时间	活 期	3 个月	6 个月	1 年	2 年	3 年	5 年	8 年
1949.08.01	60		168	252				
1950.04.01	43.2		86.4	156				
1950.10.02	12.6		31.2	34.8				
1951.12.06	9		22.8	31.2				
1952.09.15	5.4		12.6	14.4				
1955.10.01	2.88		?	7.92				
1958.10.01	2.88		6.12	7.92				
1959.01.01	2.16		3.6	4.8				
1959.07.01	2.16		4.68	6.12		6.504		
1965.06.01	2.16		3.24	3.96				
1971.10.01	2.16		停办	3.24				
1979.04.01	2.16		3.6	3.96		4.5	5.04	
1980.04.01	2.16		4.32	5.76		6.84	7.92	9
1982.04.01	2.88		5.4	6.84		7.92	8.28	9
1985.08.01	2.88		6.12	7.2		8.28	9.36	10.44
1988.09.01	2.88		6.48	8.64		9.72	10.8	12.42
1989.02.01	2.88		9	11.34		13.14	14.94	17.64
1990.04.15	2.88	6.3	7.74	10.08	10.98	11.88	13.68	16.22
1990.08.21	2.16	4.32	6.48	8.64	9.36	10.08	11.52	13.68
1991.04.21	1.8	3.24	5.4	7.56	7.92	8.28	9	10.08
1993.05.15	2.16	4.86	7.2	9.18	9.9	10.8	12.06	14.58
1993.07.11	3.15	6.66	9	10.98	11.7	12.24	13.86	
1996.05.01	2.97	4.86	7.2	9.18	9.9	10.8	12.06	
1996.08.23	1.98	3.33	5.4	7.47	7.92	8.28	9	
1997.10.23	1.71	2.88	4.14	5.67	5.94	6.21	6.66	
1998.03.25	1.71	2.88	4.14	5.22	5.58	6.21	6.66	

续表

调整时间	活 期	3 个月	6 个月	1 年	2 年	3 年	5 年	8 年
1998.07.01	1.44	2.79	3.96	4.77	4.86	4.95	5.22	
1998.12.7	1.44	2.79	3.33	3.78	3.96	4.14	4.5	
1999.06.10	0.99	1.98	2.16	2.25	2.43	2.7	2.88	
2002.02.21	0.72	1.71	1.89	1.98	2.25	2.52	2.79	
2004.10.29	0.72	1.71	2.07	2.25	2.7	3.24	3.6	
2006.08.19	0.72	1.8	2.25	2.52	3.06	3.69	4.14	
2007.03.18	0.72	1.98	2.43	2.79	3.33	3.96	4.41	
2007.05.19	0.72	2.07	2.61	3.06	3.69	4.41	4.95	
2007.07.21	0.81	2.34	2.88	3.33	3.96	4.68	5.22	
2007.08.22	0.81	2.61	3.15	3.6	4.23	4.95	5.49	
2007.09.15	0.81	2.88	3.42	3.87	4.5	5.22	5.76	
2007.12.21	0.72	3.33	3.78	4.14	4.68	5.4	5.85	
2008.10.09	0.72	3.15	3.51	3.87	4.41	5.13	5.58	
2008.10.30	0.72	2.88	3.24	3.6	4.41	4.77	5.13	
2008.11.27	0.36	1.98	2.25	2.52	3.06	3.6	3.87	
2008.12.23	0.36	1.71	1.98	2.25	2.79	3.33	3.6	

(资料来源：搜狐财经，http://business.sohu.com)

【启发思考】

1. 新中国成立以来，在我国经济发展的几个重要转折时期，存款利率分别进行了怎样的调整？

2. 这几次重要的调整分别是在什么经济背景下做出的？你能用所学的金融学知识对这些调整作一解释吗？

3. 这几次重要的利率调整分别对当时的宏观经济形势起到了什么作用？

第二节　货币政策工具

货币政策目标是通过货币政策工具的运用来实现的。货币政策工具是中央银行为实现货币政策目标而使用的各种策略手段。货币政策工具可分为一般性货币政策工具、选择性货币政策工具和补充性货币政策工具三类。

一、一般性货币政策工具

所谓一般性货币政策工具，是指对货币供给总量或信用总量进行调节，且经常使用，具有传统性质的货币政策工具。一般性货币政策工具主要包括法定存款准备金政策、再贴现政策和公开市场业务三大工具，也称货币政策的“三大法宝”。

(一)法定存款准备金政策

1．法定存款准备金率的含义

法定存款准备金率是以法律的形式规定商业银行等金融机构将其吸收存款的一部分上缴中央银行作为准备金的比率。中央银行可以通过对法定存款准备金率的增加或减少达到收缩或扩张信用的目标。存款准备金作为中央银行贯彻执行货币政策的重要手段，其最初目的是防止银行出现大量现金挤兑时发生金融恐慌和危机，以保证银行资产的流动性和现金兑付能力，维护金融体系的稳定和安全。后来存款准备金制度逐步发展为中央银行控制货币供应量和银行信贷、实现货币政策目标的重要工具。

以法律的形式规定商业银行必须向中央银行缴存存款准备金，始于 1913 年美国的《联邦储备法》。后来，西方各国纷纷以法律形式规定存款准备金比率，并授权中央银行依照货币政策的需要，随时加以调整。中国实施这一制度是在中国人民银行行使中央银行职权后，于 1984 年规定各专业银行、城乡信用社及信托投资公司等向国有央行交存准备金的办法。刚开始规定企业存款准备金为 20%，储蓄存款为 40%，农村存款为 25%。此后进行了多次调整。

2．法定存款准备金政策的作用

法定准备金率的调整会引起货币供应量的扩大或缩小，因此，中央银行常常根据一国经济运行情况来调整存款准备金率。在经济繁荣时期，为避免过度扩张信贷，引起通货膨胀，一般提高存款准备金率；在经济停滞时期，需要放松银根，增加货币供应量，从而达到刺激投资，增加总需求的目的，这时一般降低存款准备金比率。

假若商业银行准备金正好达到法定要求，那么，降低法定准备金比率则会使商业银行产生超额准备金，从而促使它们扩大贷款和投资，导致派生存款增加，货币供应量相应增加，利率下降；与此相反，提高法定准备金比率，会造成银行准备金不足，迫使它们收回贷款和投资，从而导致货币供应量相应减少，利率上升。

3．法定存款准备金政策的特点及局限性

一般来讲，法定存款准备金比率的调整有以下几个方面的特点。

(1) 较强的告示效应。中央银行调整准备金比率是公开的、家喻户晓的行动，法定存款准备金比率的升降是中央银行货币政策的预示器，并立即影响各商业银行的准备金头寸。

(2) 强制性。法定存款准备金比率一经公布，任何存款性金融机构必须执行。

(3) 对货币供应量影响显著。由于货币的乘数效应，法定存款准备金比率的微小调整都可能会导致货币供给量的巨额变动。

(4) 法定存款准备金政策具有局限性。由于法定存款准备金政策有较强的告示效应和影响效果，因此它不能作为一项日常的调节工具，供中央银行频繁地加以运用，这就造成了法定存款准备金政策缺乏应有的灵活性。只有当中央银行打算大规模地调整货币供给，并且尽可能少地扰乱政府的有价证券市场时，法定存款准备金率的改变才是较为理想的方法。

【专栏 10-2】近年来中国人民银行历次调整存款准备金率回顾

下面回顾一下中国人民银行历次对存款准备金率的调整，具体从 2008 年 10 月 15 日一直列举到 1984 年，如表 10.3 所示。

表 10.3　存款准备金率的历次调整(1984—2008 年)

调整时间	调整情况
2008.10.15	由 15.50%调至 15.00%
2008.09.25	由 16.50%调至 15.50%
2008.09.16	由 17.50%调至 16.50%
2008.06.07	由 16.50%调至 17.50%
2008.05.20	由 16%调至 16.50%
2008.04.25	由 15.50%调至 16%
2008.03.18	由 15%调至 15.50%
2008.01.25	由 14.5%调至 15%
2007.12.25	由 13.5%调至 14.5%
2007.11.26	由 13%调至 13.5%
2007.10.25	由 12.5%调至 13%
2007.09.25	由 12%调至 12.5%
2007.08.15	由 11.5%调至 12%
2007.06.05	由 11%调至 11.5%
2007.05.15	由 10.5%调至 11%
2007.04.16	由 10%调至 10.5%
2007.02.25	由 9.5%调至 10%
2007.01.15	由 9%调高至 9.5%

续表

调整时间	调整情况
2006.11.15	由 8.5%调高至 9%
2006.08.15	由 8%调高至 8.5%
2006.07.05	由 7.5%调高至 8%
2004.04.25	由 7%调高至 7.5%
2003.09.21	由 6%调高至 7%
1999.11.21	由 8%下调到 6%
1998.03.21	由 13%下调到 8%
1988.09	由 12%调高至 13%
1987	由 10%调高至 12%
1985	央行将法定存款准备金率统一调整为 10%
1984	央行按存款种类规定法定存款准备金率，企业存款 20%，农村存款 25%，储蓄存款 40%

(资料来源：新浪财经，http://finance.sina.com.cn/)

【启发思考】

1．回顾 2007 年 1 月以来，准备金率每次调整的经济和金融背景是什么？央行做出这种调整的金融学依据是什么？

2．存款准备金率政策的传导机制是怎样的？2007 年以来，准备金率的每次调整起到了什么效果？

(二)再贴现政策

1．再贴现政策的含义

再贴现政策是指央行通过正确制定和调整再贴现率来影响市场利率和投资成本，从而调节货币供给量的一种货币政策工具。商业银行或其他金融机构以贴现所获得的未到期票据向中央银行所作的票据转让，称为再贴现，它是商业银行获取资金的一种融资方式。再贴现政策包括两个方面的内容：一是再贴现率的调整。这种作用主要着眼于短期调整货币供给量，由于再贴现率在利率体系中的关键作用，这种调整也具有告示效应。二是对申请再贴现的资格的规定和调整，其作用着眼于长期，主要改变资金流向。

再贴现政策是中央银行最早拥有的货币政策工具，在整个 19 世纪和 20 世纪的前 30 年，再贴现被认为是中央银行的主要工具。早在 1873 年，英国就用再贴现政策调节货币信用。美国的贴现率制度起始于 20 世纪 30 年代，再贴现政策对日本经济的恢复和发展也产生了积极的作用。韩国银行从 60 年代开始运用再贴现政策操作。再贴现政策在一些国家之所以广泛得以运用，主要是因为通过它能为那些难以按市场条件从金融市场获得资金的部门和地区融资提供了便利。再贴现作为货币政策的重要工具，它具有双重效力，即既能起到引导信贷注入特定领域增加流动性总量的作用，而且能对社会信用结构、利率水平、商业银行资产质量等方面发挥调节作用。

2．再贴现政策的作用

中央银行通过变动再贴现率可以调节货币供给量。若中央银行感到市场上银根紧缩，货币供给量不足时，便可以降低再贴现率，商业银行向中央银行的“贴现”就会增加，从而使商业银行的准备金增加，可贷出去的现金增加，在货币乘数的作用下，整个社会货币供给量就会成倍数增加；反之，若市场上银根松弛，货币供给量过多，中央银行可以提高再贴现率，商业银行就会减少向中央银行的“贴现”，于是商业银行的准备金减少，可贷出去的现金也减少，通过货币乘数的作用，社会上的货币供给量将成倍数减少。

在经济萧条时期，社会总需求不足，中央银行就降低再贴现率，刺激商业银行向中央银行增加再贴现金额，以增加资金，从而增加向企业的放款规模；同时，商业银行的放款利率会随着中央银行再贴现率的降低而降低，这就刺激企业增加借款，扩大投资，最后达到增加总需求的目的；在通货膨胀时期，中央银行会提高再贴现率，减少商业银行向中央银行的再贴现金额，收缩银根，并最终达到抑制总需求的目的。

运用调整中央银行的贴现率来调节货币供应量，是宏观货币政策中常用的一种方法。但由于金融市场情况复杂，瞬息万变，所以使得贴现率的调整具有复杂性。

3．再贴现政策的局限性

再贴现政策的最大优点是中央银行可以利用它来履行最后贷款人的职责，通过再贴现率的变动，影响货币供给量、短期利率以及商业银行的资金成本和超额准备金，达到中央银行既调节货币总量又调节信贷结构的政策意向。然而，尽管再贴现政策工具是一项有效的政策工具，但其本身仍存在着如下局限性。

(1) 在实施再贴现政策过程中，中央银行处于被动等待的地位。商业银行或其他金融机构是否愿意到中央银行申请再贴现或借款，完全由商业银行及其他金融机构自己来决定。

(2) 该工具的灵活性较小。再贴现率的频繁调整会引起市场利率的经常波动，使大众和商业银行无所适从。若再贴现率不经常调整又不宜于中央银行灵活地调节市场货币供应量。因此，这一工具本身有被动、缺乏灵活性的特点。

【启发思考】中国人民银行决定从 2008 年 11 月 27 日起，下调金融机构 1 年期人民币存贷款基准利率各 1.08 个百分点，其他期限档次存贷款基准利率做相应调整。同时，下调中央银行再贷款、再贴现等利率。请分析此次货币政策调整的经济背景和政策意图。

(三)公开市场业务

1．公开市场业务的含义

公开市场业务是指中央银行在金融市场上公开买卖有价证券，以此来调节市场货币量的政策行为。当金融市场上资金短缺时，中央银行通过公开市场业务买进有价证券，这相当于向社会投入一笔基础货币，从而会增加货币供应量；相反，当金融市场上货币过多时，中央银行就通过公开市场业务卖出有价证券以达到回笼货币，收缩信贷规模，减少货币供应量的目的。由于公开市场业务在调节基础货币时具有主动性、微调性、前瞻性等特点，所以公开市场业务是中央银行稳定经济的最常用、最重要、最灵活的政策手段。我国的公开市场业务操作包括人民币操作和外汇操作两部分。外汇公开市场操作 1994 年 3 月启动，人民币公开市场操作 1998 年 5 月 26 日恢复交易，规模逐步扩大。从交易品种看，中国人民银行公开市场业务债券交易主要包括回购交易、现券交易和发行中央银行票据。

2．公开市场业务的优越性

公开市场业务是目前西方国家中央银行重要的货币政策工具，这固然与西方国家证券市场发达有关，但主要的还是因为公开市场业务有其他政策工具不能替代的优点。

(1) 公开市场业务具有较高的精确性。公开市场操作使中央银行能够对总的银行准备金和基础货币进行有力而准确的控制，尤其当能够准确、及时地计算出这些数字的周或月平均值时更是这样。例如，中央银行欲向银行系统注入 1.5 亿元的准备金，就可以简单地购买 1.5 亿元的政府债券。使用再贴现率或法定存款准备金率不可能达到这么高的精确程度。例如，中央银行想通过贴现政策降低准备金，可以做的只是提高再贴现率，甚至发表声明警告银行不要从中央银行大量借款，但由于再贴现政策的实施效果主动性不在央行，因而很难预测和掌控这一举措对贴现和放款、准备金、基础货币下降的影响。

同样的理由可以说明准备金率的变化情况。首先，准备金率的变化是通过货币乘数而不是通过基础货币和准备金来影响货币供给的；此外，由于准备金率的一个很小的变化都会导致法定准备金和超额准备金相当大的变化，因此，准备金率的频繁调整将会影响金融秩序，使商业银行感到无所适从。从这一点上来看，准备金政策不适合作为中央银行货币政策工具频繁使用。

(2) 公开市场业务具有较大的灵活性。中央银行每天都在公开市场上买卖大量的政府债券。对中央银行来说，通过公开市场操作改变货币政策的基调，甚至完全调转方向都是很容易的，只有最敏感的观察家才能发现这一变化。贴现率和准备金率则没有这么灵活，一般地，准备金比率多年才改变一次，贴现率的调整相对频繁一些，通常每年两三次。相反，中央银行每天都可以进行巨额的政府债券交易。所以它日益受到货币当局青睐，成为

最广泛的常用调控手段。

(3) 公开市场业务具有较强的主动性。如果中央银行要通过准备金、基础货币或超额准备金等变量来影响经济活动，那么这些变量的变化一定源于中央银行的政策决策，而不会受到外界因素的影响。就是说，改变准备金的主动权留在中央银行。公开市场操作也是这样主动进行操作的。而如前所述，贴现窗口就显得很被动。

3．公开市场业务的局限性

任何事物都是一分为二的，公开市场业务操作也有其局限性，主要表现在以下几个方面。

(1) 公开市场业务操作需要以发达的金融市场作为背景，如果市场发育程度不够，交易工具太少，则会制约公开市场业务操作的效果。

(2) 公开市场业务操作必须有其他政策工具的配合。可以设想，如果没有存款准备金制度，这一工具是无法发挥作用的。

【启发思考】2008 年 12 月 13 日国务院公布的“国三十条”明确指出，停发 3 年期央行票据，降低 1 年期和 3 个月期央行票据发行频率，这意味着央票的发行量将进一步下降，央票存量会逐步减少。央票发行量减少，央行对基础货币的对冲力度减弱，央行冻结的资金将减少，会有更多的资金留在银行体系，基础货币会增加。从 2008 年 11 月的数据来看，我国央票存量出现了明显的下降，比 10 月减少了 902.25 亿元，预计随着央票发行量的进一步减少，将来央票的存量可能会进一步下降。

请结合本章所学的金融知识解释政府这样调控的政策意图。

二、选择性货币政策工具

传统的三大货币政策工具是对货币供应量和信贷规模实行总量调节，其调节的对象是整个金融机构体系。而在传统货币政策工具之外，尚有选择性的货币政策工具，这些货币政策工具旨在不影响货币供应总量的情况下，对某些具体用途的信贷数量进行调控。因此，所谓选择性货币政策工具，是指为了某种特定的目的，中央银行对某些特殊领域的信用活动加以调节和影响的一系列措施工具。它们都是 20 世纪 30 年代以后随着经济和金融的发展，逐渐发展起来的信用工具。这些信用工具大都带有很浓的行政色彩，它们的运用机制不是靠利益推动，而主要是靠国家授予中央银行的权力来推动。下面介绍几种主要的选择性信用控制工具。

(一)消费者信用控制

消费者信用控制是中央银行对消费者购买不动产以外的各种耐用消费品的销售融资予

以控制。消费者信用控制包括：规定分期付款的最低首付金额、分期付款的最长期限和适用于采用分期付款的耐用消费品的种类。

中央银行提高法定的最低首付现额就等于降低了最大放款额，势必减少社会对此种商品的需求。缩短偿还期就增大了按期支付额，也会减少对此类商品和贷款的需求。

(二)证券市场信用控制

在证券交易中，有一种被称为“信用交易”，又称为“保证金交易”或“垫头交易”。采用这种方式时，购买证券者先付一部分保证金，其余不足部分由证券公司向其提供价款进行垫付，使证券的买卖得以实现。利用信用交易方式可以解决投资者因暂时的资金不足或所持的证券不足而无法获得预期收益的问题。

中央银行通过规定购买人对所购买证券支付的最低现款比率即保证金比率来控制以信用方式购买股票或证券的交易规模，抑制过度的投机。因此，证券市场信用控制可以说是中央银行对以信用方式购买股票和证券所实施的一种调控措施。比如，中央银行规定信用交易保证金比率为30%，则交易额为20万元的证券购买者，必须至少将6万元以现金一次性交付来进行此项交易，其余资金由金融机构贷款解决。在一般情况下，中央银行可根据金融市场的状况随时调高或调低法定保证金比率。

证券信用交易的法定保证金比率工具，间接地控制了流入证券市场的信用量[证券市场的最高放款额=(1−法定保证金比率)×交易总额]，既能使中央银行遏制过度的证券投机活动，又不会因此紧缩对其他经济部门的信用，避免引起整个国民经济的衰退和金融市场的剧烈波动，促进信贷资金的合理运用。

(三)不动产信用控制

不动产信用控制是中央银行对商业银行或其他金融机构在不动产贷款的额度和分期付款的期限等方面规定的各种限制性措施，以抑制不动产交易中的过度投机。不动产信用控制包括规定商业银行不动产贷款的最高限额、最长期限、首付款的最低金额和对分期还款的最低金额进行管制。

【专栏 10-3】关于商品房按揭首付的调整

2007年9月27日中国人民银行、银监会发布《关于加强商业性房地产信贷管理的通知》，通知规定，对购买首套自住房且套型建筑面积在90平方米以下的，贷款首付款比例(包括本外币贷款，下同)不得低于 20%；对购买首套自住房且套型建筑面积在90平方米以上的，贷款首付款比例不得低于30%；对已利用贷款购买住房、又申请购买第二套(含)以上住房的，贷款首付款比例不得低于40%，贷款利率不得低于中国人民银行公布的同期同档次基准利率的1.1倍，而且贷款首付款比例和利率水平应随套数增加而大幅度提高，具体提高幅度由商业银行根据贷款风险管理相关原则自主确定，但借款人偿还住房贷款的月支出不得高于其月收入的50%。

2008年10月22日央行宣布，自2008年10月27日起居民首次购买普通自住房和改善型普通自住房，贷款利率下限可扩大为贷款基准利率的0.7倍，个人住房公积金贷款利率各档次分别下调0.27个百分点。对居民首次购买普通自住房和改善型普通自住房提供贷款，最低首付款比例调整为20%。而二套房的首付比例暂时没有变动。

【启发思考】

1．央行这两次关于商业性房地产信贷管理政策的调整分别是在什么样的经济、金融背景下做出的？

2．央行做出这两次调整的政策目标分别是什么？

3．这两次调整对商品房市场起到了怎样的调控作用？

(四)优惠利率

优惠利率是中央银行对国家重点发展的经济部门或产业所采取的鼓励性措施。中央银行可以根据一个时期国家经济发展的重点，对与国民经济关系重大的部门、行业等制定并实行较低的贴现利率或放款利率，目的在于刺激这些部门和行业的生产，调动它们的积极性，以实现产业结构和产品结构的调整和优化。优惠利率政策多用于不发达国家。

(五)预缴进口保证金

预缴进口保证金是中央银行要求进口商预缴相当于进口商品总值一定比例的存款。这一控制手段旨在抑制进口过度增长。由于缴纳预存保证金会使进口成本上升，因此造成进口相应下降。同时，由于进口商的资金来源主要靠银行存款，通过进口预存保证金的形式，就可以把这部分货款纳入中央银行，从而起到收缩货币供应量的作用。

【专栏10-4】解读“国金30条”

为应对国际金融危机的冲击，贯彻进一步扩大内需、促进经济增长的10项措施，认真执行积极的财政政策和适度宽松的货币政策，2008年12月3日经国务院批准，国务院办公厅就加大金融支持力度，促进经济平稳较快发展提出30条意见，简称“国金30条”。以下是节选其中的5条:

(四)加强货币政策、信贷政策与产业政策的协调配合。坚持区别对待、有保有压原则，支持符合国家产业政策的产业发展。加大对民生工程、“三农”、重大工程建设、灾后重建、节能减排、科技创新、技术改造和兼并重组、区域协调发展的信贷支持。积极发展面向农户的小额信贷业务，增加扶贫贴息贷款投放规模。探索发展大学毕业生小额创业贷款业务。支持高新技术产业发展。同时，适当控制对一般加工业的贷款，限制对高耗能、高排放行业和产能过剩行业劣质企业的贷款。

(五)鼓励银行业金融机构在风险可控前提下，对基本面比较好、信用记录较好、有竞争力、有市场、有订单但暂时出现经营或财务困难的企业给予信贷支持。全面清理银行信贷政策、法规、办法和指引，根据当前特殊时期需要，对《贷款通则》等有关规定和要求做适当调整。

(六)支持中小企业发展。落实对中小企业融资担保、贴息等扶持政策，鼓励地方人民政府通过资本注入、风险补偿等多种方式增加对信用担保公司的支持。设立包括中央、地方财政出资和企业联合组建在内的多层次中小企业贷款担保基金和担保机构，提高金融机构中小企业贷款比重。对符合条件的中小企业信用担保机构免征营业税。

(七)鼓励金融机构开展出口信贷业务。将进出口银行的人民币出口卖方信贷优惠利率适用范围，扩大到具有自主知识产权、自主品牌和高附加值出口产品。允许金融机构开办人民币出口买方信贷业务。发挥出口信用保险在支持金融机构开展出口融资业务中的积极作用。

……

(十)落实和出台有关信贷政策措施，支持居民首次购买普通自住房和改善型普通自住房。加大对城市低收入居民廉租房、经济适用房建设和棚户区改造的信贷支持。支持汽车消费信贷业务发展，拓宽汽车金融公司融资渠道。积极扩大农村消费信贷市场。

【启发思考】

1．以上措施中，你能分辨出上面讲过的各种选择性货币政策工具的运用吗？

2．政府出台这些措施的政策目标是什么？

3．这些政策措施的出台对近期国内的宏观经济形势起到了什么作用？你留心观察思考了吗？

三、补充性货币政策工具

在常用的货币政策工具中，除了上面提到的一般性货币政策工具和选择性货币政策工具之外，各国的中央银行还常常根据本国在一定时期的经济和金融环境，选择使用一些其他的货币政策工具作为补充。这类货币政策工具很多，一般我们又将其分为直接信用控制和间接信用控制两种方式。

(一)直接信用控制

直接信用控制是指中央银行根据有关法令，以行政命令或其他方式，直接对金融机构尤其是商业银行的信用活动所进行的控制。其手段包括信用分配额、利率上限控制、流动性比率、直接干预等。

1. 信用分配

信用分配是指一国中央银行根据金融市场状况和经济、金融发展的需要，对商业银行及其他金融机构的信用创造加以合理的分配和限制等措施。主要表现在限制银行系统对某个领域的信贷时，对银行系统的该项贷款申请，中央银行用各种理由加以拒绝；在支持银行对某个领域的信贷时，中央银行可以设立专门信贷基金以保证某项事业的特殊需要。

2. 利率上限控制

利率上限控制是指中央银行规定商业银行及其他金融机构存款、贷款、政府证券所能支付的最高利率。对存款规定利率高限，可以限制银行之间竞相以高利率争夺存款，使贷款成本上升过大。但这种工具不利于银行业的竞争，并迫使一些成本更高，且超过上限的金融资产产生，替代原来的资产。

3. 流动性比率

流动性比率是指中央银行为了限制商业银行及其他金融机构扩张信用规模，规定流动资产对存款的比重。一般来说，资产的流动性比率与收益率成反比。金融机构为了保持中央银行规定的流动性比率，一方面必须缩减长期性放款所占的比重，扩大短期性放款的比重；另一方面，还必须持有一部分随时应付提现的资产。

4. 直接干预活动

直接干预活动是指中央银行以“银行的银行”的身份，直接合理干预商业银行及其他金融机构的信贷业务。

(二)间接信用控制

间接信用控制是指中央银行采用一般性货币政策工具和选择性货币政策工具以外的其他各种控制方法。主要有道义劝告、窗口指导、金融检查等办法。

1. 道义劝告

道义劝告也称“君子协议”或“窗口指导”，是指中央银行运用自己在金融体系的特殊地位和威望，通过对商业银行及其他金融机构的劝告，以影响其放款的数量和投资的方向。这一手段的优点在于对信贷的质和量控制并存，具有较大的伸缩性，但无法律强制。尽管这种方法对商业银行和其他金融机构没有法律的约束力，但由于中央银行的地位，一般说来，或多或少会产生效力。

【专栏 10-5】银监会“特急通知”指导信贷管理 应防季末冲规模放贷

2009 年 3 月和 6 月，商业银行在季度末贷款“冲规模”现象明显，引起了相关监管部门的关注。银监会近日向各地银监局和各政策性银行、国有商业银行、股份制商业银行、邮政储蓄银行紧急下发《关于进一步加强信贷管理的通知》(以下简称《通知》)，对银行机构加强信贷管理进行窗口指导，要求防止月末、季末“冲规模”现象出现，并再次强调防止信贷资金违规流入资本市场、房地产等领域。

《通知》要求各银行业金融机构总行，对内部业绩考核机制进行一次必要的调整，合理确定和调整存贷款及利润等考核指标，取消对存贷款时点指标的考核。当前首先要防止月末、季末“冲规模”现象；此外，还要淡化对规模、速度的考核，替之以对增长质量、风险抵御和控制能力的有效考核，防止因激励不当而导致弄虚作假或短期行为。

自 2009 年年初以来，监管部门一直在强调防止信贷资金违规流入资本市场、房地产等领域。此次下发的《通知》再次强调了这一点，要求各银行业金融机构从授信尽职调查、贷款发放等环节把好关，确保信贷资金进入实体经济。并特别指出，要防止企业利用票据贴现套利等造成信贷资金“空转”，不得通过贷款转存等手段虚增存贷款，不得脱离客户的有效信贷需求发放贷款。

对于信贷投向,《通知》再次明确银行业金融机构围绕国家“保增长、扩内需、调结构”的要求以及国家产业政策、产业调整和振兴规划的实施，将信贷资源有效配置到国家重点支持和鼓励发展的领域，严格限制对“两高一资”、产能过剩行业的新增授信。

(资料来源：高晨. 银行应防季末冲规模放贷. 京华时报，2009-06-25)

【启发思考】

1．银监会为什么会选择在此时机紧急下发《关于进一步加强信贷管理的通知》？

2．《通知》对商业银行和其他金融机构有没有法律约束力？

3．《通知》将对我国的金融市场和金融秩序起到什么作用？

2．金融检查

金融检查是指中央银行利用自己“国家银行”的身份不定期地对商业银行和其他金融机构的业务经营情况进行检查，并将检查结果予以公开，以监督商业银行的金融活动。金融检查的内容是多方面的，既可以审查银行等金融机构的合法性，又可以检查银行等金融机构业务活动的合理性。

3．公开宣传

公开宣传是指中央银行通过各种宣传媒介公布自己的政策方针和各种经济金融信息，引导各银行金融机构和公众按自己的意图行事。道义劝说一般都针对特定的对象，而公开宣传则是针对整个金融体系。例如，中央银行在年初公布自己今年的货币政策为适当宽松的货币政策，并说明实施这一政策的目的依据等，这会在金融界和社会各界引起反响。

第三节　货币政策效应

当经济发生了明显的周期性波动，从中央银行分析把握宏观经济走势，到采取相应的货币政策，再到这些货币政策作用于最终目标产生作用效果，这中间要经过一系列的过程。在这个过程中，往往存在一些因素会影响货币政策的有效性，认识和把握这些因素对于充分运用货币政策工具，调控宏观经济和金融环境有着重要意义。

一、货币政策的时滞

任何政策从制定到获得主要的或全部的效果，必须经过一段时间，这段时间即称为时滞。时滞由两部分组成：内部时滞和外部时滞。

(1)　内部时滞。是指从政策制定到货币当局采取行动这段时间。它又分为认识时滞和行动时滞两个阶段。认识时滞是指从形势变化需要货币当局采取行动到它认识到这种需要的时间距离；行动时滞是指从货币当局认识到需要行动到实际采取行动这段时间。内部时滞的长短取决于货币当局对经济形势发展的预见能力、制定对策的效率和行动的决心等。

(2)　外部时滞。又称影响时滞，是指从货币当局采取行动开始直到对政策目标产生影响为止的这段过程。外部时滞主要由客观的经济和金融条件决定，它又可分为操作时滞和市场时滞两个阶段。操作时滞是指从调整政策工具到其对中介指标发生作用的时间距离；市场时滞是指从中介指标发生反应到其对最终目标产生作用的时间距离。因为不论是货币供应量还是利率，它们的变动都不会立即影响到政策目标。比如企业是扩大还是缩减投资，需要先决策，然后制订计划，最后付诸实施，每个阶段都需要时间。

时滞是影响货币政策效应的重要因素。货币政策时滞究竟有多长，是一个实证经济学的问题。1976 年获得诺贝尔经济学奖的美国经济学家、货币主义大师米尔顿·弗里德曼认为，货币供应量的变化导致名义收入的变化要 6～9 个月的时间，货币供应量的变化对物价的影响要在它对名义收入和产量发生影响之后的 6～9 个月才会发生。因此，从货币供给量增长率的变动到通货膨胀率变动之间的时滞平均为 12～18 个月。时滞对货币政策的产出效应而言是一种抵消因素，但对价格效应来说，又有积极作用。

二、货币流通速度的影响

对货币政策有效性的另一主要限制因素是货币流通速度。对于货币流通速度一个相当小的变动，如果政策制定者未能预料到或在估算这个变动幅度时出现小的差错，都可能使货币政策效果受到严重影响，甚至有可能使本来正确的政策走向反面。在实际生活中，由于影响货币流通速度发生变动的因素太多，因此对货币流通速度变动的估算，很难做到不发生误差，这也就限制了货币政策的有效性。

三、微观主体预期的抵消作用

对货币政策有效性或效应高低构成挑战的另外一个因素是微观主体的预期。当一项货币政策提出时，各种微观经济主体，立即会根据可能获得的各种信息预测政策的后果，从而很快地做出对策。如果央行推出的货币政策遇到微观主体广泛采取的“对冲”对策，这些货币政策就极有可能归于无效。但是在实际生活中，即使公众的预测非常准确，实施对策的速度也很快，其效应的发挥也需要有个过程。这样，货币政策仍可奏效，只不过公众的预期行为会使其实施效应打很大的折扣。

四、其他经济政治因素的影响

在货币政策持续执行的这段时间内，如果经济中出现了某些始料不及的情况，而货币政策又难以做出相应的调整时，就可能出现货币政策效果下降甚至失效的情况。政治因素对货币政策效果的影响也是巨大的。任何一项货币政策方案的贯彻都可能给不同阶层、集团、部门或地方的利益带来一定的影响。这些主体如果在自己利益受损时做出较强烈的反应，就会形成一定的政治压力。当这些压力足够有力时，就会迫使货币政策进行调整。

第四节　我国货币政策的实践

一、传统体制下的货币政策实践

改革开放之前，在计划经济体制下，政府职能以指令性计划、行政命令手段等直接管理为主。当时的货币政策，在“大一统”的银行体制下，实行“统存统贷”的信贷计划管理，目标是保证和监督国民经济计划的实现，没有自己独立的目标。货币政策工具是指令性的信贷计划，现金发行是重要的观测指标。从货币政策的传导过程来看，由于行政命令手段的运用，计划控制较为直接和简单。

二、改革开放以来的货币政策实践

1978 年改革开放以来，我国的经济持续快速稳定发展，与此同时，我们国家的货币政策框架在不断完善，货币政策工具在不断丰富，货币政策的效应也更多地通过市场传导到微观经济主体。30 年来我们经历了 3 次大的通胀时期(1983 年、1989 年、1995 年)，经历了亚洲金融危机以后 1998—2002 年的通货紧缩，目前正在面临全球金融危机的考验。可以说在这个过程中中国的货币政策既成功治理了通货膨胀又有效地阻止了通货紧缩，货币政策在促进国民经济稳定持续发展中发挥了重要作用。

1978 年我国开始实行改革开放政策，党的工作重心开始逐渐转移到社会主义现代化建设上，这段时期，经济迅猛增长、投资规模猛增、出现了较严重的财政赤字，再加上盲目扩大进口导致外贸赤字，外汇储备迅速接近于零。1979 年、1980 年物价出现了明显上涨，其中 1980 年通货膨胀率达到 6%。国务院在 1980 年 12 月发出了《关于严格控制物价、整顿议价的通知》，通过采取压缩基本建设投资、收缩银根、控制物价等一系列措施，我国的通货膨胀终于得到抑制。

在改革开放的过程中直至 1984 年，我国货币政策的各个方面仍带有计划调节与市场调节的双重特点，而且均不甚定型。1984 年 1 月 1 日中国人民银行与商业银行职能分离，开始专门行使中央银行职能，成为全国金融体系的中枢。其主要任务就是加强信贷资金的集中统一管理和搞好综合平衡，保持货币稳定，做好全国的金融宏观决策。

从 1982 年开始，经过连续 2 年多的扩张，到 1984 年第四季度，我国的经济开始出现了明显的过热势头。为了满足高速经济的发展，弥补财政的较大赤字，中央的货币开始超量发行，1984 年年末流通中的现金达到 792.1 亿元，比上年同期增加 49.5%，使得通货膨胀直线上升，致使 1984 年 10 月中旬发生了改革开放以来了第一次“抢购风潮”。1984 年第四季度的零售总额为 944 亿元，比 1983 年同期上涨 28.8%。1984—1985 年的通货膨胀体现为固定资产投资规模过大引起社会总需求过旺，工资性收入增长超过劳动生产率提高引起成本上升导致成本推动，伴随着基建规模、社会消费需求、货币信贷投放急剧扩张，经济出现过热现象，通货膨胀加剧。如 1984 年的货币发行量为 262.3 亿元，比上年增长 49.5%。事实上，1984 年的货币过度投放主要是由当年全国信贷计划会议提出改革信贷资金管理体制的决议后，引发各商业银行纷纷抢贷的结果。除抢贷外，各种政府的行政命令贷款也是当时计划外贷款形式之一。同时，价格改革对货币量的投放过度也起着不可忽视的作用。价格改革是一个英明的举措，但却形成了当时“双轨”价格体制的局面。作为计划价格和市场价格两种不同的价格是由行政权力和市场机制两种相互冲突的力量形成的。在双轨制价格体制下，政府要给企业一定的货币量，对企业进行货币补贴，但补贴的多少政府官员有着重要的发言权，企业的工作重点不是加强市场竞争能力，而是加强和政府的联系。对企业补贴增加，货币的投放量则必然要增加。我国的大多数经济学家认为，双轨制弊大于利，当时的双轨制是造成通货膨胀的原因之一。

为了防止经济状况的进一步恶化，央行开始实施以平衡信贷、降低通货膨胀率为主要目标的货币政策。1984—1986 年我国货币政策中间目标的选择是：信贷规模+货币供应量，货币政策工具的选择是：贷款规模指令性计划。1985 年政府动用国家外汇储备缩小购买力缺口，回笼货币；严格限制信贷规模，调整银行贷款利率，压缩对固定资产投资需求；限期收回 1984 年第四季度超额发放的贷款。1986 年开始实施“稳中求松”的货币政策，取消了中国人民银行对各专业银行的贷款限额指标，允许各专业银行根据实际需求和可能决定贷款规模；中国人民银行在信贷安排资金的基础上，再发放 50 亿元贷款给各专业银行；中国人民银行允许其下属各地分行，动用超额准备金发放贷款，促进地方经济发展。1984—1986 年的货币供应量增长率数据如表 10.4 所示。

表 10.4　1984—1986 年的货币供应量增长率　　单位：%

年份	1984	1985	1986
*M*0	49.5	24.7	23.3
*M*1	34.4	12.0	42.0
*M*2	29.7	25.9	29.3

注：*M*0、*M*1、*M*2 所对应数字均为本年度对上年度货币增长率。

为了抑制高通胀，当时还采取了控制固定资产投资规模，加强物价管理和监督检查，全面进行信贷检查等一系列措施。表现为从 1984 年 11 月到 1985 年 10 月国务院发布的一系列宏观调控措施。

1987—1989 年的通货膨胀是由于 1984—1985 年中央采取的紧缩政策在尚未完全见到成效的情况下，1986 年又开始全面松动，政府为了满足社会固定资产的投资增长要求和解决企业的资金短缺问题，从 1986 年开始加大政府财政支出，不断扩大政府财政赤字，特别是 1988 年实行财政的“包干”体制以后，社会的需求进一步猛增。与此同时，为了解决政府赤字问题，货币连年超经济发行，到 1988 年第四季度，市场中的货币流通量为 2134 亿元，比上年同期上涨 46.7%。由于货币的超量发行，市场货币的流通量剧增，引发了物价的猛烈上涨，导致需求量的严重膨胀。同年 5 月政府宣布物价补贴由暗补转为明补，6 月份政府一

再表示要下决心克服价格改革的障碍，7 月份政府尝试着开放了名牌烟酒的价格。这一系列措施加剧了居民的不确定性心理预期，引发了 1988 年 8 月中旬的抢购风潮和挤兑银行存款的现象。1988 年第四季度末的零售总额比上年同期上涨 20.3%，8 月份银行存款减少了 26 亿元，而 1988 年的零售物价指数更是达到了 18.8%，创造了新中国成立 40 年以来上涨的最高纪录。物价的上涨和抢购风潮引发了一系列社会问题。为了整顿严重的通货膨胀，中央对经济实行全面的“治理整顿”，其措施之严厉堪称改革开放以来之最。当时中央召开会议整顿经济秩序，1989 年 11 月党的十三届五中全会通过《中共中央关于进一步治理整顿和深化改革的决定》，提出用 3 年或更长一些时间基本完成治理整顿任务，使用大力度的调整措施。

针对 1987—1989 年的通货膨胀，当时我国货币政策最终目标的选择是：反通货膨胀；货币政策中间目标的选择是：信贷规模+货币供应量+利率调整；货币政策工具的选择是：贷款规模指令性计划。在 1988 年第四季度，银行系统推出将存款收益与通货膨胀率挂钩的指数计划即“定期存款保值措施”，迅速阻止银行的挤兑情况，1988 年第四季度 3 年期的存款利率为 9.71，1989 年一季度调整为 13.14。

当时不同阶段具体的货币政策分别为：1987—1988 年 8 月的经济扩张阶段，实施的是“控制总量，调整结构”的货币政策。政府改进中央银行信贷管理体制，采取信贷规模控制办法，要求各专业银行进行企业化改革，自求资金平衡；强化中央银行对贷款的季节控制，将贷款控制权集中于中国人民银行总行；1987 年 8 月，当意识到货币不稳定而使通货膨胀开始攀升的时候，中国人民银行提出了贷款总量和货币发行的带有紧缩特征的控制目标。1988 年起进一步确立“控制总量，调整结构”的货币政策，在限制货币信贷规模的前提下，对信贷结构进行调整，正确引导资金流通。1988 年 9 月开始紧缩银根，加强货币信贷的计划管理，建立起全社会信贷监控制度；对信贷实行“限额管理，以存定贷”的办法，根据存款比例来确定信贷规模；对贷款限额实行“全年亮底、按季控制、适度调节”的办法，保证贷款用于生产性建设；加强信贷结构调节，保证重点生产，对一般性贷款进行压缩；抬高贷款利率，减轻通货膨胀压力。

此次货币政策的实施，对于通货膨胀的治理起到了很好的抑制作用，但是过于严厉的货币政策却直接导致了 1989 年和 1990 年经济增长的低迷状态。1988 年 9 月—1990 年开始实施先紧缩后放松的货币政策；1991 年，经济恢复到了低通胀下的快速增长路径，货币政策取得了预期效果。1989 年 9 月起，增加基础货币的投放量和银行的信贷规模；下调利率，对国家的重点项目建设实行优惠利率的政策倾斜；放宽贷款规模限制，解决资金不足问题。至 1991 年年底，亏损的国有企业所积累的企业之间的三角债达 2000 亿，政府对国有部门投放了 350 亿元人民币直接对国有大中企业发放“启动贷款”和“安定团结贷款”，保证国有大中型企业的正常运营。1987—1991 年的货币供应量增长率数据如表 10.5 所示。

表 10.5　1987—1991 年的货币供应量增长率　　单位：%

年　份	1987	1988	1989	1990	1991
*M*0	19.4	46.7	9.8	12.8	20.2
*M*1	20.4	21.6	5.7	19.7	23.6
*M*2	24.2	21.0	18.3	28.0	26.5

注：*M*0、*M*1、*M*2 所对应数字均为本年度对上年度货币增长率。

1990—1992 年我国的经济经历了 3 年的低通货膨胀期，1992 年邓小平南方讲话之后，中国经济进入高速增长的快车道，到 1993 年上半年，通货膨胀压力又开始上升。针对当时的经济形势，我国制定的货币政策最终目标是：反通货膨胀+国际收支平衡。于是，中央政府于 1993 年夏开始实行适度从紧的货币政策，朱镕基总理亲自任中国人民银行的行长。当时的货币政策决定，从治理金融秩序入手，深化金融体制改革，规范金融行为，完善金融法律制度，强化中央银行宏观调控能力，加强政策协调措施，综合运用货币政工具，进行宏观经济调控。采取的主要措施包括：加强金融纪律；使国有银行与其隶属的信托投资公司分离；所有专业银行必须立即取消计划外贷款；限制地区间贷款；派出工作组到各省检查执行情况；等等。在经济的收缩阶段，紧缩的货币政策反映到中间目标上就是压缩贷款规模和降低货币供应增长率，在货币政策方面出台了 13 条压缩银行信贷规模的措施，使新增货币供应量 *M*0 从 1993 年的 1528.7 亿减少到 1994 年的 1423.9 亿和 1995 年的 596.8 亿。由于这次调控吸取了以前货币紧缩过度造成经济过冷的教训，这次货币政策的实施中一直遵循着“适度从紧”的原则。虽然仍然是压缩固定资产投资，但抑制方针不是全面紧缩信贷，而主要是针对房地产和开发区投资过热进行适当的信贷控制，正常生产和建设的资金供给设有受到影响，实现了既降低通货膨胀率，又保持高速增长的目标，1996 年终于成功地实现了经济的“软着陆”。此次通胀的治理以 1993 年 6 月《中共中央、国务院关于当前经济情况和加强宏观调控的意见》提出 16 条措施为起点，经过 3 年的治理，到 1996 年我国实现经济的“软着陆”。1992—1997 年我国的货币供应量增长率数据如表 10.6 所示。

表 10.6　1992—1997 年的货币供应量增长率　　单位：%

年　份	1992	1993	1994	1995	1996	1997
*M*0	36.4	35.3	24.3	8.2	11.6	15.6
*M*1	38.2	21.6	7.3	22.4	18.9	22.1
*M*2	31.3	24.0	49.0	29.4	25.3	19.6

注：*M*0、*M*1、*M*2 所对应数字均为本年度对上年度货币增长率。

1997 年，我国经济开始出现国内需求不旺的情况，加上亚洲金融危机爆发影响，我国形成通货紧缩的局面。基于此，从 1998 年起正式开始实施稳健的货币政策。2002 年下半年，我国经济开始进入新一轮的经济上升周期。在“非典”疫情严重、伊拉克战争爆发等不确定性因素较多的情况下，中国人民银行根据外汇占款增加、货币信贷扩张压力加大的状况，在 2003 年 4 月及时调整货币政策操作，加强预调，启动中央银行票据收回流动性，并于 9 月份将存款准备金率从 6%上调到 7%，取得了良好效果。在此期间，货币政策虽然名义上仍维持“稳健”的基调，但内涵已逐步表现出适度从紧的趋向。

2007 年，经济出现过热苗头，价格上涨压力加大，为防止经济增长由偏快转为过热，防止价格由结构性上涨演变为明显通货膨胀，2007 年年底的中央经济工作会议明确提出从 2008 年起货币政策由“稳健”改为“从紧”。至此，我国实施 10 年之久的“稳健”货币政策正式被“从紧”货币政策所取代。2007 年全年 10 次上调存款准备金率，累计上调 5.5 个百分点，6 次上调人民币存贷款基准利率。这些措施有效地控制了通货膨胀形势，CPI 同比涨幅在 2008 年 2 月达到高点后开始下行。

2008 年，国内外形势逐步发生变化。国内发生汶川大地震等严重自然灾害，国际上美国次贷危机加剧，并在 9 月中旬急剧恶化为百年难遇的国际金融危机。针对形势变化，为抵御国际经济环境对我国的不利影响，货币政策从“从紧”转为“适度宽松”，以提振内需，弥补外需的不足，防止经济增速大幅下滑。

尽管货币政策在经济下行时期的作用有限，但进入 2009 年，这“一根软绳”仍被寄予厚望。央行 2009 年工作会议指出，2009 年我国将继续实施适度宽松的货币政策，当前我国货币政策的效力递减，主要原因在于货币调控机制未能适应变化了的情况进行改革。因此，在保持货币政策基本稳定的条件下，应加速货币调控机制的改革。

三、货币政策与财政政策的配合

在过去的几年里，我国实施的积极财政政策对经济的拉动作用非常明显，而货币政策的作用则不够理想。在当前复杂的国际、国内经济和金融环境下，为保持宏观经济平稳运行，财政政策和货币政策既要根据经济形势的需要致力于各自目标的实现，更要注重协同配合，形成政策合力，这样才能更好地服务于经济发展。一般情况下，货币政策和财政政策的配合有以下几种组合。

(1) 当经济萧条时，可以把扩张性财政政策与扩张性货币政策混合使用，这样能更有力地刺激经济。扩张性财政政策在我国也称积极的财政政策，具体的内容包括降低税率，增加政府支出等，这样有利于增加总需求，刺激经济复苏。但扩张性的财政政策也可能会造成利率的提高；扩张性货币政策工具主要包括降低法定存款准备金比率和商业银行再贴现率，降低存贷款利率，利用公开市场操作，向私人部门购进政府债券，以及运用选择性货币政策工具扩大信用额度，有效地抑制利率的上升，以消除或减少扩张性财政政策的挤出效应，使总需求增加等。

【专栏 10-6】扩张性经济政策组合拳的运用

为了应对 1997 年亚洲金融危机的消极影响，保持国内经济增长，自 1998 年起，我国将扩张的货币政策与积极的财政政策进行组合。在货币政策应用上，先后 7 次降息、2 次调低存款准备率、取消实施多年的贷款规模管理、大力倡导消费信贷等。在财政政策方面，最具代表性的措施是增发长期建设国债，支持重大基础设施建设和优化经济结构。这些措施对稳定中国经济，改善投资环境，以及带动亚洲经济复苏都发挥了重要作用。

2008 年下半年以来，华尔街金融风暴的影响已经逐渐渗透到全球实体经济部门，对我国出口部门也造成很大被动。2008 年 9 月以来，央行下调存款准备金率 3 次，降息 4 次，并降低了公开市场操作力度，对银行信贷也已不再实施硬性约束。

2009 年，中国经济将在继续下行的过程中得到扩张性宏观政策向上“托举”的调节。财政政策将呈现四大特点：一是与货币政策配合呼应，适度扩张，给突遇寒流的经济增温供暖。2009 年的预算安排中，将较大幅度地增发长期建设国债和增加赤字规模。二是运用支出政策积极优化结构，大力强化经济、社会的薄弱环节和增加有效供给。对于与“三农”有关的基础设施、农业产业化的基础条件建设，交通与能源、原材料方面的重点建设，支撑改进基本民生的就业、基础教育、基本医疗保障、基本住房保障等各类事项，支持走创新型国家道路的项目和投入，以及震灾之后的重建，都会成为加大投入力度的重点。三是实行结构性的减税和税制改革，包括增值税转型改革、提高出口退税率等，服务于长期的市场建设和机制转换。四是多方协同配合，积极推进调动市场潜力的政策性融资。

【启发思考】扩张性财政政策和扩张性货币政策组合运用一般适合什么经济背景？通常会带来什么政策效果？在实行“双扩”组合政策时，应当注意什么问题？

(2)　当经济出现严重通货膨胀时，可实行“双紧”组合，即采用紧缩性财政政策与紧缩性货币政策来降低需求，控制通货膨胀。紧缩性财政政策，通常包括增加财政收入或减少财政支出，以抑制社会总需求增长，进而抑制通货膨胀。由于增收减支的结果集中表现为财政结余，因此紧缩性财政政策也称盈余性财政政策。而紧缩性货币政策，主要是通过减少货币供应量达到紧缩经济的作用。主要包括提高法定存款准备金率和商业银行再贴现率，提高存贷款基础利率，利用公开市场业务操作，大量的卖出有价证券，收紧消费信贷等。由于紧缩性财政政策在抑制总需求的同时会使利率下降，而紧缩性货币政策使利率上升，“双紧”组合则可能在不使利率下降的情况下起到刺激总需求的作用。

(3)　当经济萧条但又不太严重时，可采用扩张性财政政策与紧缩性货币政策相混合。这样是为了刺激总需求的同时又能抑制通货膨胀，这种混合的结果往往是对增加总需求作用不确定，但却使利率上升。

(4) 当经济中出现通货膨胀又不太严重时，可采用紧缩性财政政策与扩张性货币政策相配合。一方面，用紧缩性财政政策压缩总需求；另一方面，用扩张性货币政策降低利率，刺激投资，以免财政过度紧缩而引起经济衰退。

在考虑如何混合使用两种政策时，不仅要看当时的经济形势，还要考虑政治上的需要。这是因为，虽然膨胀性财政政策和货币政策都可增加总需求，但不同政策的后果可以对不同的人群产生不同的影响，也会使 GDP 的组成比例发生变化。例如，实行膨胀性货币政策会使利率下降，投资增加，因而对投资部门尤其是住宅建设部门十分有利。可是，实行减税的膨胀性财政政策，如果是增加政府支出，如兴办教育、防止污染、培训职工等，则人们收益的情况又不相同。正因为不同政策措施会对 GDP 的组成比例产生不同的影响，进而影响不同人群的利益，所以政府在做出混合使用各种政策的决策时，必须考虑各行各业、各个阶层的人群的利益如何协调的问题。

货币政策、财政政策是一个国家调控宏观经济的两大最重要的工具，是现代宏观经济政策的核心。二者之间能否协调配合直接影响着宏观经济调控的综合效果。也正因为如此，货币政策与财政政策的有机配合，也一直是各国政府和学者们不断探讨的难题。在此，我们也来对两大政策作用的相同和区别之处加以分析和概括。

一般来讲，货币政策与财政政策的共同点在于两者都是通过影响总需求并进而影响产出。货币政策是通过利率、货币供给量等工具调节总需求；财政政策是政府对其支出和税收进行控制并进而影响总需求。通常，在经济过热时采取紧缩性货币政策比较有效，经济不景气时采取扩张性财政政策比较好。

这两者之间也有很明显的区别。在实现扩张的目标中财政政策的作用更直接。比如，降低税率可直接鼓励投资；扩大政府支出则往往会促进有效需求的增加，而且时滞较短。至于货币政策，在经济比较萧条的环境下，则难以通过调低利率来实现扩张的目标，因为投资的积极性在这种条件下往往并非降低利率就能调动起来的。20 世纪 30 年代西方国家摆脱长期萧条的困难，也主要靠的是财政政策。在实现紧缩的目标中，两者的作用效果则刚好相反。对于抑制过热的需求，货币政策很多工具可以利用，而且实施起来可以比较及时、比较灵活。而财政政策却相反，要改变税收和支出政策，对许多国家来说，均需立法机构的讨论，而且增税和减少福利支出这类问题，是很难获得通过的。此外，两大政策还有一点区别，那就是两者性质不同。就严格意义上说，财政政策是依靠行政力量强制推行，是针对特定经济主体，为达到特定目标所采用的措施，主要用以解决经济结构问题；而货币政策则是依靠金融体系，进行一般经济总量的调控。

总之，货币政策与财政政策既有相同点，又有不同点。为了有效进行宏观调控，就需要不断探讨两大政策的相机配合问题。

<table>
<tr><td rowspan="3">货币政策</td><td>货币政策最终目标</td><td>中央银行货币政策最终目标包括稳定物价、经济增长、充分就业和国际收支平衡。这四大最终目标之间往往会发生矛盾，各国可根据本国的实际情况，权衡轻重缓急，选择主要目标和次要目标</td></tr>
<tr><td>货币政策中介目标</td><td>货币政策的中介目标是实现货币政策最终目标的传导和桥梁。根据抗干扰性、可控性、相关性和可测性等选择准则，可供选择的货币政策中介指标通常包括利率、货币供应量、超额准备金和基础货币等几个金融变量</td></tr>
<tr><td>货币政策工具</td><td>货币政策工具是中央银行为实现货币政策目标而使用的各种策略手段，货币政策工具可分为一般性政策工具、选择性政策工具和补充性政策工具 3 类。
一般性货币政策工具主要包括法定存款准备金政策、再贴现政策和公开市场业务三大工具，也称货币政策的“三大法宝”。
选择性货币政策工具主要包括：消费者信用控制、证券市场信用控制、不动产信用控制、优惠利率和预缴进口保证金等。
补充性货币政策工具则主要包括直接信用控制和间接信用控制两种方式</td></tr>
</table>

一、名词解释

1．货币政策工具
2．选择性货币政策工具
3．一般性货币政策工具
4．准备金政策
5．再贴现政策
6．公开市场业务
7．证券市场信用控制
8．消费者信用控制
9．不动产信用控制
10．直接信用控制
11．道义劝说
12．窗口指导

二、单项选择题

1. 存款准备金制度的调节作用主要是通过(　　)实现的。
   A. 规定准备金制度的适用对象　　B. 规定准备金的构成项目
   C. 规定法定准备金率　　D. 规定考核办法
2. 下列货币政策工具作用中，(　　)的作用最猛烈。
   A. 准备金政策　　B. 再贴现政策
   C. 公开市场业务　　D. 证券市场信用控制
3. 下列货币政策工具中，(　　)的宣示效应最不明显。
   A. 准备金政策　　B. 再贴现政策
   C. 公开市场业务　　D. 道义劝说
4. 下列货币政策工具中，(　　)对基础货币的调节作用最大。
   A. 准备金政策　　B. 再贴现政策
   C. 公开市场业务　　D. 信用分配
5. 在利用(　　)进行调节时，中央银行的主动性最差。
   A. 准备金政策　　B. 再贴现政策
   C. 公开市场业务　　D. 信用分配
6. 公开市场业务操作的对象主要是(　　)。
   A. 短期政府债券　　B. 短期公司债券
   C. 政策性金融债券　　D. 中央银行票据
7. 作为货币政策目标的物价稳定是指(　　)。
   A. 个别商品价格固定不变　　B. 商品相对价格稳定
   C. 一般物价水平固定不变　　D. 一般物价水平相对稳定
8. 我国法定的货币政策目标是(　　)。
   A. 经济增长
   B. 稳定物价
   C. 发展经济，稳定货币
   D. 保持货币币值的稳定，并以此促进经济增长

三、多项选择题

1. 一般性货币政策手段包括(　　)。
   A. 存款准备金制度　　B. 再贴现政策
   C. 信贷计划　　D. 公开市场业务

E. 利率限制

2. 与其他货币政策工具相比，公开市场业务的优点有( )。

A. 可以进行微调
B. 对准备金和基础货币影响精确
C. 政策操作具有灵活性
D. 中央银行具有主动性
E. 对市场利率的影响精确

3. 选择性货币政策工具有( )。

A. 道义劝说
B. 利率限制
C. 证券市场信用控制
D. 不动产信用控制
E. 消费者信用控制

4. 属于直接信用控制的货币政策手段有( )。

A. 信贷限额管理
B. 流动性比例限制
C. 利率限制
D. 特种存款
E. 直接干预

5. 货币政策要兼顾( )两个目标存在困难。

A. 物价稳定与充分就业
B. 物价稳定与经济增长
C. 物价稳定与国际收支平衡
D. 经济增长与国际收支平衡
E. 经济增长与充分就业

四、时事分析

结合当前国际经济形势，用本章所学的金融学知识分析我国当前采取的货币政策有何特点？当前货币政策的目标主要是什么？在货币政策和财政政策的配合方面，政府做了哪些努力？

第十一章 国际金融

本章精粹

- 国际收支
- 外汇与汇率
- 国际货币体系

案例导入　我国外汇储备突破 1.9 万亿美元

中国人民银行公布的数据显示，截至2008年9月末，国家外汇储备余额为19 056亿美元，同比增长近33%。

2008年前9月国家外汇储备增加3773亿美元，同比多增100亿美元。7、8两个月外汇储备分别增加360亿美元、390亿美元，9月份外汇储备增长出现下滑，当月新增外汇储备约214亿美元。

据统计，我国2008年1—9月外汇储备月均增量达到419亿美元，虽不及上半年月均468亿美元的增量水平，但仍超过上年月均增长385亿美元的水平。

近几年来，中国外汇储备一直保持较快增长速度。2000年年末，中国外汇储备余额仅为1656亿美元，但之后几年外汇储备增长迅速。2006年2月底，中国外汇储备超过日本，跃居世界第一。到2006年年底，中国外汇储备首次突破1万亿美元，达到10 663亿美元，并于2008年上半年突破1.8万亿美元。

2006年2月底，中国外汇储备超过日本，跃居世界第一。有研究预测，今后中国外汇储备可能超过2万亿美元——这一数字将是全球第二大外汇储备国日本的2倍，是日本、韩国、印度、新加坡等国外汇储备的总和。

如此庞大的外汇储备对中国来说意味着什么：一方面，目前中国经济增长强劲，中国抵御金融风险的能力较强；另一方面，不断增长的外汇储备也会加大如货币升值、通货膨胀等压力。在席卷全球的金融风暴依然风向不明，世界经济喘息未定的风口浪尖上，中国逼近2万亿美元的外汇储备让人喜忧参半。

(资料来源：新华网，http://news.xinhuanet.com/newscenter/2008-10/14/content_10193451.htm，2008-10-14)

【启发思考】什么是外汇储备？外汇储备的高低对于一国经济有何影响？

学习目标

通过本章的学习，要求：理解并掌握外汇、汇率、国际收支、国际货币体系的基本概念；掌握开放经济条件下金融运行的基本知识，并以此分析理解国际收支与货币流通、国际货币体系和国际金融格局的现状和发展方向。

关键词　国际收支　外汇　汇率　国际货币体系

第一节　国 际 收 支

生产社会化与国际分工的发展，使得各国之间的贸易日益增多，国际交往日益密切，从而在国际间产生了货币债权债务关系，这种关系必须在一定日期内进行清算与结算，从而产生了国际间的货币收支。国际间的货币收支及其他以货币记录的经济交易共同构成了国际收支的主要内容。

一、国际收支的概念

16 世纪末 17 世纪初，由于地理大发现、工业革命的推动，开始以国际贸易为主的国际经济活动的迅速发展。对一国来说，为了准确了解本国的国际经济活动情况就提出了国际贸易收支的统计要求，从而产生了“贸易差额”的概念，它表示一国在一定时期内对外商品贸易的综合情况。这个时期是国际收支概念的萌芽时期。随着世界经济的发展，资本主义国家国际经济交易的内容和范围不断扩大。20 世纪 20 年代之后，“贸易差额”这个概念已不能全面反映各国国际经济交易的全部内容，于是就出现了“外汇收支”的概念。即狭义的国际收支的概念，各国经济交易只要涉及外汇收支，无论是贸易、非贸易，还是资本借贷或单方面资金转移，都属于国际收支。

二战后，国际经济活动的内涵、外延又有了新的发展，狭义国际收支的概念已经不能满足实际需要，因为它已不能反映一系列不涉及外汇收支的国际经济活动，如易货贸易、补偿贸易、无偿援助和战争赔款中实物部分、清算支付协定下的记账等，而这些在世界经济中的影响愈来愈大。于是国际收支概念又有了新的发展，形成了广义的国际收支概念，它是指一个国家或地区在一定时期内(通常为 1 年)在同外国政治、经济、文化往来的国际经济交易中的货币价值的全部系统记录。目前，世界各国普遍采用广义的国际收支概念。

国际货币基金组织为了统一国际收支内容，便于计算统计，对国际收支做了如下解释：“国际收支是一定时期内反映如下内容的统计报表：①一个经济实体与世界其他经济实体之间的商品、劳务和收益交易；②这个经济实体的货币、黄金、特别提款权变动与其他变动，以及这个经济实体对世界上其他经济实体之间的债权债务；③无偿的单方面转移项目。”

二、国际收支平衡表

国际收支平衡表是反映一定时期一国同外国的全部经济往来的收支流量表。它是对一个国家与其他国家进行经济技术交流过程中所发生的贸易、非贸易、资本往来以及储备资

产的实际动态所做的系统记录，是国际收支核算的重要工具。通过国际收支平衡表，可综合反映一国的国际收支平衡状况、收支结构及储备资产的增减变动情况，为制定对外经济政策，分析影响国际收支平衡的基本经济因素，采取相应的调控措施提供依据，并为其他核算表中有关国外部分提供基础性资料。

国际收支平衡表是按照复式簿记原理编制的，在表中，全部经济交易被划分为借方(或付方)、贷方(或收方)和差额 3 项，用以反映一定时期内对外经济活动的状况。一切收入或负债增加、资产减少记入贷方，一切支出或资产增加、负债减少记入借方。

国际收支平衡表所包含的内容十分繁杂，各国又大都根据各自不同需要和具体情况来编制。因此，各国国际收支平衡表的内容、详简也有很大差异，但其主要项目还是基本一致的。大体上可分为四大类，即经常项目、资本和金融项目、储备资产项目、净误差与遗漏项目。

(一)经常项目

经常项目是本国与外国交往中经常发生的国际收支项目，它反映了一国与他国之间真实资源的转移状况，在整个国际收支中占有主要地位，往往会影响和制约国际收支的其他项目。它包括货物项目、服务项目、收入项目和经常性转移项目 4 个子项目。

(1) 货物项目。是指一国进出口的货物。这一项目反映一国商品进出口情况。通常称为对外贸易收支或有形贸易收支。在国际收支平衡表中，货物收支统计数据的来源及商品价格计算的方式在各国不尽相同。按国际货币基金组织规定，货物进出口统计一律以海关统计为准，商品价格一律按离岸价格(F.O.B)计算。贸易收支通常在经常项目中占有重要比重。

(2) 服务项目。是指一个国家对外提供服务或接受服务所发生的收支。由于服务不像货物那样能够看得见、摸得着，所以服务项目又称为无形收支项目。它主要包括：运输、通信、保险、旅游、金融服务等。目前，服务项目收支的重要性日趋突出，不少国家的服务收支在该国的国际收支中占有举足轻重的地位，有的甚至还超出了有形贸易收支。

(3) 收益项目。收益包括职工报酬和投资收益。职工报酬，即支付给非居民工人的工资、薪金和其他福利。投资收益，包括居民因持有国外金融资产或承担对非居民负债而引起的收入或支出。投资收入包括直接投资收入、证券投资收入和其他形式的投资收入，其中其他形式的投资收入是指其他资本如贷款所产生的利息。

(4) 经常转移项目。又称无偿转移或单项转移，是指发生在居民与非居民间无等值交换物的实际资源或金融项目所有权的变更。经常转移既包括官方的援助、捐赠和战争赔款等，也包括私人的侨汇、赠予等以及对国际组织的认缴款等。

(二)资本和金融项目

资本和金融项目反映一国资产所有权在国际间转移的状况，它包括资本项目和金融项目两大部分。

(1) 资本项目。包括资本转移和非生产、非金融资产的收买和放弃。非生产、非金融资产的收买和放弃是指各种无形资产，如专利、版权、商标、经销权等以及租赁或其他可转让合同的交易。

(2) 金融项目。包括一国对外资产和负债所有权变更的所有交易。根据投资类型或功能分类，金融项目分为直接投资、证券投资、其他投资和储备资产四类。

直接投资的主要特征是投资者对另一经济体的企业拥有永久利益，这一永久利益意味着直接投资者和企业之间存在着长期的关系，并且投资者对企业经营管理具有相当大的影响。直接投资在传统上主要采用在国外建立分支企业的形式，目前越来越多地采用购买一定比例的股票形式。

证券投资是指为了取得一笔预期的固定货币收入而进行的投资。证券投资资本交易包括股票、中长期债券、货币市场工具和衍生金融工具(如期权)。

其他投资包括所有直接投资、证券投资未包括的金融交易，比如长短期的贸易信贷、贷款、货币和存款以及应收款项和应付款项等。

(三)储备资产项目

储备资产是指一个国家的金融当局(如中央银行或其他官方机构)持有的储备资产及其对外债权，它包括用作货币的黄金、外汇、特别提款权和在国际货币基金组织的储备头寸4个子项目。黄金是指一国中央银行作为储备持有的黄金。外汇是指一国中央银行持有的可以作为国际清偿的流动性资产和债权。特别提款权是国际货币基金组织分配给会员国的一种使用资金的权利，用以偿付国际收支逆差或偿还国际货币基金组织的贷款，还可与黄金、自由兑换货币一样充当国际储备。在国际货币基金组织的储备头寸是指在国际货币基金组织中会员国可以提取使用的资产。

(四)净误差与遗漏项目

这是一个人为的平衡项目，用于轧平国际收支平衡表中的借贷方总和。根据复式记账原理，国际收支平衡表中的收支总额应该是相等的，但是由于资料来源渠道复杂，在统计中往往会出现与实际发生偏离的情况，以及因非法资金流动而难以统计的状况，所以用此项目加以调整。

表 11.1　中国国际收支平衡(2008 年)　　单位：千美元

项　目	行次	差　额	贷　方	借　方
一、经常项目	**1**	**426 107 395**	**1 725 893 261**	**1 299 785 866**
A.货物和服务	**2**	**348 870 456**	**1 581 713 188**	**1 232 842 732**
a.货物	**3**	**360 682 094**	**1 434 601 241**	**1 073 919 146**
b.服务	**4**	**−11 811 638**	**147 111 948**	**158 923 586**
1.运输	**5**	−11 911 179	38 417 556	50 328 735
2.旅游	**6**	4 686 000	40 843 000	36 157 000
3.通信服务	**7**	59 585	1 569 663	1 510 079
4.建筑服务	**8**	5 965 493	10 328 506	4 363 013
5.保险服务	**9**	−11 360 128	1 382 716	12 742 844
6.金融服务	**10**	−250 884	314 731	565 615
7.计算机和信息服务	**11**	3 086 931	6 252 062	3 165 131
8.专有权利使用费和特许费	**12**	−9 748 930	570 536	10 319 466
9.咨询	**13**	4 605 315	18 140 866	13 535 551
10.广告、宣传	**14**	261 668	2 202 324	1 940 656
11.电影、音像	**15**	163 322	417 943	254 622
12.其他商业服务	**16**	2 885 059	26 005 857	23 120 798
13.别处未提及的政府服务	**17**	−253 890	666 187	920 076
B.收益	**18**	**31 437 960**	**91 614 872**	**60 176 912**
1.职工报酬	**19**	6 400 156	9 136 547	2 736 391
2.投资收益	**20**	25 037 804	82 478 325	57 440 521
C.经常转移	**21**	**45 798 979**	**52 565 201**	**6 766 222**
1.各级政府	**22**	−181 611	49 205	230 816
2.其他部门	**23**	45 980 590	52 515 996	6 535 406
二、资本和金融项目	**24**	**18 964 877**	**769 876 094**	**750 911 218**
A.资本项目	**25**	**3 051 448**	**3 319 886**	**268 439**
B. 金融项目	**26**	**15 913 429**	**766 556 208**	**750 642 779**
1. 直接投资	**27**	**94 320 092**	**163 053 964**	**68 733 872**
1.1 我国在外直接投资	**28**	−53 470 972	2 175 785	55 646 757
1.2 外国在华直接投资	**29**	147 791 064	160 878 179	13 087 115
2. 证券投资	**30**	**42 660 063**	**67 708 045**	**25 047 982**

续表

项目	行次	差额	贷方	借方
2.1 资产	**31**	32 749 936	57 672 404	24 922 468
2.1.1 股本证券	**32**	−1 117 368	3 844 800	4 962 168
2.1.2 债务证券	**33**	33 867 304	53 827 604	19 960 300
2.1.2.1 (中)长期债券	**34**	37 563 103	53 827 604	16 264 501
2.1.2.2 货币市场工具	**35**	−3 695 799	0	3 695 799
2.2 负债	**36**	9 910 127	10 035 641	125 514
2.2.1 股本证券	**37**	8 721 011	8 721 011	0
2.2.2 债务证券	**38**	1 189 116	1 314 630	125 514
2.2.2.1 (中)长期债券	**39**	1 189 116	1 314 630	125 514
2.2.2.2 货币市场工具	**40**	0	0	0
3. 其他投资	**41**	**−121 066 726**	**535 794 199**	**656 860 925**
3.1 资产	**42**	−106 074 263	32 563 248	138 637 510
3.1.1 贸易信贷	**43**	5 866 953	5 866 953	0
3.1.1.1 长期	**44**	410 687	410 687	0
3.1.1.2 短期	**45**	5 456 266	5 456 266	0
3.1.2 贷款	**46**	−18 501 123	478 305	18 979 428
3.1.2.1 长期	**47**	−6 569 000	0	6 569 000
3.1.2.2 短期	**48**	−11 932 123	478 305	12 410 428
3.1.3 货币和存款	**49**	−33 528 165	17 715 954	51 244 120
3.1.4 其他资产	**50**	−59 911 928	8 502 035	68 413 963
3.1.4.1 长期	**51**	0	0	0
3.1.4.2 短期	**52**	−59 911 928	8 502 035	68 413 963
3.2 负债	**53**	−14 992 463	503 230 952	518 223 415
3.2.1 贸易信贷	**54**	−19 049 071	0	19 049 071
3.2.1.1 长期	**55**	−1 333 435	0	1 333 435
3.2.1.2 短期	**56**	−17 715 636	0	17 715 636
3.2.2 贷款	**57**	3 620 979	442 835 925	439 214 946
3.2.2.1 长期	**58**	6 724 078	20 129 387	13 405 309
3.2.2.2 短期	**59**	−3 103 099	422 706 538	425 809 637
3.2.3 货币和存款	**60**	2 702 297	59 226 206	56 523 909
3.2.4 其他负债	**61**	−2 266 668	1 168 821	3 435 489

续表

项　目	行次	差　额	贷　方	借　方
3.2.4.1 长期	**62**	−2 236 180	34 976	2 271 156
3.2.4.2 短期	**63**	−30 488	1 133 845	1 164 333
三、储备资产	**64**	**−418 978 429**	**0**	**418 978 429**
A. 货币黄金	**65**	0	0	0
B. 特别提款权	**66**	−7 114	0	7 114
C. 在基金组织的储备头寸	**67**	−1 190 315	0	1 190 315
D. 外汇	**68**	−417 781 000	0	417 781 000
E. 其他债权	**69**	0	0	0
四、净误差与遗漏项目	**70**	**−26 093 843**	**0**	**26 093 843**

(资料来源：国家外汇管理局网站，http://www.safe.gov.cn)

三、国际收支失衡的调节

(一)国际收支失衡的含义

在国际收支平衡表中，借贷双方在账面上总是平衡的，这种平衡是会计意义上的概念。国际经济交易反映到国际收支平衡表上有若干项目，各个项目都有各自的特点，按其交易的性质可分为自主性交易和补偿性交易。所谓自主性交易，是指个人或企业为某种自主性目的(比如追逐利润、追求市场、旅游、汇款赡养亲友等)而进行的交易，由于其自主性质，必然经常地出现差额；补偿性交易是为了弥补自主性交易差额或缺口而进行的各种交易活动，如分期付款、商业信用、动用官方储备等。如果自主性交易能维持平衡，则该国的国际收支是平衡的，如果自主性交易收支不能相抵，必须用补偿性交易来轧平，这样达到的平衡是形式上的平衡、被动的平衡，其实质就是国际收支的不平衡。

(二)国际收支失衡对经济的影响

国际收支是一国对外经济关系的综合反映，随着各国经济日趋国际化，国际收支失衡对一国经济的影响范围越来越广，影响程度也越来越深。

持续的、大规模的国际收支逆差对一国经济的影响表现为：它会使本国增加对外汇的需求，促使外汇汇率上升，本币贬值，本币的国际地位降低，导致短期资本外逃，从而对本国的对外经济交往带来不利影响；如果一国长期处于逆差状态，不仅会严重消耗一国的储备资产，影响其金融实力，而且还会使该国的偿债能力降低，如果陷入债务困境不能自拔，这又会进一步影响本国的经济和金融实力，并失去在国际间的信誉。

持续的、大规模的国际收支顺差对一国经济的影响表现在：它会使一国通货膨胀压力加大。因为如果国际贸易出现顺差，那么就意味着国内大量商品被用于出口，可能导致国内市场商品供应短缺，带来通货膨胀的压力。另外，出口公司将会出售大量外汇兑换本币收购出口产品从而增加了国内市场货币投放量，带来通货膨胀压力。如果资本项目出现顺差，大量的资本流入，该国政府就必须投放本国货币来购买这些外汇，从而也会增加该国的货币流通量，带来通货膨胀压力。另外，一国国际收支出现顺差也就意味着世界其他一些国家出现国际收支逆差，从而影响这些国家的经济发展，很可能引起国际摩擦，影响国际关系。

(三)国际收支失衡的原因

国际收支失衡的现象是经常的、绝对的，而平衡却是偶然的、相对的。国际收支失衡主要有以下几个原因。

(1) 周期性不平衡。在经济发展过程中，各国经济不同程度地处于周期波动之中，周而复始出现繁荣、衰退、萧条、复苏，而经济周期的不同阶段对国际收支会产生不同的影响。

(2) 货币性不平衡。一国发生通货膨胀，其出口商品成本必然上升，削弱本国商品在国际市场上的竞争能力，起着抑制出口的作用。同时，由于进口商品相对显得便宜，鼓励了外国商品的进口，从而出现贸易收支的逆差。

(3) 结构性不平衡。当国际分工的结构或世界市场发生变化时，一国经济结构的变动不能适应这种变化而产生的国际收支不平衡。

(4) 收入性不平衡。国民收入的大幅度增加，全社会消费水平就会提高，社会总需求也会扩大，相应地增加进口，减少出口，从而导致国际收支出现逆差；反之，国民收入减少时，国际收支出现顺差。

(5) 临时性不平衡。是指短期的由非确定或偶然因素引起的国际收支不平衡。

(四)国际收支失衡的调节

一国国际收支持续出现失衡，无论顺差还是逆差，对经济发展都非常不利。因此，各国政府都会对国际收支失衡进行调节。

(1) 直接管制政策。直接管制包括外汇管制和贸易管制两个方面。外汇管制主要是通过对外汇的买卖直接加以管制以控制外汇市场的供求，维持本国货币对外汇率的稳定。如对外汇实行统购统销，保证外汇统一使用和管理，从而影响本国商品及劳务的进出口和资本流动，调节国际收支不平衡。贸易管制主要是通过出口信贷、出口补贴、提高关税、进口配额制和进口许可证制等措施控制进出口，以调节国际收支。

(2) 外汇缓冲政策。一国运用所持有的一定数量的国际储备，主要是黄金和外汇，作为外汇稳定或平准基金，来抵消市场超额外汇供给或需求，从而改善其国际收支状况。

(3) 财政政策。财政政策主要是采取增减财政开支和调整税率的方式调节社会总需求和国民收入水平，从而调节国际收支的顺差或逆差。

(4) 货币政策。主要是通过调整利率来达到政策实施目标的。通过调整中央银行贴现率，影响市场利率，以抑制或刺激需求，影响本国的商品进出口，达到国际收支平衡的目的。

(5) 汇率政策。一国货币金融当局通过调高或调低汇率的方式影响进出口及资本的流动。当国际收支出现逆差时实行货币贬值，起到鼓励出口的作用；当国际收支出现顺差时实行货币升值，可以鼓励进口，缩小顺差。

第二节　外汇与汇率

一、外汇概述

(一)外汇的概念

概括地说，外汇是指外币或以外币表示的用于国际间债权债务结算的各种支付手段。从形态上说，外汇可从两个方面来理解，即动态含义的外汇和静态含义的外汇。动态含义的外汇是指把一国的货币兑换成另一国的货币，借以清偿国际间债权债务关系的行为或活动。这种行为或活动并不表现为直接运送现金，而是采用委托支付或债权转让的方式，结算国际间的债权债务。静态含义的外汇是指外币和以外币表示的用于国际结算的支付手段。作为国际支付手段的外汇必须具备三个条件：可支付性、可获得性和可兑换性。可支付性是指在国际市场上普遍被接受的支付手段；可获得性是指在任何情况下都能够索偿的支付手段；可兑换性是指可兑换成任何国家货币或其他各种外汇资产的支付手段。

国际货币基金组织对外汇的定义为："外汇是货币行政当局以银行存款、财政部库券、长短期政府证券等形式所持有的国际收支逆差时可以使用的债权。"

(二)我国外汇包含的内容

我国于 1996 年 1 月 29 日发布并于 1997 年 1 月 14 日修订了《中华人民共和国外汇管理条例》，该条例第 3 条对外汇的定义也是采用静态的含义。我国的外汇是指以外币表示的可以用作国际清偿的支付手段和资产，具体包括以下 5 项内容。

(1) 外国货币，包括纸币、铸币。

(2) 外币支付凭证，包括票据、银行存款凭证、邮政储蓄凭证等。

(3) 外币有价证券，包括政府债券、公司债券、股票等。

(4) 特别提款权、欧洲货币单位。

(5) 其他外汇资产。

(三)外汇的功能

外汇作为国际经济往来发展的产物，是债权、债务转移的重要手段。其主要功能有以下四项。

(1) 作为国际结算的支付手段。国际债权债务到期时，主要通过各种外汇凭证进行非现金结算。不论起因如何、金额大小，所有的国际债权债务都可通过银行国际业务，利用外汇凭证进行清算，从而完成国际结算。

(2) 促进国际贸易和资本流动。利用外汇进行国际债权债务关系的清算，可以节省运送现金的费用，避免风险，还可以加速资金周转，扩展资金融通的范围，从而促进国际间的商品交换和资本流动。

(3) 调剂国际间的资金余缺。由于世界经济发展的不平衡，各国所需的建设资金余缺程度不同，这在客观上需要在世界范围内进行资金调剂。由于各国的货币制度不同，各国的货币不能直接调剂。外汇作为一种国际支付手段，则可以发挥调剂资金余缺的功能。

(4) 充当国际储备。国际储备是一国可以用于国际支付的那部分流动资金，是衡量一国经济实力的主要标志之一。外汇作为清偿国际债务的手段，同黄金一样，可以作为国家的储备资产。因此，外汇构成国际储备的一个重要组成部分。

二、汇率

汇率又称汇价，是指一个国家的货币折算成另一个国家货币的比率或比价，即用一国货币所表示的另一国货币的价格。作为一种交换比率，它反映了不同国家货币之间的价值对比关系。

(一)汇率的标价方法

要确定两个国家货币之间的比价，首先要明确以哪个国家的货币作为标准，通过变动另一国家的货币来反映比价。由于确定的比较标准不同，因而产生了直接标价法和间接标价法两种标价方式。

(1) 直接标价法。又称应付标价法。是指以一定单位(1 个或 100 个、10 000 个单位等)的外国货币作为标准，折算成若干数额的本国货币来表示汇率。即用一定单位的外国货币为基准来计算应付多少本国货币，如表11.2所示的人民币市场汇价。

表11.2 人民币市场汇价(2009年5月6日) 单位：元

货 币	单 位	中 间 价	货 币	单 位	中 间 价
美元	100	682.32	日元	100	6.9127
欧元	100	907.35	港元	100	88.038

(资料来源：中经专网，http://210.32.205.64)

在直接标价法下，外国货币的数额是固定不变的，本币数额的变化表示着外汇汇率的变化。若以一定单位的外币折算的本币增多，说明外汇汇率上浮，即外币对本币升值；反之，若以一定单位的外币折算的本币减少，说明外汇汇率下浮，即外币对本币贬值。

(2) 间接标价法。又称应收标价法。是指以一定单位的本国货币为标准，折算为若干数额的外国货币来表示汇率。即用一定单位的本国货币为基准来计算应收入多少外国货币。如表11.3所示为伦敦外汇行市。

表11.3 伦敦外汇行市(2009年5月5日)

货币名称	1英镑折合外币	货币名称	1英镑折合外币
美元	1.070	挪威克郎	9.8860
加拿大元	1.7720	日元	149.1050
瑞士法郎	1.7085	新加坡元	2.2209
瑞典克郎	11.9901	澳大利亚元	2.0311
丹麦克郎	8.4304	港元	11.6786

(资料来源：中经专网，http://210.32.205.64)

在间接标价法下，本国货币的数额是固定不变的，外币数额的变化表示着外汇汇率的变化。若一定单位的本币折算外币的数额增多，说明外汇汇率下浮，外币对本币贬值；反之，则说明外币对本币升值。

【专栏11-1】外汇交易中常用货币的符号

外汇交易实务中一般采用国际标准化组织规定的符号来表示各国货币，并将这些符号用在汇率标价方法中。按照国际标准化组织ISO-4217标准的定义，每种货币都用三个字母的代码来表示，例如，美元的代码是USD(United States Dollar)，欧元代码是EUR(Euro)，瑞士法郎是CHF(Confederation Helvetica Franc)，日元是JPY(Japanese Yen)，英镑是GBP(Great British Pound)。通常它们是由两个字母的国家代码(国际标准化组织ISO-3166标准)加第一个货币字母构成。虽然也有例外，但并不多见，比如欧元(Euro)被标示为EUR。

表 11.4 列出了外汇交易中常用货币的发行国家或地区、货币名称和代码等。

表 11.4　外汇交易中常用货币一览

国家或地区 (Country or District)	货币名称 (Currency)	ISO 货币符号 (ISO Codes)		惯用缩写 (Abbreviation)
		字母代码 Alphabetic	数字代码 Numeric	
China (中国)	Renminbi Yuan (人民币元)	CNY	156	¥
Hong Kong (中国香港)	Hong Kong Dollar (港元)	HKD	344	HK$
Japan(日本)	Yen(日元)	JPY	392	Yen
Singapore (新加坡)	Singapore Dollar (新加坡元)	SGD	702	S $
European Union (欧盟)	Euro (欧元)	EUR	978	€
United Kingdom (英国)	Pound Sterling (英镑)	GBP	826	£
Switzerland (瑞士)	Swiss Franc (瑞士法郎)	CHF	756	SFr
United States(美国)	US Dollar(美元)	USD	840	US$
Canada (加拿大)	Canadian Dollar (加拿大元)	CAD	124	Can$
Australia (澳大利亚)	Australian Dollar (澳大利亚元)	AUD	036	A$

(资料来源：国际标准化组织 4217 标准 2001 版，货币和资金表示代码)

(二)汇率的种类

汇率的种类很多，从不同角度来划分，就有各种不同的汇率。

(1) 按照银行买卖外汇的角度划分为买入汇率、卖出汇率、中间汇率和现钞汇率。买入汇率又称为买入价，是银行从客户或其他银行买入外汇时所使用的汇率。卖出汇率又称为卖出价，是银行向客户或其他银行卖出外汇时所使用的汇率。银行等金融机构买卖外汇是以营利为目的，银行的外汇卖出价高于买入价，其卖出价与买入价的差价就是其收益。一般买卖之间的差价率约在 1‰～5‰之间。中间汇率又称中间价，是买入价与卖出价的算术平均数，金融类报刊报道外汇行情信息时常用中间汇率。现钞汇率是指银行买卖外汇现钞所使用的汇率，也有买入价与卖出价之分。一般来讲，外汇现钞的买入价比外汇汇票等支付凭证的价格低，外汇现钞卖出汇率一般高于或等于汇票卖出汇率。

(2) 按照汇率制度划分为固定汇率和浮动汇率。固定汇率是指两国货币的汇率基本固定，汇率的波动被限制在较小的幅度之内。在固定汇率制度下，如果政府因为特殊情况而无法维持原来的汇率水平时，就会对汇率进行调整，如果将本币币值上调，则称为法定升值；如果将本币币值下调，则称为法定贬值。浮动汇率是指一国货币当局不规定本国货币与另一国货币的官方汇率，而由外汇市场的供求来决定的汇率。外币供过于求时，外币就贬值，本币就升值，外币的汇率就下浮；外币供不应求时，外币就升值，本币就贬值，外币的汇率就上浮。

(3) 按照制定汇率的方法划分基准汇率和套算汇率。基准汇率是指本国货币与关键货币的汇率。关键货币是本国国际收支中使用较多、在外汇储备中所占比重较大且国际上普遍可以接受的货币。由于美元是国际收支中使用较多的货币，且被广为接受，所以绝大多数国家都把美元作为制定汇率的关键货币，因此常把对美元的汇率作为基准汇率。套算汇率是指两种货币通过第三种货币的中介而推算出来的汇率。各国在制定出基本汇率后，对其他国家货币的汇率就可通过基本汇率套算出来。

(4) 按照银行外汇汇付方式划分电汇汇率、信汇汇率和票汇汇率。电汇汇率是指经营外汇业务的本国银行，在卖出外汇收到本币的当天，即以电报或电传委托其国外分支机构或代理行付款给收款人所使用的一种汇率。在汇率波动日益频繁的今天，人们大多愿意使用电汇方式。电汇汇率已成为基本汇率。当前各国公布的外汇牌价，除另有注明外，一般都是电汇汇率。信汇汇率是指以信汇方式卖出外汇时的价格。票汇汇率是指银行以票汇方式卖出外汇时的价格。

(5) 按照外汇买卖的交割期限划分为即期汇率和远期汇率。即期汇率也叫现汇汇率，是指买卖外汇双方在成交当天或 2 天以内办理交割的汇率。远期汇率是指外汇买卖双方预约在将来某日期进行交割，而事先由买卖双方签订合同，达成协议的汇率。远期交割的期限可以是 1 个月、3 个月、6 个月、1 年，比较常见的是 3 个月。采用远期汇率进行远期外汇买卖的主要目的是避免或减轻外汇汇率波动所带来的风险。远期外汇的汇率与即期汇率相比是有差额的，这种差额叫远期差价。差额是用升水、贴水或平价来表示，升水是表示远期汇率比即期汇率高，贴水表示远期汇率比即期汇率低，平价表示两者相等。

(6) 按照对汇率的管理宽严划分为官方汇率和市场汇率。官方汇率是指国家货币管理当局所规定的汇率。在实施比较严格的外汇管制的国家，禁止自由外汇市场的存在，规定一切交易都按其公布的汇率进行。许多发展中国家属于这种类型。市场汇率是指在自由外汇市场上买卖外汇的实际汇率，且随外汇市场的外汇供求进行上下波动。政府要想对其汇率进行调节，就必须对外汇市场进行干预。目前西方发达国家都采取市场汇率。我国自1994年1月1日起，人民币实行有管理的单一浮动汇率后，也开始采用市场汇率。

(三)汇率的决定基础

各国货币所具有或所代表的价值是汇率决定的基础，在不同货币制度下，货币发行基础、货币的种类和形态各异，因而各国货币价值的具体表现形式也很不一样。

在金本位制度下，金币是用一定重量和成色的黄金铸造的，金铸币的含金量是其所具有的价值。两个实行金本位制国家的单位货币的含金量之比称为铸币平价。铸币平价反映了两种货币之间的价值对比关系，因此铸币平价便成为金本位制下汇率决定的基础。外汇市场的实际汇率是由外汇的供求直接决定，并围绕着铸币平价做窄幅波动。

二战结束以后，资本主义各国为了稳定汇率，在1944年建立了布雷顿森林货币制度。该货币制度是在国际货币基金组织的监督下以美元为中心的固定汇率制，其核心是美元与黄金挂钩，其他国家货币与美元挂钩。在这种货币制度下，国际货币基金组织要求每个会员国规定本国货币的含金量。各会员国政府都参照过去的金属货币的含金量，规定了纸币的法定黄金含量，不同货币的单位纸币的法定含金量的比值称为金平价。因此，金平价便成为布雷顿森林体系下汇率的决定基础。

随着布雷顿森林货币制度的崩溃，资本主义各国纷纷放弃了与美元的固定比价，普遍实行浮动汇率制。在这种汇率制度下，各国货币基本与黄金脱钩，即不再在法律上规定货币的法定含金量。汇率已经不再是由各国货币的金平价或含金量来决定，而应当是各国纸币所代表的实际价值来决定汇率。在实际经济生活中，纸币所代表的价值通常通过商品来表现，我们把单位纸币所代表的一定量商品称为该纸币的购买力平价，它实际是商品价格的倒数。在这种情况下，通过比较两国纸币的购买力平价就能得出两国纸币相互间交换的比例，即汇率，也就是说在浮动汇率制下两国货币汇率决定的基础是购买力平价。

(四)影响汇率变动的因素

任何影响国内外商品市场和金融市场供求状况的因素变动都会反映在汇率的变动上，主要影响因素包括以下几个方面。

1. 通货膨胀

高通胀会削弱本国商品在国际市场上的竞争力，引起出口的减少，同时，提高外国商品在本国市场上的竞争力，造成进口增加。另外，通货膨胀率差异还会影响人们对汇率的预期。如果一国通货膨胀率高，人们就会预期该国货币的汇率将趋于疲软，由此进行货币替换，即把手中持有的该国货币转化为其他货币，造成该国货币在外汇市场上的下跌。总之，如果一国通货膨胀率高于他国，则该国货币在外汇市场上就会趋于贬值；反之，则会趋于升值。

2．利率水平

如果一国的利率水平相对于他国提高，就会刺激国外资金流入增加，本国资金流出减少，提高本国货币的汇价；反之，如果一国的利率水平相对于他国下降，则会恶化资本项目收支。在国际资本流动规模远远超过国际贸易额的今天，利率差异对汇率变动的影响比过去更为显著了。

3．政府的汇率干预政策

各国货币当局为保持汇率稳定，都会在外汇市场上参与外汇买卖业务以对外汇市场进行直接干预，由此直接影响外汇市场供求的情况。

4．国际收支状况

国际收支是一国对外经济活动的综合反映，它对一国货币汇率的变动有着直接的影响。当一国进口增加而产生逆差时，该国对外国货币产生额外的需求，这时，在外汇市场就会引起外汇升值，本币贬值；反之，当一国的经常项目出现顺差时，就会引起外国对该国货币需求的增加与外汇供给的增长，本币汇率就会上升。

除以上影响因素外，市场预期、政治因素、财政收支、外汇储备、投机行为等因素也会在一定程度上对汇率波动产生影响。

(五)汇率变动对一国国内经济的影响

1．汇率变动对国内物价的影响

一国货币贬值，一方面有利于出口，国内商品供应相对减少，货币供给增加，促进物价上涨；另一方面进口原材料的本币成本上升，从而带动国内与进口原材料有关的商品价格上涨。若一国的货币升值，其结果一般相反。

2．汇率变动对国民收入与就业的影响

由于一国货币贬值，有利于出口而不利于进口，将会使闲置资源向出口商品生产部门转移，并促使进口替代品的生产部门发展。这将促进该国扩大生产，增加就业和国民收入。这一影响，是以该国有闲置资源为前提的。如果一国货币升值，就会导致该国产出、国民收入和就业的减少。

此外，汇率变动还会对一国的利率、资源配置、国民收入再分配产生影响。

三、汇率制度

汇率制度是指一国货币当局对本国汇率水平的确定以及汇率变动方式等问题所做的一系列安排或规定。由于汇率的调整对经济有着重大影响，所以选择合理的汇率制度是一国乃至于国际货币制度面临的非常重要的问题。

(一)汇率制度的分类

传统上，按照汇率变动的幅度，汇率制度被分为两大类型：固定汇率制和浮动汇率制。在固定汇率制度下，各国货币间保持固定比价，允许市场汇率围绕固定比价上下在一定的幅度之内波动，政府有义务采取措施来维持所规定的波幅。浮动汇率制度是指现实汇率不受固定比价限制，随外汇市场供求状况变动而波动的汇率制度。在这种汇率制度下，各国货币间不再规定固定比价，汇率决定于外汇市场的供求，同样也不再规定市场汇率的波动幅度。

从历史发展上看，自 19 世纪末金本位制在西方主要各国确定以来，一直到 1973 年，世界各国的汇率制度基本上属于固定汇率制，而 1973 年以后，世界主要工业国实行的是浮动汇率制，多数发展中国家则采取钉住汇率制。自 20 世纪 80 年代以来，选择具有更加灵活性的汇率制度的国家(地区)不断增加，国际汇率制度呈现弹性化趋势。国际汇率制度打破了以往固定、浮动汇率制的两分法，出现了多样化的国际汇率制度。国际货币基金组织对当前各国汇率制度进行了重新分类，主要货币制度有：无独立法定货币的汇率安排、货币局制度、其他传统的固定钉住制、水平调整的钉住、爬行钉住、爬行区间浮动、不事先公布干预方式的管理浮动、单独浮动等。

上述汇率制度主要有三种类型：第一种为固定汇率制度。包括无独立法定货币的汇率安排和货币局制度两种。前者主要是指美元化制度，即国家完全放弃了自己的货币，直接使用美元，如拉美的巴拿马。后者是指在法律中明确规定本国货币与某一外国可兑换货币保持固定的交换率的汇率制度，如中国香港、阿根廷以及一些东欧国家。第二种为自由浮动汇率制。它是指单独浮动汇率制度，货币当局对汇率只是偶尔进行干预，但不加以控制，汇率完全浮动。第三种是中间汇率制。介于完全固定汇率和完全浮动汇率之间，包括其他传统的固定钉住制、水平调整的钉住、爬行钉住、爬行区间浮动和不事先公布干预方式的管理浮动等。这些汇率制度下的汇率受政府控制在一定范围内变化。

【专栏 11-2】固定汇率制与浮动汇率制的优劣比较

固定汇率制与浮动汇率制孰优孰劣是国际金融领域中一个长期争论不休的问题，有人赞成浮动汇率制度，有人支持固定汇率制度。

1) 赞成浮动汇率制度的理由

(1) 国际收支平衡能够自动实现，无须以牺牲国内经济为代价。在浮动汇率制度下，汇率是调节一国国际收支失衡的经济杠杆，国际收支失衡可以通过汇率的自由浮动予以消除。

(2) 提高一国货币政策的自主性。在布雷顿森林体系下，世界各国的货币政策都是由美国来制定的，当美国实行扩张性或紧缩性的货币政策时，美国的国际收支就会出现逆差或顺差，则世界其他国家货币对美元的汇率就会上升或下降。而为了维持固定汇率，世界各国就必须买进或卖出美元，由此导致货币供给的增加或减少。而在浮动汇率制度下，一国可以听任外汇汇率由外汇市场的供求关系决定，而不必通过外汇储备的增减来适应主要贸易伙伴的货币政策。

(3) 避免国际性的通货膨胀传播。在浮动汇率制度下，国外通货膨胀会促使本国货币的汇率上升，从而抵消国外通货膨胀对国内物价的直接影响，将外国的通货膨胀隔绝在外。

(4) 无须太多的外汇储备，使更多的外汇资金用于经济发展。在浮动汇率制度下，一国没有义务维持汇率的稳定，不需要像在固定汇率制度下那么多的外汇储备，则节约的外汇资金可以用于进口更多的资本品，增加投资，促进经济增长。

(5) 可以促进自由贸易，提高资源配置的效率。由于浮动汇率制度下汇率的上下浮动能使国际收支自动恢复平衡，则一国就可以避免在固定汇率制度下为维持国际收支平衡而采取的直接管制措施，从而避免了资源配置的扭曲，提高经济效益。

2) 反对浮动汇率制度的理由

(1) 助长投机，加剧金融动荡，给国际贸易和国际投资带来不确定性。在浮动汇率制度下，汇率频繁和剧烈的波动为国际游资创造了投机的机会，加剧了国际金融市场的风险；也使从事国际贸易、国际信贷和国际投资等的涉外经济主体难以核算其成本和收益，使他们遭受汇率风险。从这个意义上说，浮动汇率制度妨碍国际贸易和国际投资的顺利进行，对世界经济产生不利影响。

(2) 使一国具有通货膨胀偏向。在浮动汇率制度下，当本币贬值时，进口成本上升，物价上涨；当本币升值时，进口成本因价格刚性而不容易下降或下降不足，则物价上涨。因此，浮动汇率更容易导致通货膨胀。

(3) 国际协调困难，对发展中国家不利。浮动汇率制度助长世界各国在汇率制度上的利己主义和各自为政，削弱金融领域的国际合作，加剧国际货币体系的矛盾。而且，汇率的频繁波动对经常有巨额外债的发展中国家来说，制造了汇率风险，加重外债负担，加大外债管理难度。

固定汇率制度和浮动汇率制度各有特点，汇率制度的选择应该结合各国的不同经济情况具体进行分析。

(资料来源：华东师范大学. 国际金融精品课程网站，http://jpkc.ecnu.edu.cn/0706/main/main.asp)

(二)人民币汇率制度

人民币汇率经历了不同阶段的历史演变，成为我国经济发展历程中的一个重要层面。回顾人民币汇率的改革历程，其变化大致经历了以下几个阶段。

1．国民经济恢复时期(1948—1952 年)

1949 年 1 月 18 日，人民币对西方国家的汇率首先在天津产生。由于 1950 年全国财经统一制度建立之前，各地物价水平很不一致，因此各地区的中国人民银行以天津口岸的汇价为基准，根据当地的情况，公布各自的外汇牌价。1950 年 7 月 8 日，伴随着全国经济秩序的逐步恢复，全国统一财经制度确立，人民币汇率由中国人民银行总行公布，实行全国统一汇价。这一阶段确定人民币汇率的方针是“奖出限入，照顾侨汇”。具体来说，就是一方面要鼓励当时占主要经济力量的私人资本主义企业扩大出口，因此汇率水平的确定要保证他们能够获取一定的经济利润；另一方面，还必须照顾华侨汇款的实际购买力，使其在国内所能购得的商品价值要高出其在国外所能购得的商品价值量。因此，从 1950 年 3 月到 1952 年年底，人民币汇率持续升值。

2．第一个五年计划到改革开放时期(1953—1980 年)

1953 年，社会主义改造基本完成。此时一方面，由于对外贸易实行国家垄断，人民币汇率无须服务于对外贸易，不具备调节进出口的功能，实质上只是充当外贸内部核算和计划编制的一种会计工具；另一方面，整个国际货币体系采用了固定汇率安排。因此，人民币汇率只是在原定汇价的基础上参照各国政府公布的汇率确定，只有当西方主要国家货币发生贬值或升值时，才做相应的调整。人民币对美元的汇价从 1955 年至 1981 年 12 月基本未动，一直保持在 1 美元折合人民币 2.4618 元的水平。伴随 1973 年西方各国普遍实行浮动汇率制以后，为了与西方各国汇率的变化相适应，人民币汇率的制定方法有所改变，采用了钉住合成货币浮动的形式，具体做法是选择若干种与我国对外贸易有关的主要货币，根据这些货币加权平均汇率的变动情况对人民币汇率做相应的调整，但从总体上看汇率是稳定的。

3．向社会主义市场经济过渡的改革开放新时期(1981—1993 年)

党的十一届三中全会以后，我国进入了向社会主义市场经济过渡的改革开放新时期。为鼓励外贸企业出口的积极性，我国的汇率体制从单一汇率制转为双重汇率制。经历了官方汇率与贸易外汇内部结算价并存(1981—1984 年)和官方汇率与外汇调剂价格并存(1985—1993 年)两个汇率双轨制时期。其中，以外汇留成制为基础的外汇调剂市场的发展，对促进企业出口创汇、外商投资企业的外汇收支平衡和中央银行调节货币流通均起到了积极的作用。但随着我国改革开放的不断深入，官方汇率与外汇调剂价格并存的人民币汇率双轨制的弊端逐渐显现出来。一方面，多种汇率的并存，造成了外汇市场秩序混乱，助长了投机；另一方面，长期外汇黑市的存在不利于人民币汇率的稳定和人民币的信誉。外汇体制改革的迫切性日益突出。

4．人民币汇率并轨并走向市场化时期(1994 至现在)

1993 年 11 月，党的十四届三中全会通过的《中共中央关于建立社会主义市场经济体制若干问题的决定》要求，“改革外汇体制，建立以市场供求为基础的、有管理的浮动汇率制度和统一规范的外汇市场，逐步使人民币成为可兑换货币”。1993 年 12 月，国务院正式颁布了《关于进一步改革外汇管理体制的通知》，采取了一系列重要措施，具体包括：实现人民币官方汇率和外汇调剂价格并轨；建立以市场供求为基础的、单一的、有管理的浮动汇率制；取消外汇留成，实行结售汇制度；建立全国统一的外汇交易市场等。

1994 年 1 月 1 日，人民币官方汇率与外汇调剂价格正式并轨，我国开始实行以市场供求为基础的、单一的、有管理的浮动汇率制。企业和个人按规定向银行买卖外汇，银行进入银行间外汇市场进行交易，形成市场汇率。中央银行设定一定的汇率浮动范围，并通过调控市场保持人民币汇率稳定。实践证明，这一汇率制度符合中国国情，为中国经济的持续、快速发展，为维护地区乃至世界经济金融的稳定做出了积极贡献。

1997 年以前，人民币汇率稳中有升，海内外对人民币的信心不断增强。但此后由于亚洲金融危机爆发，为防止亚洲周边国家和地区货币轮番贬值使危机深化，中国作为一个负责任的大国，主动收窄了人民币汇率浮动区间。随着亚洲金融危机的影响逐步减弱，近年来我国经济持续、平稳较快发展，经济体制改革不断深化，金融领域改革取得了新的进展，外汇管制进一步放宽，外汇市场建设的深度和广度不断拓展，为完善人民币汇率形成机制创造了条件。

近年来，我国经常项目和资本项目双顺差持续扩大，加剧了国际收支失衡。2005 年 6 月末，我国外汇储备达到 7110 亿美元。2005 年以来对外贸易顺差迅速扩大，贸易摩擦进一步加剧。适当调整人民币汇率水平，改革汇率形成机制，有利于贯彻以内需为主的经济可持续发展战略，优化资源配置；有利于增强货币政策的独立性，提高金融调控的主动性和有效性；有利于保持进出口基本平衡，改善贸易条件；有利于保持物价稳定，降低企业成本；有利于促使企业转变经营机制，增强自主创新能力，加快转变外贸增长方式，提高国际竞争力和抗风险能力；有利于优化利用外资结构，提高利用外资质量；有利于充分利用“两种资源”和“两个市场”，提高对外开放的水平。

党中央、国务院高瞻远瞩，周密部署，抓住有利时机，于 2005 年 7 月 21 日出台了完善人民币汇率形成机制改革。改革后是，人民币汇率不再钉住单一美元，而是按照我国对外经济发展的实际情况，选择若干种主要货币，赋予相应的权重，组成一个货币篮子。同时，根据国内外经济金融形势，以市场供求为基础，参考一篮子货币计算人民币多边汇率指数的变化，对人民币汇率进行管理和调节，维护人民币汇率在合理均衡水平上的基本稳定。

贯彻落实主动性、可控性、渐进性原则，新汇率制度平稳实施我国经济体制改革的目标是建设社会主义市场经济，汇率体制必须与市场经济的体制相适应。2003 年党的十六届三中全会明确提出“完善人民币汇率形成机制，保持人民币汇率在合理、均衡水平上的基本稳定”的要求。

近年来，在国务院领导下，人民币汇率形成机制改革的准备措施逐步到位：一是国有商业银行重组改制取得重要进展，农村信用社改革试点顺利铺开，证券公司风险处置工作稳步推进，金融机构应对汇率风险的能力明显增强。二是金融市场不断向纵深化发展。人民币货币市场、债券市场、股票市场和外汇市场建设取得长足进步，外汇市场交易品种不断丰富，远期结售汇业务等可为企业规避汇率风险的工具逐步推广。三是减少不必要的外汇管制，进一步放宽资本项目以及对个人和企业经常项目下交易的限制。

2005 年以来，宏观调控取得显著成效，国民经济继续保持平稳、较快发展的良好势头。同时世界经济运行平稳，美元利率稳步上升。这些都为人民币汇率形成机制改革的顺利推出创造了有利条件。由于汇率调整幅度和时机选择适当，且事先精心准备了实施预案，人民币汇率形成机制改革平稳实施。以市场供求为基础、参考一篮子货币进行调节，人民币汇率在合理均衡水平上基本稳定人民币汇率形成机制改革以来，以市场供求为基础，人民币总体小幅升值。通过参考一篮子货币，人民币汇率波动体现了国际主要货币之间汇率的变化，弹性逐渐增强。

服务于企业和居民，外汇市场建设取得显著进展在总结 1994 年以来外汇市场建设经验的基础上，结合新汇率制度的运行特点和市场主体的避险需要，人民银行研究出台了发展外汇市场的多项措施。

(1) 加强市场基础设施建设，建立银行间人民币远期市场，允许更多市场主体参与银行间远期交易，使国内市场初步掌握了人民币远期汇率的定价权。截至 2005 年 10 月 31 日，人民币远期市场成员已增加到 54 家。银行间人民币远期市场的建立，加速了境外远期外汇合约(NDF)价格向利率平价水平的收敛，进一步降低了人民币的升值预期。

(2) 增加市场避险工具，允许具备结售汇和衍生产品交易资格的银行开办远期和掉期业务。根据我国对外经济发展的实际需要，扩大了远期交易范围、放开了交易期限、允许银行自主定价，为企业和居民提供全面、灵活的汇率风险管理服务。

(3) 改进外汇管理，提高境内居民个人经常项目下因私购汇指导性限额，简化购汇手续；提高境内机构保留经常项目外汇收入的比例，便利居民和企业的用汇需求；调整银行为中国境外投资企业融资提供对外担保的管理方式，鼓励企业对外投资。进一步深化外汇管理体制改革，有利于理顺外汇供求关系，建立健全调节国际收支的市场机制，促进国际收支平衡。

(4) 扩大银行间外汇即期市场人民币对非美元货币汇率的波动幅度。改革银行柜台外币牌价的管理方式，扩大了人民币对美元的买卖价差幅度，取消了对非美元货币牌价的价差幅度限制。

新人民币汇率制度平稳实施充分证明了“以市场供求为基础、参考一篮子货币进行调节、有管理的浮动汇率制度”符合我国汇制改革主动性、可控性、渐进性的要求。人民币汇率将以市场供求为基础，参考一篮子货币，在合理、均衡水平上保持基本稳定。

【专栏11-3】人民币汇率不再盯住单一美元货币

新华网北京7月21日(2005年)电：中国人民银行21日发布公告称，为建立和完善我国社会主义市场经济体制，充分发挥市场在资源配置中的基础性作用，建立健全以市场供求为基础的、有管理的浮动汇率制度，经国务院批准，现就完善人民币汇率形成机制改革有关事宜公告如下。

(1) 自2005年7月21日起，我国开始实行以市场供求为基础、参考一篮子货币进行调节、有管理的浮动汇率制度。人民币汇率不再盯住单一美元，形成更富弹性的人民币汇率机制。

(2) 中国人民银行于每个工作日闭市后公布当日银行间外汇市场美元等交易货币对人民币汇率的收盘价，作为下一个工作日该货币对人民币交易的中间价格。

(3) 2005年7月21日19时，美元对人民币交易价格调整为1美元兑8.11元人民币，作为次日银行间外汇市场上外汇指定银行之间交易的中间价，外汇指定银行可自此时起调整对客户的挂牌汇价。

(4) 现阶段，每日银行间外汇市场美元对人民币的交易价仍在人民银行公布的美元交易中间价上下3‰的幅度内浮动，非美元货币对人民币的交易价在人民银行公布的该货币交易中间价上下一定幅度内浮动。

中国人民银行将根据市场发育状况和经济金融形势，适时调整汇率浮动区间。同时，中国人民银行负责根据国内外经济金融形势，以市场供求为基础，参考一篮子货币汇率变动，对人民币汇率进行管理和调节，维护人民币汇率的正常浮动，保持人民币汇率在合理、均衡水平上的基本稳定，促进国际收支基本平衡，维护宏观经济和金融市场的稳定。

(资料来源：新华网，http://news.xinhuanet.com/newscenter/，2005-07-21)

第三节　国际货币体系

一、国际货币体系的含义

随着国际贸易的发展，货币越出国界在全球范围内发挥作用。国际货币体系是指各国政府对货币在国际间发挥其职能作用以及有关国际货币金融问题所确定的原则、协议、采取的措施和建立的组织形式。

国际货币体系一般包括以下几个方面的内容。

(一)各国货币比价的确定

根据国际交往与国际支付的需要，货币在国际市场上发挥世界货币的职能，各国政府需要规定以下内容：本国货币与外国货币之间的比价，货币比价确定的依据，货币比价波动的界限，货币比价的调整，维持货币比价所采取的措施，对同一货币是否采取多元化比价等。

(二)各国货币的兑换性

为进行国际支付，各国政府都要确定它的货币能否自由兑换成其他任何国家的货币，在对外支付方面是否加以全部或部分限制，或者完全不加限制。

(三)国际储备资产的确定

为平衡国际收支的需要，一国需要有一定数量的国际储备。保存一定数量的、为世界各国普遍接受的国际储备资产以及它们的构成是国际货币制度的一项重要内容。

(四)黄金、外汇的流动与转移是否自由

黄金、外汇的流动与转移是否加以限制而不能自由流动，或者只能在一定地区范围内自由流动，或者完全自由流动，都须由国家明确规定。

二、国际货币体系的类型

国际货币体系的类型可以根据两个重要标准来划分：货币本位和汇率制度。历史上的国际货币体系演变过程划分成三个时期：国际金本位制、布雷顿森林货币制度、牙买加货币制度。

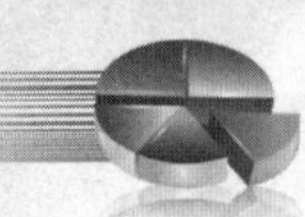

(一)国际金本位货币体系

国际金本位货币体系是以黄金作为国际本位货币的制度。英国于 1816 年率先实行金本位制度，19 世纪 70 年代以后欧美各国和日本等国相继仿效，因此许多国家的货币制度逐渐统一，金本位制度由国内制度演变为国际制度。国际金本位制按其货币与黄金的联系程度，可以分为金币本位制、金块本位制和金汇兑本位制。

1．金币本位制

金币本位制是以黄金作为货币金属进行流通的货币制度，它是 19 世纪末到 20 世纪上半期资本主义各国普遍实行的一种货币制度。1816 年，英国颁布了《金本位制度法案》，开始实行金本位制，促使黄金转化为世界货币。随后，德国于 1871 年宣布实行金本位制，丹麦、瑞典、挪威等国于 1873 年也相继实行金本位制。到 19 世纪末，资本主义各国已经普遍实行了这一货币制度。

金币本位制下用黄金来规定货币所代表的价值，每一货币都有法定的含金量，各国货币按其所含黄金的重量而有一定的比价；金币可以自由铸造，任何人都可按法定的含金量自由地将金块交给国家造币厂铸造成金币，或以金币向造币厂换回相当的金块；金币是无限法偿的货币，具有无限制支付手段的权利；各国的货币储备是黄金，国际间结算也使用黄金，黄金可以自由输出或输入。由于金币可以自由铸造，金币的面值与其所含黄金的价值就可保持一致，金币数量就能自发地满足流通的需要，从而起到货币供求的作用，不会发生通货膨胀和货币贬值。由于黄金可在各国之间自由转移，这就保证了外汇行市的相对稳定与国际金融市场的统一，所以金币本位制是一种比较健全和稳定的货币制度。

2．金块本位制与金汇兑本位制

第一次世界大战以后，一些资本主义国家经济受到通货膨胀、物价上涨的影响，加之黄金分配的极不均衡，已经难以恢复金币本位制。1922 年在意大利热那亚城召开的世界货币会议决定采用“节约黄金”的原则，实行金块本位制和金汇兑本位制。

实行金块本位制的国家主要有英国、法国、美国等。在金块本位制度下，货币单位仍然规定含金量，但黄金只作为货币发行的准备金集中于中央银行，而不再铸造金币和实行金币流通，流通中的货币完全由银行券等价值符号所代替，银行券在一定数额以上可以按含金量与黄金兑换。

金汇兑本位制又称为“虚金本位制”，其特点是：国内不能流通金币，而只能流通有法定含金量的纸币；纸币不能直接兑换黄金，只能兑换外汇。实行这种制度的国家的货币同另一个实行金块本位制国家的货币保持固定比价，并在该国存放外汇和黄金作为准备金。通过无限制买卖外汇维持金块本位国家货币的联系，即“钉住”后者的货币。国家禁止黄金自由输出，黄金的输出输入由中央银行负责办理。第一次世界大战前的印度、菲律宾、马来西亚、一些拉美国家和地区，以及 20 世纪 20 年代的德国、意大利、丹麦、挪威等国均实行过这种制度。

(二)布雷顿森林体系

1929 年，以美国华尔街股市大崩盘为标志的世界经济危机爆发，英国放弃金块本位制，英镑贬值，很多国家的外汇储备由于是英镑而不是黄金，经济陷入困境。1944 年 7 月 1 日至 22 日，在美国新罕布什尔州的布雷顿森林镇举行了有 44 国代表参加的联合国货币金融会议，简称布雷顿森林会议，签订了以怀特方案为基础的《国际货币基金协定》和《国际复兴开发银行协定》，总称布雷顿森林协定，确立了以美元为中心的国际货币体系，即布雷顿森林货币体系，美元和黄金挂钩，人们俗称的美金从此而来。

布雷顿森林体系的主要内容是以作为国际协议的《国际货币基金协定》的法律形式固定下来的，包括以下 5 个方面：①以美元作为最主要的国际储备货币，是国际货币结算的基础；实行“双挂钩”的国际货币体系，美元与黄金挂钩，其他货币与美元挂钩，美国承担按每盎司 35 美元的官价兑换黄金的义务。②实行可调整的固定汇率制，各国货币与美元的汇率，一般只能在平价的 1%上下的幅度内波动，因此黄金也实行固定价格制，如波动过大，各国央行有义务进行干预。③建立一个永久性的国际金融机构——国际货币基金组织(IMF)，促进国际货币合作，国际货币基金组织通过预先安排的资金融通措施，保证向会员国提供辅助性储备供应。④会员国不得限制经常性项目的支付，不得采取歧视性的货币措施。⑤建立多渠道、多方式的国际收支调节机制。

20 世纪 60 年代，美国由于陷入越战，财政赤字增加，美元开始贬值；欧洲国家经济复苏，拥有越来越多的美元，在美元不稳定的情况下，欧洲各国开始抛售美元而挤兑黄金。到 1971 年，美国黄金储备减少了 61%。金价进入自由浮动时期，布雷顿森林国际货币体系瓦解。

布雷顿森林体系对第二次世界大战后资本主义经济发展起过积极作用。首先，美元作为国际储备货币等同于黄金，弥补了国际清偿能力的不足。其次，固定汇率制使汇率保持相对的稳定，为资本主义世界的贸易、投资和信贷的正常发展提供了有利条件。最后，国际货币基金组织的活动促进了国际货币合作和世界经济的稳定增长。

布雷顿森林体系也存在种种缺陷：①美国利用美元的特殊地位，操纵国际金融活动。②美元作为国际储备资产具有不可克服的矛盾。若美国国际收支持续出现逆差，必然影响美元信用，引起美元危机。美国若要保持国际收支平衡，稳定美元，则会断绝国际储备的来源，引起国际清偿能力的不足。③固定汇率有利于美国输出通货膨胀，加剧世界性通货膨胀，而不利于各国利用汇率的变动调节国际收支平衡。1974 年 4 月 1 日国际协定正式解除货币与黄金的固定关系，以美元为中心的布雷顿森林体系彻底瓦解。

(三)牙买加体系

布雷顿森林体系崩溃后，国际货币金融领域动荡混乱。美元的国际地位不断下降，国际储备呈现多元化，许多国家实行浮动汇率，全球性国际收支失衡现象日益严重，西方发达国家之间以及发达国家与发展中国家之间的矛盾空前激化。

1976 年 1 月 8 日，国际货币基金组织的临时委员会在牙买加首都金斯敦举行会议，就许多有关国际货币制度问题达成协议，并建议修改国际货币基金协定的条款，汇率制度和黄金问题是会议讨论的重点。1976 年 4 月，国际货币基金理事会通过了国际货币基金协定修改草案，并送交各成员国完成立法批准手续。1978 年 4 月 1 日，修改后的国际货币基金协定正式生效。由于这个协定是在牙买加会议上通过的，所以称为“牙买加协定”，国际上一般把牙买加协定后的国际货币体系称为“牙买加体系”。

牙买加协定的主要内容包括以下几个方面：①取消平价和中心汇率，允许会员国自由选择汇率制度。②废除黄金官价，会员国中央银行可按市价自由进行黄金交易；减少黄金的货币作用。③使特别提款权成为主要的国际储备资产。④加强国际货币基金组织对国际清偿能力的监督。增加国际货币基金组织成员国缴纳的基金份额，由原来的 295 亿特别提款权增加到 390 亿特别提款权，增加了 33.6%。⑤扩大对发展中国家的资金融通，用出售黄金所得收益建立信托基金，以优惠条件向最穷困的发展中国家提供贷款，以解决其国际收支问题。

牙买加货币制度建立以来，对维持国际经济正常运转，推动世界经济继续发展，发挥了积极作用。第一，它基本摆脱了布雷顿森林货币制度时期各国货币与美元挂钩所产生的弊端，这对于世界经济的发展是比较有利的；第二，实现了国际储备多元化，美元已经不是唯一的国际储备货币和国际清算及支付手段；第三，牙买加货币制度比较灵活的复合汇率体制使各个主要国家货币的汇率能够根据市场供求状况自发调整，灵活地反映不断变化的客观经济状况；第四，牙买加货币制度采取多种调节机制相互补充的办法来调节国际收支，因而在一定程度上缓和了布雷顿森林货币制度调节机制失灵的困难。

然而，随着国际经济关系的发展变化，这一国际货币制度的弊端也日益明显。在西方七国首脑会议上或在国际货币基金组织的年会及其他会议上，都曾讨论过国际货币制度改革问题。由此可见，进一步改革国际货币制度，建立合理而稳定的国际货币新秩序仍势在必行。

【专栏 11-4】特别提款权

特别提款权(special drawing right, SDR)是国际货币基金组织创设的一种储备资产和记账单位，亦称“纸黄金”。它是国际货币基金组织分配给会员国的一种使用资金的权利。会员国在发生国际收支逆差时，可用它向国际货币基金组织指定的其他会员国换取外汇，以偿付国际收支逆差或偿还国际货币基金组织的贷款，还可与黄金、自由兑换货币一样充当国际储备。但由于只是一种记账单位，不是真正货币，使用时必须先换成其他货币，不能直接用于贸易或非贸易的支付。因为它是国际货币基金组织原有的普通提款权以外的一种补充，所以称为特别提款权(SDR)。

(资料来源：国际货币基金组织，http://baike.baidu.com/view/1043.htm)

三、国际货币体系的改革

(一)现行的国际货币体系

20 世纪 90 年代以来，正当全球经济一体化加快步伐的时候，世界范围内的金融危机此起彼伏。1994 年的墨西哥金融危机，1997 年的东南亚金融危机以及此后的阿根廷金融危机，充分暴露了当今国际货币体系的缺陷。现行国际货币体系的主要特征如下。

1．储备货币多元化

自布雷顿森林货币制度崩溃以后，由于黄金非货币化，特别提款权的作用有限，而美元本位又难以维持，储备货币出现了多元化的趋势。但与此同时，由于美国的经济实力世界各国储备货币中美元仍占压倒性优势。在今后相当长的一个时期内，美元作为主要储备货币的地位不会丧失。

2．浮动汇率长期化

牙买加协定承认浮动汇率合法化，同时强调在条件成熟时要及时恢复固定汇率制度。可牙买加会议后的十几年来，浮动汇率制度不但合法化，而且长期化，至今也没有出现固定国际汇率制度的苗头。

3．缺乏一个最终贷款者的角色

现代经济是信用经济，在一国国内发生信用危机时，由本国中央银行来调节和负担。但发生全球性金融危机时，现行国际货币体系中缺乏这样的管理者和最终贷款人的角色。

4．金融监管内容狭窄

现行国际金融监管的主要对象是跨国银行。对于日益国际化和全球化的证券投资活动，金融衍生品的交易以及涉及这些交易的跨国投资基金、保险公司、证券公司等，目前缺乏有效的监管，实际上处于一种放任自流的状态。

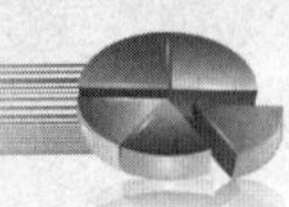

(二)国际货币体系的改革方向

国际货币体系改革呼声甚高，今后的改革究竟走向何方，发达国家的态度和发展中国家的要求各有不同，但从历史经验和货币制度本身的一般规律出发，改革将围绕货币本位制度、汇率制度和国际多边协调机制 3 个方面来展开。

1．关于货币本位制度

一个相对统一的世界货币必须有一种中心货币才能顺利运转。但就目前情况来看，世界上没有哪一个国家具有强大的经济力量足以充当中心货币的角色。那么现行的国际货币制度将如何改革呢？一些国家的政府官员和金融学家提出了一些改革方案，如恢复金本位制或全汇兑本位制、美元本位制、特别提款权本位制等。

特别提款权本位很可能是未来国际货币制度的发展方向。首先，特别提款权以多种货币定值，币值较为稳定；其次，它是国际货币基金组织所创造的储备资产，可根据实际需要对会员国进行分配，使国际储备随世界经济增长而适当增加；再次，特别提款权可以随时兑换成会员国货币，用于其国际收支的调整。

2．关于国际汇率制度

一个合理的国际汇率制度应当有利于国际贸易、金融和投资活动，以及世界经济的增长。完全的固定汇率和完全的浮动汇率都是不理想的。有一定干预的所谓“管理浮动”应当说是较为理想的汇率体系。国际货币基金组织的专家认为，管理汇率可能会对贸易商品的生产者们提供有帮助的保证，从而有利于其外部调整。

3．关于国际多边协调机制

国际货币体系改革是改革国际经济秩序的重要组成部分，改革的过程中应该以多边主义原则指导全球经济治理，强化国际多边协调的有效性，共同推动世界经济发展。进一步加强国际金融机构多边协调，保证协调机制的有效性，是未来国际货币体系改革成功的一项重要前提条件。

【专栏 11-5】关于改革国际货币体系的思考

此次金融危机的爆发与蔓延使我们再次面对一个悬而未决的问题，那就是什么样的国际储备货币才能保持全球金融稳定、促进世界经济发展。历史上的银本位、金本位、金汇兑本位、布雷顿森林体系都是解决该问题的不同制度安排，这也是国际货币基金组织(IMF)成立的宗旨之一。但此次金融危机表明，这一问题不仅远未解决，由于现行国际货币体系的内在缺陷反而愈演愈烈。

理论上讲，国际储备货币的币值首先应有一个稳定的基准和明确的发行规则以保证供给的有序；其次，其供给总量还可及时、灵活地根据需求的变化进行增减调节；再次，这种调节必须超脱于任何一国的经济状况和利益。当前以主权信用货币作为主要国际储备货币是历史上少有的特例。此次危机再次警示我们，必须创造性地改革和完善现行国际货币体系，推动国际储备货币向着币值稳定、供应有序、总量可调的方向完善，才能从根本上维护全球经济金融稳定。

1. 此次金融危机的爆发并在全球范围内迅速蔓延，反映出当前国际货币体系的内在缺陷和系统性风险。

对于储备货币发行国而言，国内货币政策目标与各国对储备货币的要求经常产生矛盾。货币当局既不能忽视本国货币的国际职能而单纯考虑国内目标，又无法同时兼顾国内外的不同目标。既可能因抑制本国通胀的需要而无法充分满足全球经济不断增长的需求，也可能因过分刺激国内需求而导致全球流动性泛滥。理论上特里芬难题仍然存在，即储备货币发行国无法在为世界提供流动性的同时确保币值的稳定。

当一国货币成为全世界初级产品定价货币、贸易结算货币和储备货币后，该国对经济失衡的汇率调整是无效的，因为多数国家货币都以该国货币为参照。经济全球化既受益于一种被普遍接受的储备货币，又为发行这种货币的制度缺陷所害。从布雷顿森林体系解体后金融危机屡屡发生且愈演愈烈来看，全世界为现行货币体系付出的代价可能会超出从中的收益。不仅储备货币的使用国要付出沉重的代价，发行国也在付出日益增大的代价。危机未必是储备货币发行当局的故意，但却是制度性缺陷的必然。

2. 创造一种与主权国家脱钩、并能保持币值长期稳定的国际储备货币，从而避免主权信用货币作为储备货币的内在缺陷，是国际货币体系改革的理想目标。

(1) 超主权储备货币的主张虽然由来已久，但至今没有实质性进展。20 世纪 40 年代凯恩斯就曾提出采用 30 种有代表性的商品作为定值基础建立国际货币单位 Bancor 的设想，遗憾的是未能实施，而其后以怀特方案为基础的布雷顿森林体系的崩溃显示凯恩斯的方案可能更有远见。早在布雷顿森林体系的缺陷暴露之初，基金组织就于 1969 年创设了特别提款权(SDR)，以缓解主权货币作为储备货币的内在风险。遗憾的是由于分配机制和使用范围上的限制，SDR 的作用至今没有能够得到充分发挥。但 SDR 的存在为国际货币体系改革提供了一线希望。

(2) 超主权储备货币不仅克服了主权信用货币的内在风险，也为调节全球流动性提供了可能。由一个全球性机构管理的国际储备货币将使全球流动性的创造和调控成为可能，当一国主权货币不再作为全球贸易的尺度和参照基准时，该国汇率政策对失衡的调节效果会大大增强。这些能极大地降低未来危机发生的风险、增强危机处理的能力。

3. 改革应从大处着眼、小处着手、循序渐进、寻求共赢。

重建具有稳定的定值基准并为各国所接受的新储备货币可能是个长期内才能实现的目标。建立凯恩斯设想的国际货币单位更是人类的大胆设想，并需要各国政治家拿出超凡的远见和勇气。而在短期内，国际社会特别是国际货币基金组织至少应当承认并正视现行体制所造成的风险，对其不断监测、评估并及时预警。

同时还应特别考虑充分发挥 SDR 的作用。SDR 具有超主权储备货币的特征和潜力。同时它的扩大发行有利于国际货币基金组织克服在经费、话语权和代表权改革方面所面临的困难。因此，应当着力推动 SDR 的分配。这需要各成员国政治上的积极配合，特别是应尽快通过 1997 年第四次章程修订及相应的 SDR 分配决议，以使 1981 年后加入的成员国也能享受到 SDR 的好处。在此基础上考虑进一步扩大 SDR 的发行。

SDR 的使用范围需要拓宽，从而能真正满足各国对储备货币的要求。

建立起 SDR 与其他货币之间的清算关系。改变当前 SDR 只能用于政府或国际组织之间国际结算的现状，使其能成为国际贸易和金融交易公认的支付手段。

积极推动在国际贸易、大宗商品定价、投资和企业记账中使用 SDR 计价。不仅有利于加强 SDR 的作用，也能有效减少因使用主权储备货币计价而造成的资产价格波动和相关风险。

积极推动创立 SDR 计值的资产，增强其吸引力。基金组织正在研究 SDR 计值的有价证券，如果推行将是一个好的开端。

进一步完善 SDR 的定值和发行方式。SDR 定值的篮子货币范围应扩大到世界主要经济大国，也可将 GDP 作为权重考虑因素之一。此外，为进一步提升市场对其币值的信心，SDR 的发行也可从人为计算币值向有以实际资产支持的方式转变，可以考虑吸收各国现有的储备货币以作为其发行准备。

4. 由基金组织集中管理成员国的部分储备，不仅有利于增强国际社会应对危机、维护国际货币金融体系稳定的能力，更是加强 SDR 作用的有力手段。

(1) 由一个值得信任的国际机构将全球储备资金的一部分集中起来管理，并提供合理的回报率吸引各国参与，将比各国的分散使用、各自为战更能有效地发挥储备资金的作用，对投机和市场恐慌起到更强的威慑与稳定效果。对于参与各国而言，也有利于减少所需的储备，节省资金用于发展和增长。国际货币基金组织成员众多，同时也是全球唯一以维护货币和金融稳定为职责，并能对成员国宏观经济政策实施监督的国际机构，具备相应的专业特长，由其管理成员国储备具有天然的优势。

(2) 国际货币基金组织集中管理成员国储备，也将是推动 SDR 作为储备货币发挥更大作用的有力手段。国际货币基金组织可考虑按市场化模式形成开放式基金，将成员国以现有储备货币积累的储备集中管理，设定以 SDR 计值的基金单位，允许各投资者使用现有储备货币自由认购，需要时再赎回所需的储备货币，既推动了SDR计值资产的发展，也部分实现了对现有储备货币全球流动性的调控，甚至可以作为增加SDR发行、逐步替换现有储备货币的基础。

(资料来源：周小川．中国人民银行网站，http://www.pbc.gov.cn/)

本章小结

国际金融	国际收支	国际收支是指一个国家或地区在一定时期内(通常为1年)在同外国政治、经济、文化往来的国际经济交易中的货币价值的全部系统记录。国际收支平衡表是反映一定时期一国同外国的全部经济往来的收支流量表。它是对一个国家与其他国家进行经济技术交流过程中所发生的贸易、非贸易、资本往来以及储备资产的实际动态所做的系统记录，是国际收支核算的重要工具
	外汇与汇率	外汇是货币行政当局以银行存款、财政部库券、长短期政府证券等形式所持有的国际收支逆差时可以使用的债权。汇率又称汇价，是一个国家的货币折算成另一个国家货币的比率或比价，也可以说是用一国货币所表示的另一国货币的价格。作为一种交换比率，它反映了不同国家货币之间的价值对比关系。汇率制度是指一国货币当局对本国汇率水平的确定以及汇率变动方式等问题所做的一系列安排或规定。由于汇率的调整对经济有着重大影响，所以选择合理的汇率制度是一国乃至于国际货币制度面临的非常重要的问题
	国际货币体系	国际货币体系是指各国政府对货币在国际间发挥职能作用以及有关国际货币金融问题所确定的原则、协议、采取的措施和建立的组织形式。布雷顿森林体系是二战后以“怀特计划”为蓝本确立的以美元为中心的国际货币制度，其中心内容是“双挂钩”，即美元与黄金挂钩，其他各国货币与美元挂钩。特别提款权本位很可能是未来国际货币制度的发展方向，但是，在当前和今后相当长的一段时期内，特别提款权还难以成为真正的本位货币

习　题

一、名词解释

1．国际收支平衡表

2．经常项目

3．直接标价法

4．间接标价法

5．套算汇率

6．布雷顿森林体系

二、单项选择题

1. ( )不属于国际货币体系内容。

A. 各国货币的兑换性的规定　B. 各国货币比价的确定

C. 国际储备资产的确定　D. 各国商业银行资本充足率的规定

2. ( )不属于国际收支的经常账户。

A. 货物　B. 服务　C. 证券投资　D. 收入

3. 当一国国际收支出现顺差时，不会导致( )。

A. 外汇供应相对增加　B. 本币汇率上升

C. 本币供应相对增加　D. 出口商品的竞争力降低

4. 一国出现持续性的顺差，则可能会导致或加剧( )。

A. 通货膨胀　B. 国内资金紧张

C. 经济危机　D. 货币对外贬值

5. 以某一整数的外国货币作为标准，折算为若干数量的本币的汇率标价方法称为( )。

A. 美元标价法　B. 整数标价法　C. 间接标价法　D. 直接标价法

三、问答题

1．国际收支平衡表的项目如何分布？

2．试述外汇的概念。

3．试述影响汇率变动的因素。

4．何谓国际货币体系？它包括哪些类型？

5．现行国际货币制度有什么特征？

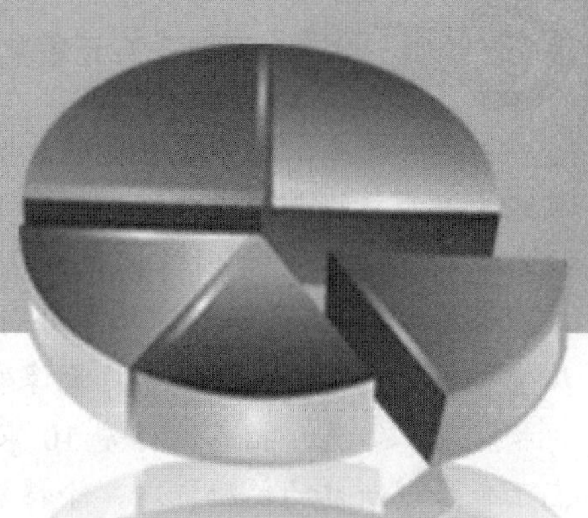

第十二章 金融创新与金融风险

本章精粹

- 金融创新
- 金融风险

案例导入　深圳千万元重奖金融创新

第三届深圳金融创新奖即将揭晓，18 家金融机构的 21 个项目获奖。其中，深交所“多层次资本市场证券交易系统”获特别奖。除深交所获特别奖之外，博时基金公司的“博时投资决策支持系统”、国信证券公司的“SBU 管理在金融领域的应用——国信证券创新型经纪业务模式”、工商银行深圳市分行的“中小企业上市一路通综合金融服务解决方案”、深圳金融电子结算中心的“票据影像处理”获得一等奖。招商证券股份有限公司等 6 家金融机构获得二等奖。招商银行等 10 家金融机构获得三等奖。据介绍，深圳市政府 2007 年提高了金融创新奖的奖励标准，除特别奖奖金 100 万元外，一等奖奖金从 50 万元提高到 100 万元，二等奖奖金从 30 万元提高到了 50 万元，三等奖奖金从 20 万元提高到 30 万元，总奖金金额达到 1100 万元。

(资料来源：深圳千万元重奖金融创新. 上海证券报，2007-12-23)

【启发思考】什么是金融创新？金融创新有什么意义？

学习目标

通过对本章的学习，要求：了解金融创新的含义、动因及金融创新的内容；了解金融风险的含义；理解金融风险的成因。

关键词

金融创新　金融风险　金融监管

第一节　金 融 创 新

近几十年来，全球金融业日新月异，大量金融新产品不断出现，各种金融机构的创立以及信息技术在金融领域的广泛应用，形成了当代金融创新的浪潮。

一、金融创新的含义

熊彼特 1912 年提出“创新”一词至今，创新理论不断发展完善并被应用于实践。20 世纪 60 年代以来西方国家掀起了一场金融创新的热潮，金融工具、金融业务、金融管理、金融体制的创新，不仅改变了金融机构的经营方式、经营理念，还极大地推动了金融深化和金融国际化的进程。

金融创新有狭义和广义之分。狭义的金融创新是指金融工具的创新，主要是指票据发行便利、货币和利率互换、外汇期权和利率期权、远期利率协议等。广义的金融创新是指金融领域内各种金融要素的重新结合，是金融机构为追求微观利益和金融当局为提高整个金融业宏观效益而发生的金融创造性变革。主要是指新的金融产品、金融业务、金融市场、金融机构、金融制度的创造和推广。

金融创新是一个动态的概念。金融创新伴随着金融发展的全过程，从过去到现在，又将走向未来。金融创新不是一个国家特有的现象，而是出现在各个国家和全球范围内的共同趋势，包括了完成组合、变革和发现的整个过程。

金融创新可以通过政府和市场两条途径产生。政府通过金融立法和有关管理条例的变更可以引导金融创新，其主要动力来自政府，称为政府主导型金融创新。市场主导型金融创新是由于市场条件或环境发生变化产生了对新的金融工具需求，金融机构根据金融市场变化和金融服务的市场需求，通过供给有效金融产品和金融服务出现的金融创新。

金融创新具有明显的历史阶段性。在不同的历史时期金融创新的环境、背景不同，因而金融要素重新组合的基础就不同，表现的特征不同，对经济的影响也不同。

二、金融创新的动因

从内因上看，创新主体有获利性需求，因而会产生逐利性创新，在逐利本性下又会产生规避性创新，金融行业的高风险性会诱发避险性创新；从外因上看，由于经济发展与市场变化，金融主体内部竞争加剧，会诱发竞争性创新。

(一)规避金融管制

金融监管当局为了防范金融风险而限制了金融机构的某些“获利”机会，这就造成了金融监管当局与微观金融组织机构的冲突。面临这种冲突，商业银行不断通过金融创新来逃避监管，实现利润最大化。例如，大额可转让定期存单就是20世纪60年代美国花旗银行为逃避存款最高限制利率而创新的存款工具，银行发行的这种存单由于其利率高于同期储蓄存款利率，且可随时在二级市场出售转让，因此很受存户欢迎。这一创新工具逃避了美国金融监管当局的金融监管，提高了银行的效益。这种金融创新在一定程度上冲破了传统金融监管，促进了金融业的发展，推动了市场创新和金融一体化，提高了金融服务效率。

(二)行业竞争加剧

第二次世界大战后，金融业的国际化迅速发展。由于生产和资本国际化，跨国公司在全球范围内急速扩张。同时，商业银行资本趋向集中和垄断。金融业不仅是国与国之间的竞争，而且同一国家的银行与非银行之间也存在着激烈竞争。商业银行一方面在业务领域对传统业务进行重新组合，以获取传统市场上更多的市场份额，如 20 世纪 60 年代以前商业银行市场比较稳定，其业务主要集中于存、放、汇等传统业务方面，70 年代以后随着“脱媒”现象的出现，商业银行利润下降，金融市场逐步由卖方转为买方市场，顾客有了更大的选择余地。在此情况下商业银行不得不在原有活期存款、储蓄存款的基础上推出了 ATS 服务、NOW 账户等创新业务。另一方面，商业银行积极开展多样化的投资和服务，将业务重心转向非传统的金融领域。金融机构间竞争的加剧使得商业银行存贷款利率之间的利差缩小，迫使商业银行积极开拓表外业务，寻找新的利润增长点，如票据贷款、循环承诺贷款、浮动利率债券、期货交易等。

(三)金融市场需求

随着经济的发展和社会财富的增加，政府、企业和消费者对金融业提出了更高的金融服务需求，这些需求构成了金融创新的强大引力。跨国公司需要商业银行提供跨越国界的国际金融服务，政府需要通过金融市场筹资以增加政府投资，个人消费需求多样化要求金融机构提供更高效快捷的服务，从而促进了电话银行、电子银行、信用卡、ATM 等金融业务的创新。

(四)规避金融风险

金融业在安全性原则指引下相当注重在经营过程中避免和化解风险，市场经济条件下经济增长与通货膨胀关系密切，利率变化造成了金融资产价格较大的易变性。为了消除利率和汇率变动造成的金融资产价格风险和信用风险，避免金融资产受损，产生了转移风险的创新需求。20 世纪 70 年代西方各国经济普遍出现滞胀现象，特别是美国经济竞争力下降直接导致了浮动汇率制，汇率和市场利率的大幅度波动不可避免，出现了转嫁利率风险的需求，金融机构相应推出了利率期货、利率互换等金融衍生工具。

(五)现代技术进步

科学技术的发展是金融创新得到实现的物质基础和技术保障。20 世纪末的科技创新改变了人类的生存方式和理念，计算机和电子网络化在金融领域的广泛应用促使金融业发生了深刻变革，改变了金融管理和金融运作，直接推动了金融创新。以电子计算机为核心的信息技术运用加快了金融机构业务多样化进程。信息技术拓展了银行的功能，银行可以通过电子银行为顾客提供昼夜服务，电子资金清算系统可广泛用于资金调拨、证券买卖、外汇交易等。计算机和现代通信技术的运用为技术相对复杂的金融创新工具提供了保证，使金融机构能够对结构复杂的创新进行设计和定价，能连续地观察和控制经营创新工具产生的风险，为转移这些风险设计套期保值措施。没有技术进步的支撑和保障，金融创新无能为力。在缺乏现实推广的技术条件下，金融创新将是无米之炊。

【专栏 12-1】全面深化金融改革　促进金融业持续健康安全发展(节选)

创新是现代金融业发展的动力，是提升我国金融业服务水平和竞争力的关键。各类金融企业都要适应金融业务综合化、金融活动国际化、金融交易电子化和金融产品多样化的发展趋势，大力推进金融创新。要创新金融组织体系和发展模式，创新金融产品和服务，创新金融工具和技术。必须强调，金融创新一定要从我国国情出发，根据需要和可能，积极稳步地推进。金融创新要与加强金融监管相互协调、相互促进。

(资料来源：温家宝. 全面深化金融改革　促进金融业持续健康安全发展. 全国金融工作会议讲话稿，2007)

三、金融创新的内容

金融创新的内容十分广泛，主要包括金融制度的创新、金融业务的创新，以及金融工具的创新。

(一)金融制度的创新

金融制度是金融体系中的一个非常重要的方面。在一系列的金融创新与金融自由化的过程中，金融制度的变化是不可避免的。在制度变革的基础上，金融自由化又会在一个更新层面上展开，进而推动金融创新的深入发展。

所谓金融制度的创新，是指金融体系与结构的大量新变化，主要表现在以下三个方面。

1. 分业管理制度的改变

长期以来，在世界各国的银行体系中，历来有两种不同的银行制度，即以德国为代表的“全能银行制”和以美国为代表的“分业银行制”。二者主要是在商业银行业务与投资银行业务的合并与分离问题上的区别。但自 20 世纪 80 年代以来，随着金融自由化浪潮的不断升级，这种管理制度已经发生改变，美国于 1999 年年底废除了对银行业经营严格限制 60 多年的《斯蒂格尔法案》，允许商业银行合业经营。目前，世界上大多数国家的商业银行的上述两个传统特征和分业界限已逐渐消失，商业银行的经营范围正不断扩大，世界上的著名大银行实际上已经成为“百货公司”式的全能银行，从其发展动向看，商业银行经营全能化、综合化已经成为一种必然的趋势。

2．对商业银行与非银行金融机构实施不同管理制度的改变

由于商业银行具有信用创造的特殊功能，因此，世界上大多数国家都对商业银行实行了比非银行金融机构更为严格的管理制度。例如，对其市场准入的限制、存款最高利率的限制、不同存款准备金率的差别限制、活期存款不得支付利息的限制等。但是，在不断发展、扩大的金融创新中，非银行金融机构正是看准了这一制度的薄弱之处，进行了大胆创新与发展，使非银行金融机构的种类、规模、数量、业务范围与形式等都得到了迅速发展，使商业银行在新的市场竞争中处于明显的弱势。鉴于经济环境、市场条件所发生的巨大变化，各国政府都先后缩小了对两类金融机构在管理上的差别，使商业银行与非银行金融机构在市场竞争中的地位趋于平等。

3．金融市场准入制度趋向国民待遇，促使国际金融市场和跨国银行大发展

20 世纪 80 年代以前，许多国家均采取了对非国民进入本国金融市场以及本国国民进入外国金融市场的各种限制措施，尤以日本为最，在金融自由化浪潮的冲击下，这些限制正逐渐取消。

经济一体化和金融全球化的发展，为跨国银行的出现以及国际金融中心的建立创造了条件。各国大银行争相在国际金融中心设立分支机构，同时在业务经营上加快电子化、专业化和全能化的步伐。金融创新使各国之间的经济、金融联系更加紧密，同时经营的风险也在加大。从而使全球金融监管出现自由化、国际化倾向，各国政府在对国际金融中心、跨国银行的监管问题上更加注重国际间的协调与合作。

(二)金融业务的创新

金融业务的创新是把创新的概念进一步引申到金融机构的业务经营管理领域，它是金融机构利用新思维、新组织方式和新技术，构造新型的融资模式，通过其经营过程，取得并实现其经营成果的活动。在金融业务的创新中，因为商业银行业务在整个金融业务中占据举足轻重的地位，所以商业银行的业务创新构成了金融业务创新的核心内容。

1．负债业务的创新

商业银行负债业务的创新主要发生在 20 世纪 60 年代以后。为了迎合了市场不同客户的不同需求，商业银行在存款业务上创新了多种新型账户。主要有：可转让支付指令账户(NOW)；超级可转让支付指令账户(Super NOW)；电话转账服务和自动转账服务(ATS)；股金汇票账户；货币市场互助基金；协议账户；个人退休金账户；定活两便存款账户(TDA)；远距离遥控业务(RSU)等。

2．资产业务的创新

商业银行的资产业务的创新主要表现在贷款业务上。新型资产业务主要有：不动产贷款、一次性偿还或分期偿还的消费贷款、浮动利率贷款、可变利率抵押贷款、可调整抵押贷款、回购协议、贷款额度、周转性贷款承诺、循环贷款协议、票据发行便利、股指期权、股票期权等形式。

3．中间业务的创新

商业银行中间业务的创新，彻底改变了商业银行传统的业务结构，极大地增强了商业银行的竞争力，为商业银行的发展找到了巨大的、新的利润增长点，对商业银行的发展产生了极大的影响。使商业银行日益成为能够为客户提供一切金融服务的“金融超市”，商业银行的竞争从价格的竞争转向服务质量的竞争。主要有：生前信托、共同信托基金、租赁、代理融通、现金管理、信息咨询、贸易融通业务、金融保证业务等多种中间业务。

4．自动化服务的创新

电子化、自动化的全方位、全天候的金融服务，使商业银行业务发生了巨大的变革，主要包括：银行卡业务、自助银行、网络银行、手机银行、自动柜员机、售货点终端机、居家银行服务等，得到了广泛的应用，其发展势头方兴未艾。

(三)金融工具的创新

金融工具的创新是金融创新的最主要的内容。近二三十年来出现的金融创新中，最显著、最重要的特征之一就是大量的新型的金融工具以令人目不暇接的速度被创造出来。这些新型金融工具的出现，使人们对于“货币”“资金”“资本”“金融商品”“金融资产”等原有概念的认识产生了困惑。特别是 20 世纪 70 年代出现的衍生金融工具，更是向人们展示了金融资产保值和风险规避的全新概念。

1．基本存款工具的创新

基本的存款工具有：活期存款、定期存款、储蓄存款等。但是，在金融工具的创新过程中，这些基本存款工具的界限早已被打破，形成了一些新的存款工具。主要包括：可转让支付指令、自动转账服务账户、超级可转让支付指令、货币市场存款账户、个人退休金账户等。这些账户的特点是既能灵活方便地支取，又能给客户计付利息。这些新型存款账户的出现，为客户提供了更多选择，充分满足了存款人对安全、流动和盈利的多重需求，从而吸引了更多客户，扩大了商业银行的资金来源。

2．大额可转让定期存单(CD)

商业银行的定期存款以其较高的利率而吸引资金，但其最大的弱点在于其流动性差。1961 年由美国花旗银行发行的第一张大额可转让定期存单，则既可以使客户获得高于储蓄账户的利息，又可以在二级市场上流通、转让而变现，使客户原本闲置在账上的资金找到了短期高利投资的对象，所以一经面世就大受欢迎。

随着金融机构竞争的加剧，CD 也出现了许多新的变种。如：可变利率定期存单(Variable rate CD)、牛市定期存单(Bull CD)、扬基定期存单(Yankee CD)、欧洲或亚洲美元存单(Eurodollar or Asia dollar CD)等。

3．衍生金融工具的创新

衍生金融工具是伴随着近 20 年来新一轮金融创新而兴起和发展起来的。它的出现，可以说给当代金融市场带来了划时代的贡献。它除了让人们重新认识金融资产保值和规避风险的方式手段之外，它还具有很强的杠杆作用。同时，人们还把衍生金融工具称为“双刃剑”，如果运用得当，可给金融业带来许多好处，能起到传统避险工具无法起到的保值、创收作用；但如果运用失当，也会使市场参与者遭受严重损失，甚至危及整个金融市场的稳定与安全。衍生金融工具的内容主要包括：远期合约、金融期货、互换、金融期权。

四、我国的金融创新

(一)我国金融创新的历史回顾

改革开放以来，我国的金融创新的实践内容主要表现为以下几个方面。

1．金融业务和工具的创新

金融业务从过去单一的银行业务发展为银行、证券、信托、租赁、保险等多种业务并存；银行业务也从传统的存、贷、汇三大业务发展为目前的本外币存款、贷款、结算、信用卡、证券、外汇业务以及委托、代理、保管、咨询、评估等多种服务性业务并行。从各类金融机构的负债工具看，先后出现了保值储蓄存款、邮政存款、住房储蓄存款、委托存款、信托存款、信用卡存款、外币存款及 CDs、有奖存款、教育储蓄等新品种；从资产业务看，出现了抵押贷款、质押贷款、按揭贷款等；从中间业务看，最具代表性的是银行卡业务，如牡丹卡、长城卡、龙卡、金穗卡、太平洋卡等已成系列。在金融业务方面的创新还有诸如通存通兑、电子汇兑、自动提款机、IC 卡业务等；信托投资公司的信托投资、租赁咨询和证券业务，网上银行业务和网上结算也从无到有。我国也曾引进了一些金融衍生工具，如外汇期货、股票价格指数期货、认股权证、国债期货、外汇远期、货币互换等，但大部分因法规不完善、过度投机而被迫停止交易，另一些尚未形成规模。

2．金融机构的创新

1979—1983 年，恢复和成立了四大国有专业银行和非银行金融机构(1979 年 10 月，我国第一家信托投资公司——中国国际信托投资公司成立；1980 年，第一家城市信用社在河北挂牌)。1984 年，建立中央银行制度，形成管理与运作相分离的二级银行体系；1986 年，中国第一家以股份制形式组织起来的商业银行——交通银行重新开业；1987 年，第一家由企业集团发起建立的银行——中信实业银行宣告成立；继后，第一家由地方金融机构和企业共同出资的区域性商业银行——深圳发展银行也开始营业。其后，又有 10 余家类似的股份制商业银行进入我国金融体系。1990 年，中国先后成立了深、沪两个证券交易所，而后证券公司在全国雨后春笋般发展起来。1994 年又成立了 3 家政策性银行。1995 年，民生银行以及北京、深圳和上海的 3 家城市商业银行成为我国商业银行体系中的新成员。1997 年年底，有 74 家城市商业银行开始营业。迄今为止，我国已经建立了一个以中央银行为核心、以国有独资商业银行为主体、多种金融机构并存的初步完善的多元化金融机构体系。

3．金融市场的创新

1986 年 1 月，国务院颁布了《中国人民银行管理暂行条例》，其中规定：为了调剂资金头寸，“专业银行之间的资金可以相互拆借”。从这以后，我国拆借市场迅速成长，经过几个阶段的发展，于 1996 年 1 月 3 日启动了全国统一的同业拆借市场。1982 年，人民银行倡导推行“三票一卡”，(汇票、本票、支票和信用卡)，可以说我国票据市场开始萌动，并于 1986—1988 年间达到较大规模。1988—1995 年间我国由于各种原因基本停止了票据承兑与贴现活动。1995 年，《票据法》通过并于 1996 年开始在全国全面施行。1991 年我国国债回购市场运行试点。1996 年以来，回购市场有了跳跃性发展。我国目前已建立了以同业拆借、商业票据和短期的政府债券回购为主的货币市场。在我国资本市场发展中，国债市场是发展最早的一个市场。近 20 年来，我国国债的规模从零到数千亿元，其经济性质从“准税收”到真正意义的政府债券，从行政性摊派到基本市场化，从单一的国库券到多样化品种，从单纯的财政手段到财政、货币政策的协调配合工具，都有了长足的发展。1990 年年底上海和深圳两地的证券交易所开业，标志着股票市场正式进入我国经济体系，先后创立了 A 股市场、B 股市场、法人股的 STAQ 系统和 NETS 系统。通过 10 来年的发展，股票市场规模不断扩大，结构不断完善，还建立了各种类型的外汇零售、批发市场，形成了初步完善的金融市场体系。

4．金融制度的创新

信用卡的广泛应用，电子资金汇划系统的推广，是货币制度创新的主要表现。在金融

管理制度方面，传统的以计划性、行政指令性管理为特征，以直接调控手段为主导的金融管理模式，正在向市场化的、以间接调控手段为主导的金融管理模式转变。对国有商业银行取消贷款限额控制，就是中央银行在信贷管理上向市场化方向靠拢，与国际惯例接轨的实际步骤。在外汇管理方面，1994 年后相继实行了人民币汇率并轨(实行了以市场供求为基础的、有管理的浮动汇率制度，使人民币汇率由人为定价转变为外汇市场的供求关系自发调节)和人民币在经常项目下的自由兑换。在投融资制度方面，金融创新改善了融资制度的结构，逐步实现了传统体制下单一主体和渠道的投融资格局向多元化的投融资格局转化。另外，2001 年又对国内居民开放了 B 股市场以及将股票上市程序由原来的审批制改为核准制，等等。

(二)我国金融创新的特点

纵观我国金融创新的历程，可将其特点归纳为如下几点。

1. 金融创新的模式为政府主导型

西方发达国家的金融创新是在比较完善的市场经济、金融体系下进行的，因而其创新主体的动机非常明确，就是适应市场需要绕开管制追求利润的内在驱动力，因此西方国家的金融创新是市场主导型。而我国市场不完善、金融结构不健全、金融机构体系不完善、内部机构不成熟、金融工具单一、竞争并不激烈，所以金融主体追求利润和规避管制的欲望较小，市场很难在此前提下自发地进行大规模深层次金融创新，因而我国目前进行的金融创新的模式主要是政府主导型。

2. 金融创新质量不高

自金融改革以来，金融创新的范围涉及金融业的各个领域，对金融业发展造成空前的影响。由于我国的金融改革是在一个很低的基础上进行的，必须引进西方国家已有的先进的事物，因此我国的金融创新范围虽广，但大部分是通过“拿来”的方式进行的，单就金融工具的创新而言，85%为拿来的工具。我国现有的金融创新大多放在易于掌握、便于操作、科技含量小的外在形式的建设上，如金融机构的增设、金融业务的扩展等，而对一些势在必改的制度层面的问题，因为难度大、涉及面广，可能对现有制度框架和金融秩序形成较强的冲击力量，故瞻前顾后，尽可能回避和拖延，不愿采取迅速的创新行动。已经出台的一些金融创新措施，也不过是借助了创新的外在形式，内容并没有发生质的变化，离市场化要求甚远。金融创新的主体素质不高、创新内容肤浅、创新手段落后使我国金融创新存在“三重三轻”的特点，即重增量，轻存量；重体制外，轻体制内；重金融组织与金融工具，轻金融制度。这势必使金融创新的收益递减。

3．金融衍生工具的创新大多未成功

西方国家衍生工具的创新占金融创新的相当比重，对金融业的发展经营造成巨大的影响。而我国自改革开放以来，引进的各种衍生工具因种种原因大部分中途夭折。究其原因，一方面，市场规范化建设严重不足，缺少必要的法律法规。我国衍生工具交易时，大多缺少必要的法律法规规范交易活动，交易制度、交易程序不规范，一旦出现大量的违规事件，难以应付。另一方面，衍生市场投机性过高，从市场主体角度看，适当的投机者和套期保值者是市场运行的必需，但投机要有一定的限度，过高则会破坏金融衍生市场的发展。

【专栏 12-2】次贷危机对我国金融创新有五大警示(节选)

长期以来，以美国为首的发达国家引领了全球金融创新的历史潮流，令人眼花缭乱的创新产品的确从根本上改变了传统的银行业务，但同时金融创新也带来了接连不断的麻烦，特别是今年爆发的美国次贷危机更是发人深省。透过美国次贷危机给予我们的启示，我们非但不能减缓我国金融机构尤其是银行业的金融创新决心和金融创新步伐，而且还应当从以下 5 个方面厘清我们进行金融创新的思路。

第一，我们必须对金融创新利弊可能产生的市场影响要有足够的思想准备。透过此次美国次贷危机发现，金融创新中类似衍生产品的创新工具确实存在着事前不为人知的巨大杀伤力。对房屋抵押贷款证券化行为是应当充分肯定还是予以彻底否定？或许，我们难以做简单评判。但有一点可以肯定，我们不能因为美国次贷危机爆发所引起的诸多负面影响，就放弃我国金融机构的金融创新决心或延缓我们的金融创新脚步。

第二，我国金融机构进行金融创新不能脱离中国国情。事实上，金融创新永远也离不开一国的经济、金融环境，如美国次级债就产生于“9 · 11”事件之后的那个特殊年代。因此，在金融创新过程中，我们必须重视今后一定时期内我国国情变化的几个基本特点。一是我国的资本市场已形成气候并逐步走向成熟。二是城镇居民的收入分配和财富结构已发生了巨大变化。随着 20 多年经济持续高速发展，我国城镇居民长期以来的金字塔形收入结构，正在被“两头小、中间大”的橄榄型结构取而代之。三是社会主流消费群体以及消费观念也正在发生新的变化。受第三次“婴儿潮”的影响，与前代人相比，无论是价值取向、生活方式还是消费观念等方面，都有很大的不同。因此，在金融产品的创新过程中，如何适应这样的一种新变化，同样是摆在金融机构面前的一个既紧迫又十分艰巨的任务。

第三，尽管借鉴或引进是金融创新的有效途径，但不能迷信更不可盲从境外的金融创新工具。通过房屋抵押贷款证券化的方式，的确在很大程度上能够解决银行的信贷违约及房贷的非流动性风险问题。但证券化不等于没有风险，将风险从银行内部转移到社会并不等于风险并不存在。

第四，金融创新一定要有视野开阔和高瞻的战略眼光。笔者认为，由美国次贷危机显示，金融创新工具能把本该属于本国的经营或投资风险，通过风险输出影响全球资本市场。因此，在经济、金融全球化的大背景下，我们进行金融创新，一定要坚持视野开阔和高瞻的战略眼光。

第五，金融机构进行金融创新更要坚持"谨慎经营"的基本原则。美国次贷危机给予我们的最深刻教训之一就是，金融创新不能违背了金融机构"谨慎经营"的基本原则。首先，金融创新的杠杆效应正在公开挑战金融机构"谨慎经营"的基本原则。其次，金融机构贪婪的逐利性在经营风险被转移给社会后，必然会以牺牲谨慎原则作为扩大信贷规模的基本前提。一旦风险集中爆发，整个社会在为之震惊时，突然会想到要追溯原生信贷产品的发行质量及是否遵循了谨慎经营的基本原则，但为时已晚。因此，美国次贷危机给予我们的深刻教训是，在金融创新中必须很好地坚持谨慎经营的基本原则。如何有效地处理好创新与谨慎经营的基本原则两者之间的关系，这可能是我们面临的一个长期和棘手的现实问题。

(资料来源：涂昭明，赵庆明. 上海证券报，2007-12-06)

第二节　金 融 风 险

一、金融风险概述

(一)金融风险的含义

风险是由于不确定性因素而造成损失的可能性。风险产生的根源是不确定性。所谓不确定性是指事物的未来发展或变化有多种可能状态，而人们无法事先准确预知将会是何种状态。风险中包含着某种潜在的、可能发生的损失，也就是事物发展变化导致人们不希望的后果的可能性。

金融风险是在金融活动中，由于多种因素发生不确定的变化，从而导致行为人蒙受损失的可能性。对金融风险的含义可以从以下几个方面加以理解：①金融活动中蕴含着金融风险，金融风险是金融活动的内在属性。②金融风险的承受者不仅仅是金融机构，还包括参与金融活动的个人、企业、政府及其他主体。③金融风险可能导致的损失不仅指本金的损失，还要考虑资本收益的损失。若投资者收回了本金，但投资收益低于市场平均收益率，投资者实际上也遭受了机会成本损失。

金融风险与金融危机是两个既有联系又有区别的金融学范畴。金融危机是指金融体系出现严重困难乃至崩溃，表现为所有或绝大部分金融指标的急剧恶化，各种金融资产价格暴跌，金融机构陷入严重困难并大量破产，从而对实质经济运行产生极其不利的影响。它是一个不具有普通意义的概念，而在市场经济条件下，金融风险则具有普通特征。只要存在金融活动，就存在着金融风险，但存在金融风险，不一定就存在金融危机。金融风险具有引发、积累为金融危机的可能性，而不具有必然性。不过只要有金融危机，肯定有金融风险，并且是极为严重的金融风险。

(二)金融风险的分类

按照金融风险影响范围，可以分为系统性风险和非系统性风险。系统性风险来自经济个体所处的外部环境，起因于经济个体无法控制的外在不确定性，如：经济周期变化、资金市场供求状况、通货膨胀、国家宏观经济政策、国内国际政治局势、战争等。系统性风险对所有的经济个体都会产生影响。投资者不能通过投资分散化将其抵消，只能采取某些措施转嫁或规避。非系统性风险是某个企业或行业所独有的风险。它是由诸如企业经营管理能力、竞争能力、生产规模、信用品质、人事任命等因素及行业生命周期、景气状况的变化带来的风险。由于非系统风险具有个性特征，通过充分有效的分散投资可以降低甚至消除非系统性风险。

按照风险发生的领域，金融风险可以划分为微观金融风险、中观金融风险和宏观金融风险。微观金融风险(个体风险)，即个别金融机构的风险；中观金融风险(行业风险)，即金融业内部某一特定行业的风险；宏观金融风险(金融业风险)，即整个金融业存在或面临的风险。

按照金融风险的来源和性质，金融风险可以划分为信用风险、利率风险、汇率风险、证券价格风险、购买力风险、流动性风险、财务风险、操作风险、诈骗风险、法律风险等。

按照金融机构的类别，金融风险可以划分为银行风险、证券风险、保险风险、信托风险等。

二、金融风险的成因

(一)金融风险生成的浅层原因

金融风险总是伴随着金融自由化而来。所谓金融自由化，包括国内金融自由化和对外金融自由化两个方面，其实质是要求各国政府放松金融管制，顺应市场法则，形成全国和全球统一的金融市场与运行机制，保证金融资源在全国和全球范围内自由流动与合理配置。其核心内容，对内包括：取消利率限制，使利率自由化；放松各类金融机构业务经营范围的限制，使金融业务经营自由化；放松和改善金融市场的管理，实现市场运作自由化；对外包括：取消外汇管制，使汇率浮动自由化；放松对资本流动的限制，允许外国资本和金

融机构更方便、更自由地进入当地市场；同时放宽本国资本和金融机构进入外国市场的限制，实行资本流动自由化和银行市场开放。

事实证明，金融自由化是一把双刃剑，它既推动资源在一国和全球范围内自由流动与合理配置，又使资本的自发性、盲目性弱点无限膨胀，从而引发各种金融风险。

就内部金融自由化而言，会由于以下原因引发金融风险。第一，金融机构和金融资产数量与质量的不协调。即在金融自由化改革中，金融机构和金融资产数量迅速增长的同时，金融机构和金融资产质量的提高十分缓慢，甚至下降，从而造成金融机构内部管理混乱、不良资产比重高、经营亏损、支付困难等问题。第二，发展金融市场与建设市场机制不协调。即在金融自由化改革中金融市场迅速发展的同时，市场机制和市场监管制度的建设明显滞后，从而造成金融市场混乱，金融犯罪活动猖獗，金融风暴不断发生。第三，金融改革与价格、财政等方面的改革不协调。即金融自由化改革单独冒进，从而引起财政赤字过大，通货膨胀加剧，金融失去控制。

就外部金融自由化而言，会由于以下原因而引发金融风险。第一，外部金融自由化使世界经济更为无序，尤其是金融创新工具的增多，增加了一国政府实行宏观经济调控的难度，同时为国际投机者在国际金融市场上兴风作浪提供了机会。任何国家稍不留意，就有可能因政策失误成为国际投机者的攻击目标，从而引发一国甚至全球金融动荡。第二，在当前发达国家居控制地位的国际金融市场上，发达国家凭借其金融服务优势，把金融自由化变成了对发展中国家巧取豪夺的超级武器，有些发展中国家在发达国家强大压力和自由化理论诱导下，在条件不具备的条件下，盲目推进自由化，从而累积了不少的风险。第三，金融自由化本质上是跨越与模糊国界的经济发展过程，它要求国家减少干预，甚至交出部分经济货币决策权，由国际协调和仲裁机构去执行，而这些国际机构的监管往往不到位。这在一定程度上使各国尤其是发展中国家失去对经济金融的监管权力，从而留下了金融外部冲击的缺口和隐患。

(二)金融风险生成的深层原因

1. 货币资金运动与商品运动相脱节

货币资金的运动应是商品运动的反映，并受商品运动的制约。但随着市场经济的深入发展，货币资金运动逐步与商品运动相脱节。这种相脱节主要表现为，社会货币资金的规模急剧扩大，资金运动形式多样化，货币资金运动循着自身的特有规律进行；现代资金市场、外汇市场、证券市场、期货市场等金融市场逐渐形成；新型金融商品和金融机构迅速发展，金融业成为国民经济中一个庞大的独立部门；货币金融资产的价值量及其增长速度远远高于商品市场的价值及其增长速度；金融资产的交易又远远大于商品市场的交易额；

商品市场与金融市场的相互影响和关联程度趋于减弱；越来越多的货币资金从生产领域游离出来，成为只在金融市场上运营和牟利的纯金融资产。纯金融资产的产生进一步表明货币资金的运动越来越与商品运动相脱节。这种虚拟价值的资产既然不受商品实际价值量的约束，因而其虚拟的价值量可以大幅度上下波动。这就为金融风险的生成提供了可能。

2. 现代货币采用了纸币和信用货币的形式

布雷顿森林体系崩溃后，纸币与黄金脱钩，纸币不再以黄金为基础，货币自身不再含有价值量而仅仅成为价值的符号。因而货币所代表的价值量的变动，也完全失去了制约，变动的幅度可以很大。纸币所代表的价值量的变动，必然导致汇率等金融参数的变动，从而可能引起连锁反应，触发金融危机。

现代货币是一种信用货币。由于银行结算业务的发展，信用货币的绝对量要远远大于流通中的纸币量。特别是在发达国家，银行结算和信用卡的普遍使用，使货币的流通仅仅限于零星的商品买卖，信用货币成为现代货币的主体。信用货币表现为各种支票、汇票、本票和债券，它们既是支付工具也是流通手段。现代银行网络的密布和电子信息技术在结算业务中的应用，造成信用货币的广泛使用和信用货币量的极度膨胀，支付锁链得到充分的发展。这一方面节约了流通中的货币量，提高了资金的使用效率；另一方面也隐藏着爆发货币及信用危机的可能性。一旦遇到经济衰退和商业危机，支付链条的某一环节发生断裂并发生连锁反应，将可能严重动摇信用基础，引发货币及信用危机。

3. 经济的虚拟化

经济的虚拟化是现代经济发展中引人注目的现象。经济的虚拟化，对经济发展来说有利也有弊。从有利方面看，证券市场提供了资金自由融通的理想场所，为投融资者的投融资活动提供了方便，提高了资金使用效率，促进了资本集中和经济资源的有效配置；期货和期权市场为从事生产、贸易和投资的企业提供了转移风险、进行保值的手段，有利于企业稳定经营。但是经济虚拟化常常引发过度投机，而泡沫经济的破灭往往造成巨额财产损失，并可能引发连锁反应，对信用、流通和生产造成严重损害。

4. 金融市场自身的波动性

金融市场和其他市场一样，由供给和需求两方面力量决定交易数量和价格的均衡。但是，均衡状态是暂时的，市场上的供给与需求受各方面因素的影响，处于经常性的变动和调整状态中，市场价格也必然随时随地发生变化。这种经常性的价格调整，是任何市场上都存在的正常现象。市场机制就是要通过价格波动来实现对经济运行和资源分配的调节。价格波动会给交易者带来风险，即市场风险。

资金市场存在利率风险，外汇市场存在汇率风险，在证券和金融衍生品市场上，市场价格波动引起的风险就表现得更为明显了。因此，市场经济固有的价格波动性是产生金融风险的一个重要原因。

5．信用和信用制度的不完善与监管不严

信用本身存在着天然的脆弱性。为了克服信用的脆弱性，世界各国都以法律形式确定了信用监管制度。尽管如此，银行信用仍然存在着多方面的问题，金融机构的风险事故和倒闭事件仍不断发生。大致说来，信用的脆弱性主要体现在以下几个方面。

(1) 由于经济运行的周期性，信用随之呈现出膨胀和紧缩的周期性交替。在经济运行剧烈的情况下，信用的猛烈扩张与猛烈收缩常常造成货币信用的严重危机。信用制度和信用监管能够防范和缓解一般性经济衰退情况下的信用危机，但不能阻挡严重的信用破产。

(2) 由于金融机构之间、金融机构与工商企业之间以及工商企业之间资金往来极为密切，相互信用与利益紧密交织，信用关系实际上是一个广泛的社会连锁网络，这个网络上任何一环即使是偶发的破坏都势必会引起连锁反应，信用良好的银行或企业会因受到牵连而陷入危机之中。因此，信用的广泛连锁性是信用脆弱的一个重要原因。

(3) 信用状况受多种因素的影响而处于经常性的变化之中，使人们对信用的准确把握非常困难。信用评估也只能是对信用现状进行评价，而难以准确预测未来的信用变动。信用状况的变动性使信用风险始终存在。

(4) 金融创新不断地突破信用监管制度，削弱了金融当局的监测能力。主要表现在大量金融创新工具的出现，使货币总量与信贷总量的监控难度加大；商业银行日益涉足投资业务，大量发展表外业务，资本流动大量地通过资本市场而绕过信贷途径，使银行信用管理所要求的法定准备金、资本充足率等指标的有效性受到影响；新的非银行金融机构借助创新的金融工具已直接具有信贷扩张能力，传统的信贷总量测量和控制方法受到挑战；金融衍生品虽可以用做避险工具，但它们本身包含着破坏力巨大的潜在风险，运用不当会带来更大的金融风险。

(5) 金融业在国际范围内的过度竞争，使银行不得不提高存款利率，降低放款利率。鉴于传统业务的竞争激烈和利润微薄，许多金融机构不得不越来越重视发展高风险业务，以图取得较高收益，从而使金融机构放弃稳健原则，增大风险暴露。金融机构大力发展的某些表外业务如担保、承兑、贷款出售、保付代理等业务，虽然没有在资产负债表中表现出来，但又可能转化为真实负债，从而带来更大的风险。

(6) 各国对金融机构的存款保险、贴现窗口、银行救助等安全保护淡化了金融机构的风险意识，在社会上形成了大金融机构不能倒闭的普遍观念。债权人和存款者忽视了对金融机构的监督，助长了大金融机构的冒险经营冲动。

(7) 世界经济和金融市场的一体化，使各国市场的依赖性和传导性加强，国内的信用安全常常被国际币场所冲击。国际游资的规模正以惊人的速度扩大，这种投机性极强的短期资本在国际范围内的频繁流动，严重影响着各国金融市场行情的急涨猛跌，极易加剧金融市场动荡，造成金融信用的危机。

【专栏 12-3】健全金融监管 防范金融风险

作为一个银行业的监管者，我先向大家介绍一下中国银监会以科学发展观为指导，如何加强银行业监管的一些有关情况。

当几乎所有的人在两年半以前，3 年以前还沉浸在创新和大量流动性的兴奋之中，中国银监会早就预料到了这场风险马上就要发生，并且它的产生是一个必然现象。我们做出了及时的预警，2006 年 6 月，就在北京交通银行和汇丰银行联合举办的论坛上，提示业界要提早防范有不当的金融创新，尤其是衍生产品所引起的流动性风险。同时，银监会采取了逆周期调节监管对策，多次向中国银行业的金融机构提示风险，要求它们在经济不断上升时期采取严格的防范措施。

第一，坚持有效隔离风险跨市场传递。2007 年年初，根据当时资本市场的情况，我们要求各家银行金融机构进一步防范银证业务往来相关的风险，年内多次对信贷资金被违规挪用进入股市的问题进行清查，并且处罚了一批违规的银行，点名通报了二十几家大型企业。随后又发布了有关规定，严禁银行为企业债券发行，以及各种金融衍生产品提供担保，切断了金融风险从债市等其他市场向信贷市场转嫁的渠道。同时，我们进一步加强对大型银行的并表监管，加强跨业、跨境风险的监管。

第二，在中国房市风起云涌的时候，我们很早就提出要严格实施首套自住的房子和非首套自住的房子不同的房贷政策，积极防范房地产的金融风险。这主要表现在预付款成数要求不同，利率要求不同，管理要求也不同。2007 年 9 月和 12 月，银监会两次会同人民银行联合发布通知，加强商业性房地产信贷监管，坚持采用审慎最低首付比例的要求和提高利率风险定价水平。同时，开展房地产贷款的专项调查和检查，要求商业银行开展房地产贷款压力测试，对于规范和引导住房信贷起到了积极作用，也保护了银行。

第三，督促各家银行充分估计美国次贷危机的影响。当大家都认为美国次贷危机将要过去的时候，我们认为中国的银行业仍然要加大计提拨备的力度，在这几年经营比较好的情况之下以丰补歉。16 年来，一直审慎地对待资产证券化的业务。通过规定和监管引导中国银行业金融机构必须审慎地开展资产证券化，严禁把房地产、不良贷款打包进行证券化，防止房地产信贷风险通过证券化被放大。

第四，加强理财产品的监管，严格防范创新业务风险和误导性的销售，加大了银行业代客理财业务的监管力度，明确提出商业银行代客理财业务必须遵循三句话：成本可算，风险可控，信息充分披露。做不到这三句话要求的，这个产品就不要卖，也不要设计。

随着美国次贷危机全面升级到了全球性金融危机，也就是去年的第四季度，银监会迅速成立专门的应急小组，采取了一系列应对措施。

第一，建立外币金融资产风险盯市制度。要求银行业金融机构密切跟踪市场形势，按日逐笔逐户对以高风险国际金融机构为交易对手的金融资产损失进行重估和不断的重估，加强对境外代理行的风险管理。同时，也要求各行及时计提减值准备，最大限度地保障债权人的权益。

第二，从去年第四季度开始就加强信息沟通和披露，要求各行建立与银监会日常沟通报告的机制，指定高管及时向银监会报告外币金融资产的风险情况。同时，要求各行及时持续真实地向客户披露外币代客理财业务盈亏状况，以及这次金融动荡对本行经营和财务状况可能造成的影响。

第三，加强和欧美以及周边各个国家和地区监管当局保持密切联系，加强监管协调，稳定市场信心。

第四，根据党中央、国务院的总体部署，先后就困难企业贷款的重组，小企业贷款，并购贷款，支农金融服务等出台了一系列政策措施，一共有10条。2009年年初，又对有关的信贷监管政策和要求进行了调整，提出了银行业支持促进经济发展的一揽子措施。主要包括支持符合条件的商业银行开展并购贷款业务。进一步加大对于中小企业金融支持的力度，现在各家银行都在总行层面上，单设专营中小企业信贷业务的部门，进行组织创新，技术培训，单独考核。

第五，对于涉农类的贷款，实行有区别的信贷管理和考核政策，加大涉农信贷投入的力度。

第六，鼓励实施贷款重组。对于仅受危机影响，暂时出现企业经营困难乃至财务亏损的，我们让它不需要还旧借新，给它积极的信贷支持，期限、利率根据形势发展变化实事求是地给予宽松的调整。同时，还支持银行信贷资产转让，允许资产出售和买卖，合理配置信贷资产，使银行能够更好地放贷。允许符合条件的中小银行业金融机构在困难的时候，适当突破一点存贷比例以及支持创新担保融资方式和消费信贷保险保障机制等。

从危机对中国银行业的影响来看，目前我们总的判断影响是有的，但是影响是有限的，风险是可控的。由于我们多年坚持改革开放，坚持审慎的监管和持续的监管，我们坚持对市场、产品、机构都要监管的方针，采取的措施比较彻底，比较到位，毫不犹豫。更重要的是，经过30年的改革开放，中国银行业取得了很好的进步，所以今天我们虽然不能独善其身，但是可以做到在全球独树一帜，保持稳健运行。表现在以下几个方面。

一是中国银行业的不良贷款保持双降，到12月末，商业银行不良贷款的余额比年初下降了7002.4亿元，不良贷款率已经下降到2.45%，比年初下降了3.71个百分点，即使剔除了国家帮助农行剥离不良资产和剔除国家支持地震灾区救助的因素，不良贷款的余额通过我们的努力，比年初也下降了26亿元，不良贷款率比年初下降了近1个百分点。

二是风险抵补的能力进一步加强。2008年年末国有商业银行的贷款损失准备金率达到153%，同比上升了122.2个百分点。拨备覆盖率已经达到了110%左右，同比上升了76.4个百分点。而股份制商业银行，贷款损失准备金率已经达到了198.5%，同比上升28.3个百分点，拨备覆盖率达到了169.6%，同比上升了55.1个百分点。

三是案件数量和涉案金额持续下降。2008年银行业金融机构累计发生各类案件309件，百万元以上的案件只有89件，这2项降幅都是29%。我们狠抓了5年，案发率和案发金额都呈现大幅度下降的态势。

四是银行业的盈利能力明显增强。2008年，我国银行业金融机构在银监会的指导下，大规模计提拨备，但即使这样资本回报率仍然高达17.1%，比2007年和2006年分别提高0.4和2个百分点，预计将显著高于去年全球银行业的平均水平。2008年我们的银行业金融机构税后净利润已经超过5000亿元，达到5834亿元，较上年增长1366亿元，增幅达到30.6%。2009年中国银行业有望在3个方面在世界名列前茅：利润总额；利润增长额；全行业的资本回报率。当然，我们也要看到，我们经济对外依存度已经很高，在危机仍然在加深，根本没有见底的当前情况下，我们既要贯彻落实保增长、扩内需、调结构的各项措施，加大金融对经济增长的支持，又要扎扎实实地做好银行业的风险防范工作，这对我们的监管能力和水平将是一个很大的考验。

今年，我们将在党中央、国务院的领导下，继续按照科学发展观的要求，坚持区别对待，有保有压，通过继续推动银行业机构的制度创新，机制创新，深化内部改革，全面提升银行业的核心竞争能力和技术水平，努力调动金融机构支持经济发展的内在动力。同时，将更加注重加强监管的国内与国际的合作，国内要与人民银行、外管局、证监会、保监会更加紧密地合作，国外要和各个国家和地区的监管者更紧密地合作，注重增强监管工作的预见性、针对性和有效性。牢牢把住风险底线，坚决防止今年不良贷款大幅度快速反弹，有效促进银行体系稳定健康发展，促进经济平稳较快发展。

(资料来源：中国银监会主席刘明康，中国发展高层论坛2009年会演讲稿)

【专栏12-4】道德风险与监管缺失：美国金融危机的深层原因

此次由次贷引发的金融危机，更深层次的诱因来自自由市场竞争的失败和对金融创新产品监管的严重缺失。

当前，美国遭遇“百年一遇”的金融危机，危机的中心华尔街危如累卵。五大投资银行中，贝尔斯登和美林证券相继被银行收购，雷曼兄弟申请破产保护，而剩下的高盛、摩根士丹利也因形势所迫转型为银行控股公司。一系列突如其来的“变故”使得世界各国都为美国金融危机而震惊。

金融是整个经济的命脉，金融体系的稳定和效率，对国家的繁荣与昌盛至关重要。因此，我们有必要对美国金融危机的成因进行认真的剖析，并从中获取维护金融业稳健运行的教训和启示。

1. 美国金融危机的直接原因

(1) 美国政府不当的房地产金融政策为危机埋下了伏笔。

“居者有其屋”曾是美国梦的一部分。在 20 世纪 30 年代的大萧条时期，美国内需萎靡不振，罗斯福新政的决策之一就是设立房利美，为国民提供住房融资，帮助民众购买房屋，刺激内需。1970 年，美国又设立了房地美，规模与房利美相当。“两房”虽是私人持股的企业，但却享有政府隐性担保的特权，因而其发行的债券与美国国债有同样的评级。

从 20 世纪末期开始，在货币政策宽松、资产证券化和金融衍生产品创新速度加快的情况下，“两房”的隐性担保规模迅速膨胀。尤其是在“新经济”泡沫破灭后，房地产成为布什政府推动美国经济增长的重要手段。但是，有钱人都早已买了房，因此，那些收入偏低、收入不固定甚至是没有收入的人成为房地产消费的新动力。次级贷款应运而生，并红极一时。美国成百上千个抵押贷款公司、商业银行把各自放出去的次贷，打包卖给“两房”，在转移风险的同时，又获得了重新放贷的资金。而“两房”直接持有和担保的按揭贷款和以按揭贷款做抵押的证券由 1990 年的 7400 亿美元爆炸式地增长到 2007 年年底的 4.9 万亿美元。在迅速发展业务的过程中，“两房”忽视了资产质量，这就成为次贷危机爆发的“温床”。

(2) 金融衍生品的“滥用”，拉长了金融交易链条，助长了投机。

以证券化为代表的金融衍生品是导致、放大和扩散此次金融危机的主要通道。以“两房”危机为例，让我们简要回顾一下金融衍生品在这次危机中的角色。

“两房”凭借其背后隐含的国家信用担保，低息借债买下次贷，然后通过资产证券化的方法，将其转换成债券，以次债的形式在市场上发售，吸引华尔街的投资银行、各国的中央银行、商业银行等金融机构来购买；而华尔街的金融机构又再次衍生，利用“精湛”的金融工程技术，将次债进行分割、打包、组合，构造出一系列令人眼花缭乱的次债信用衍生品并出售。在这个过程中，最初一元钱的贷款可以被放大为几元、甚至十几元的金融衍生产品，从而加长了金融交易的链条，最终以至于没有人再去关心这些金融产品真正的基础价值，这就进一步助长了短期投机行为的发生。

在这里，需要注意的是：

第一，投机只是表象，贪婪才是本质。以雷曼兄弟公司为例，它的研究能力与金融创新能力堪称世界一流，没有人比它更懂风险的含义，然而它却最终难逃轰然崩塌的厄运，其原因就在于雷曼兄弟公司管理层和员工持有公司大约1/3的股票，并且只知道疯狂地去投机赚钱，而较少地考虑其他股东的利益。

第二，金融创新可以分散和转移风险，但不能消灭风险。华尔街精英们利用其“精湛”的金融工程技术，设计、出售各种衍生品以转移分散风险没有错，错的是金融创新过程中，金融监管严重滞后，缺乏对这些复杂的创新产品自身所暗藏的巨大风险强有力的外部约束。首先，从源头次贷发放来看，一些金融机构为更多更快地发放次级贷款，有意放松对借款人基本借款资质和条件的审查。由于过度竞争，一些贷款机构和开发商达成“默契”，部分借款人购房时甚至是“零首付”，因为贷款机构只要把次贷转卖给“两房”后自己就是安全的。加之借款人持续还款能力偏弱，这些作为次债基础资产的次贷在发放时就埋下了极大的隐患。其次，在次贷通过证券化转为次债的过程中，不仅存在担保过度的问题，而且信用增强的手段过于单一，主要是依靠“两房”背后的隐性国家担保。最后，围绕次贷和次债进行的一系列衍生过程中，每个环节的信用评估是相互脱节的。每个环节掌握的信用评级和有关信息都只是一个碎片，以致一些人、机构甚至不清楚自己买的是什么，就把口袋里的钱交给了金融精英们。

如今，无论金融机构的风险管理手段多么完善，都难以避免因为机构内部原因或市场外部的变化而遭受风险事件的影响，这是由现代金融市场和金融机构的高杠杆率、高关联度、高不对称性的特性所决定的。现代金融体系内的风险产生和传递呈现出了新的特征。

(3) 美国货币政策推波助澜。

为了应对2000年前后的网络泡沫破灭，2001年1月至2003年6月，美联储连续13次下调联邦基金利率，使该利率从6.5%降至1%的历史最低水平，而且在1%的水平停留了一年之久。低利率促使美国民众将储蓄拿去投资资产、银行过多发放贷款，这直接促成了美国房地产泡沫的持续膨胀。而且美联储的货币政策还“诱使”市场形成一种预期：只要市场低迷，政府一定会救市，因而整个华尔街弥漫着投机气息。然而，当货币政策连续收紧时，房地产泡沫开始破灭，低信用阶层的违约率首先上升，由此引发的违约狂潮开始席卷那些赚钱心切的金融机构。

2. 美国金融危机原因的深层剖析

以上我们在分析美国金融危机的直接原因时指出，一些银行、房地产开发商为了自身利益不顾借款人的实际还贷能力而乱放贷款，“两房”等把危险贷款通过ABS(资产抵押证券)卖给金融市场使得金融市场最终崩溃。其实，这些都还只是技术环节上的问题，如果更深层次地剖析，还得从自由市场竞争理论的根源和金融监管缺失上来分析美国金融机构出现的问题。

(1) 自由市场竞争的致命缺陷。

我们引入一个自由市场竞争的例子：在一条100米长的街道上，有两个卖冰激凌的商贩相互竞争。两个商贩都希望比竞争对手赚更多的钱。但冰激凌的消费者最多愿意为自己吃冰激凌的欲望走25米，再远他们就放弃消费欲望了，所以两个商贩最佳的分布方案是：把100米长的街道分成两个50米，两个商贩各自站在两个50米的中间。这样每一个商贩覆盖50米，他们和消费者的利益同时达到最大化。但由于竞争的欲望，两个商贩都会把冰激凌车向竞争对方的方向悄悄移动，目的是吃掉一部分竞争对手的利益。时间一久，两个商贩发现自己肩并肩地与竞争对手站在100米街道的中心点。这时，街道两头25米的消费者就因为冰激凌车太远而放弃了消费欲望。由于自由市场竞争，商贩和消费者的利益同时达到最小值。

这是一个经典的自由竞争失败的例子。在这个例子中，如果一个商贩坚持站在自己50米的中间，拒绝向100米的中间靠拢，那么他最大限度地满足了消费者的利益，即使得他那段50米街道上的每一个消费者都能买到冰激凌，现实生活中我们称其为“道德”的商贩。但和那个站在100米街道中间的“不道德”商贩相比，“道德”商贩的利益受损。因为他的25米受到对方的入侵，冰激凌必然比对方卖得少，久而久之他就面临倒闭的危险。这也就是所谓的道德逆淘汰现象，即越道德的商贩越容易被市场竞争淘汰。

从这个冰激凌商贩现象我们可以看到，无限度的恶性竞争，会导致消费者及商家的利益同时受损。那么美国金融市场中金融机构竞争的是什么东西呢？它们恶性竞争的是美国消费者未来的收入。

有人可能想：“这些银行是活该、是自找，谁叫你把款贷给那些没有偿还能力的人。”其实，不贷行吗？大家都这么干，你不贷，你就成了那个“道德”的冰激凌商贩，利益受损从而面临被淘汰的厄运。所以，并非美国的金融机构是傻瓜，大家都知道这是一个陷阱，但也得往里跳，不跳就是死，跳了也许能活。

正像上面冰激凌例子中说到的，这种自利性造成的无法自拔现象不能靠道德方式解决。指望用道德方式解决这种局面必然造成道德逆选择，即越不道德的金融机构越有成功的希望，遵循道德就是找死。那么怎么来解决这个问题呢？监管，即通过限制恶性竞争消费者未来收入的监管来建立平等平台，利用监管来惩办那些违反“道德”的竞争行为，通过监管来使得那些违反“道德”的行为得不偿失，从而使得金融机构自觉杜绝恶性竞争行为。

(2) 金融外部监管的严重滞后。

美国金融市场的运作和监管机制一直被视为全球的典范。但历史告诉我们，金融创新和金融监管是一对孪生兄弟。随着金融创新的推进，金融监管从来就不能说完美无缺。回顾美国自1929年金融大崩溃以来的金融监管演变可见，伴随着经济的起伏，先后经历了由自由放任—加强管制—金融创新—加强监管—放松监管等多次转折。

此次金融危机爆发前，美国采取的是“双重多头”金融监管体制。双重是指联邦和各州均有金融监管的权力；多头是指有多个部门负有监管职责，如美联储、财政部、储蓄管理局、存款保险公司、证券交易委员会等近10个机构。这样的格局无疑符合美国一直倡导的分权和制约的精神，正如格林斯潘在《动荡年代》里写到的，“几个监管者比一个好”。

不可否认，上述监管体制曾是美国金融业发展繁荣的坚实根基。然而，随着金融的全球化发展和金融机构综合化经营的不断推进，“双重多头”的监管体制出现了越来越多的“真空”，并使一些风险极高的金融衍生品成为“漏网之鱼”。

首先，最为突出的真空就是各部门、各产品的监管标准不统一。不仅如此，近年来一直有华尔街人士抱怨，美国监管体系机构太多，权限互有重叠。而另一方面，监管盲点也不鲜见，例如，像CDO(债务担保证券)、CDS(信用违约掉期)这样的金融衍生产品，到底该由美联储、储蓄管理局，还是证券交易委员会来管没有明确，以至于没有谁去管。其次，由于各种监管规则制定得越来越细，在确保监管准确性的同时牺牲了监管的效率，对市场变化的反应速度越来越慢。最后，多头监管的存在，使得没有任何一个机构能够得到足够的法律授权来负责整个金融市场和金融体系的风险，最佳的监管时机往往因为会议和等待批准而稍纵即逝。

美国金融监管体制的弊端不是没有被发现，美国财政部长保尔森在2008年4月初公布的一份旨在对金融监管体系进行结构性改革的计划中，已提出了改革的三大重点：一是扩大美联储的权力。美联储被赋予监管整个金融系统的权力，并在必要时采取相关行动，以确保整体金融市场的稳定，这将是联邦政府的监管部门首次对非银行金融机构实行监管。二是对一些监管机构的整合。如将美国证券交易委员会和商品期货交易委员会合并为一个机构，美国储蓄管理局并入美国财政部金融局。三是建立新的联邦监管机构。在财政部成立一个全国性保险业监管办公室，改变目前保险业由各州自行监管的局面。这些均与弥补上述监管“缝隙”相吻合。

在这次危机处置中，美国区别对待“两房”、雷曼兄弟、AIG的背后，事实上已经体现出了现代金融监管的基本理念，即只对市场的系统性风险负责，个体的主体风险按市场规律办事，而不论机构的名气有多大。而贯彻这一理念的根本措施，就是坚持法制化的决策程序。撇开2007年3月次贷危机曝光后美联储采取的货币政策不谈，随后由美国财政部牵头的市场救援计划中很重要的税收豁免计划是以《抵押贷款债务减免的税收豁免法案》形式通过的。2008年7月，历经波折的《住房和经济恢复法案》最终获得美国国会通过。直至日前接管“两房”、AIG和7000亿美元金融救援计划，由于最终将是由纳税人分担这个包袱，因此美国财政部也遵循了严格的法律程序。金融监管作为现代政府的重要职能之一，依法监管是其应有的题中之义。

3. 美国金融危机的启示

在市场失灵、集体失去理性时，政府必须及时出手积极干预。

现代史上，几乎没有哪次金融危机离得开政府的干预。这次美国金融危机及其所酿成的世界金融动荡也是如此。

如美国证交会采取临时紧急措施，暂时禁止卖空 799 家金融股，以保护证券市场品质、强化投资人信心；英国金融监管部门采取了暂时禁止建立新的空头做空 29 家金融公司股票的干预措施，要求持股超过 0.25%的空头每日进行披露；俄罗斯政府为遏制金融市场暴跌暴涨、防范银行倒闭，数次下令市场暂停甚至停止交易。

这种政府出台禁令，避免市场环境急剧恶化的举措，对我们应对极端情形下的市场危机，不无借鉴意义。

(1) 金融监管应更多地强化功能监管和贴近市场第一线。

此次危机体现出的监管理念变化，对中国来说有多处值得借鉴。首先，金融监管需更多强化功能监管，监管体系有必要从过去强调针对机构进行监管的模式向功能监管模式过渡，即对各类金融机构的同类型的业务进行统一监管和统一标准的监管，以减少监管的真空和盲区。其次，金融监管应更贴近市场第一线，从金融机构业务末梢上出现的小问题抓起，以防从个别向普遍演变，形成大范围的经营隐患，使监管更具前瞻性和有效性。此外，加强监管机构之间的职能协调也尤为必要。在金融市场全球化、金融创新和衍生产品日益复杂的今天，传统金融市场之间的界限日趋模糊，跨部门的监管协调和监管合作显得日趋重要。

(2) 应正确认识和把握金融创新和风险控制的平衡关系。

目前，有一种看法，认为美国这次金融危机是由于金融创新走得太快，以金融为代表的虚拟经济繁荣远远超过了实体经济，因而美国经济摔了个大跟头，并由此反对进行金融创新。显然，这是一种因噎废食的思维。尽管美国这次金融危机与大量衍生工具的推出不无关系，但这绝非是禁锢国内金融市场改革和推动金融创新的理由。事实上，金融创新是一把“双刃剑”，它能够发挥活跃交易、转移和分散风险的功能，也能凭借杠杆效应掀起金融波澜。因此，创新是推动金融业发展的动力之源，没有创新就没有效率。但在推动金融创新的同时，必须注重风险管控机制的配套建设，“管得住，才能放得开”。只有结合我国金融业的现实发展水平和承受力，审慎推进各项创新，金融市场上各种风险和收益组合的工具越来越多，投资者用以避险或投资渠道增加，整个金融系统效率提高，安全性增强，中国经济才能获得持久发展的动力。

(资料来源：王自力. 道德风险与监管缺失：美国金融危机的深层原因. 银行家，2008-11)

本章小结

金融创新与金融风险	金融创新	金融创新是指金融领域内各种金融要素的重新结合，是金融机构为追求微观利益和金融当局为提高整个金融业宏观效益而发生的金融创造性变革。主要是指新的金融产品、金融业务、金融市场、金融机构、金融制度的创造和推广。金融创新的内容十分广泛，主要包括金融制度的创新、金融工具的创新以及金融业务的创新
	金融风险	金融风险是在金融活动中，由于多种因素发生不确定的变化，从而导致行为人蒙受损失的可能性。 金融风险总是伴随着金融自由化而来。所谓金融自由化，包括国内金融自由化和对外金融自由化两个方面，其实质是要求各国政府放松金融管制，顺应市场法则，形成全国和全球统一的金融市场与运行机制，保证金融资源在全国和全球范围内自由流动与合理配置

习　题

一、名词解释

1．金融创新
2．金融制度创新
3．金融业务创新
4．金融工具创新
5．金融风险
6．金融自由化

二、问答题

1．什么是金融创新？什么创新活动会形成一种趋势？从经济发展的角度来看，创新的意义何在？同时带来了哪些问题？

2．20 世纪 80 年代以来，我国商业银行的不良债权问题成为国内外关注的热点，你对此问题如何看待？

参 考 文 献

1. 安春梅，付淑霞. 现代金融学. 武汉：武汉理工大学出版社，2007
2. 王传纶，周小川. 国际金融百科全书. 北京：中国金融出版社，1993
3. 钱水土. 货币银行学. 北京：机械工业出版社，2006
4. 中国人民银行官方网站：http://www.pbc.gov.cn/
5. 银监会官方网站：http://www.cbrc.gov.cn/
6. [美]保罗•萨缪尔森，威廉•诺德豪斯著，肖琛主译. 宏观经济学(第十七版). 北京：人民邮电出版社，2004
7. http://inflationdata.com/inflation/Inflation_Rate/HistoricalInflation.aspx
8. http://www.stats.gov.cn/tjgb/indx.htm
9. 中国工商银行网站：http://www.icbc.com.cn/icbc/
10. 孙绍年，邱成学. 货币银行学. 北京：清华大学出版社，北京交通大学出版社，2005
11. 黄达．金融学．北京：中国人民大学出版社，2006
12. 戴国强．货币银行学．北京：高等教育出版社，2000
13. 胡庆康．现代货币银行学教材(第二版)．上海：复旦大学出版社，2001
14. 曾康霖．金融学教程．北京：中国金融出版社，2006
15. 曹龙骐．金融学．北京：高等教育出版社，2003
16. 王松奇．金融学(第二版)．北京：中国金融出版社，2000
17. 朱新蓉．金融学．北京：中国金融出版社，2004
18. 殷孟波．货币金融学．北京：中国金融出版社，2004
19. 盛松成．现代货币经济学(第二版)．北京：中国金融出版社，2001
20. 彭兴韵．金融学原理．上海：上海三联书店，2003
21. 苏平贵．金融学．北京：清华大学出版社，2007
22. 沈伟基．货币金融学．北京：北京工业大学出版社，2001
23. 郑道平，龙玮娟．货币银行学原理(第四版)．北京：中国金融出版社，2002
24. 周骏，王学青．货币银行学原理．北京：中国金融出版社，2002
25. 夏德仁，李念斋．货币银行学．北京：中国金融出版社，2000
26. 蔡则祥．货币银行学．北京：高等教育出版社，2003
27. 熊慧平，张宏伟．金融概论．武汉：武汉理工大学出版社，2005
28. 张伟芹．金融基础. 北京：中国人民大学出版社，2009
29. 孙桂芳．货币银行学．北京：中国财政经济出版社，2001

30. 中华人民共和国保险法．北京：法律出版社，2002

31. 中华人民共和国人民银行法．北京：法律出版社，2003

32. 中华人民共和国银行业监督管理法．北京：法律出版社，2003

33. 中华人民共和国证券投资基金法．北京：法律出版社，2003

34. 王自力．道德风险与监管缺失：美国金融危机的深层原因．银行家，2008 年第 11 期

35. 涂昭明，赵庆明．次贷危机对我国金融创新有五大警示．上海证券报，2007-12-06

36. 中央财经大学货币银行学精品课：http://course.jingpinke.com/bk/2003/B030015/lijian/

37. 西南财经大学货币金融学精品课：http://211.151.89.150/2005/guojia/huobijinrongxue/Course/

38. 中国人民大学货币银行学精品课：http://course.jingpinke.com/bk/2004/B040038/1/